Win Egger

DAS LEBEN, DIE LIEBE UND DIE EROTISCHEN ERLEBNISSE

Ein innerliches Erwachen

novum pro

Dieses Buch ist auch als
e-book
erhältlich.

w w w . n o v u m v e r l a g . c o m

Bibliografische Information
der Deutschen Nationalbibliothek:

Die Deutsche Nationalbibliothek
verzeichnet diese Publikation in
der Deutschen Nationalbibliografie.
Detaillierte bibliografische Daten
sind im Internet über
http://www.d-nb.de abrufbar.

Gedruckt in der Europäischen Union
auf umweltfreundlichem, chlor- und
säurefrei gebleichtem Papier.

© 2015 novum Verlag

ISBN 978-3-99048-304-6
Lektorat: Dr. Annette Debold
Umschlagfoto:
Chrisharvey | Dreamstime.com
Umschlaggestaltung, Layout & Satz:
novum Verlag
Innenabbildungen: Win Egger (26)

Die vom Autor zur Verfügung gestellten
Abbildungen wurden in der bestmög-
lichen Qualität gedruckt.

www.novumverlag.com

VORWORT

In diesem Buch möchte ich das Leben zweier Menschen schildern, die in verschiedenen Generationen angehören. Sie wuchsen wie viele andere Menschen auf, erlernten einen Beruf und heirateten, nachdem sie einen Lebenspartner kennengelernt hatten. Kinder zu bekommen und sich eine Existenz aufzubauen, doch dann erst spüren und fühlen, ist das ihr Leben, welches sie sich immer gewünscht hatten? Es kommen erste Zweifel, und erste Konflikte treten auf, Meinungsverschiedenheiten arten in Beschimpfungen und später in Hass aus, und die Beziehung geht immer weiter auseinander. Man spürt im Umfeld, dass es Menschen gibt, die sehen einem an, wenn es einem schlecht geht, und geben einem Halt, bei denen fühlt man sich geborgen, vertraut ihnen viel an, und was wichtig ist, sie hören zu und sind da, wenn man sie braucht. Es schreibt das Leben immer wieder etwas Neues. Obwohl altersmäßig eine Generation wie zwischen mir und dieser Frau liegt, passiert es immer wieder, dass vorerst eine starke Sympathie entsteht, viel Vertrauen und Sehnsucht nach dem anderen.

Unterstützt wurde das Ganze, da ihr der Glauben sehr wichtig ist, dass auch hinter ihren Worten Wahrheit steckt, was sie immer wieder erwähnte und versprach, dass dies die Wahrheit sei, was sie fühle an Wärme, Liebe, Vertrauen und Geborgenheit. Das sei ihr ersehnter Wunsch und Traum gewesen, so zu leben, geliebt zu werden und eine tolle Familie zu haben. Doch das Leben ist kein Wunschkonzert, sondern eine Lebensuhr, die Schritt für Schritt auf dich zukommt, und leider kann man nichts dagegen tun; es kommt, wie es kommt, nicht wie man es sich wünscht.

Man kann die Arme nach dem Ersehnten ausstrecken und es fest an sich nehmen, die Sonne des Lebens und der Liebe genießen und leben. Meistens macht man den Fehler, dass man es jedem recht machen will und „Gnade" ergehen lässt, doch diese bekommt man nie geschenkt, darum muss man kämpfen, erst dann ist es wertvoll und macht glücklich. Man darf sich auch nicht hinter Mauern und mit Angst und Frust verstecken, da zerbricht man und wird krank und im Herzen müde, einsam und leer.

Nach geraumer Zeit wurde die Sehnsucht immer intensiver, und es entstand ein inniges Vertrauen und Sich-Anvertrauen, es wurde Liebe, wahre Liebe, was wir uns immer in Worten und körperlich bei all unseren Treffen, egal wo, bestätigten, liebten und lebten.

Beide schwebten wir im siebenten Himmel, hatten dieses Gefühl lange nicht mehr erlebt, so hielten wir es fest, seelisch wie auch körperlich und von ganzem Herzen.

Die Mitmenschen und das Umfeld hatten schon an beiden von uns Veränderungen bemerkt, doch es konnte sich keiner vorstellen, dass zwischen uns so eine Liebe bestand; es gab viele Treffen, die wunderbar, Balsam für Herz, Seele und Körper, ja einzigartig waren. So vergingen Tage, Wochen, ja Monate, bis ich eine kleine Veränderung an ihr feststellen konnte und fühlte.

Mir kamen Bedenken, sie klagte oft über Angst vor der Zukunft, den Druck aus ihrem Umfeld, Besitz, von Eltern und Ehemann, aber dann auch von mir, was da passieren würde, sollte sie weggehen aus ihrem Zuhause. Doch wie kann man von wahrer Liebe, Vertrauen, Worten und Gefühlen sprechen, sich niemals loszulassen oder gemeinsam abzuhauen, egal wohin, nur um diese wunderbare Liebe gemeinsam zu leben, genau diese, von der sie und ich immer geträumt und die wir uns ja auch gewünscht hatten. Aus ganzem Herzen und in voller Wahrheit gab ich sie ihr, da Lügen nicht mein Ding waren.

Nach geraumer Zeit wurden ihre Worte immer intensiver, wenn es um Angst und Druck ging. Der Druck, sagte sie, käme auch von mir, sie halte es oft nicht mehr aus, da ich immer bei ihr sein wollte, Hallo sagte und SMS schrieb, sie bat, rauszugehen, um uns zu treffen, wo ich war; und was ich fühlte, sie wollte es auch, bei mir und in meinen Armen zu liegen, sich zu wärmen und die Liebe zu genießen, da ich für sie was Besonderes und Wertvolles sei.

Was geht in einem Menschen vor, der der Liebsten alles gibt und verspricht, wie wichtig er in ihrem Leben ist, und dann Druck empfindet, wenn er bei ihr sein möchte, was für Liebende die wichtigste Sache der Welt ist, die Liebste oder den Liebsten im Arm zu halten, Liebe, Wahrheit, Vertrauen und Geborgenheit zu schenken. Auch ihr Glaube stärkte meine Liebe, doch es ist immer so, man versteckt sich hinter dem, von dem man glaubt, es ist das Wichtigste, meist hinter Besitz, Glauben, Reichtum, Macht und Geld, doch das Wichtigste geht verloren, der Mensch und die Liebe und das eigene „LEBEN"!

So will ich das „Auf-die-Welt-Kommen" und „Erwachsen-werden" wie auch einige Lebensabschnitte von mir, aber mehr aus meiner Sicht und mit Blick auf meine Liebste, mit all meinen Gefühlen, Ersehntem und Erlebtem niederschreiben, denn ich bin mir ganz sicher, es gibt viele, die es nicht glauben können, wenn man ehrlich ist, das Vertrauen, die Wahrheit und die Liebe dem Liebsten schenkt, auf etwas verzichtet, nur dass diese wunderbare, besondere Liebe lebt, auch im Herzen, da es nichts gibt, was Menschen glücklicher machen kann.

Ich werde mir bei diesem Buch kein Blatt vor den Mund nehmen, wenn es um Worte, gesagte Worte und Gefühle, ja, auch Dinge geht, welche im Leben und in der wahren Liebe dem Liebsten gesagt, ja, gewünscht werden, ihr zu sagen. Es wird Situationen geben, die mehr als pikant sind, doch ich möchte die Wahrheit niederschreiben, denn in meinem Herzen und meiner Seele ist diese Liebe zu dieser tollen Frau Leben und ein wahrer Rausch der Liebe, Gefühle und die reine Wahrheit.

Der Mensch hat Träume, Wünsche und eben auch Gefühle,
und um sie zu erreichen,
setzt er die Gedanken um in seine Lebensweichen,
er hat ein Ziel vor Augen, oft verliert man es,
doch immer wieder kehrt es zurück
durch Einfluss von außen, Schicksale, Gesundheit, Freude,
Liebe und auch Glück,
oft nur gemeinsam,
aber auch oft einsam,
doch schenkt man Liebe und Vertrauen,
kann man vieles Hand in Hand aufbauen.
Oft sagt man „ein Leben lang",
dann kommt oft was anderes noch dran,
trifft man einen Menschen, den man „anders" liebt,
Gott gibt oft ein Zeichen, und
so manches Schicksal sich dann ergibt.
Man soll dem Herzen und den Träumen oft auch glauben.
Ist das dann Liebe, und man fühlt Wärme und Vertrauen,
lass niemals, wenn du wahre Wärme,
Geborgenheit und Liebe spürst, diese Hand los,
verfolgt ein Leben lang dich ja bloß,
wirst sehen, es kräftigt Körper, Geist,
Seele und geht nichts verloren,
dann weißt du, was du hast an Leben, Liebe,
und bist geborgen,
es wird dir manche Gefühle und Gedanken anregen,
wird nicht immer Glückseligkeit ergeben.
Bin ich glücklich, werd ich geliebt, ist das mein Leben?
Betrachte: Was, wo, wann und wie fing alles an?
Dann siehst und fühlst du genau, er hat dem Herzen und
nur dir Gutes getan.
Schenke dem, der dir das alles in innigster und
herzlicher Liebe hat gegeben,
die Zukunft und dein Herz im Leben,
betrüge es nie, du wirst dann nicht leben,
es wird dir was genommen und nicht gegeben,

du wirst geliebt, du bist glücklich,
und verloren geht dein Schmerz,
das ist Liebe, das sagt dir auch dein Herz,
darum nimm das, was du im Herzen spürst als Glück,
leg es in ein anderes Herz zurück,
es wird dann alles dir zurückgegeben,
was du liebst, dir gewünscht und was du brauchst,
um glücklich zu sein in diesem Leben.

Das Wichtigste ist, man liebt ehrlich,
mit Respekt dem Geliebten das zu geben,
mit Wahrheit, Wärme, Zärtlichkeit, Vertrauen;
Gefühlen, Geborgenheit,
und der
„LIEBE zum LEBEN"!

TEIL 1

DAS LEBEN

Wie und wann ein Leben entsteht, das kann der Mensch nicht beeinflussen, denn dazu braucht man alles, was dazu notwendig ist, Gott, Glauben, Wahrheit, Vertrauen und die Liebe zweier Menschen.

Oft wird im Leben Liebe mit Dankbarkeit und Geborgenheit verwechselt, was später oft Gedanken und Schmerzen im Herzen erzeugt. Was dann oft noch kommt dazu, der Schmerz kommt nicht mehr zur Ruh'!

Wie Menschen geboren werden und wo, darf keine Bewertungen in Herz und Kopf entstehen lassen, sondern jeder soll sein Herz in die Hand nehmen und zu dem stehen, was ihm geschenkt wurde, und es auch so weitergeben, denn wie man es von Herzen schenkt, so bekommt man alles im Leben zurück, ob Glauben, Gesundheit, Wärme oder die Liebe, wie Menschen sich Leben und Gefühle schenken. Geist, Herz und Körper mit Glauben verbinden und durch Liebe, Gefühle und Zärtlichkeiten in eine Richtung lenken. Ein neues Leben entsteht dann, wenn alles wächst, um eine Beziehung oder Familie zu gründen. Es mehr und mehr reift, um dann meist neues Leben zu schenken. Dies sind Schritte, die jeder Mensch mit Gott im Leben gehen muss; ob er es tut, bleibt ein Teil des Menschen, das geht von der Geburt bis zu seinem Lebensende.

Niemand kann davonlaufen oder sich freikaufen, jeder muss es selbst ertragen; wichtig ist nur, es dem Gegenüber auch zu sagen. Meist wird später aus erster heißer Liebe Alltag: Man muss arbeiten, um zu leben, hat keine Zeit zu reden, das Geliebte in den Arm zu nehmen, das zu geben, was uns stark und vertraut gemacht hat, um es zu erleben. Nimm es an, und tue es auch dann, wenn dir danach ist, es zu verspüren; lehne dich an, und lass dich berühren, es stärkt, macht Kraft und schafft Leben. Was dann kommt, ist Gottesgeschenk und heißt:

EIN LEBEN WURDE GEGEBEN!

Im Bauch der Mutter spürst du schon, wie ist der erste Kindes-Liebeslohn. Oft fragt man, wie kann es sein, ist doch das junge Leben noch so neu, aber jeder weiß, das Kleine spürt und fühlt viel mehr, als man denkt; erlebt und fühlt alles, was Gott auch dir geschenkt. Es beginnt mit deiner Geburt ein Abschnitt eines neuen Lebens. Du verspürst die erste Liebe an Wärme und Geborgenheit, aber auch Kälte, Angst, Frust und Missmut von Menschen, die dir sehr nahestehen und dir neues Leben geben.

Vater und Mutter heißen sie und sind jetzt für dich da, zeigen dir Wege der Gedanken, des Glaubens und der Liebe, vergessen oft, dass man sich im Herzen mehr erhofft, doch bleibt keine Zeit, es zu erklären, sie müssen arbeiten, um das neue Leben auch zu ernähren, man will von Herzen ja nur das Allerbeste, denn der Herr begleitet dich auf all deinen Wegen und in deinem neuen Leben.

Wachstum beginnt nicht nur durch Essen, sondern auch mit dem, was man gibt, schenkt, und damit, dass man das Kind im Herzen liebt, Ja, man kann vieles sagen, es wird aufgenommen, im Herzen verarbeitet; es kann selber nichts beitragen, es nur durch Augen, Bewegung, Geschrei oder Schlaf zeigen, aber es ist stark und kann vieles bei dir dadurch aussagen.

Die ersten Gefühle erlebst du, ob mit Schmerzen im Körper, im Herzen oder mit den ersten Zähnen, keiner versteht dich, du schreist, und niemand weiß, warum, du drehst dich herum, um auf dich aufmerksam zu machen, jeder läuft zu dir, um zu wissen, was dir fehlt, doch vermisst du meist nur dein Ruhekissen.

Vorerst liegt ein neues Leben ruhig da, Eltern voller Freude sind dir ganz nah, tun alles, um dir das zu geben, was jeder im Leben braucht, Zärtlichkeiten, Vertrauen, Wärme und die Liebe eben.

Nach den ersten Tagen dann sieht man dir dein freudiges Dasein an, das Umfeld hat dir Ruhe und Geborgenheit geschenkt, liegst eingebettet in deinem warmen Nest, durch Gebet und Glauben vieles auch auf dich gelenkt, wirst Freude uns noch lange geben, und die Eltern sind glücklich, es mit dir zu erleben. Die ersten angedeuteten Worte sind nicht zu verstehen, zeigen aber, du willst was Wichtiges uns sagen; verstehen tut dich keiner, nur vermuten tut jeder was anderes. Alles an dir beginnt sich zu bewegen, wächst, beginnst zu krabbeln, später dann auch zu gehen, beginnst aufzustehen, die Schritte sind noch wackelig, aber sie zeigen deine Stärke und die Kraft, die du brauchst, um zu wachsen. Die Sprache wird deutlicher, schlägst mit Händchen um dich, später auf Töpfe und Pfannen, alle laufen durch deine neue Sprache auch von dannen, du wirst stärker, zeigst Willen und Ausdauer, das Umfeld wird gefordert und rückt dir näher, du brauchst das, um zu zeigen, was in dir steckt, und alles Neue wird mehr und mehr geweckt.

Dein Ausdruck, deine Mimik und Gesten werden immer stärker, verteidigst dich mit Worten, Geschrei und Tränen. Ist das Kind arm, warum muss es so weinen?, kommt es aus aller Munde, was sollen wir tun, damit du dich wieder beruhigst? Jeder versucht das Richtige zu tun, doch keiner weiß, was das Richtige ist! Erste Lebensphasen sind vorbei, nun ist die Zeit gekommen, das Umfeld zu bestaunen, was die alles tun und wirklich können, das muss ich mir merken und auch versuchen, ist ja so toll, wie das gemacht und getan wird und wie sie sich alle um mich reißen. Der Wonneproppen wächst heran, erste Spiele haben es ihm angetan, greifst um dich und drehst dich um, suchst erste Sachen um dich herum, beginnst das Lernen doch von Neuem, wirst bestaunt von allen, groß und klein, ja, ist das fein.

Alle sind da und helfen dir, das lässt dich wachsen mehr und mehr, man sieht dir an, wie gut dir hat das getan und auf was im Leben kommt es an.

Erste Freunde triffst krabbelnd am Boden du, deine Blicke verstummen dann im Nu, wer und was ist denn das, kann ja nichts sagen und auch nicht fragen, darum müssen Geschrei und Hände es mir sagen, besser wir heben dich auf, um dich zu tragen. Immer mehr Gottesgeschöpfe, deinesgleichen Freunde dich besuchen, du doch Herr im Hause bist; sofort du deinen Schutz vermisst, schlägst du Radau, um dich zu erkennen zu geben, die können doch gleich mal was erleben.

Der Kontakt zu Kindern wird immer mehr, verteidigst dich auch umso mehr, bist doch der Chef im Hause du und braust sofort auf, denn alles hier gehört ja mir und sicher nicht dir.

Wenn kleine Besucher dich dann oft reißen, auf dich schlagen, böse Worte zu dir sagen, *will ich oft die Eltern fragen, doch leider verstehen die mich noch nicht, bin doch der Wonneproppen, ja, für manche noch ein kleiner Wicht.* So mancher Kinderstreit entsteht, ein ganz anderer Wind von deinen Freunden oft schon weht, durch erste Freundschaftsschläge schaffst du dir Respekt, aber für alle ist das Lernen gleich, den einen macht es hart, den anderen weich.

Was ist jetzt los, was soll das bloß? Das darfst du nicht, bist ja sonst so brav; das hat es bis jetzt nie getan, doch die Freunde sind davon schon angetan. Ein wenig Abstand tut jetzt gut, noch zu feige, dazu braucht es Mut. Ja, du gewinnst mehr und mehr, wirst stärker, und es entsteht eine „Macht", die vielleicht dir später Vorsprung schafft, denn jeder Mensch im Leben ist nicht gleich, ist jeder in seiner Weise reich; wie er damit geht später um, wird sich ergeben und redet sich auch dann herum.

Erste Enttäuschungen, die dich mürrisch machen; warum kann ich dies und das nicht? Bist noch zu klein, wird dir von den Großen dann gesagt, brauchst Hilfe immer noch, wirst später vieles dann alleine tun, spielen, krabbeln, schreien, bist fix und fertig und musst dich nun ausruh'n.

Wie alles im neuen Leben gehen so manche Versuche auch daneben, ob gehen, hüpfen oder laufen, zu machen an bestimmten Orten einen Haufen, verletzt dir die Knie, die Nase und Ellbogen blutig, da du um so manche Kurve saust auch hurtig, doch wie das Leben so ist, einmal finster, dann Sonne und dann Licht. Wächst heran, bist schon groß geworden, brauchst keine Windeln mehr, bist flott unterwegs, was will man mehr, gesund, voller Freude du bist in deinem Herzen, Stürze bereiten immer noch oft Schmerzen, du stehst fest auf deinen kleinen Beinen, oft ist es aber auch noch zum Weinen. Da du schon so viel kannst, gehst du in den Kindergarten, wirst öfters krank, viele sagen „Gott sei Dank jetzt" und nicht, wenn du in die Schule gehst. So manche Hiebe steckst du von Freunden ein, ist meist nicht wichtig, gekränkt zu sein, doch da versteht man meist noch nicht, wie wichtig diese Zeit für dich doch ist.

Die erste Selbstverteidigung steht an, der erste Kampf Mensch gegen Mensch, die Tränen oder Freude über Sieg sind der Lohn, du wirst bockig, machst nicht das, was andere wollen, läufst zu Großeltern, Eltern, Onkel oder Tante, um Hilfe zu holen.

Einen Teil des Lebens hast du bereits gemeistert, an vielen Versuchen sind auch deine Freunde meist gescheitert, macht nichts, mach ich wieder, du wirst noch öfters verlieren, dann vielleicht brillieren, bist dann ein Fragezeichen in einer anderen Liga, vielleicht wirst du später dann ein Sieger.

In dir hat Angst da schon immer einen festen Platz, bist wohl der Eltern jüngster Schatz, doch da kennt dich noch keiner, läufst davon vor diesem Gefühl und weißt nicht, wohin, *Gott sei Dank, dass ich jetzt ein wenig älter schon bin.* Du wächst in Saus und Braus, kennst dich bei vielem sehr gut aus, kannst hier nicht mehr bleiben, bist so gescheit, musst in die Schule gehen, ich will nicht, will zu Hause bei Vater, Mutter und Geschwistern bleiben. Doch vieles lässt sich nicht verschieben, wo wären da alle Gescheiten denn geblieben, hatten dasselbe Los zu tragen, mehr und weniger dann getan, da fängt doch glatt was Neues in diesen kleinen Jahren an.

Auch Zähne machen aufmerksam darauf, dass eine neue Zeit nimmt ihren Lauf, die Ersten fallen auch dann schon heraus, erste Wege weg von zu Haus, juhu, das wird super, freue mich darauf, doch man kann erst später sehen, wird das gut oder schlecht ausgehen.

Freunde gibt es neue, der eine gut, der andere schlecht, der andere böse oder brav, der ist doch dumm wie ein Schaf, alles geht durch Körper und Kopf, die Mähne wächst dir zu einem Schopf, will ich so haben, hört man dich zu Vater und Mutter sagen, läuft nicht alles nur nach Plan, aber so fangen die neuen Lebenszeichen an. Wirst gescheiter, manche schauen dich an und sagen dann, bist ein Idiot, nein, du bist schlauer, was, du bist nur „Bauer"? Doch es gibt immer etwas, das schmerzt und oft trübt ein kleines Kinderherz. Zu Hause muss alles raus, du schreist alles heraus, die sind alle so gemein, sie lassen mich allein, der spuckt, der andere macht noch in die Hose, doch vieles täuscht in dieser Zeit, da immer wieder was Neues nach dir schreit.

Bist ein braves, fleißiges Kind zu dieser Zeit du schon, bekommst dafür in der Schule auch deinen Lohn, lernst vieles und bist angetan, wenn das so weitergeht, wie wird das dann?

So manches auch noch passiert, doch keiner zu dieser Zeit hat „studiert", jeder zahlt denselben Preis, einmal ist es kalt und dann wieder heiß, du aber bist ruhig in deinem Herzen, da kommen da oft auch schon die ersten großen Schmerzen.

Gott sei Dank wächst du schneller, als du hast gedacht, ein anderer Weg dich neu anlacht, *muss die Schule dann woanders besuchen, was gibt es da, will es mal versuchen,* und wie es im Leben so ist, trifft man auch da so manches Biest. Ferien vorerst sind immer geil, bringen oft neue Freunde, Feinde oder auch Unheil, sind für alle Menschen da, vielleicht kommen Eltern, Freunde oder Feinde sich auch wieder nah, man liebt und lebt glücklicher in allem dann, wenn man mit Wahrheit und Liebe hat alles getan.

Der Herbst und Schulanfang sind da, *bin der Schule gedanklich noch nicht nah,* oft ist dann ein Lehrer schuld und andere, die dir nicht besonders sind hold, aber es geht vieles glatt, manche Lüge dir nicht bleibt erspart, hast damit so manchen auch genarrt, doch es gibt immer wieder was, das zusammenhält, bei dem einen ist es Freundschaft, bei dem anderen Geld, was nur verdirbt Charakter und den Menschen, weil sie nicht wissen, was sollen sie schenken, doch es gibt so vieles dann, wirst später öfters denken dran. Bist ängstlich, wenn ein Fremder kommt, läufst weg und versteckst dich, hat ja keiner dir gesagt, ich beschütze dich und pass auf dich auf, so nimmt die erste Angst in dir dann ihren Lauf. Lässt sich nicht so leicht lenken, kommt dir schon manch Bedenken, doch man denkt dann schnell an diese Sachen, die mehr Freude einem machen.

Die Schuljahre gehen vorbei, es gibt nichts zu diesem Zeitpunkt, was ist dir neu, kommt ja so schnell alles herbei und muss gemeistert werden, da stehen oft Freude, Glück und Segen Gott sei Dank auch auf deinen Wegen. So mancher pubertäre Gedanke kommt jetzt in dir hervor, steht dabei den Eltern so manches graue Haar empor. Bleib ruhig, wird sich schon legen, sagt die Mutter mit sanfter Stimme dem Vater entgegen. Da auch die ersten Jungs dich interessieren, hast noch daran zu philosophieren, die Schule musst du fertig machen, gibt doch so viele andere Sachen, heimlich ab und zu schon abzuhauen, du gehörst schon zu den Schlauen, irgendwo sich auch zu treffen dann, da bahnt sich oft manch Schönes an.

Du willst was erleben, das geht doch nicht, musst arbeiten und noch vieles mehr, bist oft ausgelaugt, und alles geht schon schwer, die Last auf dir ist riesengroß, *wer hilft mir denn da bloß?*

Wie bei allen jungen Leuten dann, fängt im Inneren was sich zu verändern an, das erste Herzklopfen hat sich schon bemerkbar gemacht, den ersten heimlichen Kuss hast du geschafft, der Schmetterling flattert langsam schon im Bauch, das ist was Neues, ja, das braucht man auch?

Die Schule ist Gott sei Dank vorbei, *möchte weg, um was zu erleben, geht nicht, da muss schon ich was bewegen, doch ich habe den Körper durch Neugier erst entdeckt, an jemandem, der mir da viel hat bedeutet und viel Neues hat geweckt, Gottes Segen in mir auch aufging, spüre ich was Neues und so was Schönes in mir drin.*

Das Ziel, die letzte Schulklasse in deinem Leben zu besuchen, hat viel Freude in dir hervorgerufen, da du nicht durftest aus dem Haus, wolltest einmal aus dieser Festung raus, und vieles da hat dich schon interessiert, hast du das Ziel schon ausspekuliert.

Erstmals auswärts zu sein war für dich ganz fein, kanntest du nicht, warst für deine Eltern ja zu klein, manche Lüge und List hast du gesponnen, um aus dem Haus auch rauszukommen.

Die Neugier an Wärme, Vertrauen und Liebe ließ dich nicht los, *wie soll ich das anstellen bloß, möchte doch auch mein Herz glücklich spüren, das Vermisste umarmen und berühren.*

Da du nicht hast viel Zeit dafür, steht immer Aufsicht und Arbeit vor der Tür, *möchte doch so gerne wie andere was tun, nur arbeiten, blieb keine Zeit zum Ruh'n, möchte auch das Schöne aus dem Herzen erleben, ist das alles, was man hat im Leben.*

Dein Herz schlägt gern auf Wärme, Geborgenheit und Liebe an, dazu einen Vertrauten braucht man dann, fühlt erste Wonnen in deinem Herz, ist das die erste Liebe oder ein anderer Schmerz?

Den ersten Freund du hast gefunden, erlebt die ersten heißen Stunden, ob die die Schönsten waren in deinem Leben, wirst du viel später spüren, fühlen und erleben.

Doch wie im Leben es so ist, wenn ein Herz einsam ist und was vermisst, der Druck um dich zu groß auch ist, dein Herz so viel schon jetzt vermisst, dabei auf vieles man jetzt nicht denkt, empfindet man später oft als Strafe und nicht als Geschenk.

Gott oft seine Hände über dich auch hält, dabei von ihm ein Geschenk in deinen Schoß dir fällt, kam mir doch jetzt nicht in den Sinn, dass ich bald eine junge hübsche Mutter bin? Das nun in dir wächst, musst du verstecken, was sagen die Leute und Nachbarn, was werden die denn denken, das kleine Leben in dir wächst weiter gesund heran, bald sehen es auch die anderen dann.

Der Bauch wird größer, bist oft auch schlapp, müde, und manches geht schon schwer, kannst dich oft nicht bewegen, der Rücken streikt und schmerzt, vielleicht ist es auch was aus dem Herz, doch wem kann ich das sagen, muss selbst das alles tragen, zu wem kann ich gehen und kann ihm das sagen, arbeiten ist doch die Pflicht, hat jemand vergessen, wie du beisammen und einsam bist.

Du beißt zusammen, ich schaff das schon, viele Schmerzen ist dafür der Lohn, kriegst keine Wärme, die du brauchst, wirst höchstens dafür angefaucht, *doch was soll ich tun, wird doch nicht anders, wäre schön, jemand würde mir helfen, aber WER bitte sehr?*

Der liebe Mutterbauch ist jetzt gewachsen und so süß rund, bin glücklich, dass ich und mein Kind sind gesund, der Alltag wird so schwer, keiner hilft mir und bemerkt mich mehr, jeder tut das, was ihm kommt in den Sinn, egal wie weh es mir tut und einsam ich bin.

Viele Schmerzen in Herz und Rücken musst du ertragen, würdest oft bei wärmenden Umarmungen, Zärtlichkeiten und in Liebe oft was sagen, doch wenn keiner hört dir zu, verblasst ein Herz und erkaltet im Nu.

Der Tag dann ist gekommen, wo dein Sohn voller Freude als Gottes Geschenk hast bekommen, voller Stolz den Zwerg, er war ziemlich klein, mit viel Liebe in den Arm genommen, Unterstützung hast du dabei selten bekommen, deine Mutter ist für dich ein tolles Geschenk, die dir hilft und mit dir denkt, sie steht dir immer nah, ist heute noch deine Stütze und immer für dich da.

Dein Glück und deine Liebe dich haben gequält, hast nie erfahren, was für wahre Liebe, Vertrauen, Gefühle, Zärtlichkeiten zählt, bist eingeteilt von früh bis spät, das wurde für dich so ausgewählt. Bist oft traurig und allein, es erdrückt dich und tut so weh, würdest am liebsten weit weggehen, Gott sei Dank kann niemand aus dem Umfeld das sehen, aber wohin und mit dem Kind allein? *Möchte gerne mit Wärme und wahrer Liebe zusammen sein.*

Hab doch niemand, wo ich mich kann anlehnen, immer nur danach sehnen, kann da nicht einer kommen und dir sagen: Ich liebe dich und werde deine Liebe auf Händen tragen, ohne nach Wenn und Aber noch zu fragen, denn mit so viel Besonderem und Wertvollem wie mit dir ist man steinreich, damit fühlt man sich, als wäre man ein Scheich.

Die ersten Mutterjahre fliegen so dahin, schade, dass ich immer noch einsam bin, möchte so gerne mit jemandem zusammen sein, der mich wärmt, in seinen Armen voller Liebe und Wärme mit mir und meinem Kind erträumt, was ich an Gefühlen und wahrem Leben bis jetzt alles hab versäumt?

Doch wie im Leben es so ist, hat man für nichts auch dann eine Frist, du spürst in dir, dass sich was geändert, die Tage bleiben aus, dann weiß man es oft dann, kommt jetzt ein zweites Baby auch noch an?

Deine Schmerzen an Körper und Herzen bleiben immer da, keiner ist dir jetzt ganz nah, versuchst zu glätten und zu leben, wie schön es jetzt wäre, jemand der dir mehr an Liebe, Wärme und Gefühle könnte noch geben. Dein Wunsch wird sich erfüllen, und dein Ziel wirst du erreichen, einmal mit Leuten beisammen sein, die Pläne reifen, einen „Gasthof" bauen, das ist gescheiter, bald wird umgesetzt und gestartet, dabei viel Arbeit auf dich wartet. Nun alles ist geklärt, nur dein Herz sich mehr und mehr entleert, der Körper dann zusammenklappt, kein Wunder, immer ausgelaugt und schlapp, kannst keine Kraft wo tanken, die Last auf dir und dann oft auch noch sich zanken. Dein Ziel wächst und wächst, doch dein Körper und Herz sich immer mehr verletzt, *ist das mein Leben, das ich so hab ersehnt, und niemand meine Liebe hat erwähnt?*

Durch Gottes Hilfe ein Teil der Schmerzen und Last wird dir abgenommen, bist oft nachdenklich und auch besonnen, dein Herz hörst du oft sagen, DANKE GOTT, sonst wäre oft das nicht mehr zu ertragen. Vielleicht kommt doch wo ein Lichtlein her, denn so ein Leben macht es oft so schwer, nur arbeiten und nicht im Herzen leben, *warum finde ich DEN nicht, der sie mit mir im Herzen will erleben, möchte mich anlehnen und das geben, wonach sich Herz und Körper sehnen, wo bleibt er, hab so viel an LIEBE zu vergeben, mit dem ich die Liebe mit Wahrheit, Gefühlen und in Leidenschaft kann erleben?*

Ja, nur Träumen und Ersehnen, kann nicht ersetzen Liebe, Wärme, Vertrauen und Anlehnen, doch du musst auch vertrauen und nicht den Druck von dir an dem abbauen, den andere auf dich draufhauen, der meint es ehrlich, du spürst es, was er deinem Herzen schenkt, du wirst es spüren und immer dann, wenn du ihn kannst fühlen und berühren. Ein Mensch hat dich einmal gesehen, der gefühlt hat, was ist das für eine tolle Frau, einsam, voller Liebe und Wärme, mit DER kann man Liebe und Leben aufbauen, musst sie kennenlernen, damit sie kann die Liebe spüren und lernen zu vertrauen. Doch wie im Leben es so ist, das, was man am meisten vermisst, oft lange nicht kann fühlen und erleben, man muss warten, um es später dann zu lieben und zu geben.

Dein Wunsch, mit Leuten zu arbeiten, schön langsam nach Jahren geht dem Ende zu, dein Traum, du umgesetzt hast ihn im Nu, hast Angst, dass es nicht wird so sein, aber du bist im Herzen immer noch allein. Richtest ein dein neues Heim, Toiletten, Küche, Gastraum, ja, das wird fein, die Arbeit dich lenkt von vielem ab, doch wie so oft, macht dein Körper oft wieder schlapp.

Zum Arzt und Krankenhaus bist du dann hin, körperlich und seelisch bist du am Boden, *tut alles mir so weh, will doch nur ohne Schmerzen alles tun, kann mich nicht setzen, darf doch nicht ruh'n. Wer soll das denn machen, kümmert sich doch niemand um mich und diese Sachen, wenn ich nicht da bin, wem soll ich es geben? Kann es nicht meiner Mutter übergeben, die hat doch so viel schon getan für mich im Leben.* Die Antwort, dein Rücken ist kaputt, musst massieren, strecken und verbiegen, kennst das Wort nicht, du sollst leben und lieben, das macht viele Körper und Herzen fein, aber wie soll ich das tun, bin ja in diesem Hause einsam und allein.

Gott sei Dank ist deine Mutter immer da, *hilft mir überall, ist auch sonst mir nah, auch sie kämpft mit dem Körper immer mehr, quält sich oft so sehr, dass sehen die anderen oft nicht, dass dabei mein Herz und auch mein Körper bricht.* Der Herrgott hat dir geholfen, deinem Körper Kraft zu geben, um zu arbeiten und zu leben, deiner Liebe zu helfen, hat er nicht vergessen, er hat dir nur oft genug gezeigt, dass wahre Liebe glücklich macht und vieles heilt, dann auch die Sonne in dir lacht, wenn die Liebe und der Herrgott dich bewacht.

Doch dein Ziel, der „Gasthof", der gibt dir Kraft, so viel, dass du dein Umfeld und die Arbeit schaffst; dein Herz und die Liebe lassen dich oft allein, es schmerzt und macht dich kraftlos, dieses Dasein, doch deine Wünsche, endlich glücklich zu sein, kommen sicher auch zu dir und lassen dich dann nicht mehr allein. Das Lokal ist dir geglückt, es kommen viele Leute, sind vom Bau und dir entzückt, doch dein Herz kann niemand heilen, ist ja niemand da, wo du dich kannst anlehnen und verweilen; du senkst das Haupt und machst voller Freude die Arbeit dann, hoffentlich ändert sich da mal was, dann und wann. Nur durch Lachen kann man die Gefühle nicht überspielen, es sehen nur DIE, die dich im Herzen lieben. Das Herz geht im Geschäft dir auf, alles nimmt so seinen Lauf, du strahlst, zeigst deine Freude her, jeder schätzt dich umso mehr, doch wo bleibt dein Wunsch nach Liebe und Glücklichsein? Gut, dass keiner sieht in dein krankes Herz hinein.

Die Zeit bleibt niemals stehen, wie du sagst: Es muss immer weitergeh'n, aber soll das im Herzen immer auch so bleiben? *Nein, das will ich nicht, das macht mich kaputt und wird noch mehr mich aufreiben.* Lieber Gott, betest du jeden Tag, erlöse mich von diesem Leiden, will nicht immer so einsam bleiben, gib mir Kraft, um zu widerstehen, es muss doch eine andere Lösung dafür geben?

Die Tage vergehen, keine Welt oder kein Leben bleibt stehen, die Freuden der Menschen dich glücklich machen, ja, die spüren nicht deine inneren Sachen, ein trauriges Herz, eine Liebe voller

Schmerz, die Kälte um dich, *das vermisse ich nicht, nur wahre Liebe möchte ich.*

Die Pfeile Gottes oft dir sagen, du musst alles alleine tragen, doch wie im Leben oft es so ist, gibt es einen Menschen, der dasselbe wie du so vermisst, eines Tages wird er kommen, dein Herz wie seines ist benommen, er wird dir Liebe, Glück und Segen in dein trauriges Herz dir legen, nimm es fest und dankend an, denn er ist ehrlich und von deiner Liebe, Vertrauen, Gefühlen, Wärme und Zärtlichkeiten angetan, genau, wie du es ihm gibst, so gibt er es dir, wie du es liebst.

Denke immer fest daran, was wahre Liebe im Leben wirklich kann, sie lässt vieles im Leben dich ertragen, heimliche Worte oft dir sagen:

Wann werde ich leben und im Herzen glücklich sein, mit wahrer Herzensliebe kommt immer Sonnenschein, halte dann alles fest, du fühlst dich glücklich und wärmst dein Nest, Tränen und Schmerzen füllen oft ein Fass, wandle nicht um jeden kleinen Fehler gleich in Hass, wenn du ehrlich zu Herz und Körper bist, oft Druck dich fast auffrisst, denn keiner schenkt oder vermisst, du ein gesundes Herz und einen gesunden Körper hast, weil dich ein Mensch von ganzem Herzen mit Wärme, Zärtlichkeiten, Vertrauen, Gefühlen, Geborgenheit und innigster Liebe umfasst, nur liebt und alles an Lügen und Schmerzen zu schenken hasst.

Man sagt: Gott ist für alle da, bei den einen fern, beim anderen oft nah, nicht Sünde weißt den Weg zur Kirche hin, sondern die Liebe zu Gott in dir drin. Gottes Wunsch ist das ja auch, nicht irgendwas oder ein Brauch, so haben wir den Stich ins Herz als Zeichen von ihm wahrgenommen, dann ist die Sonne, Wärme, das Vertrauen und gewünschte Liebe in beiden Herzen gut angekommen.

DANKE!

1. DIE LIEBE!

Der Sommer war vorbei, und es war Herbst 2009 geworden, die letzten warmen Sonnenstrahlen fielen durch das Fenster in mein Haus. Ein ganz normaler Morgen begann, und ich machte mich wie immer auf den Weg zur Arbeit. Ich hatte nicht gerade ein Stimmungshoch, war aber mit Arbeit eingedeckt und hatte nicht viele Möglichkeiten, an etwas anderes als Arbeit zu denken. Ich fühlte jedoch, es ist etwas anders in mir als sonst, was es aber war, konnte ich nicht herausfinden.

Am späten Nachmittag sagte ich zu meinem Kollegen: „Machen wir Schluss für heute, haben ja viel gemeinsam geschafft!" „Ja", antwortete er mir, „mache noch diese zwei Teile fertig, und dann gehen wir." „Okay", erwiderte ich, „muss auch noch ein paar Daten im PC eingeben und runterfahren, bis dahin vergeht auch eine Zeit, dann hauen wir ab." „Okay", sagte er und ging noch zur CNC-Maschine.

So gegen 16 Uhr 30 verließen wir die Firma, verabschiedeten uns am Vorplatz und fuhren beide in verschiedene Richtungen heimwärts. Da ich nichts zu Mittag gegessen hatte, entschloss ich mich, im Supermarkt noch eine kleine Jause zu kaufen. Bog auf den Parkplatz ein, parkte und stellte das Auto ab. Ging durch die Eingangstür in Richtung Fleischwaren und sah mich um, was ich mir kaufen sollte, um meinen Hunger zu stillen. Als ich mich so umschaute, zog es wie durch einen Magneten meinen Blick in Richtung des Gemüse- und Obstregals. Da stand eine süße, schwarzhaarige kleine Frau, die meinen Blick wahrgenommen hatte. Ich ließ meine Augen nicht mehr von ihr und beobachtete, was sie tat, einkaufte und wohin sie ging. „Was wollen Sie bitte?", fragte mich die Verkäuferin, die mich erschreckt hatte, da ich meine Blicke nicht mehr von dieser süßen schwarzen Frau ließ.

„Ich nehme zwei Mohnweckerl mit Salami und Gurkerl", antwortete ich und blickte wieder zurück zu dieser Frau. Sie suchte noch im Gemüseregal, sodass ich Zeit hatte, auf meine Jause zu warten. „Bitte", sagte die Verkäuferin und gab mir meine Jause in Butterpapier verpackt über die Theke. „Danke", antwortete ich und ging in Richtung Kasse.

He, schoss es mir ein, wo war diese hübsche schwarze Frau hingekommen? Also drehte ich mich um und fand sie am Weg zu den Milchprodukten. Ein innerliches Gefühl von Neugier ließ mich nicht los, denn ich wollte wissen: Wer war diese tolle Frau? Ich ging auf sie zu und nahm mir drei Joghurt aus dem Regal, wobei ich sie leicht anstieß.

„Entschuldigung!", sagte ich. Sie schaute mich an, und zwei dunkle, feurige Augen, in einem sehr hübschen Gesicht mit tollem Lächeln verpackt, schauten mich an, und sie erwiderte: „Nichts passiert!" „Ja hallo", sagte ich wie verwundert. *Hübsch!* „Hallo", antwortete sie und suchte weiter im Regal. „Kann es sein", fragte ich, „dass ich Sie schon des Öfteren hier gesehen habe?", da ich mich an diese Ausstrahlung erinnerte und mich schon früher fragte, wohin diese tolle, strahlende Frau gehören mochte, sie aber lange nicht mehr gesehen hatte. Darauf hob sie ihren Kopf, schaute mich an und antwortete: „Das kann sein, ich bin hier vom Ort, aber ein wenig außerhalb." „Von wo?", fragte ich. „Wir haben außerhalb vom Ort einen Bauernhof", sagte sie, „kannst ja mal vorbeikommen und mich besuchen!" „Ja, gern", erwiderte ich, „freut mich, wenn ich so eine hübsche Frau besuchen kann!"

Sie schaute mich an, ohne ihr Strahlen verloren zu haben, aber ich hatte den Eindruck, sie war ein wenig schüchtern, doch genau das ließ mir keine Ruhe mehr. „Würde mich freuen, wenn wir uns sehen könnten, aber ich bin im Stress, habe viel zum Vorbereiten für das Wochenende. Muss jetzt los", sagte sie, reichte mir die Hand zum Gruß und verabschiedete sich. „Aber den Besuch bei uns nicht vergessen." „Nein", antwortete ich ihr, „wir sehen uns." Sie ging los und verschwand hinter den Regalen Richtung Kasse, worauf ich ihr folgte, um auch zu bezahlen.

Sie stand ein paar Leute vor mir, und ich konnte meine Blicke nicht von ihr lassen, so hatte mich diese Frau gefangen. Ja, die war wunderschön, hatte so etwas Interessantes an sich, was mich nicht losließ. Sie ging Richtung Ausgang und verschwand aus meinem Blickwinkel. Nachdem ich auch bezahlt hatte, ging ich raus, wobei sie gerade ihr Auto ausparkte und an mir vorbeifuhr. Ich lächelte ihr zu und winkte mit der rechten Hand, auch sie winkte, fuhr weiter auf die Hauptstraße, blinkte links und verschwand nach einem geraden Stück und einer Rechtskurve aus meinem Blickfeld. Wow, dachte ich, als ich ins Auto einstieg, was ist das für eine Frau, die muss ich sehen und mit ihr plaudern. Die strahlt so eine Wärme und ein Vertrauen aus, genau das ist es, was ich von Herzen liebe, mit Leuten zu plaudern, die in der Ausstrahlung und in den Worten Gefühle spüren lassen. Die muss ich besuchen, dachte ich und fuhr heimwärts. Die Tage verstrichen, und die innerliche Unruhe oder das etwas andere Gefühl in mir ließ mir keine Ruhe mehr. Ich stand oft im Betrieb und dachte, was denn mit mir los sei, auch abends zu Hause fragte ich mich, was das sei. Ich fühlte einfach, ich hatte eine Leere in mir; von wo und durch was sie kam, ich wusste es nicht und fand auch den Grund nicht für meine innerliche Veränderung. So vergingen die Tage und Wochen, ohne zu wissen, wie es weitergehen sollte.

Privat war gleichfalls ein gewisses Feuer erloschen, auch dadurch, dass ich gegen den Willen meiner Frau einen guten Job einvernehmlich gelöst hatte und eine Firma mit einem jahrelangen Freund, den ich schon in meiner Exfirma fachlich und aus kollegialen Gründen sehr geschätzt hatte, gründete. Da gerade eine Wirtschaftskrise über ganz Europa hereingebrochen war, hatten viele meiner Kollegen, welche selbstständig waren, Bedenken, wie das weitergehen konnte, doch unser Einsatz wurde belohnt, und nach den Aufträgen zu urteilen, waren wir sehr gut unterwegs. Ich vermisste es schon des Öfteren, in den Arm genommen zu werden oder mit jemandem zu schlafen, doch für mich zählten die Familie, die Wahrheit und das Vertrauen. Aber in Sachen Liebe war immer ich die Triebfeder; wenn ich meine Frau darauf ansprach, wurde es meist winkend abgelehnt, sich auch an der Liebe zu betätigen und nicht meist der tote Mann, nein, die tote „Frau" zu sein. Wenn man jahrelang drauf einredet und es ändert sich nichts, dann verliert man den Willen, immer wieder all das anzusprechen, und vermeidet den innerlichen Schmerz oder Wunsch aus Rücksicht auf das Familienleben, um Zwist zu vermeiden. Wie es im Leben oft so ist, gibt es mehr Menschen, die nicht glücklich sind und viel vermissen, sich beim Weggehen am Morgen kurz küssen; bei vielen ist die Liebe oft schon lang vorbei, der Alltag ist so einerlei, doch keiner will was dagegen tun, ist doch irgendwie okay. Brauch dafür nichts zu tun, kann mich darauf ausruh'n. Ist das mein Leben? Dafür ist es zu kurz, um es nicht mit Liebe zu leben; wichtig ist, bevor es dich macht krank, du trennst dich und sagst später: „GOTT SEI DANK!" In deinem Herzen bist du immer noch einsam und allein, draußen gibt es jemanden, für den ist es auch nicht leicht, allein zu sein; wenn die sich treffen würden, dabei sich ihre Liebe, Gefühle und Vertrauen schenkten, das wäre fein, dann wären zwei Herzen glücklich und nicht mehr allein.

Ein Mensch dir immer näher kommt, dein Herz sich aus dem Nichts erhebt, in seiner Nähe es dann bebt. Auch er spürt ein Brennen, die Sehnsucht und Liebe sich nach dir sehnen; ein Schmerz dir geht durch Herz und Blut, was sich da tut? Ist das Liebe? Du wirst es bald dann spüren, das Vertrauen und die wärmende Liebe wird dich verführen, er wird dein Herz streicheln, deinen Körper und Gefühle mit Liebe berühren, du wirst strahlen und neu erleben, was glücklich sein und wahre Liebe ist im Leben.

So tritt er dann ein in dein Heim, setzt sich und genießt dein Haus ganz fein, Getränke, Jause und der Service dann, ist begeistert und sehr angetan, spürt Wärme um sein warmes Herz, was ist bloß los, was hat sich da getan, es fängt immer mehr zu rasen an?

Dich hat er nicht gesehen, er spürt nur, da ist was geschehen, er weiß noch nicht, was ist mit ihm denn los, er spürt nur, im Inneren hat sich was Großes bewegt, das hatte er schon lange nicht mehr so erlebt. Was ist das nun, das in mir so lebt, macht so glücklich, spürt Leben und Glück zugleich, ein tolles Gefühl macht sein Herz so reich, aber was ist es, wie kann das sein, was ist geschehen, von wo kommt es her, von oben allein, das kann nicht sein, da muss was anderes sich getan haben, dass solche Gefühle in sein Herz wurden getragen, möchte dieses nicht mehr verlieren, wunderbar so etwas zu erleben, der Körper spürte lange nicht mehr so ein Beben, etwas Neues so zu erleben, wer hat mir das gegeben?

Die Zeit vergeht, er kommt immer wieder, setzt sich, schaut und spürt ganz nah, da ist doch in mir wer da, das Beben wird mehr, man leidet dann sehr, wenn man nicht weiß, von wo kommt das her, dabei kommt Unruhe auf, alles nimmt seinen Lauf, doch was ist es, sagt es ihm bloß, und er weiß nicht, was ist denn in dir los? Doch eines Tages beginnt es dann, wie es nicht anders im Leben sein kann, er kommt auf dich zu und sagt dir dann:

„Dich hab ich vor langer Zeit gesehen, habe gefühlt, was ist das für eine Frau, das wäre sie, der ich vertrau, berührt und hab gleich gefühlt, jetzt weiß ich, was mein Herz hat da gespürt, diese Frau hat mit Liebe mein Herz beschenkt, der Herrgott hat einen Pfeil auf uns gelenkt und dabei viel Liebe uns geschenkt." Als er später ging, das Herz sich nicht mehr fing. Muss immer daran denken, was für eine Frau, die mir das alles kann von Herzen schenken, wie wird es in ihrem Herzen sein, ist sie glücklich oder allein? Beide aber spüren, da konnten sich zwei Herzen berühren und man konnte Gott nur danken, dass sich die Herzen fanden. Die Woche bis zum Wiedersehen war lang, kommt er wieder, was tut sich dann, hört denn dieser Schmerz nicht auf, hab ich denn gewartet drauf, dass jemand kommt, der mich liebt, wärmt und fest im Herzen trägt, ja, das wollte ich doch von Herzen erleben, glücklich sein, zu lieben und gemeinsam das zu leben. Gott sei Dank, das Wochenende ist nun da, kommt er mit seiner Wärme wieder mir ganz nah, mein Herz wünscht es so sehr, von diesen Gefühlen möchte ich noch mehr. Wird es bei ihm auch so sein, ist sein Herz auch allein, warte voller Sehnsucht darauf, was tut sich in meinem Herzen denn da auf? Die ersten Worte, die Nähe, das Gefühl, angehört zu werden, kenne ich nicht, die Nähe und

Angst in mir aufsteigen lassen, warum passiert das gerade mir und das in meinem Hause hier! Hoffentlich sieht keiner meiner Gäste es mir an, was sich in meinem Herzen hat getan, wenn dieser Mensch in meiner Nähe ist, steigt es in mir auf wie eine Gischt, in meinem Körper sprießt Liebe und neues Leben, hat dieser Mensch aus seinem Herzen es gegeben? Es ist so wunderbar, das wieder mal zu spüren, hab so lange gewartet und gehofft, das wieder mal zu fühlen, kann es kaum fassen, dass mir das passiert, wird mich Gott hassen. Nein, das wird er nicht, denn er sieht in dir ein Licht, deine Liebe und dein Leben, darum sollst du mit Liebe und Glauben in die Kirche gehen und leben, darum hat er das alles gegeben. Endlich wieder Leben zu spüren, das tut gut, doch der Körper wird immer kränker, Schmerzen dich quälen immer mehr, was soll ich tun? Wie immer, kann nicht ruh'n, um mir und meinem Herzen was Gutes zu tun. Doch als er mir wieder ganz nahe kam, mit mir sprach und in Freundschaft meine Arme annahm, da spürte ich so einen Stoß, der Schmerz wurde weniger, wie geht das bloß? Was hat der Mensch denn in sich darin, das so glücklich macht, wenn in seiner Nähe ich bin! Wir sprachen über Gott und die Welt, er hörte zu, was ihm und mir so fehlt, Vertrauen und Glück in mir sich entfacht, mein und sein Herz so über alles lacht, das ist es doch, was ich immer spür, er ist es, der mich und meine Gedanken so verführt, doch ich bin ehrlich, er ist mir so vertraut, sich bei ihm anzulehnen, ja, das wäre fein, kann ihm alles anvertrau'n. Er mir seine Last auch sagte, egal was ich ihn fragte, ich auch zu plaudern dann begann, was ich liebe, was mir fehlt, mir wehtut, dann und wann, da fing mein Herz zu strahlen an, wie kann das sein, dieser Mann, einsam und niemand da, dem man sein Herz ausschütten kann, nur Schmerzen im Rücken und im Herzen, bei ihm ist alles anders gleich, ich taue auf, und mein Herz wird weich, da ist der Mensch, mit dem bin ich „REICH"! Hab die Zeit mit ihm übersehen, tut gut, so glücklich und vertraut zu reden, gibt Kraft und Mut zugleich, das macht Herzen und den Menschen reich, bring das Gefühl im Herzen nicht los, ist das nur Freundschaft, was ist mit mir los?

Den nächsten Tag er kommt vorbei, geht auf mich zu, sagt Hallo und dann sogleich:

„Was ist mit dir los, hast du Schmerzen, wirkst schlapp, traurig und unglücklich auch, wer drückt denn immer auf dich drauf, spürst du im Herzen auch, da nimmt was ‚WUNDERBARES UND BESONDERES‘ seinen Lauf!" Ich habe ihm dann meine Schmerzen anvertraut, er hat mich mit Wärme und Vertrauen aufgebaut, Kopf hoch, gerne bin ich für dich da und freue mich, wenn du bist mir soooo nah. Die Schmerzen lassen Sie nie in Ruh', wenn ich mit ihm rede, hört er mir zu, ganz leicht die Schmerzen sich verlieren, es ist ein Gefühl, als würden wir uns verlieben, er sagt, ich müsste vieles tun, dann könnten auch die Schmerzen ruh'n. Woher soll er denn wissen, was ich und mein Körper so vermissen? Bete täglich zu Gott, bin verheiratet, darf mich nicht verlieben, ist eine Sünde, bin dann nicht rein, was soll ich tun, bin doch im Herzen so allein, dieser Mensch hat das erste Mal im Leben das gegeben, was ich vermisse, gesucht habe, um glücklich und in Liebe es zu leben. Bin ins Stift gefahren, um dem Pater es zu sagen, um ihn um einen Rat zu fragen. „Aus Liebe zu Gott bist du gekommen", sagt der Pater oft allgemein, nicht weil du Sünder bist und allein, sondern aus Liebe und Besonnenheit und nicht als Schein, sondern durch deinen Glauben an Gott und Christus gehst du in sein Haus hinein. Wenn der Sonntagabend ist vorbei, lieg ich im Bett und seh'n ihn herbei, bin zugedeckt und doch ist mir so kalt, das ist der Mensch, der gibt mir Wärme, Liebe und auch Halt, warum ist er jetzt nicht da? Wäre toll, jetzt bei ihm zu sein und auch ganz nah.

Bis fünf Tage so vergehen, bis er am Freitag vor der Tür wird wieder stehen, kann keinen Gedanken oft mehr fassen, dabei mein Umfeld mehr und mehr oft hassen, tue nichts, und trotzdem bekomm ich Schläge, tut weh, als ob ich auf einem Nagelbrett läge; endlich Freitag, kommt er, oder ist er schon da? Kommt langsam mir ganz nah, „freu mich", sagt er, „du bist da"; meine Gefühle sprechen sofort wieder an, ich werde unruhig, und er sieht es mir auch an, dass mein Herz sich nicht wehren kann. Doch es ist, als wäre ich für ihn nur Glas, denn er schaut mich an und sagt: „Da ist doch was, was tut dir weh, ich sehe doch in dein Herz hinein, wie willst du gesund und glücklich sein, wenn du im Herzen bist traurig, einsam und allein?" Ich denke nach, was sagt er da? Spüre aber immer, er ist mir ganz nah, tut gut, es so zu spüren, geliebt zu werden und sich zu berühren, doch ich darf es nicht, bin dann nicht mehr rein, aber es schmerzt so, will nicht mehr alleine sein. Da ich Vertrauen von ihm hab erhalten, täglich meine Hände muss auch für ihn falten; bedankt sich, was ich ihm hab in sein Herz gegeben, Liebe und ein neues Leben. Wie kann er das sagen, ich hab ihm was gegeben, spürt er, was ich fühle, ist das für ihn was Wichtiges in seinem Leben? Da mir seine Hilfe tut so gut, nehme ich zusammen meinen Mut, er sagt immer: „Geh doch mit mir beim Walken mit, dann wirst du frei, Körper und Herz auch fit." Wie soll das gehen, kann oft nicht mal stehen, und was wird mein Mann dann sagen, der wird mich verjagen? Er sagt: „Liegt ihm denn an dir nichts, was dich glücklich und gesund macht?" Sie dabei ganz laut noch lacht, „der beschimpft mich nur", dabei auch niedermacht, „alles ist zu wenig, was ich tu, sag dann immer: ‚Lass mich in Ruh'", und knallt hinter mir die Türe zu!" Spüre immer mehr, bei diesem neuen Menschen fühle ich mich so wohl, der ist für mich ein Ruhepol, kann reden, mich freuen und glücklich sein, so macht das Leben Spaß, aber nicht das Alleinesein.

Mein Herz und meine Gedanken an ihn lassen mich nicht los, ich merke bloß, ohne diesen Menschen mich nichts hält, die Kälte, die mich überfällt, aber nicht mein Herz erhellt, möchte doch wieder mal glücklich, verliebt und ohne Schmerzen sein, danke, dass du da bist und beide nicht allein.

Eines Tages sagt er dann: „In der nächsten Woche komme ich zu dir her, keine Ausrede hilft dir mehr, ich gehe mit dir walken dann und fange deine Schmerzen im Rücken zu behandeln an."

„Alleine gehen", sagt sie, „darf ich nicht, da muss noch eine Freundin mit, sonst habe ich ja nur Krach im Haus, das halten ich und mein Herz nicht aus." Die nächste Woche kommt herbei geschwind, viel zu schnell, wie ich es find, doch immer etwas sagt mir dann: Was hat diese tolle Frau deinem Herzen angetan?

Oft lässt mich das Gefühl nicht los, macht bloß die Liebe dein Herz so groß? Bei dieser tollen Frau angekommen, hab Hallo gesagt, sie leicht in den Arm genommen, sofort gespürt, da ist es wieder, das Gefühl spielt alle Lieder, wie kann das sein, immer wenn wir beisammen sind, bläst im Herzen ein warmer Wind? Doch um ihr was Gutes für den Körper zu tun, müssen wir zügig gehen und dürfen die Bewegung genießen, dabei die ersten Gefühle fließen; möchte diese Frau nicht missen, würde sie am liebsten küssen, doch was wird sie sagen, mir eine knallen und dann sagen: „Bist du verrückt, was bildest du dir ein!" Das will ich nicht, das lass ich sein, vielleicht ein anderes Mal, wenn wir alleine sind und wieder bläst der süße Wind, der das Lied unserer Gefühle singt.

Eine Zwei-Stunden-Runde mit ihr und Freundin ist schnell vorbei, trage beide noch übers Wasser, da die Straße von Schneewasser überflutet ist und diese süße Frau nur Sportschuhe bis zum Knöchel anhat, obwohl mir das Wasser in meine lief, doch bei ihr fühle ich, was diese Frau für Wärme und Liebe in mir weckt und erwachen lässt. Ein Wochenende ist wieder da, fühle ich sie schon wieder so nah, das Glück, die Wärme und Liebe steigt in mir hoch, diese Frau mit Wärme, Vertrauen, Gefühlen füllt in mir ein riesiges Loch. Doch eines weiß ich noch nicht, wie geht es ihr, was fühlt sie, was sagt ihr Herz, fühlt sie auch die Wärme, das Vertrauen, die Gefühle und den Schmerz? Ich gehe rein, geh auf sie zu: „Das ist fein, dass ich dich seh, wie geht es dir? Draußen liegt immer noch Schnee, was macht dein Körper, tut es ihm gut? Dann macht es dir sicher Mut, es wieder zu tun und zu sagen: ‚Ich mach das jetzt immer, um meinen Körper nicht zu plagen, sondern Gutes zu tun; tut wirklich gut, macht zu viel mehr noch Mut!'" Ich spürte, was der Mensch mir bedeutet, zu was das mein Herz bloß verleitet, doch ich fühle, dem Herzen und dem Körper tut es gut, darum macht es mir wirklich Mut, mit ihr zusammen zu sein, ich bin so glücklich und beide nicht allein. Oft hole ich sie und die Freundin auch noch ab, gehen gemeinsam die Runden auf Straßen und Wegen, doch ich spüre im Inneren ein anderes Leben, weiß nicht, kann es bloß beschreiben:

Hab nur diese Frau in Kopf und Herzen, täglich werden mehr die Schmerzen; weiß nicht, was kann ich tun, was zu unternehmen ist besser, als zu ruh'n. Keine Minute kann ich einen Gedanken fassen, auf was soll ich mich verlassen? Das Herz sagt: Halt sie doch fest, sie hat auch kein warmes Nest, musst ihr Wahrheit und das Vertrauen geben, was sich ihr Herz wünscht und deines zum Leben – LIEBE eben. Bei den verschiedenen Walkingrunden wurde unter uns dreien viel gesprochen, über Krankheiten, Alltag und vom Herzen auch, auf was man gern verzichten kann, was man braucht, dann und wann. In der Jahreszeit es ist um 19 Uhr finster, und wir gingen durch Wald und Flur, ich, hinter dieser Frau mit dieser Wärme, hab manchmal schon mit Zärtlichkeiten uns eine Freude wollen bereiten, doch dann drückte ich ihr, ohne dass es jemand mitbekam, einen zarten Kuss auf ihre Wange dann; jedes Mal sah sie mich an und sagte leise: „Pass bitte auf … sonst haben wir beide … da die ‚SCHEISSE‘ auf!" Beide wissen wir es nicht, ist es Zufall oder nicht, wir drei wollten wieder eine Runde gehen, doch die Freundin musste widerstehen, „bin krank, kann nicht gehen"; jetzt ist guter Rat teuer, dieser tollen Frau ein wenig ungeheuer, „habe Angst, dass das jemand sieht", sagt sie zu mir, „es ist wohl finster, habe keine Angst, bin doch hier", sage ich ihr, da kommt ein Strahlen in ihr auf, und die Herzen haben freien Lauf, man hört keinen Ton und trotzdem sagen:

Danke Herr, dass du uns hierher hast getragen und ohne ein Wort der Herzen „Lieben WIR uns?" zu fragen.

An diesem Abend wir reden über alles, auch über uns, was glücklich macht, was uns fehlt, wir uns wünschen, was beide gerne an unserer Seite hätten oder sich wünschten, so ging es durch die sternklare Nacht, was im Herzen so was Schönes schafft. Wir kamen unter einem Dach von Bäumen ins Freie, und der Mond war sternenklar, wir griffen nach unseren Händen, schauten uns an, und sie sagte: „Was für ein Geschenk so eine sternklare Nacht, welch ein Reichtum an Wärme, Vertrauen und Gefühlen, sich mit den Armen festzuhalten, gegenseitig das zu schenken, da zu sein, wenn man sich braucht, ohne vorher ein Wort gesagt zu haben", dabei drehte ich sie zu mir, drückte sie zärtlich an mich und antwortete:

„Ich danke dir für diesen Abend, und der Kuss von mir ist ein Geschenk, auf das wir beide aufpassen müssen, denn es ist was ganz WERTVOLLES!"

Sie schaute mich an und sagte dann: „Ja, es ist ein wunderbarer Tag in meinem Leben, habe nie gedacht, so einen wunderbaren zu erleben; ist Wahnsinn, was man da im Herzen spürt, danke, dass du mich so zärtlich hast geküsst und berührt." Walken konnten wir nicht bei dem tollen Mondlicht, wir gingen weiter, ließen unsere Hände nicht mehr los, waren wie aneinander verschraubt und die Gefühle im Herzen ganz groß, da begann etwas zu leben, dass beide so vermissten, darum hab ich sie nochmals an mich gedrückt, ganz lang und zärtlich geküsst. Als wir am Startpunkt unserer Runde wieder ankamen, sagten wir beide wie aus einer Pistole geschossen: „War das heut ein wunderschöner Tag, den wir nie vergessen werden; wie der zustande kam, ob uns Gott auch geholfen hat, können wir nicht sagen, aber passen wir auf dieses beiderseitige Geschenk gut auf!" Unsere Herzen haben sich verlassen darauf. Am Auto angekommen gab ich ihr einen leidenschaftlichen Kuss und sagte zu ihr: „Dein Kuss war ein Geschenk für Herz und Seele und gibt Kraft, ich sage ab heute Liebling, Mäuschen oder Engel zu dir, besser ist noch Isy!" Sie sieht mich an und gibt mir ein kurzes, aber zärtliches Küsschen. Dass man im Leben vieles leichter schafft, wenn man sich unwohl fühlt oder es einem schlecht geht, wenn man sich kurz Hallo sagt oder ein SMS schreibt, „aber wie können wir uns unsere Worte und Gefühle mitteilen, wenn du kein Handy hast? Das Warten auf das nächste Wochenende ist doch so lang." Dann antwortet sie mir: „Weiß ich nicht, aber es macht Lust auf mehr, wenn man sich nicht täglich sieht. Außerdem spürt man ja im Herzen, was das kann und wie toll es ist, es mit dir zu erleben." „Schatz", sage ich zu ihr: „Ich werde dir ein Handy besorgen, damit wir uns die Gefühle zu jeder Tages- und Nachtzeit senden und sagen können, es ist mir wichtig, dir deine Träume, wie auch meine, zu sagen, zu spüren, mit dir zu erleben und miteinander zu tragen." Die

Freude auf das Wochenende kannte keine Grenzen, das Handy hatte ich besorgt, um damit eine Herzensverbindung zu schaffen, die für mich so intensiv geworden ist, was ich mein Leben lang nicht mehr kannte; dieser Mensch ist was „Besonderes und Wertvolles" für mich in meinem Leben geworden, und ich möchte es nicht missen. Sie ließ sich gleich alles erklären, damit sie die gefühlten Erlebnisse und Gedanken mir mitteilen könne. „Nie habe ich Worte so weitergeben können wie an dich", sagte sie, „es ist mir immer schwergefallen. Was würdest du dir denken, wenn ich das sage oder schreibe? Doch dir vertraue ich."

Aber ich war von den ersten Rückantworten so angetan, dass mein Herz in Tränen ausbrach; ich wurde immer hungriger nach den Gefühlen, Zärtlichkeiten und der Liebe, die mich verzaubert und neu aufleben ließ. Jede Minute, jede Tages- und Nachtzeit denke ich an die Momente, welche in mir alles verändert haben; es ist so schön, nach so langer Zeit das zu spüren, was ich in vielen einsamen Nächten erhofft, geträumt und gewünscht habe, dafür danke ich Gott. Die SMS wurden immer intensiver in Gefühlen und Worten, und es kannte keine Grenzen mehr. Sie war zu schüchtern es mir zu sagen, „das habe ich vorher noch nie jemandem sagen können", alles wurde gesagt, wie und was man dabei gefühlt hat; es ist unbeschreiblich, was wir austauschten und damit schenkten. Als meine Frau gegen Mitternacht nach Hause kam, bekam ich den nächsten Schlag ab. Sie hatte bemerkt, dass ich mein Auto nicht mehr bewegt hatte, und daher fragte sie mich mit einer Absicht, um mich zu kränken und verletzen zu wollen: „Na, hat dich heute dein Schatzi nicht brauchen können, weil du zu Hause bist?", sagte sie mit forscher Stimme. „Ich habe dir von Anfang an gesagt, die braucht einen Idioten wie dich, der alles für sie tut, und wenn du nicht mehr gut genug bist, dann kannst du verschwinden! Wie es dir dann geht, ist der doch egal, aber du glaubst, die meint es ehrlich mit dir. Für die bist du nur ein Spielball." Ich war vor dem Explodieren. Sie hatte sich bereits umgedreht und ging zur Garderobe, wo sie ihre Jacke ablegte. Ich stand auf und ging ihr nach. Erstens ist das meine Sache, und zweitens, lass mich in Ruhe, ich kritisiere dich auch nicht, weil für mich Streit und ein Miteinander mit dir nur mehr Kälte hervorruft. Ich lasse mich nicht mehr beleidigen, und geh mit dir auf keinen Streit mehr ein, okay. Lebe du, was du für richtig hältst, und lass mich in Ruhe, ich will auch einmal mein Leben leben, habe immer alles nur für euch getan, mich hat niemand gefragt, ob ich auch einmal für mich etwas tun wolle, habe nur gearbeitet, um euch Freude zu bereiten, dass es euch gut geht, schöne Reisen und Urlaub und Geschenke usw.",, sagte ich und schloss hinter mir die Tür ins Wohnzimmer. Mir war speiübel, legte mich auf die Couch und drehte mich zur Seite, denn ich wollte nicht, dass sie mich so sah, wie es mir gerade ging, um nicht ihre Rachegelüste gegen diese tolle Frau Isy zu stärken. Ich spürte, wie mir kleine Tränen über meine Wangen liefen. Ich griff in meine Hosentasche und nahm ein Taschentuch heraus, um sie mir abzutrocknen. Wie gehässig muss man da sein, dachte ich, wenn man sich so verhält! Auf der einen Seite konnte ich sie auch verstehen, wenn man so viele Jahre, ja, es waren sehr schöne Jahre dabei, immer zusammen ist, so manch schwierige Situation im Leben gemeinsam meistert, dass es schmerzt, wenn man seelisch und von der Liebe verlassen wird. Ich war mit Isy und einer Mitarbeiterin schon einige Male zuvor abends walken gegangen, wir hatten uns blendend unterhalten, kamen uns näher und vertrauten uns so manche Worte und Geheimnisse, aus deren Familien und Umfeld, an, doch es war nicht mehr. Dass zu diesem Zeitpunkt meine Frau ins Krankenhaus musste, sie hatte eine Lähmung im Gesicht, kam dann noch dazu. Ich besuchte sie jeden Tag, ging am Tag zur Arbeit und auch noch kurz mit den zwei Damen abends, wenn ihre Kinder im Bett waren, walken. Es gab außer ein paar Begrüßungs- und Abschiedsküssen nichts, doch es hatte sich was in mir verändert, und das spürte meine Frau. Als sie ein paar Tage später aus dem Krankenhaus entlassen wurde und einige Tage bereits zu Hause war, die kleinere Tochter zu Besuch kam, wollte ich reinen Wein einschenken und Klarheit schaffen, zwischen meiner Frau und mir, außerdem sollten meine Töchter auch wissen, was in der Familie ablief, es war immer mein ehrlicher Wunsch, wenn es

Probleme gibt in der Familie, muss darüber gesprochen werden und was wir dagegen tun können. Da außer ein paar Küssen und Zärtlichkeiten aber kein Geschlechtsverkehr vorgefallen war und meine Frau mir eine Affäre mit Isy vorwarf, wollte ich dieses Problem aus der Welt schaffen, doch WIE???? Da ich immer ein Mensch für Wahrheit in solchen Fragen war, wartete ich ab, was weiter geschehen soll, denn ich wollte für die Liebe zu Isy nichts riskieren, aber auch in meinem Umfeld Klarheit schaffen. Aus diesem Grunde wollte ich diese Fragen auch mit meiner Frau und im Beisein meiner Töchter klären. Es war an einem Wochenende, und da meine kleine Tochter, welche in einer nahegelegenen Stadt wohnt, mit ihrem Partner zu Besuch war, nützte ich diese Gelegenheit. Ich sprach zu meiner Frau: „Jetzt ist ein guter Zeitpunkt, eine schon lange notwendige Aufklärung zu starten. Ich hole jetzt beide Töchter und werde ihnen auch meine Situation erklären, damit da endlich Klarheit herrscht. Kommt bitte alle in die Küche", sagte ich zu ihnen, „ich habe mit euch etwas zu besprechen." Als die beiden in die Küche kamen, meine Frau war bereits da, sie war mit dem Kochen beschäftigt, bat ich sie, mir einmal kurz zuzuhören, was ich ihnen zu sagen hätte:

„Da es in letzter Zeit zwischen mir und eurer Mutter Probleme gibt, das Familienleben bzw. die Beziehung in Gefahr ist, muss ich euch das mitteilen. Außerdem unterstellt mir eure Mutter, ich hätte eine Geliebte, da ich mich so verhalte und mich bei den Besuchen im Krankenhaus so gezeigt habe. Ich möchte euch Folgendes sagen: Ich habe keine Geliebte, ihr könnt euch jetzt denken, was ihr wollt, meine Worte sind ehrlich und entsprechen der Wahrheit. Wenn ich mit Isy und ihrer Freundin walken gehe, dann weil ich es immer schon getan habe und weil ich es durch meinen Ansporn auch geschafft habe, einen Menschen von den Schmerzen zu befreien, ihr, nachdem sie jahrelang Medikamente und schmerzhafte Behandlungen über sich hatte ergehen lassen, zu helfen, diese zu erleichtern, um auch ein schönes Leben ohne Schmerzen führen zu können. Ihr müsst jetzt kein Urteil abgeben, doch eines möchte ich euch sagen, wenn ihr den Worten eurer Mutter zustimmt, dann weiß ich, was ich für euch bin. Ich werde kein Wort mehr darüber verlieren, doch ich werde mich von euch zurückziehen. Will keinen Streit mit euch, doch ich werde mein Leben leben und ihr das eure. Mir hat das Leben mit euch Frauen gezeigt, dass man mit Wahrheit, Wärme und wahrer Liebe viel erreichen und lindern kann. Ich habe in meinem Leben versucht, euch ein guter Vater zu sein, der immer, egal wie, wann und wo für euch da ist, habe mit ganzem Herzen auf viel verzichtet, um ein schönes und gutes Leben in einer Familie zu erleben und auch später Vorbild für eure Familien zu sein. Wenn ihr mich jetzt in dieses Loch fallen lasst, dann kann niemand mich umstimmen. Denkt darüber nach, ein Aus ist ein Aus." Alle sahen mich entrüstet an, ich hatte das Gefühl, sie hätten einen schweren Schlag erhalten. „Das steht fest, denn ich habe mir nichts vorzuwerfen und habe euch jetzt auch nicht belogen. So, das wollte ich euch sagen."

Meine beiden Töchter sahen drein, als hätten sie einen Schlag auf den Kopf bekommen. Meine Frau warf ihre Blicke auf die Töchter und antwortete: „Ich weiß, dass es so ist, sonst müsstest nicht immer auf die Uhr schauen und nach einem SMS immer wegfahren. Denkst du, ich spüre das nicht? Steht auf und geht aus der Küche." Die beiden Töchter folgten ihr, und ich saß allein da. Mir war in diesem Augenblick ein Stein vom Herzen gefallen, denn ich hatte auch Isy versprochen, den Druck, den sie spürte, wenn sie meine Frau irgendwo traf oder sah, zu nehmen, denn seit ich mit Isy und Freundin walken ging, fuhr meine Frau nicht mehr mit in ihr Lokal, obwohl Isys Freundin meiner Frau immer eine gute Bekannte und Gesprächspartnerin war; das hatte sie oft erwähnt, dass diese nett und freundlich und eine gute Gesprächspartnerin war, doch seit unseren gemeinsamen Sportaktivitäten war sie oft eine blöde Kuh und sonst jemand, der von nichts eine Ahnung hatte. Nach einer Weile kam meine Frau mit den Töchtern zurück und sagte zu mir: „Dass du eine Freundin hast, bin ich mir fast sicher, du leugnest es jetzt, dann sag einfach, warum du anders bist." Ich schaute sie an und antwortete: „Ich bin nicht anders, ich bin einfach ein anderer Mensch geworden, weil ich festgestellt habe, egal was man tut, es ist alles selbstverständlich geworden, du erhältst kein Danke oder Bitte, es ist fast alles in Selbstverständlichkeit übergegangen, und da bekomme ich für mein Verhalten und Vertrauen auf einmal Wärme und ein Danke, das mir im Herzen einfach guttut. Auch liegt mir viel an Isy, dass es ihr gut geht, könnt ihr das nicht verstehen?"

„Es ist mir egal", antwortete meine Frau, „wie es der blöden Kuh geht; wenn es dir wichtiger ist als deine Familie, dann tu, was du willst." „Du bist einfach gehässig", erwiderte ich, „du weißt ganz genau, dass mir die Familie immer das Wichtigste war, doch wenn du mich wie einen Hund behandelst, mir einfach etwas zwischen die Beine wirfst, das nicht der Wahrheit entspricht, dann bin ich sauer und weiß, was du von mir hältst. Okay, ich habe eure Meinung angenommen und akzeptiere sie, doch ich weiß in meinem Herzen, ich habe dich nicht belogen und betrogen. Aus heißt aus. Danke für die Zeit, die ich mit euch erlebt und geliebt habe. So, und nun lasst mich in Ruhe, ich werde euch auch keine Last mehr sein. Jetzt könnt ihr entscheiden, was ihr tut, mich braucht ihr nicht mehr zu fragen. Außerdem bin ich auch ein Mensch, der auch mal Wärme und Liebe braucht, nicht mit jemandem schlafen und dann umdrehen, das bin ich nicht.

Wenn mir keiner vertraut und glaubt, dann kann ich auf vieles, auch auf das Umfeld verzichten. Ich habe nicht immer gearbeitet wie ein Idiot, immer für andere, damit es euch gut geht und ihr auch nicht jeden Cent umdrehen müsst; ich habe auf so vieles nur für euch verzichtet, damit ich mich später prügeln lasse, das habe ich nicht nötig, ich will auch leben. Ihr könnt euch genau überlegen, was ist richtig und was ist falsch, von dem was mir unterstellt wird. Wenn ihr glaubt, die Vorwürfe sind richtig, ich kann es euch nicht ausreden, das entscheidet ihr selbst, aber wenn etwas entschieden ist, gibt es kein Zurück, außerdem will ich dann nicht mehr, aber zum jetzigen Zeitpunkt ist das so. Ich habe einen Menschen getroffen, der mir sehr viel bedeutet und der mir wieder einmal das Gefühl gibt, was Wärme, Liebe, Vertrauen und geliebt zu werden bedeutet und bewirken kann, wieder mal zu leben.

Ein großes Augenöffnen und Staunen war aus dem Gesicht der Töchter zu sehen, auch meine Frau hörte staunend zu, dass es bei uns so etwas gibt. Sie antwortete: „Ich weiß das, dass es so ist, du brauchst mir nichts zu erklären, denn du bist ganz anders, als du immer warst."

„Ja", antwortete ich, „ist doch verständlich. Du liegst abends da und schläfst, kümmerst dich um den Haushalt, das andere interessiert dich nicht. Egal was ich und wie viel ich gepfuscht und zu tun hatte, nächtelang! Da kam keine Unterstützung von euch, ob im Garten oder im Haus, es hieß immer nur: ‚Das hast *du* immer gemacht.' Ich kann entweder weggehen oder dir beim Schlafen zuschauen. Du kommst nie auf die Idee, einmal zu sagen ‚Ich liebe dich' oder ‚Ich vermisse dich'. Nein, du nicht, aber zu mir sagst du gleich: ‚Magst du mich nicht mehr?'

Da ihr eure Entscheidung gefällt habt, tut es mir leid, aber dann muss ich euch Folgendes sagen: Okay, ihr habt mir mein Vertrauen genommen, es ist eure Entscheidung, also weiß ich auch, wie ich damit umgehen muss. Ich werde den Kontakt nach außen mit euch aufrechterhalten, aber nicht leben. Für meine Enkelkinder bin ich von ganzem Herzen da, denn die spüren die Wahrheit und meine Liebe zu ihnen, und die werde ich auch pflegen. Wenn ihr mir diese auch nehmen wollt, dann müsst ihr ihnen später alles erklären, und ich hoffe, ihr könnt dann mit der Wahrheit umgehen."

Die drei Frauen verließen den Raum, und ein Raunen und Staunen begleitete sie. Als nach einiger Zeit meine kleine Tochter heimfuhr, gab es kein Abschiedswort, nichts.

Es war schon spät am Abend, als meine Frau sagte: „Warum ist das jetzt so? Ich weiß, du hast mich öfters angesprochen, aber ich habe das nie so ernst genommen." „Ja, das weiß ich, und so sehe ich es auch heute", antwortete ich ihr!

Am nächsten Morgen rief meine kleine Tochter aus der Stadt an und sagte: „Papa, bitte entschuldige, ich habe das nicht gewusst, ich will mich da auch nicht einmischen, weil es etwas zwischen dir und Mutti ist, aber kannst du verstehen, welchen Schock ich bekommen habe? Du warst immer für uns da, hast alles für uns getan und uns immer unterstützt, auch finanziell. Wenn du nicht mit dem leben kannst, kann ich das verstehen, aber du musst etwas tun." Ein Weinen kam durch das Telefon, und ich konnte ihren Schmerz fühlen. Auch meine Augen füllten sich mit Tränen, und ich sagte: „Ist ja okay, ich fühle, wie es dir geht, aber ich möchte nicht bis an mein Lebensende wie ein Anhängsel durchs Leben gehen. Komm, versuche dich zu beruhigen, ich bin noch nicht gestorben, und wenn du etwas brauchst, ich bin immer für euch da, ihr seid ja meine Kinder."

Von nun an gab es nur Kälte und Missachtung zu spüren um mich herum. Die eine Tochter grüßte mich oft nicht mehr, der Schwiegersohn würdigte mich keines Blickes. Zu meinen süßen Enkelkindern pflegte ich meine Liebe und Unterstützung. Auch ab und zu eine kleine Süßigkeit gehörte dazu.

Eines Tages machte ich den Vorschlag, für meine Enkelkinder eine Kleinigkeit zu kaufen; ich empfand das für gut, denn es war auch nie ein Problem. Kurz, nachdem ich den Wunsch geäußert hatte, kam auch schon die Antwort von meinem Schwiegersohn:

„Wer glaubst, wer du bist, und du kannst dir mit Geld die Liebe zu deinen Enkelkindern kaufen!"

Wer sprach da zu mir, kenn ich den überhaupt, wer war das? Hat der mit mir geredet? Was habe ich getan? Hab ich was Falsches gesagt, oder was war los? Ich habe immer, wenn ich in der Fremde war, Sachen für die Frauen und Kinder als Geschenke eingekauft. Gab es da nun ein neues Problem? War dies jetzt der Dank, dass ich alles von ganzem Herzen und aus Liebe geschenkt, gekauft oder unterstützt hatte, damit man sich etwas leisten konnte, wie vielleicht neue Bekleidung bis zu einem neuen Auto, was Neues für das Haus und vieles mehr?

Da brannte es im Kopf und im Herzen lichterloh. Wie aus dem Nichts kamen meine Worte, und ich sagte: „Was willst du von mir, was habe ich dir getan? Für mich ist alles klar, hier hast du den Schlüssel für deinen Hauseingang, und ich werde nie wieder deine Wohnung betreten, außer deine Kinder laden mich ein oder brauchen etwas, denn für die bin ich immer da." Ich nahm den Schlüssel aus meiner Hosentasche und drückte ihn in seine Hand. „Den brauche ich nicht mehr, das habe ich nicht nötig." Drehte mich um und ging in mein Haus

Ich zog die Schuhe aus und ging ins Bad, um mich zu duschen und eventuell noch irgendwo einen Kaffee oder ein Bierchen zu trinken. Doch als ich mich ausgezogen hatte und in die Dusche steigen wollte, kam meine Frau ins Bad und sagte: „Du hast deine Kinder schwer enttäuscht, die Kleine war riesig traurig und hat geweint, auch die Große, und fragt mich: ‚Warum eigentlich? Ich hab es ihr auch nicht beantworten können", sagte sie und verließ das Badezimmer. Um die letzten Worte ihr noch zu sagen, ich wollte immer Klarheiten und keinen Streit, ging ich ihr nach und sagte: „Genau, du hättest es ihnen sagen können, ich habe dich die letzten Jahre oft gebeten, machen wir dies oder das, hast immer geantwortet: ‚Ich will nicht oder habe kein Interesse', das hat sich auch im Bett so abgespielt, wenn ich dich des Öfteren angesprochen habe; du liegst da wie auf einem Opferstock, wie reglos und kalt, kann man da Liebe und Wärme finden? Ich habe dich oft gebeten: Tu doch auch etwas für mich, mach was, doch du hast mir immer nur gesagt, du bist bloß unzufrieden; du hast nie bemerkt, ich wollte leben und lieben! Jetzt spürst du es, wie sich das anfühlt. Ihr tut mir so leid, am meisten meine Kids, auch die Töchter, dass sie sich einfach deinen Worten angeschlossen haben, doch ich werde versuchen, ihnen das Leben und die Liebe zu geben, die ich in mir trage und viele aus meinem Herzen angenommen haben, weil sie spürten, sie ist ehrlich." Drehe mich um, steig in die Dusche und brause mich ab. Wische anschließend die Wassertropfen von der Glastüre und von den Armaturen, trockne mich ab, ziehe mich an und sage kurz: „Fahre auf ein kleines Bier." Ziehe mir Schuhe und Jacke an und fahre in mein Stammcafé. Dort nehme ich mir die Zeitung aus dem Regal, setze mich an die Bar und lese die interessanten Tagesthemen.

Doch meine Gedanken waren bei Isy. Ich musste es ihr sagen, was zu Hause vorgefallen war, so schrieb ich ihr kurz ein SMS und bat sie, sich verlässlich zu melden.

Ich wartete auf ihr „H", was erst ankam, als ich das Café verließ. „Hallo, Liebes", sagte ich, „wie geht es dir?" „Hallo", sagte sie, wo bist du?" „Ich gehe gerade aus dem Café und wollte nach Hause fahren, da du keine Zeit hast, dich mit mir zu treffen oder zu walken!" „Ganz ehrlich, ich habe so viel noch zum Vorbereiten, doch ich vermisse dich auch, wäre schon gut, so eine Runde", antwortete sie. „Ja, Liebes", erwiderte ich, „nur wir zwei?" „Ja, das wäre schon was", gab sie zurück. „Ich habe heute meiner Familie erklärt, was zwischen uns los ist. Dass du mir so viel bedeutest und durch meine Sturheit, mit mir walken zu gehen, es dir körperlich so gut gehe und ich dich auf keinen Fall im Stich lassen werde, da mir sehr viel an dir und deiner Gesundheit liegt. Da mir meine Frau unterstellt hat, dass wir ein Verhältnis haben, sagte ich: Es ist NICHTS passiert, habe nicht mit dir geschlafen, doch verzichten werde ich auf dich nicht." Es war still, und so fragte ich: „Bist du noch dran, Schatz?" „Ja, aber du hast mich jetzt mal erschreckt." „Warum?", frage ich. „Dass du das von uns so einfach erzählst", antwortete sie. „Ich habe die Wahrheit gesagt, oder nicht?" „Ja, das stimmt ja, und wie haben sie reagiert?" „Die Töchter haben ihr beigestimmt, das habe ich auch erwartet", sagte ich, „und kann ihnen nicht einmal böse sein, ist ja zu verstehen." „Ja, da hast du recht", sagte sie. „Ich muss aufhören, er kommt gerade mit der Kleinen zurück, die war bei einer Freundin. Ciao, ich hab dich gern, melde mich noch mal später", und legte auf, bevor ich ihr einen Kuss zusprechen konnte. Da die Sucht nach der Geliebten immer mehr und mehr wurde, musste ich nachdenken. Was könnte ich tun? Sich einmal woanders treffen, Hand in Hand wo spazieren gehen, dabei Sonne, Vertrauen, Liebe, Licht und Leben genießen, mit dem Menschen, der neues Leben mir eingehaucht hat. Jetzt weiß ich erst, was es heißt, geliebt zu werden.

Mein Liebling hat nach langer Sehnsucht und Druck im Herzen allen Mut zusammengenommen und ein paar Tage später geschrieben: „Hast du vielleicht für mich Zeit, bin in der Stadt einkaufen und könnte dich treffen, aber nur, wenn es keine Umstände macht."

Da brach in mir ein Stein heraus, „natürlich, mein Liebling, habe ich Zeit, für dich immer, bin in fünfzehn Minuten da. Warte am Parkplatz, da hole ich dich ab. Dicken Kuss bis dann." Eilig verließ ich die Firma, um meinen Schatz zu treffen, rein ins Auto und ab in die Stadt. Ich gab heute ein wenig mehr Gas, um schnell und pünktlich Isy zu treffen. Am Ziel angekommen, überfielen uns beide Wärme, Sehnsucht und Gefühle, als würden wir sie zum ersten Mal spüren:, es folgte eine lange, intensive Umarmung, und wir küssten uns kurz, um nicht entdeckt zu werden, aber so hungrig und heiß, dass es jedes Eisen zum Schmelzen gebracht hätte. „Bitte, gehen wir ein Stück spazieren, um es genießen zu können", sagte sie, und Hand in Hand gingen wir los.

Die Wege entlang des Sees in warmer Sonne, Hand in Hand waren Balsam für uns beide. Wir setzten uns nieder und hielten uns fest in den Armen. „Es tut so gut", sagte sie, „lass mich nicht mehr los." „Wenn du es willst, ich lass dich nicht los, ich halte dich fest, damit du deine Angst verlierst und Vertrauen gewinnst." Wir blickten uns an, ich saß hinter ihr, sie ihren Rücken an mich gelehnt, und meine Arme hielten sie von hinten fest umschlungen. Wir blickten über den See und genossen die Wärme von Sonne, Herz und Körper, wobei ab und zu ein kleiner Kuss unsere Lippen bedeckte, da die Angst, gesehen zu werden, zu groß für lange, intensive Küsse war, die folgten dann erst im Auto, dafür umso inniger. Die Zeit war viel zu kurz, aber wunderschön, wir konnten uns viel erzählen, fühlen und geben, was wir ewig nicht mehr gespürt hatten, aber sehr wertvoll für uns war, damit jeder weiß, was er mit dem Liebsten für ein Geschenk erhalten hat und es auch halten und pflegen muss. „Muss leider wieder nach Hause", sagte sie nach einer Weile, um nicht Verdacht aufkommen zu lassen, „aber danke, dass du für mich da bist, war wunderbar für mich." „Danke muss auch ich dir sagen, dass du deinem Herzen gefolgt bist und nicht deiner Angst." So gab es noch einen wärmenden, zärtlichen Kuss zum Abschied, und beide ab zum Auto, worauf ich bis in meinen Ort hinter ihr fuhr und wir die ganze Zeit noch mit dem Handy Worte und Gefühle austauschten: „Ciao, und freue mich, wenn wir uns am Wochenende wiedersehen, aber bitte pass auf, dass nichts auffällt!" „Das würde mir noch fehlen, zu all dem Umfeld und Missmut auch noch das", antwortete ich und fuhr weiter in die Firma. Gott sei Dank war morgen schon Freitag, und so kam der Besuch bei Isy immer näher. Wenn wir uns im Lokal verabredeten und dort auf uns zukamen, trafen uns die Blicke wie Blitze, die Herzen strahlten, und wir mussten vorsichtig sein, keinen Verdacht auf uns zu lenken, da wir ja beide verheiratet sind. Kleine Berührungen und Streicheleinheiten gab es ab und zu, mehr war nicht drin. Wenn die Luft ganz rein war, einen dicken, intensiven Sekundenkuss, dann war Schluss. Beim Abschied einen Wangenkuss, und ab nach Hause. Dort angekommen, egal wie spät es war, wurde sofort ein SMS geschickt, wie schön und gut es wäre, sich in den Armen zu halten, die Wärme und Liebe zu schenken, was da im Innersten passiert, was man fühlt, aber wie sollten wir es anstellen, das zu tun, wonach wir uns sehnten? „Wäre wieder mal Zeit, eine Runde zu gehen, nur wir beide", Ein kurzes Treffen wurde ausgemacht. Mein Herz sagte: Nimm doch ein paar rote Rosen mit für ihr Herz, das macht Freude und glücklich. Wir trafen uns im Ort, und sie ließ ihr Auto stehen, stieg bei mir ein, und wir fuhren ohne Absicht in ein ruhiges Waldstück. Ich legte meine Sitze um, und wir fielen über uns her, und sie sagte: „Habe Angst, wenn da jemand kommt oder uns jemand sieht." Jedes kleine Geräusch erzeugte Schrecken in ihr. „Was wird in der Zukunft, ist es nur ein Spiel der Gefühle oder meinst du es ernst mit mir?" „Isy, mein Liebling", kam meine Antwort: „Ich bin nicht dazu da, um mit dir zu spielen, sondern Liebe, Gefühle, Zärtlichkeiten und Vertrauen dir zu schenken, ich habe es doch selbst so lange vermisst, und jetzt dieses tolle Geschenk mit dir, darum müssen wir es zusammen erleben und uns so geben, wie es in uns lebt." Sie nahm meine Worte dankend an, wir fielen uns in die Arme und fraßen uns auf mit Küssen und Zärtlichkeiten, welch ein Leben in unseren Herzen! Man spürte den Dank des Herzens und der Gefühle auf unserer Haut, auch die roten Rosen hatten ihr Ziel nicht verfehlt. Ich nahm die Rosen mit und versteckte sie; waren ihre Worte: „Habe lange schon keine mehr bekommen, und danke für die Wärme. Küsse und Streicheleinheiten, habe ein Gefühl, als wären alle meine Schmerzen verschwunden, genauso wie nach zwei- bis dreimal walken. Du hast einfach was ‚Besonderes' in dir, das mich anscheinend heilen kann." „Ja", sagte ich: „Meine LIEBE!"

„Es wird Zeit, dass wir zurückfahren, sonst kommt Verdacht auf, oder er sucht mich." „Ja, ist besser so", antwortete ich, „als das Erlebte im Herzen zu beschädigen." Wir zogen uns an, ohne zusammen geschlafen zu haben, aber es war viel schöner so, sonst hätte man da vielleicht etwas zerstört, und wir fuhren fest die Hände haltend zurück. Beim Abschied drückte ich sie noch ganz fest an mich, küsste sie und sagte: „Bitte Schatz, mein Liebling, pass auf diese Liebe und dieses Vertrauen auf, viele würden alles dafür geben und warten ewig darauf." Sie schaute sich um, sprang aus meinem Auto, und flugs war sie in ihrem verschwunden. Sie lächelte mir zu und winkte, als sie den Parkplatz verließ. Kaum hatten wir uns getrennt, schlug das Handy an, und wir plauderten, bis sie mit dem Auto fast zu Hause war, über das Erlebte und Geschenkte, wie schön und wunderbar es war, dass man von dem nicht genug haben kann, und schade, dass es so kurz war. „Bitte lass mich nicht allein, es tut so gut", waren unsere einstimmigen Worte. Das Verlangen nach mehr von Isy wurde immer stärker, der Wunsch, diesen Menschen fest im Arm zu halten, zu spüren, was sich im Inneren tut, was man da erlebt, machte mich fast verrückt, musste immer daran denken, was sich da getan hatte, diese Zärtlichkeiten und Küsse machten uns toll entspannt und versprachen mehr mit den erlebten Gefühlen; es war einfach unbeschreiblich, schade, dass wir erst jetzt die Gefühle und Liebe zu spüren bekamen und nicht viel früher. Um diese Gefühle und Träume auch zu leben, schrieben wir uns alles, was aus dem Herzen kam, per SMS, was wir spürten, doch sie hatte oft Angst, jemand könnte das lesen, das stiftete immer Unruhe in ihr, aber ich ermunterte sie stets und sagte: „Schatz, ich bin doch immer für dich da, kannst dich festhalten, brauchst keine Angst zu haben, ich lasse dich nicht los, dazu bist du in meinem Herzen das Leben und die Liebe in meinem neuen Leben." Die Sicherheit in ihr stieg, dann schrieb sie: „Hatte immer solche Angst vor Hunden, und seit ich dich kenne, habe ich keine Angst, ich weiß auch nicht, warum, ja, das mit dir kann schon was, und man sieht, wenn man vertraut und von Herzen liebt, kann man vieles leichter schaffen. Kann leider diese Woche von zu Hause nicht weg, er passt immer so auf, aber vielleicht fünf Minuten am Morgen auf dem Parkplatz, wenn ich meine Kleine zur Schule bringe; wäre super, so eine kurze Umarmung und ein paar zärtliche Küsse, würde Kraft geben und heilt vieles."

Das war für mich nie ein Thema, wollte doch jede Minute mit dieser Frau verbringen, egal was, wie, wo, wann und wie lange, wichtig, wir trafen uns und wärmten uns, mein Herz schlug nur für sie, und dafür schenkten wir uns Gefühle und Wärme, die unbezahlbar für uns waren. Jeden Morgen hieß es „Hallo", und wir schenkten uns liebende Worte, und am Abend, wenn er, der „Wachhund", gerade nicht da war oder sie kurz Luft hatte, hieß es „Gute Nacht, mein Schatz", da war das Einschlafen nie ein Problem, denn da spürte man, dass jemand für einen da ist und man geliebt wird. Am nächsten Morgen war ich bereits am Parkplatz und wartete, blickte immer auf die Uhr und sagte zu mir selbst: „Wann kommt denn mein Engel?" Soll sich beeilen, denn was waren für uns fünf Minuten, wenn daraus immer gleich zwanzig bis dreißig wurden, weil wir uns nicht loslassen konnten und wollten, aber es waren auch so schöne Momente für unsere Herzen und tolle Gefühle. „Gut, dass das nächste Wochenende bald kommt und dass wir uns sehen; müssen aufpassen, dass niemand von unserer Liebe Verdacht schöpft, das wäre Scheiße", sagte Isy, als sie in meinem Auto Platz genommen hatte und ich sie in die Arme nahm. Wir dürfen nicht zu lange beisammensitzen oder du darfst mich auch nicht zu lange umarmen, du weißt, die Leute reden immer gleich. Wir genossen die Momente im Auto am Morgen, und wenn es später wurde, gab es mehr und mehr Küsse, wobei sofort wieder ihre Angst da war – hätte ja jemand sehen können!

Doch immer versuchte ich ihr Mut zu machen und Trost zu spenden und drückte sie in versteckten Momenten kurz und fest an mich und sagte: „Vergiss nicht, was ich dir versprochen habe, bin für dich da, und hab keine Angst, ich liebe dich, denn Angst macht vieles kaputt." Diese Momente waren immer wie Balsam in beiden Seelen, denn wenn man so wenig davon bekommt und hat, kann eine Kleinigkeit schon Reichtum bedeuten. Da unsere

Herzen immer freier wurden und das Verlangen nach uns immer mehr stieg, schafften wir es auch, uns ab und zu irgendwo mehr Zeit zu schenken; wenn sie in die Stadt fuhr oder mal woanders etwas zu tun hatte, versuchten wir ein Treffen, genauso, wenn ich auswärts war und zu tun hatte, kurz ein SMS und „hättest du nicht Lust auf ein Treffen?"; unsere Herzen schrien immer mehr nach Liebe und Wärme, also musste was geschehen. „Schatz, ich muss dich sehen", schrieb ich, „musst du nicht wohin oder in die Stadt?" „Ja, ich muss in die Stadt", schrieb sie, und meine Antwort war: „Bin in fünfzehn Minuten dort und warte auf dem Platz." „So schnell bin ich auch nicht", antwortete sie, „aber so in einer halben Stunde warte ich dort am Parkplatz auf dich."

Die Freude war riesengroß, da sah man bei beiden immer ein Strahlen in den Augen und ein Lächeln. Als Isy dort ankam, ich hatte schon auf sie gewartet, stieg sie aus und hüpfte in mein Auto, und es gab Küsse und Zärtlichkeiten in Hülle und Fülle. Nach einer Weile sagte ich zu ihr: „Hättest du nicht Lust, ein paar Schritt Hand in Hand den See entlangzuwandern, um ein wenig Druck abzulegen und Gefühle leben zu lassen?" „Ja", sagte sie, „aber hoffentlich sieht uns niemand", doch der Wille in unseren Herzen war größer, und wir gingen den See entlang und spürten, wie über unsere Hände Wärme in den Körper strömte. Der Herrgott schenkte uns dafür strahlenden Sonnenschein. Es war so schön, das Wasser plätscherte am Ufer, und wir küssten uns. Ich setzte mich auf einen großen Holzstamm und nahm sie auf meinen Schoß, dann drückte ich sie fest an mich und unsere Gefühle und Herzen begannen zu beben, gleichzeitig trafen sich unsere Lippen, und man konnte nicht mehr aufhören; hätte man ohne Luft leben können, dann hätten wir es getan, dabei vergaßen wir total unser Umfeld und die Menschen, die an uns vorbeigingen. Diese Frau mit dieser Liebe im Arm zu halten, von ganzem Herzen zu lieben und zu vertrauen, das ist wahre Liebe und bedeutet Leben.

Unser Treffen verging wie im Flug, und die Zeit des Abschieds war wieder mal zu schnell gekommen; wir gingen zurück und genossen unsere Gefühle in diesem Moment. Schade, dass die

Zeit vorbei ist, warum müssen wir denn eigentlich zurück, da ist doch niemand, der uns braucht, außer die Kinder? So mancher Gedanke ging uns durch den Kopf, aber die Liebe muss siegen, denn die lebt in uns.

Doch wir versprachen uns, wie immer, uns am Morgen kurz zu treffen, und wenn es die Zeit zuließe, uns irgendwo anders zu treffen, SMS zu schicken, damit wir jede Minute für ein Treffen für unsere Herzen ausnützen könnten. „Weißt du: Ich vermisse dich so, kann oft nur an dich denken, manches Mal werde ich nachts wach und frage mich, was tut er jetzt, wäre schön, jetzt in seinen Armen zu liegen, seinen Körper, seine Wärme und Liebe zu spüren, fühle mich oft wie in einem Käfig oder Kühlschrank, ach, wäre das schön jetzt bei dir." „Mein Schatz", antwortete ich ihr, „mir geht es nicht anders, warte nachts oft auf ein SMS, um zu wissen, wie es dir geht, was du tust und in den Momenten der Einsamkeit fühlst ohne mich, wäre doch gemeinsam viel schöner für uns beide. Halte alles ganz fest, und dann können wir uns es beim nächsten Mal schenken, so wie es unsere Herzen wollen und lieben!" „Ja, du hast ja recht", war ihre Antwort, „aber diese Angst in mir quält mich!" „Nein, das braucht es nicht, mein Engel, ich bin ja da und liebe nur dich."

Ich hatte schon wieder Verlangen nach Wärme und Liebe, kann nicht genug davon bekommen, und schrieb ein SMS und bat um ein Treffen. Doch es dauerte nicht lange, und das SMS kam, und sie sagte mir den Treffpunkt, wo sie hinginge, „aber bitte sei vorsichtig, dass uns niemand sieht, ich freue mich auf dich!" Sofort fuhr ich los, denn diese Frau kann ich nicht warten lassen, und die Liebe zu ihr ist so groß, und sie ist ein Bestandteil von mir und in meinem Herzen. Kurze Zeit später erblickte ich sie, sie drehte sich um und lächelte, wunderbar, sie so strahlen zu sehen, eine Wärme und ein Gefühl der Freude und Liebe stieg in mir hoch. Ich hielt an, schnell stieg Isy ein, und ich fuhr los. „Bitte fahre nicht zu weit", sagte sie, „denn ich hab nur kurz Zeit, aber ich musste dich sehen, du fehlst mir", waren ihre Worte. *Na, mein Engel, wie glaubst du, dass es mir geht, keine größere Freude, als mit einem Treffen kannst du mir und meinem Herzen nicht machen.*

Sofort bog ich in einen Waldweg ein und stoppte, stellte das Auto ab und sprang zu ihr nach hinten. Voller Verlangen küssten und streichelten wir uns, musste mein Hemd ablegen, um sie meine Wärme und Liebe spüren zu lassen. Langsam öffnete ich ihre Bluse, fuhr über ihre samtige Haut und liebkoste sie, ein heißer Körper kam zum Vorschein, „wirf doch auch den BH weg", sagte ich und öffnete ihn, legte ihn zur Seite, und wunderbare Brüste kamen zum Vorschein. Ich nahm ihre Brustwarzen in den Mund und sog zärtlich daran. „Bitte nicht mehr", sagte sie, drücke sich ganz fest an mich, „lass mich alles von dir spüren", und das tat ich auch. Wir lagen uns in den Armen, küssten und streichelten uns, genossen mit geschlossenen Augen diese Momente. „Ach, ist das schön und tut das gut", sagte sie, „das alleine macht mich reich", und kleine Tränen liefen über ihre Wangen. „Ja, mein Schatz", sagte ich, „genieße alles an mir, und wärme dich, lass die Tränen laufen, sie bauen den Druck ab und geben Kraft und Mut." „Danke", sagte sie, drückte sich fest an mich. „Du bist ein Engel für mich", antwortete sie und küsste mich auf meine Brust! „Ich habe Angst, wenn uns jemand sieht", antwortete sie, „aber es wäre schon schön, dich jetzt zu spüren, du bist ja was ‚Besonderes und Wertvolles' für mich. Ich bin für dich wie Glas; wenn du mich siehst und dann anschaust, siehst du alles in mir, wie ich mich fühle, was mir wehtut, wie es mir im Herzen und Körper geht, ich kann dir nichts verheimlichen. Danke, dass du für mich da bist!" Leider war dieser Moment so schnell vorbei, „schau bitte, wie spät es ist, wollte nur fünfzehn Minuten bleiben, und jetzt sind fünfundvierzig Minuten schon vorbei, muss sofort zurück, er wird mich sicher schon suchen." Schnell noch ein kurzer Kuss und „danke, dass du gekommen bist", sagte sie, zog ihren BH an, richtete sich ihre Kleidung, ein kurzer Kuss und mit einem „Ciao" war sie schwups draußen und lief zurück. Kurz drehte sie sich noch um und winkte mir freudestrahlend und glücklich zu. Ich erwiderte ihr Winken. Warum muss diese Frau zurück, dachte ich, wenn ihr Glück jetzt zurückbleibt? Abends sendete ich ein SMS mit vielen lieben, zärtlichen Worten und dankte ihr für das Treffen, das, was wir uns geschenkt hatten, denn das kann man nicht kaufen, sondern kann man nur mit Liebe und aus tiefem Herzen schenken. Sofort kam die Rückantwort, sie schrieb, wie schön es für sie war, welch ein tolles Gefühl sie jetzt habe und dass Ruhe in ihr herrsche.

Ab und zu ging es aus verschiedenen Gründen nicht, uns morgens zu treffen, sonst wurde aus unserem täglichen Treffen Standard, ohne das wollte keiner mehr sein; es waren immer nur kurze Momente, aber die schenkten uns so viel, obwohl meine liebste Isy immer Angst hatte, vor Gerede, Umfeld, Zuhause oder wenn uns jemand sehen würde. „Wie soll denn das weitergehen?", fragte sie mich oft. „Weiß ich auch nicht, mein Schatz", antwortete ich immer, das liegt viel an dir bzw. an uns, warte ab, die Zeit wird es bringen, wichtig ist nur, dass wir beide zusammenhalten und unsere Liebe leben lassen."

So vergingen Tage und Wochen, und die Treffen waren für uns sehr wichtig. An einem Wochenende, als wir uns trafen, erzählte sie mir, dass sie montags öfters zu einem abendlichen Treffen gehe und da oft ihre kleine Tochter mit dabei sei! Darauf antwortete ich ihr: „Schatz, da ich montags immer beim Stammtisch bin, könntest du auch nach deinem Treffen mal Hallo sagen, und wir könnten uns da treffen, da hätten wir mehr Zeit für uns, wäre das nicht toll?" Ein freudiges Lächeln kam versteckt über ihre Lippen, ich nahm kurz ihre Hand und drückte sie, um ihr zu zeigen, wie schön es wäre, wenn das klappen würde.

Nie habe ich mir vorstellen können, mich in meinem Alter in eine derart junge Frau, welche um viele Jahre jünger ist, dermaßen zu verlieben; gefallen tun mir junge Frauen, das ist klar, doch dass auch die Liebe so erwidert wird, noch dazu so intensiv wie zwischen uns beiden! Sie wurde immer wichtiger für uns. „Kannst du dir vorstellen, mich haben schon so manche Leute angesprochen: ‚Was ist mit dir denn los? Du strahlst so und schaust so glücklich aus, so kenn ich dich ja nicht'", sagte sie. „Mir geht es sehr gut, mir tut nichts weh, nicht einmal mein Rücken, da ist sicher ein ‚Engel' im Spiel", und sie lächelte dabei. „Kannst du dir das vorstellen?", sagte sie zu mir. „Ja", antwortete ich, „ja, das kann ich, denn man sieht in deinen Augen und deinem

Gesicht, wie gut es dir geht, und so manche Leute spüren auch im Herzen glückliche Menschen und nicht deine Schmerzen."

Oft denke ich: Menschen, die sich lieben und so ein Verlangen haben wie wir beide und verheiratet sind, hat der Herrgott Mitleid mit uns? Denn als der Montagabend kam, traf so gegen 22 Uhr ein SMS von meiner Liebsten ein, dass sie kurz für ein Treffen Zeit hätte, aber nur wenn ich Zeit hätte und wollte! „Sicher, Liebes", schrieb ich zurück. „Ob ich Zeit habe oder nicht, für dich bin ich immer da, weil ich es brauche, dich samt deiner Liebe." Ich stehe auf, bezahle und gehe. „Wohin gehst du jetzt?", fragten meine Freunde. „Hab eine wichtige Nachricht bekommen, das kann ich nicht verschieben", antwortete ich und verließ das Lokal. „Wo wartest du?", fragte ich Isy. „Stehe mit meinem Auto beim Einkaufsmarkt und warte da auf dich!" „Okay", antwortete ich ihr, „bin gleich da." Da sich in uns so vieles geändert hatte, was sich in Wünschen, Wahrheit und Gefühlen ausdrückte, wollten wir es auch so erleben, wie es sich entwickelt und was die Zukunft bringt, weiß niemand, aber besser, geliebt und gelebt zu haben, als an Nichtgetanem zu ersticken und zu sterben. Da sich in meinem privaten Umfeld auch einiges geändert und mein Partner die Situation gefühlt hatte, habe ich auch meinen innerlichen Drang, reden zu müssen, aufgetan.

Ab diesem Zeitpunkt war diese Liebe mit Isy ein Werk der wahren Liebe, Leidenschaft, Wärme, des Vertrauens und der Gefühle in mir und meinem Herzen, welche ich hier niederschreiben muss, da sie auch für viele Menschen Leben bedeuten würde, wenn sie sie leben lassen würden, doch Angst, Umfeld, Frust und Verzweiflung töten vieles. Manche haben sich aus Verzweiflung, da sie niemanden haben, mit dem sie reden und Gefühle austauschen können, auch das Leben genommen, nur wir möchten es uns gegenseitig schenken, so wie es wirklich in uns lebt.

DIE ERLEBTEN GEFÜHLE MIT ISY!
BEGANNEN ZU LEBEN UND
SCHIENEN NIE ENDEN ZU WOLLEN!

Um ihrem Wunsch oder Hilferuf nach einem Treffen zu folgen und meine Wünsche und Sehnsüchte nach Herzensliebe und Gefühle ruhigzustellen, fuhr ich schneller, um bald bei ihr zu sein, zu erfahren, was sich bei ihr im Herzen tut und was sie zu verschenken hat, denn ich wollte ihr mein Vertrauen und meine Liebe, die ich nicht als Spiel zu verschenken habe, auch mit Wahrheit, Vertrauen, Zärtlichkeiten und körperlicher Liebe schenken, um ihr zu beweisen, ich bin in Liebe unterwegs und nicht in Spaß, Spiel oder um Menschen wie Isy Schmerz zuzufügen.

Am Treffpunkt angekommen, wartete mein Schatz schon auf mich, fragte sie nur kurz: „Wo fahren wir hin, dass wir ungestört sind?" „Folge mir", sagte sie, und ich fuhr ihr nach. Weit sind wir nicht gekommen, 700 m Luftlinie von ihrem Zuhause weg parkte sie verkehrt mit dem Auto bei einem Bauernhof ein, ich neben ihr. „Komm zu mir ins Auto, bei mir ist es bequemer", sagte ich, und sie stieg in mein Auto. „Du machst mich so glücklich", sagte ich, „dass du gekommen bist, dafür schenke ich dir mein ganzes Herz und meinen Körper, der dich liebt und wärmt." Darauf nahmen wir uns in die Arme, küssten und streichelten uns, als hätten wir uns ewig nicht mehr gefühlt.

Zärtlich schob ich meine Hände unter den Pulli auf ihren nackten Rücken, dann auf den heißen Bauch. „Ich habe so kalte Hände", sagte sie und fuhr langsam und zärtlich mit ihren kalten Händen meinen Rücken hoch, dann über meine Brust. „Ach, bist du warm!" „Ja, mein Schatz", antwortete ich ihr, „wie du und dein Körper." Unsere Lippen und Zungen kannten kein Halten mehr, wie Schlangen umschlungen wir Hände und Füße. Nun kannten unsere Gefühle keinen Halt mehr, ich zog ihr den Pulli aus, dann die lange Hose, „hoffentlich kommt da niemand", sagte sie. „Uns beschützt sicher jemand und schaut auf uns", antwortete ich. „Jetzt kommst du dran, mich zu entkleiden", sagte ich weiter, und Isy half mir, mich meiner Sachen zu entledigen, „dann aber alles", fügte ich noch hinzu, und sie zog mir auch meine Jeans und Boxershorts aus.

Unsere Körper waren verrückt nach Streicheleinheiten und Zärtlichkeiten, Küsse fielen überallhin und berauschten uns noch mehr. Mit einem schnellen Griff nahm ich ihren BH ab und schnappte mit meinen Lippen nach ihren festen Knospen. „He", rief sie, „was machst du da?" „Ja, die haben danach verlangt", erwiderte ich und massierte dabei ihre prallen Brüste. „Komm, ich nehme dir noch dein kleines Stückchen zwischen deinen heißen Schenkeln weg", sagte ich und zog ihr den Slip aus. „Der ist aber niedlich!" „Ja, der ist von meiner Kleinen, die passen auch mir", antwortete sie. Gefühlvoll fuhr meine Hand zwischen ihre Schenkel und berührte zärtlich ihre heißen Lippen. „Ach, Schatz", sagte ich, „sind die heiß, warum das?" „Das bist du, du machst mich verrückt", sprach sie, „das tue ich gern bei dir." Sie presste sich an mich und schloss die Augen. Langsam führte ich einen Finger ihre Lippen massierend entlang und in sie ein, um sie ein wenig zu stimulieren, ihren Kopf freizumachen. Ihr Körper drückte sich mir fest entgegen. „Ach, ist dein Mund heiß und feucht, lebt da was neu auf in dir, mein Schatz?", fragte ich. „Ja, das bist du", erwiderte sie, „weil du mich so zärtlich streichelst, mir meine Angst nimmst, ich total ausgeliefert und entspannt bei dir bin und dir vertrau." „Komm", sagte ich, küsste sie, nahm ihre Hand und legte sie auf meinen Penis, der sich auch nicht mehr im Zaum halten konnte und eine stattliche Größe erreicht hatte. „Nimm das, es gehört nur dir, ich schenke ihn dir und deinem heißen Mund." Dann drückte sie sich fest an mich, ich hob sie hoch und setzte sie vorsichtig auf meinen Penis, der flugs in ihren heißen, feuchten Mund eindrang. „He, bitte pass auf, ich verhüte nicht, dass nichts passiert." „Kannst dich verlassen, Schatz", antwortete ich. Voller Leidenschaft wurden unsere Bewegungen immer schneller, und unsere Körper immer heißer, drückten immer fester uns zusammen, immer wieder drang ich tief in sie ein. „Da geht es ganz schön warm raus", sagte sie. „Ja, das kann man sagen, die Liebe und die heißen Körper erzeugen Wärme, auch die ‚Reibung'", sagte ich. „Ja, das scheint so", antwortete sie und presste sich meinem Schwanz fest entgegen, was ich durch mein Hochschieben des Beckens noch verstärkte. „UPS!", sagte sie, und ich spürte, wie eine Wärme meine Schwanzspitze umspülte. Da konnte ich nur noch ein paar tiefe Stöße an sie abgeben.

Flugs zog ich ihn aus ihrem heißen Mund und entleerte ihn auf ihrem Bauch. „Hast du sicher aufgepasst?", fragte sie mich erschrocken. „Ja", sagte ich, „das Ergebnis liegt auf deinem Bauch." „Dort passiert wenigstens nichts", antwortete sie.

„Hast du etwas zum Abwischen?", fragte Isy. „Denn ich will mich noch eine Weile so an dir ausruhen und mich an dich schmiegen", sagte sie, „das tut so gut und mag ich so gern." Schnell wurde der Bauch mit ein paar Taschentüchern trockengelegt, und wir drückten uns fest zusammen, deckten uns zu, küssten und streichelten uns und genossen noch lange die Wärme und Gefühle und die gemeinsamen Momente.

„Wir beide sind wahnsinnig", sagte sie, „hier vor dem Haus und so nahe bei mir zu Hause, wenn uns da jemand sieht oder gesehen hätte oder ‚der Wachhund' wäre nach Hause gekommen und hätte mein Auto da neben deinem stehen gesehen. Aber es war so schön, und leider ist es vorbei", sagte sie. „Ja, Schatz", antwortete ich, „aber bleib doch noch an meiner Seite liegen, schmieg dich an, wärme dich, und nimm alles Erlebte mit in dein Herz und mit nach Hause." „Könnte so jetzt bei dir einschlafen", sagte sie. „Kannst du ruhig", antwortete ich ihr, „und morgen früh bring ich dich nach Hause." „Da wirft er mich gleich hinaus, und kann gleich ausziehen", kam es wie aus der Pistole geschossen.

„Na, dann ziehen wir beide zusammen", sagte ich. „Das würdest du?", antwortete sie. „Ja, das würde ich mit dir sofort", sagte ich, dabei drückte sie sich fest an mich, und ich zog sie mit meinen Armen an mich, um sie intensiver an meiner Haut zu spüren. „Schade, dass ich wieder fahren muss, tut so gut, mich bei dir zu wärmen." Leider ist alles einmal aus, Isy erhob sich und begann sich anzuziehen. Auch ich suchte meine Sachen zusammen, zog mich an, und als wir beide wieder angezogen waren, küssten wir uns noch innig und blieben noch eine Weile zugedeckt liegen.

„Melde mich morgen früh bei dir, ich muss jetzt nach Hause, sonst bekomme ich Probleme, danke", sagte sie, gab mir noch einen Kuss und stieg aus. „War eine wunderschöne Nacht mit dir, bis morgen, hab dich lieb", und schloss die Autotür. Sie rannte zu ihrem Auto, stieg ein, startete, drehte das Licht auf und fuhr das kleine Stück zu sich nach Hause.

Auch ich startete mein Auto und fuhr langsam nach Hause. Kaum war ich daheim, kam ein SMS, und Isy bedankte sich für den schönen Abend. „Ja, mein Schatz, ich möchte mich auch bei dir bedanken, dass du deinem Herzen gefolgt bist, mir dein Herz und deinen Körper geschenkt und deiner Angst in meinen Armen keine Chance gelassen hast. War ein wunderbares heißes Erlebnis mit dir, hatte nicht von dir erwartet, dass du mir deinen Körper schenkst und heute schon mit mir schläfst, gewünscht habe ich es mir schon lange, doch ich wollte dich nicht drängen. Es war ein wunderbares zärtliches und intensives Miteinander, einfach Balsam für uns beide, oder NICHT?" „Du bist eine tolle, besondere und liebesbedürftige Frau für mich, und dafür gehören dir mein Herz und meine wahre Liebe. Schlaf süß, mein Schatz." „Ja, das war es. Schlaf süß, ich vermisse dich", kam ihre Rückantwort.

Ab diesem Moment schlug alles in mir für Isy, denn was die in mir bewegt hatte, kannte ich schon lange nicht mehr, es war so etwas Unbeschreibliches, um das mich viele Menschen beneiden würden, denn es gibt so viele Menschen in meinem Umfeld, die von einer tollen Ehe und Beziehung sprechen und todunglücklich sind, sich einen Partner oder Geliebten wünschen, der sie in den Arm nimmt, sie von Herzen liebt und für sie da ist, doch viele haben Angst davor, sich zu verändern oder zu trennen, da immer Eltern, Umfeld und Geld das Wichtigste sind. Vergessen die Liebe und das Leben zu leben, lieber Frust und Prügel auf sich nehmen, statt eine Entscheidung zu treffen, welche vieles verändert, doch oft erst dann das Leben für sie beginnt. Jede Minute dachte ich an Isy, und ihr ging es nicht anders, denn sie schrieb per SMS oder sendete kurz ein „H", damit ich anrufe, da sie Angst hatte, jemand könnte davon Wind bekommen, und das „H" bedeutete, sie hat kurz Zeit zu sprechen oder ist kurz rausgegangen, um sprechen zu können. Es ist traurig, wenn man erwachsen ist und man ist eingesperrt wie in einem Käfig, was sie mir oft sagte: „Sitze im Gefängnis, und der Wachhund schleicht immer umher", oder: „Wohne in einem Iglu und erfriere vor lauter Kälte um mich!" Mit Isy stieg mein Leben, meine Liebe und meine Gesundheit kannten keine Grenzen und Probleme. Sie war Balsam für alles, ich war die Kraft pur, denn so bekam ich es von ihr: „Wenn du bei mir bist und mich in die Arme nimmst, verspüre ich Leben, und meine Schmerzen im Rücken und Herzen sind wie weggeblasen, und mir tut nichts weh. Wahnsinn, was du mir mit deiner Wärme und Liebe schenkst", schrieb sie. Wie ein Stich ins Herz kamen ihre Worte an und genauso schnell die Erleichterung; wenn wir die SMS von Liebe und Vertrauen austauschten; konnte es keine Minute erwarten, dass sie „H" sagte oder ich fragte, warum sie nicht „H" sagte, und meist war dann schnell das Piepsen des Handys auch schon da. „Wo bleibst du so lange?", fragte ich, „warte schon sehnsüchtig auf dich, dass du dich meldest!" „Was hast du denn, es ist doch erst einen Tag aus, das wir uns getroffen haben?", sagte sie, „aber du hast recht, es scheint so, als sei dies eine Ewigkeit her, und ich denke immer an dich, wie schön es wäre, jetzt beisammen zu sein, sich anzulehnen und zu wärmen!" „Ja", war meine Antwort, „von dem Schönen, Wertvollen und Besonderen kann man nie genug haben." „Hab leider die nächsten Tage keine Luft, außerdem kommen Gäste und der ‚Wachhund' passt immer genau auf, was ich tue und wo ich hinfahre; kann nichts riskieren, sonst ist alles gleich wieder aus", sagte sie, „aber ich vermisse dich!" „Warum geht das nicht, Schatz?", fragte ich sie. „Vielleicht fährst du kurz weg, egal wie lange, ich brauche dich, halte es ohne dich nicht aus, da ist so eine Leere, wenn du nicht bei mir bist!"

„Bitte verstehe doch, mach mir keinen Druck, das halte ich nicht aus", waren ihre Worte. Ich vermisse dich ja auch, aber ich kann wirklich nicht, wäre ja schön, doch herausfordern dürfen wir es nicht", antwortete sie. „Es ist wäre das Letzte für mich, ich will doch keinen Druck auf dich ausüben, sondern nur das Geliebte, dich, Isy, in den Armen halten, wärmen, lieben, streicheln und ja, sicher auch verführen, denn das ist mit dir ‚wunderbar'. Ist aber kein Muss, sondern nackt an dich geschmiegt zu liegen ist schon ein tolles und wertvolles Gefühl", antwortete ich ihr. „Für mich ist Liebe, bei dem Geliebten zu sein und sich nicht zu verstecken, das tue ich nur für dich, denn es gibt nichts Wichtigeres, als ehrlich zu sein. Also es tut mir leid, geht leider wirklich nicht, aber ich melde mich bei dir, wenn ich Luft habe oder der ‚Wachhund‘ außer Haus ist. Hab dich lieb, ich lass dich nicht allein, bist ja auch was ‚Wertvolles und Besonderes‘ für mich", sagte sie und legte auf. Sie hielt ihr Versprechen, und es folgten schöne Worte und SMS, welche die Zeit bis zum Wiedersehen versüßten, doch sich in die Arme zu nehmen und Liebe zu geben, sie am ganzen Körper und Herzen zu spüren ist das ersehnte Gefühl.

Zum Glück hat eine Woche nur vier Tage, denn Freitag sahen wir uns ja im Lokal, da wir uns freitags bis sonntags immer sehen und unsere Liebe, Gefühle und unser Verlangen nur durch Blicke schenken konnten, ich ihr, damit kein Verdacht aufkam, schnell über Rücken oder Wange streichelte, wenn niemand einen Blick auf uns warf. Ja, ab und zu ein schneller Kuss die Wärme und Gefühle steigen lässt, ein Lächeln als Dank schenken, und das Strahlen aus ihrem Gesicht zieht an wie ein Magnet.

Kurz hatte sie Zeit und stellte sich zu mir, tranken ein „kleines Schnapserl", das liebt sie, und wir hielten versteckt kurz unsere Hände fest und wechselten ein paar Worte, welche nur auf Liebe, Vertrauen und Verlangen bezogen waren. „Tut gut", sagte sie, „leider ist in dem ‚Eiskeller‘ hier nicht mehr drinnen!" „Mir geht es nicht anders, mein Schatz", antwortete ich, muss auch von zu Hause weg, sonst erfriere ich, und bei dir und in deinen Armen kann man Feuer und Wärme spüren, welche uns aufheizen." „Du hast recht", erwiderte sie. Es war viel los im Lokal, darum verabschiedete ich mich von ihr und sagte: „Schatz, bin jetzt weg, aber für dich immer da, zu jeder Tages- und Nachtzeit, und bitte melde dich, und sollte es spät werden, dann sag wenigstens ‚Gute Nacht!'" „Ja, warum lässt du mich jetzt allein?", fragte sie. „Ich lasse dich nicht allein, aber am liebsten würde ich dich mitnehmen aus diesem Eiskeller und nicht mehr loslassen, das wäre das Schönste auf der Welt, mit dir abzuhauen", antwortete ich. Dabei drückte sie kurz meine Hand, und wir schenkten uns einen Abschieds-Wangenkuss. Wünschte den restlichen Gästen noch eine gute Nacht und fuhr nach Hause. Es dauerte aber nicht lange, vielleicht eine Stunde, und Isy sendete mir ein SMS mit den Worten: „Schade, dass du schon weg bist, die Leute sind jetzt auch alle gegangen, und ich hätte jetzt mehr Zeit für dich; und jetzt bist nicht da, aber du fehlst mir, und ich vermisse dich, wäre schön, jetzt bei dir zu sein und sich anzulehnen", schrieb sie und wünschte mir eine gute Nacht. Sofort antwortete ich ihr, da ich ja nicht schlafen konnte: „Ja, mein Schatz, das wäre jetzt wirklich schön, aber vielleicht kannst du morgen früh kurz raus, ich hole dich überall ab; wichtig, dass die Liebe lebt und ich dich in die Arme nehmen kann. Schlaf süß, ich liebe dich", und sendete meine SMS-Antwort. Isy wusste auch, dass ich wochentags morgens immer irgendwo auf sie wartete, denn es war mir so wichtig, diese tolle Frau glücklich zu sehen und dass sie erkennt und fühlt, dass ich immer für sie da bin und alle Zeit mit ihr verbringen möchte. Wenn sie ihre Kleine zur Schule brachte und keine Zeit für ein Treffen hatte, dann rief sie mich immer kurz an, fragte, wie es mir geht und was ich gestern noch getan hätte. Ich wollte auch immer alles wissen, um ihr die Angst zu nehmen und Vertrauen zu schenken, da dieses Herz nur in Angst und nicht in Liebe lebte und ich ihr nur Leben und wahre Liebe schenken wollte. Es war noch früh morgens und ein Handygeräusch weckte mich. Sofort musste ich nachsehen, wer um diese Zeit schreibt. In meiner Brust spürte ich es, das ist sicher Isy, warm wurde es in mir: „Hallo", schrieb sie: „Ich kann nicht schlafen, habe gerade was gelesen:

> Hab zuerst einen Satz
> gelesen-da stand:WAS
> NÜTZT ES DIR DIE
> GANZE WELT ZU
> GEWINNEN,WENN DU
> DABEI DEINE SEELE
> VERLIERST.

Ich glaube, ich gehe kurz raus und schnappe frische Luft, sonst fällt mir die Decke auf den Kopf, muss aber dann sofort putzen, und schlafen soll ich auch noch ein wenig, bevor die Leute wiederkommen. Sauber soll alles sein, er schläft sowieso, und es haben viele Leute reserviert, und es wäre gut, ein wenig Wärme zu tanken. Was tust du gerade?", fragte sie und „hättest du nicht Lust, dass wir uns kurz, ja wirklich nur kurz sehen?" „Ich habe dein SMS gehört und musste sofort sehen, ob mein Schatz sich gemeldet hat. Danke muss ich dir sagen, das freut mich, wenn mein Liebstes mich weckt und Sehnsucht hat, ja, natürlich will ich dich treffen, das ist doch mein Leben und meine Liebe, auf das kann ich nicht verzichten oder widerstehen. Gehe bitte auf der zweiten Straße drüben entlang, ich bin in zehn Minuten da und hole dich mit all meiner Liebe und mit Freude ab", antwortete ich.

„Bist du wahnsinnig, so schnell bin ich nicht dort, ich gehe gleich los und lass dir Zeit", antwortete sie, „habe ja nicht gewusst, dass du so schnell bist." „Ich kann doch nicht meinen Schatz warten lassen, wo wir doch so wenig Zeit für uns haben", antwortete ich ihr, zog mich an und ging außer Haus. Ich fuhr langsam los, meine Gedanken waren bei ihr, ach, tut das gut, seinen Schatz gleich in den Armen zu halten, meine Gedanken spielten und mein Herz strahlte. Meinen Schatz, Isy, meinen Engel, zu treffen und in die Arme zu nehmen, zu streicheln, zu küssen und zu wärmen, ach, ist das ein tolles Gefühl, einen Menschen wie Isy so zu lieben und das auch von ihr zu bekommen. Langsam bog ich in die Straße ein, wo wir uns verabredet hatten, fuhr im Schritttempo entlang, und ich konnte sie nicht sehen, wo war sie? Noch nicht da, oder hat sie sich aus Angst hinter einen Baum versteckt, das war ihr zum Zutrauen, denn Angst hatte sie immer. Ich fuhr langsam weiter, doch ich sah sie nicht, fuhr die Straße entlang bis zum Ende, drehte um, blickte genau in die Richtung, aus der sie kommen musste, ja, da sah ich sie aus dem Waldstück kommen, bog langsam in den Feldweg ein und wartete. Strahlend kam sie an und sprang hinten in mein Auto. „Das freut mich, mein Engel", sagte ich, „dass wir uns sehen. Hab dich schon so vermisst, fahre nur ein Stück tiefer in den Wald und dann ein Stück seitwärts, um nicht gleich gesehen zu werden." Ich streckte meine Hand zu ihr nach hinten, sie nahm meine Hand, drückte sie und gab mir lächelnd einen zärtlichen Kuss auf meine Wange.

Ein Strahlen kam auf mich zu, diese Frau war Leben für mich, und ich hielt an. Schwups sprang ich zu ihr nach hinten und nahm sie in die Arme. Wir küssten uns voller Leidenschaft und streichelten unsere Körper. „Schatz, werfe doch alles weg, ich möchte deinen heißen Körper spüren", sagte ich. „Nein, antwortete sie, „ich hab dazu keine Zeit, ich will dich nur im Arm halten, mich anlehnen und an dir wärmen, das brauche ich jetzt", und sie drückte sich fest an mich. Es war so wunderbar, Isy zu spüren, wie wir es genossen, diese Wärme und Liebe, dabei fuhr ich ihr zärtlich über ihren Bauch und über ihre Brüste. Ganz fest angelehnt genossen wir die Minuten, wobei ich ihr meine Hand zwischen ihre Schenkel schob;, sie hielt meinen Arm fest, sagte aber sogleich: „Wäre ja schön, jetzt mir dir zu schlafen, aber du weißt doch, wir reden immer von einer Viertelstunde, brauchen aber eine Stunde und mehr Zeit, als wir haben; bitte heute nicht, ich muss ja gleich weg, wollte dich nur sehen, spüren und mich anlehnen!"

„Ist ja okay, mein Engel", antwortete ich, „du hast aber so einen heißen Schoß und so heiße Lippen", dabei sah sie mich an, küsste mich und erwiderte: „Ja, das bist du, du machst mich verrückt mit deiner Wärme und deinen Streicheleinheiten, du heizt mich so auf." Sie lächelte. So blieben wir umschlungen, um uns zu wärmen, fest aneinandergekuschelt sitzen. Kleine Küsse und Streicheleinheiten wanderten über Körper und zwischen beider Schenkel hin und her. „Ist das nicht schön?", fragte ich Isy. „Ja, das ist es wirklich, ein tolles Gefühl, bei dir zu sein; wenn dies mein Personal wüsste, die würden mich beneiden", antwortete sie, „aber ich muss jetzt wirklich wieder gehen", und sie drückte mich fest an sich. Wir genossen es, uns zugedeckt und angeschmiegt zu wärmen, doch leider waren diese paar Minuten gleich wieder vorbei. „Danke, dass du gekommen bist zu dieser frühen Morgenstunde; werde jetzt gleich noch alles putzen und mich dann schlafen legen. Er schläft ja jetzt, und darum konnte ich kommen. Pass auf dich auf", sagte sie, „ich hab dich gern und vermisse dich." Küsste mich und sprang aus dem Auto. Sie begann zu laufen, und ich musste Isy noch kurz ein paar Worte zur Stärkung auf ihren Heimweg mitgeben.

Ich ließ die Autoscheibe runter und rief ihr nach: „Bitte melde dich, ich hab dich lieb", schloss das Fenster, startete das Auto und fuhr langsam wieder zurück nach Hause. Noch am Weg zurück sagte sie „Hallo". Es war so schön und hat mir so gut getan; das gab mir immer so viel Kraft und alles ging dann immer wie von selbst und so schnell von der Hand. „Danke, ich melde mich. Ich musste dich noch hören und es dir sagen, bis später." Dann legte ich auf.

Langsam bog ich zu Hause ein, parkte mein Auto und ging ins Haus. Kaum war ich drinnen angelangt, kam meine Frau aus dem Schlafzimmer und sagte: „Wer braucht dich denn schon um halb 6 Uhr morgens? Weiß der nicht, wann die Leute schlafen? Und du saust aus dem Haus, als wenn es brennen würde!" „Ist doch egal", gab ich zurück, ging in die Küche und bereitete mir eine Tasse Kaffee zu, denn es war ja schon 7 Uhr, und meine Gedanken und mein Herz waren nur bei Isy. Sie trat in die Küche: „Was ist mit dir denn los, du strahlst so, hast du was verkauft oder einen Erfolg gehabt in deiner Firma?", fragte sie. „Ja", antwortete ich, „ich habe was Schönes erlebt, und das macht mich so richtig glücklich." Sie sah mich an, schüttelte den Kopf und ging wieder zu Bett. Isy und die Liebe mit ihr waren so etwas Unbegreifliches, kaum waren wir getrennt, stieg schon wieder die Sehnsucht nach unserer gemeinsamen Wärme und Liebe. Auch das Intimsein mit ihr war so „wunderbar, zärtlich und besonders" und der heiße Sex mit ihr eine Draufgabe, aber nicht das Wichtigste, sondern die Liebe, das Vertrauen, die Gefühle und das Geborgensein, die geschenkt werden, das waren die Trümpfe, die nur mit ihr zusammen zählten. Der Vormittag verging wie im Fluge, und ich konnte keine klaren Gedanken fassen. Was wird sie wohl tun, ist sie schon fertig mit dem Putzen und hat sie auch ein wenig geschlafen? Viel kann es nicht sein, da sie auch die Vorbereitungen für die Gäste, die zum Speisen kommen, erledigen muss und dafür wenig Zeit bleibt. Bevor sie immer das Lokal öffnet, nimmt sie das, was sie zum Krafttanken und zum Entspannen braucht, ein heißes Bad, damit sie nicht friert und arbeiten kann, ohne das wären oft die Schmerzen am Rücken und auch im Herzen unerträglich. Für uns bleibt da auch noch oft die Chance, ein paar Worte übers Handy auszutauschen oder ein SMS zu senden, bis wir uns wiedersehen. Gott sei Dank vergeht dabei die Zeit wie im Fluge, und ich ziehe mich an, um zu ihr zu fahren, getarnt eine Jause zu essen, ein wenig zu plaudern, ein paar Blicke auszutauschen oder sich mit ein paar Freunden zu treffen, aber auch einen schnellen Herzenskuss versteckt zu schenken, zu mehr reicht es leider in diesem Umfeld nicht, doch es erzeugt in uns beiden Wärme und Freude.

Ich trat in ihr Haus ein, es waren noch nicht sehr viele Gäste da, setzte mich an die Bar, und die Kellnerin fragte mich: „Was willst du?" „Wie immer", antwortete ich, „Kaffee und eine kleine Jause, mit Liebe serviert", sagte ich, „so kannst du es bei Isy bestellen!" „Ja, kannst du haben", antwortete sie. Es waren keine Bekannten da, und so blickte ich mich im Raum um, vielleicht meinen Schatz zu sehen.

„Wo ist denn die Chefin?", fragte ich die Kellnerin. „Die ist heute noch nicht da, ist noch in der Wohnung drüben oder in der Wanne", antwortete sie, „wird aber sicher gleich kommen, brauchst du sie?" „Nein", antwortete ich, „habe nur gefragt, da sie sonst meistens schon da ist und für ein kleines Plauscherl und Schnapserl Zeit hat, bevor sie in der Küche Vorbereitungen für Jause und Süßigkeiten treffen muss und dann einige Stunden keine Zeit dafür hat", antwortete ich. Kaum hatte ich mein Gespräch beendet, kam sie schon aus der Küche, warf mir ein kurzes Hallo zu und verschwand wieder. Bald darauf traf meine Jausenbestellung ein, eine kleine Liebesverzierung, Ketchup als Herz aufgespritzt, bedeckte meinen Teller, und ich genoss die guten Schmankerl, welche schön aufgelegt auf meinem Teller lagen. „Gib mir bitte zur Jause einen großen gespritzten Most", sagte ich zur Kellnerin, „sonst schmeckt die Jause nicht so gut." Voller Genuss verzehrte ich die Köstlichkeiten, wischte mir den Mund ab und trank den Most leer. Da mein Liebling bis dato noch keine Zeit hatte, bestellte ich noch ein kleines Bier, um auf meinen Schatz zu warten. Plötzlich kam sie und sagte: „Heute wird es länger dauern, bis ich aus der Küche komme und Zeit für dich habe, da sehr viel zum Tun ist, und auch viele Süßigkeiten, wie Torten, Pofesen, Palatschinken und Eis, zum Herrichten sind." „Na, dann stoße doch kurz mit einem kleinen Pfifferl an", sagte ich, „damit du nicht verdurstest." „Ja, ein Pfifferl geht immer", kam als Antwort. „Bestelle eines für mich. Wenigstens einer, der auf mich schaut", sagte sie, „muss aber kurz rein, sonst verbrennt mir alles", und schon war sie weg. „Ein Pfifferl für die Chefin bitte", welches die Kellnerin einschenkte und neben meines stellte. Ich nahm einen Schluck und noch einen aus meinem Glas, bis mein Engel kam und sagte: „Komm, stoßen wir kurz mal an, bevor es warm wird. Außerdem, unser Treffen am Morgen war schön!" Sie drückte versteckt kurz meine Hand. „Hab alles so schnell erledigt gehabt und noch drei Stunden geschlafen, dann für die Familie gekocht und schon vorbereitet. Danke für das Treffen, hab dich lieb", sagte sie, „muss jetzt aber wieder rein, sonst werde ich nicht fertig", und ging. Um meinen Schatz später noch in die Arme nehmen zu können, musste ich bis spät in die Nacht warten, bis sie ihren Platz und auch das Umfeld in der Küche gereinigt hatte, da ja am nächsten Tag wieder derselbe Ablauf herrschen würde. Als sie kam, lächelte sie, setzte sich zu mir und sagte: „Ich trinke mit dir etwas, das brauche ich jetzt, denn wir hatten alle so viel Stress, und trotzdem ist alles gut abgelaufen." „Ja, Schatz", antwortete ich, „ich habe es gesehen, wie ihr gelaufen seid, dann tut mal eine kleine Pause gut, ein paar liebe Worte und Wärme zu spüren", sagte ich. Sie blickte mich an: „Ja, da hast du recht, von dem, was einem guttut, hat man immer viel zu wenig oder keine Zeit", sagte sie und lächelte.

Wir plauderten mit Abstand, um kein Gerede oder Verdacht im Raum aufkommen zu lassen, über alles, aber am meisten über uns und wie gut diese Liebe und Wärme uns tut. „Hast du morgen früh auch Zeit für ein Treffen?", fragte ich. „Nein, morgen hab ich keine Zeit, da fahre ich mit meiner Mutter und Tochter in die Kirche, und bis ich wieder zu Hause bin, bleibt nicht mehr viel Zeit bis zum Aufsperren", sagte sie. „Kann ich verstehen, aber wir sehen uns ja abends wieder", antwortete ich.

„Ja", erwiderte sie, „wenn du kommst, schon, denn ich bin ja eh immer da, kann ja nicht weg, bin ja eingesperrt", und dabei lächelte sie mich strahlend an. „Verzeihst du mir, aber ich muss dahinten mit ein paar Bekannten auch was trinken, die habe ich lange nicht gesehen, du verstehst mich sicher", sagte sie. „Ist doch klar", antwortete ich, „und ich fahre dann auch nach Hause, ist eh noch nicht spät, aber wir sehen uns ‚heute Abend'." „Okay", sagte sie, „und schlaf gut, ich sage dir noch Gute Nacht per SMS später." Wir drückten uns einen Wangenkuss zu, umarmten uns fest, aber ohne aufzufallen, und verabschiedeten uns. „Bitte zahlen", rief ich die Kellnerin und beglich meine Rechnung, stand auf, sah kurz noch in die Richtung zu meinem Schatz, winkte ihr und fuhr nach Hause. War noch nicht spät, als ich daheim ankam. Ging langsam ins Haus, zog Schuhe und Jacke aus, begab mich ins Bad, um mir Gesicht und Hände zu waschen, Zähne zu putzen, und dann ins Wohnzimmer, schaltete den Fernseher ein, war noch nicht müde, und schlafen konnte ich auch nicht; meine Gedanken schweiften um Isy. Es war so gegen 1 Uhr, als mein Schatz per SMS Gute Nacht sagte, und sie sei auch so allein und wie schön es wäre, sich jetzt anlehnen zu können und angeschmiegt Körper an Körper zu liegen und die Gefühle und Zärtlichkeiten zu genießen. Sofort antwortete ich ihr, sagte, dass ich fernschaute und wach sei, immer an sie denken würde, auch so einsam wäre wie sie, aber gerne ihr Herz und ihren Körper wärmen würde, wo nur Kälte um uns sei. Es gäbe für mich nichts Wichtigeres und Schöneres, als immer bei ihr sein zu wollen, sie zu wärmen, sich anzuschmiegen, im Herzen zu tragen und mit Wahrheit sie innigst zu lieben.

> Ok. Nachbarort

Ein Lächeln kam über mich, als ich ihr anschließendes SMS las, denn wie kann es sein, dass man Gefühle so in Worten sagen kann, ohne mit der Geliebten vorher darüber gesprochen zu haben? Ich denke, da sind Werte in uns vorhanden, die spürt und fühlt man, ohne zu reden, man braucht sich nur anzusehen, und man fühlt, wie es diesem besonderen Menschen geht und was er fühlt, aber ebenso was ihm Schmerzen bereitet, darum sagte sie auch oft zu mir: „Ich bin wie eine Glasscheibe für dich, und ich brauche dir nicht zu sagen, was ich denke und fühle, du siehst es!" „Schlaf süß, und gehe nicht zu spät ins Bett, du brauchst auch wieder Kraft; schone deinen Körper, um deine Gäste und dein Umfeld zu bedienen, sonst wird deine Leistung wieder nicht anerkannt, mit Schmerzen ist nie gut zu arbeiten." Mit „Ich liebe dich" verabschiedete ich mich. Die paar Stunden bis zum Aufsperren ihres Lokals vergingen wie im Fluge, und ein hoffentlich schöner Abend stand bevor. Ich freute mich immer mehr, bald wieder in ihrer Nähe zu sein, denn wenn man dieses Kribbeln und diese Schmetterlinge im Bauch fühlt, weiß man erst, welch ein tolles Gefühl und wie gut es einem tut, so eine tolle Frau zu lieben und ihre Liebe, ihr Herz; ihren Körper, Wärme, Vertrauen und Gefühle von ihr als Geschenk zu bekommen. Da schätzt man erst, was Reichtum bedeutet: Nicht Geld macht gesund und glücklich, sondern die Liebe und das Leben mit Isy. Durch meine Gedanken an meine Liebste habe ich die Zeit vergessen lassen, als ich auf die Uhr blickte und sah, dass es höchste Zeit war, in ihr Lokal zu fahren, um Isy zu sehen, zu begrüßen. Versteckt ihr einen Herzenskuss zu geben, auf die Wange, denn alles andere würde Angst in ihr hervorrufen, das wollte ich nicht, sondern ihr Liebe und Vertrauen schenken. Bei ihr angekommen, standen schon viele Autos am Parkplatz, suchte mir einen, verschloss mein Auto und ging rein. Die Musik war lauter als sonst, das war oft ein Zeichen, dass Isy im Lokal und nicht in der Küche war, da sie nichts mehr liebte, als volkstümliche Lieder und Schlager zu hören, wie gut diese Texte für Herz und Seele waren. Zugegeben, ich war nie ein großer Fan davon, aber wenn man genau zuhörte und sich in diese reinversetzen konnte, habe ich mit ihr erlebt und gefühlt, was diese Texte dem Herzen und der Seele Gutes tun. Ich habe mich nicht getäuscht, sie war da, redete und lachte mit ein paar Gästen, hörte ihnen zu oder hörte sich oft deren Probleme oder Sorgen an. Trank ab und zu ein Schnäpschen mit ihnen, das gehörte zu ihrem Leben, und das tat sie von Herzen gerne, was ihr auch den Umsatz versüßte. Als sie mich sah, kam sie auf mich zu, lächelte, sagte „Hallo, lange nicht mehr gesehen" und gab mir, wie ich ihr, einen zärtlichen Kuss auf beide Wangen. „Freut mich, dass du da bist", und sie drückte sich kurz, aber innigst an mich, was ich ebenfalls tat, ohne die Aufmerksamkeit auf uns zu lenken.

„Was willst du trinken?", fragte sie. „Dasselbe, mein Engel, was du Gutes trinkst", antwortete ich. „Ein kleines Schnapserl oder Pfifferl?" „Lieber ein kleines Bier, Liebes", sagte ich leise. „Das Schnäpschen trinken wir in Ruhe später zusammen", erwiderte ich, und ein freudiges Lächeln entwich aus ihrem hübschen Gesicht. „Bist du heute toll angezogen, diese Bluse mit der ‚schönen Aussicht', das Dirndlkleid und die Haare, super, wie du aussiehst." „Ja, die Aussicht siehst du gleich, habe ich für dich getan", sagte sie und drückte meine Hand. „Freue mich über das Geschenk", entkam es mir sogleich, „aber ohne Kleid und ganz nah bei mir bist du noch hübscher." „Das glaube ich dir, möchte ich auch", sagte sie strahlend, ging, schenkte mir mein kleines Bier ein und stellte es vor mir auf die Theke.

„Ich muss noch in die Küche, aufräumen und ein paar Sachen vorbereiten, dann komme ich", und so verschwand sie. Es verging eine lange Zeit, bis sich das Lokal leerte, aber ich konnte nicht gehen, bevor sie nicht Zeit hatte, neben mir Platz zu nehmen und Worte der Liebe und Gefühle auszutauschen, was wir beide immer in voller Aufmerksamkeit tun mussten und meistens auch taten. Mitternacht war längst vorbei, als Isy aus der Küche kam und sich neben mich setzte. „Kurz bleib ich bei dir", sagte sie. „Bin heute schon so müde, und meine Tochter braucht mich auch noch, die wartet jeden Abend auf mich." „Ja, dann gehe doch zu ihr", antwortete ich, „wenn sie dich braucht, dann musst du auch gehen. Die Zeit, wo sie dich brauchen, ist so schnell vorbei, und für euch beide so wichtig. Die darfst du nicht warten lassen, die verlässt sich auf dich; trinken wir kurz noch was, und dann bin ich auch weg", antwortete ich. „Ja, okay, ein kleines Pfifferl schadet nie", kam es wie aus der Pistole geschossen. „Na, dann mach auch noch zwei Schnapserl für uns beide zum Schlafengehen", antwortete ich. „Du bist mir einer!" Sie ging hinter die Bar, um einzuschenken. Schnell hatte sie es erledigt und setzte sich wieder neben mich. „Prost!" Wir stießen mit den Schnäpschen an und kippten sie runter. „War gut, mit dir eines zu trinken", sagte ich. „Ja, war nicht schlecht", kam es aus ich rem Munde.

„Wie sieht es denn mit dir morgen früh aus, könnten wir uns nicht kurz wo treffen und uns umarmen, um Kraft zu tanken für die ganze Woche, wenn du deine kleine Maus in die Schule bringst?", fragte ich sie. „Wo, glaubst du denn? Lieber nicht, ist doch viel zu gefährlich, wenn uns jemand sieht." „Die meisten sehen doch morgens nichts", antwortete ich. „Vielleicht gleich am Supermarktparkplatz oder bei der Tankstelle beim Supermarkt für ein paar Minuten, das wäre gut." „Ich weiß nicht, vielleicht", erwiderte sie, und wir gaben uns versteckt die Hände, drückten sie und sahen uns dabei lächelnd an. „Ich warte auf dich, okay", sagte ich, „du hast ja das Handy und kannst ‚H' sagen, wenn es dir woanders lieber ist." „Schauen wir mal", sagte Isy. Wir tranken noch unser kleines Bierchen aus, gaben uns einen Gutenachtkuss auf die Wangen und verabschiedeten uns. „Zahlen", rief ich die Kellnerin, beglich meine Rechnung, verabschiedete mich und ging langsam zu meinem Auto. Kaum eingestiegen, musste ich meinem Schatz noch ein Gute-Nacht-SMS schicken; das tat ich immer, egal wie spät es war, denn es war mir so wichtig, ihr zu zeigen, dass ich es ernst meinte und immer für sie da war, egal wann und wie spät es war. Das stärkt auch Liebe und Vertrauen und nimmt Angst weg. „Ist einem nur kalt, dein Herz nur traurig und allein, fehlen Wärme, Liebe; Wahrheit, Vertrauen und Geborgenheit allein, darum müssen wir unsere Liebe beschützen und Gott dankbar sein!", schrieb ich. „Und eine gute Nacht!"

„Dir auch eine gute Nacht, pass auf dich auf, ich habe dich gern, halte mich fest, und lass mich bitte nicht allein", antwortete sie.

> Und jetzt schlaf mal!-
> brauch dich noch
> länger

„Danke für das liebe Gute-Nacht-Geschenk", antwortete ich ihr, „und schlaf süß, ich lass dich nicht los, halte dich fest, ich brauche dich doch auch von ganzem Herzen und hoffentlich ewig, dicken Gutenachtkuss." Als ich zu Hause ankam, hatte ich schon wieder Sehnsucht nach dieser tollen Frau, welche mir so ein Leben und neue Liebe schenkte, ich hätte sie immer im Arm halten und nie loslassen können, denn Isy bedeutete mir alles. Meine Frau sprach mich an, „da läuft doch mehr zwischen ‚DER' und dir." Bis zu unserem letzten Gespräch war es ja ehrlich, ich wollte doch Zeit gewinnen und nicht meiner Liebsten Angst zukommen lassen, doch ich spürte es, sie glaubte mir nicht, da ich mir sicher war, wenn man einen Partner schon so lange kennt, weiß und spürt man, wenn sich etwas verändert hat, außerdem konnte ich nicht mehr nahe an ihr vorbeigehen. Wenn ich an ihr vorbeigehen musste, da kam ehrlich eine Kälte auf, unbeschreiblich. Ich verließ auch das Ehebett und zog ins Wohnzimmer und ins leere Kinderzimmer, da konnte ich wenigstens ein paar Stunden ab und zu schlafen, sonst gar nicht.

Als der Montagmorgen anbrach, blickte ich auf die Uhr, da war es noch stockdunkel, aber mein Herz freute sich so. Ob Isy ihre Angst überwand und irgendwo auf mich wartete? Nein, dachte ich, das schafft sie nicht, dafür ist ihre Angst zu groß, gesehen zu werden. Wie immer stand ich auf, ging ins Bad, um meine Körperpflege zu erledigen, nahm meine Tablette, welche ich als Vorsorge seit meinem Herzinfarkt nehmen musste, zog mich an, schnappte meinen Laptop fürs Büro und verließ das Haus.

Es war noch viel zu früh, aber ich konnte es nicht erwarten, Isy zu treffen; von dieser Frau konnte man nicht genug bekommen. Es füllte das Herz, und der Tag lief wie am Schnürchen ab, ohne Probleme, Last und Stress. Ich blickte auf die Uhr, um zu sehen, wie lange es noch dauerte, bis sie kam; fünf Minuten, lief es mir durch den Sinn, dann käme sie vorbei, wo ich wartete. Die

Zeit wurde für mich endlos, aber es lohnte sich. Kurz dachte ich an den gestrigen Abend, als Isy zu mir sagte, dass ihre Tochter sie gefragt hatte: „Mama, was hast du, du strahlst so, schaust so glücklich aus, was ist mit dir los?"

Und Isy hatte ihr geantwortet:

„ICH HABE EINEN ENGEL GETROFFEN,
UND DER LIEBT MICH UND MACHT MICH SO
GLÜCKLICH UND FROH UND BESCHÜTZT UNS!"

Das plötzliche Klingeln meines Handys holte mich in die Realität zurück. Ich sah das berühmte „H" und rief sofort zurück. „Hallo, guten Morgen", sagte ich. „Wie geht es dir, mein Engel, gut geschlafen, wo bist du?", fragte ich. „Ich habe Angst, dass uns jemand sieht, und ich stehe auf dem Parkplatz." „Bitte, mein Liebes, bleib dort stehen", antwortete ich, „komme gleich zu dir, das fällt niemandem auf, denn die Leute gehen in die Schule, zur Arbeit oder sonst wohin, da denkt sich keiner etwas." Startete und fuhr sofort los, um keine Zeit zu verlieren und damit sie keine Angst zu haben brauchte, jemand sehe sie oder der „Wachhund" zu Hause sei schon aufgestanden. Ich bog zum Parkplatz ein und erblickte ihr Auto. Fuhr ganz nahe an ihres heran, damit sie versteckt in meines steigen konnte. Ich winkte ihr, sie solle hinten bei mir einsteigen, doch man sah, sie hatte Angst. Nach mehrmaligem Winken und Bitten kam sie und versteckte sich gleich hinter der Sitzlehne. „Das brauchst du in diesem Auto nicht, die Scheiben sind getönt, Jalousien sind oben, da sieht dich niemand", sagte ich. Sie schaute mich fragend an. „Sicher?", fragte sie. „Ja", antwortete ich Isy, „du kannst mir vertrauen und dich auf mich verlassen." Vorsichtig erhob sie sich. „Hab sowieso fast keine Zeit, er steht auch gleich auf, und wenn ich nicht da bin, sucht er mich", erwiderte sie.

Ich hüpfte schnell nach hinten. „Sperre bitte das Auto ab, nicht dass jemand die Tür öffnet." „Keine Angst, hab ich schon getan", antwortete ich und nahm sie in den Arm. „Hallo, nicht so schnell!" „Das muss so sein, mein Liebling, wenn die Zeit knapp ist und das Verlangen nach Liebe und Wärme so groß." „Du hast ja recht, aber du weißt auch, ich höre alles und habe Angst, es könnte jemand kommen und so." „Bin doch bei dir und beschütze dich, Isy." Zärtlich ließ ich sie nach hinten gleiten, da ich immer die hinteren Sitze umlegte, damit wir uns liegend streicheln und küssen konnten und so niemand von außen etwas bemerkte. Sie zu küssen und zu streicheln, diese Wärme, diese Haut und die Gefühle, welche sie an meinen Körper legte und in mein Herz, wunderbar und wertvoll. Ganz fest an mich gedrückt hielten wir uns einander und genossen es, für uns da zu sein. Sich gegenseitig streichelnd, zärtlich küssend und die Wärme des Herzens den Liebsten spüren lassen, ihre erogenen Zonen massieren und liebkosen, einfach traumhaft mit Isy, anders konnte man es nicht beschreiben. Das könnte man stundenlang fühlen, erleben und sich schenken. „Muss jetzt leider wieder heim", sagte sie nach einer Weile, „er ist sicher schon auf. Wahnsinn, wie schnell in den Armen liegend die Zeit vergeht, wenn wir sagen zehn Minuten, brauchen wir dreißig bis vierzig Minuten oder mehr, die Zeit mit dir vergeht wie im Fluge; tut mir leid, möchte noch bleiben, aber ich muss los, sonst habe ich die nächste ‚Scheiße‘ losgetreten" „Danke, Isy, mein Schatz, dass du die Kraft aufgebracht hast zu kommen und mir auch die Freude und Liebe schenkst; bist ein Engel, hast dir das alles schon lange verdient, und vertrau mir, ich schenke sie dir." „Ich weiß und spüre es auch, dass du was Besonderes und Wertvolles bist, denke den ganzen Tag an dich und wie das geschehen konnte und warum, mich so zu ver-lieben, habe immer gedacht: Mir passiert das nicht, und jetzt?", antwortete sie fragend.

„Aber Kopf hoch, Isy, ist doch so schön, zu lieben, zu leben und in den wärmenden Armen den Körper, die Liebe zu genießen." „Ja, ich weiß", antwortete sie, „aber trotzdem." „Schluss jetzt, ich muss heim, und danke für die Zeit und Wärme, war gut. Ein süßer heißer Kuss muss sein, sonst geht das nicht", antwortete ich. Sie lächelte, umarmte mich wie ich sie, ein zärtlicher inniger Kuss, und tschüss! Erhob sich, richtete ihr Gewand, schaute sich um, sprang raus aus meinem Auto und in ihres rein. Ein kurzer Wink, und weg war sie. Auch ich richtete mich zusammen und machte mich auf den Weg in meine Firma. Voller Freude fuhr ich los, ein strahlendes Herz und glücklich, diesen Menschen zu lieben.

Isy hat mir mit ihrer Liebe und dem Glücklichsein neues Leben geschenkt, aber trotzdem habe ich immer Angst gehabt, Isy könnte es einmal nicht schaffen, würde ihrer Angst oder dem Druck aus ihrem Umfeld erliegen, sich nicht mehr aufrappeln können, dann weglaufen. Sie hatte mich auch schon einmal angesprochen, sie halte den Druck und meinen Druck auf sie nicht aus! Habe ihr dabei erklärt: „Ich übe keinen Druck aus, du darfst es auch nicht so empfinden, sondern mein Herz, meine Liebe und mein Körper möchten das Geliebte, dich, meine Isy, immer bei sich und in den Armen halten." Wenn man wahrlich liebt, der geliebte Mensch Isy einem so viel bedeutet, die Glücksgefühle, die einem Flügel schenken, ihn wahrlich liebt, ehrlich dem Geliebten gegenüber ist, mit der Liebe, mit Worten und Gefühlen. Ist es nicht das Allerschönste, glücklich zu sein, einen geliebten Menschen an seiner Seite, in guten und schlechten Tagen zu haben? Ihn zu lieben, da zu sein, dessen Liebe an sich zu spüren und zu fühlen? Man spürt viel mehr dabei, wichtiger noch, wie reich man mit so einer wahren Liebe ist.

Der Tag verlief ruhig und gelassen ab, es gab keine Hektik, und das zu Erledigende ging gut von der Hand. Dachte an meinen Engel, an Isy, was wird sie wohl machen, hat sie sich nochmals kurz hingelegt, um Abstand zum Eisberg zu nehmen, Kraft zu tanken, um das Gewünschte und Erlebte zu leben? Immer wieder kamen die Gedanken an sie in mir hoch. Doch diese wurden nachmittags belohnt, sie schickte ein „H", was für mich bedeutete, sie anzurufen. Ich nahm das Handy und rief an, es klingelte eine Weile, bis sie sich meldete. „Du bist ja mit dem Anrufen schneller als ich mit dem ‚H'", sagte sie. „Ich warte doch immer auf ein Zeichen von dir, den ganzen Tag, das fehlt mir so sehr, und wenn du dich dann endlich meldest", sagte ich, „beginnen mein Herz und meine Seele zu strahlen." „Was tust du, hast du Zeit zum Reden?", fragte sie. „Ich immer", antwortete ich, worauf sie lachte und sagte: „Ich musste einfach mit dir reden, denn wie heute Morgen, sich so schnell zu trennen, ist nicht gut, aber es ging nicht anders." In vielen Worten erklärte ich Isy, wie ich es am Morgen empfunden hätte, was ich in mir erlebte und fühlte. Ich war so glücklich, als von ihr dieselbe Antwort kam. Wie wunderbar und glücklich man im Herzen sei, welche Kraft man habe und dass es sich lohne, diese Liebe zu erleben und zu leben, obwohl sie sehr oft das schlechte Gewissen überkäme. „Ich gehe heute Montagabend zum Treffen, da melde ich mich wieder, okay?", fragte sie. „Ich musste ‚H' sagen und mit dir reden, sonst fällt mir die Decke auf den Kopf, bin nur kurz rausgegangen, er ist weggefahren, sonst hätte ich keine Luft zum Atmen", sagte sie. „Mein Engel, wenn du es dir einteilen kannst, dann melde dich, nimm dir ein paar Minuten Zeit für uns, ich bin beim Stammtisch und kann jederzeit weg, würde mich riesig freuen, dich in die Arme zu nehmen und dich an meinem Körper, deine Wärme und zarte Haut zu spüren", antwortete ich. „Du bist wichtiger, als im Wirtshaus zu sitzen, denn mit dir bedeutet es leben." „Ich kann es nicht versprechen, vielleicht ist meine Kleine mit dabei, dann geht es nicht, schauen wir mal; war schön, mit dir zu reden, hab dich lieb", sagte sie. „Muss aufhören, denn er kommt gerade nach Hause, bis später, tschüss", und sie legte auf. Glücklich ging ich wieder in mein Büro, und mein Freund und Kollege sagte, als ich das Büro betrat: „Na, war sie es, weil du so glücklich und strahlend reinkommst?" „Ja, sie war es, und das tut so gut, einen Menschen zu haben, dem man sich anvertrauen kann und der dir Liebe schenkt."

So gegen zwanzig Uhr fuhr ich in mein Stammlokal. War als Erster da, keiner meiner Kollegen war zu sehen, und ich nahm Platz. Bestellte mein Gedeck, Traubensaft mit Leitungswasser und eine Tasse schwarzen Kaffee ohne Milch und Zucker, da ich seit einem Urlaub Kaffee mit Milch und Zucker nicht mehr trinken konnte. Es dauerte eine Weile, und die ersten Kollegen trafen ein. Wir plauderten, wie das Wochenende verlaufen war, jeder erzählte das Getane und Erlebte und was es sonst noch gab und getan worden war. Die Zeit verging, und ich musste einen Blick auf die Uhr werfen, um nicht ein eventuelles Treffen mit

Isy zu versäumen, doch es war erst 21 Uhr 30. Da wird es sicher auch bei ihr noch dauern, dachte ich und horchte den Freunden zu. „Was schaust du immer auf die Uhr und auf das Handy?", fragte mein langjähriger Freund mich, der seit Ewigkeiten ein guter Freund und Kumpel war. „Vielleicht muss ich noch kurz mal weg, hab noch was zu erledigen, aber ich bekomm einen Anruf oder SMS, wenn ich gebraucht werde", sagte ich und lächelte. „Ja, ja", erwiderte er, „das kenne ich, da steckt meistens keine Arbeit dahinter, sondern Vergnügen", und er begann zu lachen. Ich lächelte ihm zu, gab aber keine Antwort.

Tatsächlich kam ein SMS von Isy, sie sei allein gewesen beim Treffen und ob ich zurückrufen könnte. Sogleich ging ich nach draußen und rief an. Eine glückliche, freudige Stimme drang an mein Ohr, und ich sagte: „Hallo mein Schatz, welch eine Freude, dass du dich meldest." „Hab ich dir doch versprochen, wenn ich alleine bin, melde ich mich." „Ja, danke, das ist lieb von dir, aber wo bist du?" „Hab Angst, dass uns wer sieht, wenn wir uns treffen, darum weiß ich nicht, wie ich es tun soll oder ob ich es überhaupt tun soll, du weißt doch, diese scheiß Angst." „Wo stehst du jetzt?" „Beim Parkplatz hinter der Kirche, aber hier möchte ich nicht bleiben, zu viele Autos und Menschen." „Ich komme mit meinem Auto und hole dich ab, oder du fährst hinter mir nach, an einen ruhigeren Ort für uns beide, einverstanden?" „Okay", sagte sie. Ich ging rein, bezahlte beim Chef und sagte: „Wenn es die Zeit zulässt, dann komme ich vielleicht später auf der Rückfahrt nochmals vorbei. Tschüss und gute Nacht." Ich öffnete die Tür und verließ das Lokal. Ging schnell zu meinem Auto, startete, fuhr langsam Richtung Friedhof, dann Richtung Zentrum, bog auf den Parkplatz ein, und schon sah ich ihr Auto. Ich ließ die Scheibe runter und sagte: „Hallo mein Schatz, mein Engel, folge mir, ich weiß ein nettes Plätzchen, wo wir ungestört sein können." „Okay, ich fahre dir nach", sagte sie und folgte mir.

Da ihre Zeit immer kurz und bemessen war, überlegte ich, in der Nähe zu bleiben, um keine Zeit zu verlieren. So fuhr ich zur Sportanlage und dann diese entlang. Am Ende ist eine freie Fläche, wo man leicht wenden und auch zwei Autos abstellen kann. Der Blick in den Rückspiegel schenkte mir Freude, da ich sah, wie sie mir folgte. Ich wendete mein Auto, schnell schaltete ich mein Licht ab, winkte ihr, ihr Auto hinter meinem zu parken, um nicht von Weitem gesehen zu werden, und winkte meinen Schatz zu mir ins Auto. Schnell kam sie und sprang hinten hinein. Ein kleiner Sprung nach hinten von mir, und schon hielt ich Isy im Arm, drückte und küsste sie. „Bitte schließ das Auto, du weißt, es könnte jemand kommen." „Okay", antwortete ich und drückte mit dem Zeigefinger auf die automatische Türsperre.

Wir hielten uns fest, küssten und streichelten uns, man spürte das Verlangen, sich festzuhalten und zu lieben. „Ich muss mich meiner Sachen entledigen", sagte ich zu ihr, „da ist ja alles so versteckt, und du kannst dich nicht richtig wärmen daran." „Das geht immer", antwortete sie, dabei zog ich Hemd, Hose und Unterhose aus. „Na, mein Engel, komm, rücke näher, du fehlst mir so sehr", und sie schmiegte sich an mich. „Willst du nicht auch deine Sachen ablegen, durch die Sachen braucht die Wärme so lange?", antwortete ich. Sie lächelte mich an und gab mir einen Kuss. Langsam öffnete ich Isys Bluse, zog sie ihr aus und legte sie am Vordersitz ab. Ein erotischer BH, welchen ich ihr einmal geschenkt hatte, kam zum Vorschein, ich öffnete ihn und nahm diesen zärtlich von ihr. Ein heißer Körper und pralle Brüste streckten sich mir entgegen. „Na, die sind aber fest, freuen sich wahrscheinlich auch auf Streicheleinheiten", sagte ich. Isy lag auf dem Rücken. Ich zog Isys Po zu mir auf meinen Schoß. Nahm ihre Brüste in meine Hände und begann sie zu kneten. Da sie ihre Beine um mich geschlungen hatte und am Rücken mit geschlossenen Augen lag, genoss sie es, gestreichelt und geliebt zu werden.

„Komm bitte näher zu mir, damit ich dich auch streicheln und massieren kann", sagte Isy, „du bist so weit weg, sonst kühle ich aus." Sie hob sich hoch, setzte sich auf meinen Schoß und streichelte alles an mir voller Liebe. Ich senkte meinen Kopf und begann mit den Lippen ihre prallen Brüste und Nippel zu saugen, und die Reaktion ließ nicht auf sich warten. Steif standen sie hoch, dabei streichelten meine und ihre Hände alles, was zum Ergreifen war. Langsam schob ich meine Hand ihre Schenkel hoch, öffnete ihre Hose und begann sie abzustreifen. „Wir haben nicht so viel Zeit, wie du glaubst", sagte sie. „Darum muss ich dich ja ausziehen, sonst vergeuden wir zu viel Zeit", antwortete ich. Isy lächelte und gab mir einen zärtlichen, aber intensiven Kuss, der wahrlich nach Liebe schmeckte.

Ihr weißer Slip glänzte in der Nacht, meine Hand fuhr ihren Bauch entlang zwischen ihre Schenkel, und meine Finger rieben ihre heißen, feuchten Lippen. „Der stört ja auch noch", sagte ich zu ihr. „Du bist ein Lauser", antwortete sie, hob ihren Po hoch, und ich zog ihr den Slip aus. „Es ist ein wenig kalt hier", sagte sie. „Dann musst du dich fest an mich drücken, damit du meine Wärme besser annehmen kannst", sagte ich. „Warte, ich habe ja noch eine dicke Decke da, die kann ich dir umhängen, damit du genießen kannst", sagte ich. Ihre Wärme und ihr Körper ließen meine Manneskraft steifer werden, ich nahm ihre Hand und legte sie auf meinen steifen Schwanz. „Na, der wird ja auch noch munter", sagte sie lächelnd und drückte in fest. „Der hat auf dich gewartet, denn er will dich auch von innen wärmen", sagte ich ihr leise ins Ohr und drängte mich zwischen ihre Schenkel, wo mich ein heißer, feuchter Mund schon erwartete. „Diese Lippen gehören kurz mal mit der Zunge massiert", sagte ich. Ich hob ihren Schoß hoch, leckte und saugte ihre Lippen. „Das macht ganz schön warm", sagte sie und drückte meinen Kopf fest an ihre weit aufgezogenen Lippen. „He, du kannst mich anders auch umbringen", sagte ich, „als mit Ersticken!" Isy lachte, es tat so gut, „habe ich aber nicht gewollt", und sie streichelte dabei meinen Rücken. „Meine Penisspitze braucht deine Feuchtigkeit, komm, ich lass ihn dich spüren." Ich hob meinen Kopf, wir küssten uns innig, dann hob ich sie an der Hüfte hoch und setzte sie mir gegenüber auf meinen Penis. Umfasse ihre süßen, prallen Pobacken, zog ihre Lippen mit den Fingerspitzen auf und drang Zentimeter für Zentimeter in sie ein. Ihre Schenkel umfassten meine Taille, und ihr Schoß schob sich mir entgegen. Ich spürte ihren heißen, feuchten Mund. „Pass bitte, bitte auf, du weißt ja, es darf nichts passieren, das kann ich mir nicht leisten", sagte sie. „Du bist mein Schatz, meine Liebe und mein Reichtum, auf diesen passe ich auf, Liebling." „Will mit dir lieben und leben und nicht was zerstören", sagte ich. Sie erwiderte ihr Einverständnis, indem sie sich fest auf meinen steifen Schwanz setzte, mich an Rücken und Wange streichelte und ich ganz tief in ihrem Schoß verweilte. An meinem Schwanz spürte ich, wie sie sich festklammerte. „He, was machst du da mit mir?", fragte ich sie. „Ich halte dich fest, damit du mir nicht wegläufst", antwortete sie lächelnd. „So festhalten, das tut gut", antwortete ich. Isy hatte sich an mich geklammert, küsste meinen Hals und saß fest auf mir. Schneller wurden unsere Bewegungen, das Atmen wurde stärker, und ich spürte ihr Klammern immer intensiver. „Da bekommst du bald ein Geschenk, wenn du ihn so festhältst und reibst", sagte ich. „Deine Geschenke und Liebe sind für mich was Besonderes und Wertvolles, das nehme ich gerne von dir an", antwortete sie. Ich spürte schon, wie mein Sperma sich nach vorne drängte. Schnell stieß ich in sie, und flugs zog ich den glitschigen Penis raus. „Jetzt hast du mir meinen Saft geklaut", sagte ich zu ihr und ließ ihn über ihren Bauch und an den Schenkeln abladen. „Hast du sicher aufgepasst?", waren ihre ersten Worte. „Ja sicher", erwiderte ich. „Na, da hast du eine Menge an mir abgeladen", sagte sie. „Ja, typisch ausgesaugt", antwortete ich, und Isy begann zu lachen. „Ich habe da keine Schuld", sagte sie, „das hat sich so ergeben." „Du hast mich aber auch erwischt", antwortete sie lächelnd und drückte sich fest an mich. „Du drückst meinen Saft überallhin", sagte ich. „Macht doch nichts", antwortete Isy, „das können wir wegwischen." – „Es ist so schön mit dir, und bitte lass mich nicht los, lass mich noch eine Weile an deiner warmen Brust ruhen", sagte sie dann und drückte sich an mich. Schnell deckte ich uns zu, und wir genossen die Zweisamkeit und die Wärme, die uns glücklich machte. Einsam und nur wir beide, umschlungen voller Liebe und allein, super, dabei blieb Isy glücklich und entspannt auf mir, ihren Kopf auf meine Brust liegend.

Mit einem Ruck erhob sie sich, dabei erschrak ich, da ich dachte, es sei etwas passiert oder sie habe etwas gehört, doch sie fragte nur: „Wie spät ist es?" „0 Uhr 10", sagte ich. „Bist du wahnsinnig, so spät, da muss ich sofort heim. Meine Kleine hat gesagt, sie wartet, bis ich heimkomme, genau das ist es immer", sagte sie. „Was ist für uns beide eine halbe Stunde, gar nichts", fügte sie hinzu und begann sich anzuziehen. „He", sagte ich, „gib mir bitte die Taschentücher, ich wische meine Spuren bei dir ab, sonst klebt dir deine Unterhose und Hose an, und zu Hause kannst du sie nicht mehr ausziehen, weil sie festsitzt", sagte ich lächelnd zu Isy. Sie lachte, drückte mich fest und sagte: „Wir beide sind wahnsinnig, was wir und wo wir die Liebe erleben. Aber es ist so wunderbar und was Besonderes mit dir." Wir halfen uns beim Anziehen, ich nahm sie noch fest in den Arm und küsste sie leidenschaftlich. Sagte Isy Danke, für die Liebe und den Mut, den sie aufgebracht und uns geschenkt hatte. „Ich muss wirklich jetzt heim, melde mich, versprochen, aber es muss sein. Pass auf dich auf, Schatz, ich liebe dich", sagte ich zum Abschied. „Ich dich auch, ich melde mich", antwortete sie. Sah sich um, doch es war stockdunkel und so auch für andere nichts zu sehen, und so sprang sie aus dem Auto. „He, ein dicker Gutenachtkuss muss noch sein." Sie hielt meinen Kopf in den Händen und drückte mir einen festen, aber zärtlichen Kuss auf meine Lippen. „Passt der?", fragte sie und lief lächelnd, winkend zu ihrem Auto, sperrte auf, stieg ein, startete, und im Vorbeifahren winkte Isy noch, fuhr den Sportplatz entlang, bog rechts ab heimwärts. Nur den Scheinwerfer konnte ich in der finsteren Nacht noch kurz sehen, dann verschwand sie. Ich musste mir noch all meine Sachen zusammensuchen, da diese im Auto verstreut waren, im Gegensatz zu Isys Sachen, zog mich an, stieg nach vorne, startete und fuhr los. Langsam raus auf die Bundesstraße.

Nichts war zu sehen, und gesehen hatte mich und Isy auch niemand. War gut so, sonst hätte die Angst wieder Einzug gehalten. Als ich das Zentrum erreicht hatte, kam ein SMS von Isy. „Zu Hause alles okay, danke nochmals für die schönen Momente und zärtlichen Liebkosungen von dir. Er ist nicht daheim, meine Kleine hat nichts gesagt oder gefragt, warum ich so spät nach Hause gekommen bin. Gute Nacht und schlaf gut, ich hab dich lieb. Danke, bist ein Engel. Bis morgen früh."

Sofort blieb ich am Straßenrand stehen und antwortete auf ihr SMS, damit sie fühlen konnte, dass ich bei ihr war und Danke sagte für den tollen, heißen Abend mit ihr. Dass ich sie schon wieder vermisste und dass es schön wäre, sich die ganze Nacht zu umarmen, zu wärmen und nicht loszulassen. „Tut gut zu wissen, dass alles bei dir zu Hause okay ist. Schlaf, und träum süß von uns, ich liebe dich."

Ich war noch nicht weit gefahren, da kam nochmals ein SMS von Isy: „Du hast recht, es wäre schön, so gewärmt, geliebt und eng umschlungen gemeinsam einzuschlafen. Nicht wie in einem Iglu zum Erfrieren verurteilt zu sein. So, aber jetzt schlaf du auch. Gute Nacht. Melde mich morgen!" Die Nacht war kurz und ohne Schlaf, denn mein Herz und meine Gefühle ließen mich kein Auge zutun. Diese Liebe und die Treffen liefen, wenn ich zu Hause war, wie ein ewiger Film ab und schienen nie zu enden, das bewirkten diese tollen Glücksgefühle. Isy schenkte so viel, ihr Herzen würde belohnt werden, würde sich noch mehr wünschen, gerne mehr erleben. Wenn sie in meinen Armen lag und durch das geringste Geräusch, den geringsten Ton oder Laut von außen zusammenzuckte, versteckte sie sich und hatte Angst, warum nur? Ich konnte es nicht beantworten, wollte es aber herausfinden und ihr helfen, diese Angst zu verlieren. Isy schenkte, wenn wir Haut an Haut lagen, so eine Wärme und Liebe, unbeschreiblich! Es heilte so viel, , die Schmerzen am Körper und im Herzen, darum kämpfte ich für uns, besonders für sie, nur ihr die Liebe und Gefühle zu schenken. Mein Tag begann, wie viele andere Tage auch, mit Toilette, sich waschen, Zähneputzen, Tablette einnehmen, schauen, was heute zu erledigen bzw. zu tun sei, und ab in die Firma. Kaffee gab es im Büro mit meinem Kollegen, der wartete immer auf mich, da er auch wie ich Frühaufsteher und meist schon um 6 Uhr in der Firma war.

Da ich nie die Autobahn benutzte, fuhr ich über die Bundesstraße zur Firma. Doch wie ich unter der Autobahnbrücke und über den Fluss fuhr, kam mir meine Liebste, Isy, entgegen. Sie winkte nicht, da sie ihre Tochter zur Schule brachte und, wie sie mir schon oft mitteilte, um keinen Verdacht zu schöpfen. Ich verringerte mein Tempo, um eventuell schnell zu antworten, wenn ein „H" kam, was ich natürlich erhoffte. Es dauerte nur ein paar Minuten, und mein Herz und meine Gefühle gaben mir recht, mein Handy klingelte, Isy sagte: „Hallo." „Guten Morgen, mein Schatz", antwortete ich ihr. „Guten Morgen, hallo", sagte Isy. „Danke für unseren wunderbaren gestrigen Abend. Es war schön mit dir, du schenkst mir so viel, das habe ich nicht verdient, habe nie gedacht, so etwas zu erleben; wir sind wahnsinnig, was wir tun, aber es macht so glücklich, und meine Schmerzen, du weißt, am Rücken und Nacken, sind wie weggeblasen. Du bist was Besonderes für mich, hab dich gern, und melde mich wieder bei dir, wenn es passt, denn ich bin fast zu Hause; muss aufhören, dass wir nicht verdächtigt werden." „Warte auf dein ‚H', Liebes, und ich habe dich lieb, ganz ehrlich und von ganzem Herzen." „Das weiß ich, und danke", antwortete sie, „bis später, hab dich lieb", und sie legte auf. Ich schrieb Isy noch ein SMS: „Sag mir bitte Bescheid, wenn du wegfährst, Zeit und Verlangen hast, dich zu treffen; ich vermisse dich, dein Herz und deinen Körper, ich liebe dich!"

Der Tag in der Firma war super, habe viel gefertigt und ein paar unerwartete Verkäufe getätigt, welche nicht erwartet wurden. Ich dachte an Isy, war sie vielleicht der Grund des Erfolges? Ich war mir sicher, denn glückliche Menschen haben mehr Erfolg, und glücklich war ich, überglücklich mit Isy und ihrer Liebe. Was wird sie gerade tun, und wie geht es ihr? Was haben ihr die Gefühle und das Erlebte gestern gezeigt? Das wahre Liebe viel lindert und heilt, nur Hass und Frust alles zerstören. Sie hatte auch einen starken Glauben an Gott, wobei sie sich für das Getane sündig fühlte, ich auch, aber nicht der katholischen Kirche gegenüber, wegen der Umstände, was sich derzeit auf der Welt tut und was aufgezeigt wird! Wie von der Priesterschaft mit der Menschheit, mit Frauen und Kindern früher und Kindern noch heute umgegangen wird und welches Leid ihnen ein Leben lang zugefügt wird, kann ich nicht akzeptieren, doch Isy sagte immer: „Die müssen doch ihr Leid selbst auch tragen!" „Die schon, aber was ist mit den Kindern, wer hat da Schuld?", war meine Antwort.

Und voll von
schlechten Gewissen!

„Ja", sagte ich, „du hast schon recht, aber ich kann doch den Menschen nicht von der Kanzel aus predigen, ihr dürft nicht sündigen, Unkeuschheit treiben. Und selbst? Ist das keine Sünde, die Menschen zu belügen und es selbst zu treiben, was sie so tun? Was passiert mit diesen Menschen? Man hört es laufend, eigentlich NICHTS", sagte ich.

Ich hoffte immer, dass sie sich nicht verstecken würde, Angst vor der Sünde hätte und ständig denken würde, sie sei dadurch ein schlechter Mensch, da sie doch wie ich diese Liebe mit Herz und Körper so einfühlsam liebte und dabei alles gab, um glücklich zu werden und auch mich glücklich zu machen, was sie mir auch sagte und wofür ich mich mit meiner Liebe bei ihr bedankte. Ich hatte aber das Gefühl in mir, irgendetwas stimmte nicht bei Isy, denn den ganzen Tag kam kein Hallo oder ein SMS, hatte sie zu Hause ein Problem oder Schmerzen erlebt? Täglich am Morgen fuhr ich erst so gegen 7 Uhr 45 zur Arbeit, da ich wusste, dass Isy ihre kleine Maus zur Schule brachte; ich sah sie auch immer, aber sie reagierte nicht auf meine SMS oder Anrufe. Es sind drei Tage vergangen, kein Lebenszeichen von ihr, auch nicht eine Antwort auf meine SMS oder Anrufe; sie hob einfach nicht ab, oder das Handy war ausgeschaltet. Es stiegen Schmerzen in mir hoch, was ist mit meiner liebsten Isy bloß los? Gott sei Dank war diese Woche schon zu Ende, und der Freitag war gekommen, wo ich sowieso zu ihr ins Lokal fuhr. Sie zu begrüßen und zu umarmen, um ihr Kraft und Wärme für unsere Liebe zu schenken. Wie immer so gegen 20 Uhr fuhr ich los. Der Parkplatz war voll, also viel Betrieb und Arbeit für meinen Schatz. Parkte seitlich mein Auto, sperrte ab und ging rein. Wow, der ganze Innenhof war auch voll von Leuten, ja, da kann es sein, dass sie viel zum Vorbereiten hatte, aber trotzdem hätte sie sich melden können. Langsam ging ich in die Gaststube, um mir einen Platz zu suchen. „Hallo", sagte die Kellnerin; sie kam auf mich zu und gab mir einen Wangenkuss, auch die zweite, das machten sie immer und ich auch, um nicht die Aufmerksamkeit auf mich und Isy zu lenken.

„Hallo, grüß dich", sagte ich, gab beiden ein Küsschen auf die Wange und blickte mich um, wo mein Schatz war. Leider konnte ich sie nicht sehen, denn das Personal hatte ein wenig Stress, durch die vielen Gäste gab es auch viel Arbeit. *Da wird es in der Küche rundgehen, wo mein Schatz die Chefin und Triebfeder für alles ist.* Mit Leib und Seele und von Herzen liebte sie es, wenn was los war, und das konnte man an der Qualität ihrer Produkte sehen. Ich hatte es nicht eilig, wartete geduldig auf mein bestelltes kleines Bier, aber am liebsten auf Isy, meine Liebe. Es dauerte eine Weile, da lief sie an der Türe vorbei, man sah, sie hatte viel zu tun und stand unter Druck, das brauchte sie, dann machte es erst richtig Spaß, wenn wirklich was los war. „Da weiß man, warum man es tut, und man ist abgelenkt von allem", waren immer Isys Worte.

„Hallo", kam es lächelnd durch die Eingangstür der Küche. „Hallo", sagte ich, „im Stress?" Hatte mich wahrscheinlich nicht mehr gehört, sie hatte bereits wieder kehrtgemacht an ihren Platz, der „süßen Ecke" in der Küche, wo sie alle Kuchen, Eis, Eispalatschinken und vieles mehr immer frisch zubereitete; sie war ja überall, wo Not am Mann war und wo es sich staute. Es war bereits nach 23 Uhr, als Isy aus der Küche kam, auf mich zutrat, lächelte und sagte: „Hallo, das freut mich, dass du da bist." Wir gaben uns zärtlich zur Begrüßung ein Wangenküsschen, und ich umarmte sie. „Hallo Liebes: Tut gut, dich zu spüren, hab deine Worte und ‚dein ‚H' vermisst!" Sie blickte mich an und antwortete: „Ja, das tut es, muss noch einige Gäste begrüßen", und ging von mir weg zu ihnen, die sie auch freudestrahlend begrüßten. Isy setzte sich, plauderte mit ihnen, und es dauerte eine Weile, bis sie zurückkam. „Mäuschen, trinkst du was mit mir?", fragte ich sie leise. „Muss zuerst mal Wasser trinken, sonst verdurste ich", antwortete sie, du bist ja noch länger da, oder nicht?" „Das weißt du doch, ich komme ja nur wegen dir, Liebling", antwortete ich ihr, legte meinen Arm um ihre Schulter und drückte sie an mich. „Muss kurz aufräumen und nach der Kleinen schauen", sagte sie und ging weg. Sie verschwand in die Küche, und man hörte sie dort noch mit dem Personal reden, auch lachen. Nach dem aus der Küche kommenden Lärm zu urteilen, musste sie noch länger aufräumen und sauber machen, da sie sonst am nächsten Morgen viel zu tun gehabt hätte.

Kurz nach Mitternacht kam sie wieder zurück und stellte sich neben mich, streichelte leicht über meinen Rücken. „Ach Liebes, du riechst aber gut, hast dich für mich frisch gemacht?", fragte ich. „Das brauchst du nicht, aber es riecht gut. Mit deiner Liebe, deinem Herzen und Körper schenkst du mehr Duft als das beste Parfum. Trinkst jetzt ein Pfifferl mit, gegen den Durst?", fragte ich. Du schaust auf mich", antwortete sie und wollte schon einschenken. „Nein, bleib bei mir, du hast ja auch eine Kellnerin, die soll das tun", und ich rief ihr zu: „Kannst du für mich und Isy bitte zwei Pfifferl einschenken!" „Ja, sofort", kam ihre Antwort.

Was war die letzten Tage mit dir los, kein ‚Guten Morgen', kein SMS, kein ‚H' und auch kein Abheben bei meinen Anrufen?", fragte ich Isy. „Hat er dich wieder mal genervt, beschimpft oder, wie du oft sagst, ‚geprügelt'?" „Er hat mich wieder mal geschimpft, ich tue zu wenig, bin immer unterwegs und nichts passt, was ich tue, nur er ‚schufte'! Am liebsten würde ich alles hinschmeißen und abhauen, wären da nicht die Kinder. Ich würde auch meinen Eltern wehtun, was würden die Nachbarn sagen?", sprach eine bittere, verzweifelte Stimme.

„Wenn du mit den Nerven kaputt bist, dein Herz und deine Liebe gebrochen sind, vielleicht dein Körper streikt, glaubst du, da kommen die Nachbarn und helfen dir? Nein, jeder rettet nur sich und sein Leben, aber für dich oder wen anderen hat dann keiner Zeit", antwortete ich.

„Mein Liebling, Kopf hoch, ich liebe dich, ohne dich und deine Liebe bin ich auch leer, und mein Leben hätte keinen Sinn. Du fehlst mir jede Stunde und Minute, es bedeutet mir so viel, dir meine Liebe und Gefühle zu schenken. Mit dir ginge ich bis ans Ende der Welt, egal wohin, aber nur mit dir." Sie drückte sich an mich und sagte: „Das würdest du tun?" „Ja, das würde ich von ganzem Herzen, wäre das größte Geschenk für mich", antwortete ich.

Sie lächelte und umarmte mich kurz, da fast keine Leute mehr im Lokal waren und die Uhr schon halb 3 Uhr morgens zeigte. Ich blickte sie an, drückte ihr versteckt einen Kuss auf ihre Lippen. „Bist du verrückt, wenn das jemand sieht", antwortete sie.

„Bitte, für dich bin ich das gerne", dabei lächelte sie und schüttelte ihre dunklen, langen Haare über ihr lächelndes, hübsches, aber trauriges Gesicht.

„Weißt du, in so einem großen Haus gibt es so viel zu tun, draußen, im Haus gehört viel gemacht, obwohl es neu ist, dort was kaputt, da was defekt, Lampen gehören gewechselt, Fliesen kaputt oder sonst was. Alles soll ich tun, und er tut da nichts, muss ihn immer daran erinnern. Für ihn ist alles egal, und wenn ich was sage, beschimpft er mich, haut die Türe zu und ist weg. Heim kommt er irgendwann am Morgen, oft betrunken. Dann schläft er bis Mittag, das ist für ihn okay. Weißt du, ich bräuchte einen Menschen wie dich, der mir hilft im Hause, mich liebt und da ist, wenn man ihn braucht." „Das wäre toll. Das würde ich gern mit dir, mein Schatz", sagte ich und hielt ihre Hand fest!

„Wir haben viel zu viel Zeit mit dem Gerede vertan, es ist doch so schön, Isy, dass wir uns haben und diese tolle Liebe, halte dich da fest, das tut so gut und gibt Kraft, damit man den ‚Wachhund' und den ‚Iglu' schafft, so wie bei mir zu Hause den ‚Kühlschrank'." „Ich glaube, wir machen jetzt im Lokal dicht und gehen schlafen; habe Angst, dass er irgendwo im Haus unterwegs ist und uns überraschen könnte; das brauche ich nicht, reicht schon, wenn er den ganzen Tag auf mir herumhackt." „Ja, Schatz, du hast recht, es ist ja spät genug. Du musst auch raus morgen früh. Es ist für mich so wertvoll, dich an meiner Seite zu haben, dir Liebe zu geben und dich in meinem Herzen und Körper zu tragen und zu spüren. Freue mich auf morgen, um dich wieder zu treffen, wo wir doch so wenig Zeit für uns haben."

„Hast recht", antwortete sie. Ich bezahlte meine Rechnung an Getränken und erhob mich. „Warte, ich muss dich rauslassen, denn er hat das Tor zugesperrt; wo er ist, weiß ich nicht, bin es ja gewohnt, er geht einfach." Wir gingen zum Tor, sie nahm den Schlüssel und sperrte auf. Sie öffnete das Tor, dabei drückte ich sie an mich, ein kurzer Kuss auf ihre zärtlichen Lippen, und ich sagte: „Schlaf süß, meine Liebe begleitet dich in dein Bett und Tag und Nacht." „Danke, ich vermisse dich auch", sagte sie, „und pass auf beim Heimfahren." Ging zum Auto, Isy winkte mir zu und schloss das Tor. Langsam fuhr ich nach Hause, und meine Gedanken waren bei ihr. Ich empfand Mitleid mit ihr, denn ich wusste, wie viel sie zu tun hatte, Haushalt, Wäsche, alles putzen, hundert Fenster, Sohn und Tochter überall hinbringen, was bleibt dann für Isy? Sehr wenig, darum braucht sie die Wahrheit an Liebe, Gefühlen, Wärme und Vertrauen. Als ich mein Haus betrat, nahm ich das Klingeln meines Handys wahr, trat ein und las: „Bist gerade gefahren, und ich vermisse dich schon wieder, Wahnsinn, was du in mir bewirkst und mich spüren lässt. Jetzt wieder ab in den ‚Iglu‘, wie du auch, und DANKE, schlaf gut“, schrieb sie!

> Gute Nacht,ich schlaf
> jetzt,damit ich die Kälte
> nicht mehr spür

„Schlaf du ebenfalls gut, wenn du auch nicht schlafen kannst, wie ich ohne dich, kannst dich immer melden, bin mit all meiner Liebe für dich da, dicken Gutenachtkuss“, antwortete ich ihr.

Ich bedaure diese Menschen, welche so viel Liebe bekommen könnten, sie aber mit viel Kraft töten, weil Freunde, Umfeld oder oft Alkohol wichtiger sind als ein Mensch, der dir das Schönste auf der Welt, Liebe, Wärme, Geborgenheit und Vertrauen, schenken möchte, und die es nicht annehmen.

So wie Isy es gibt, mit Wärme, Herz und Liebe, da breite ich alles aus, besonders mein Herz und meine Arme, damit es nicht fällt und verloren geht, dabei aber ihr Herz, ihre Liebe und ihr Körper glücklich sein können, genauso wie ich mit Isy. So waren meine Gedanken immer bei ihr, ich konnte meist nur ein paar Stunden schlafen, war aber auch beim Aufstehen nie müde. Ich vermisste Isy, sie war für mich mein zweites Leben, welches sie in uns geweckt hatte und ich auch mit ihr leben wollte.

Es wurde schwierig, denn ihre Angst vor der Zukunft, was sein könnte, was die Menschen sagen, tat ihr immer weh, baute immer Angst auf, wobei sie schon oft bemerkt hatte: „Seit ich mit dir zusammen bin, habe ich vor vielem keine Angst mehr,

z. B. hatte ich immer Angst vor Hunden; da ich mit dir nun schon öfters an einigen vorbeigegangen bin und du mir so viel Kraft und Geborgenheit und Sicherheit gegeben hast, gehe ich jetzt viel ruhiger daran vorbei."

Eines versprach ich mir selbst: Diese Frau und sonst keine, die ist es, was ich in meinem Leben an Liebe vermisst und gesucht habe. Als ich morgens verschlafen nach nur drei Stunden Schlaf die Augen öffnete, war ich schon wieder bei Isy. Sie fehlte mir den ganzen Tag, aber ich musste auch in die Firma und einiges vorbereiten, da ich in der nächsten Woche dienstlich verreisen würde.

Das machte mich immer traurig, aber durch die Liebe von Isy ist alles viel erträglicher geworden. Sie sagte auch oft „H", um mit mir zu reden, was ich tue, wo ich genau sei und dass ich ihr fehle. Heute ging alles wieder mal schnell von der Hand, und ich konnte um 15 Uhr schon Schluss machen und den Heimweg antreten. Ich fuhr den PC runter und drehte das Licht ab, sperrte Büro und Eingangstür zu und ging zum Auto.

Kaum hatte ich gestartet, kam ein SMS von Isy, ob sie kurz Hallo sagen könnte.

Ich nahm sofort das Handy und rief sie an. Leise sagte sie Hallo. „Ich verstehe dich nicht gut", antwortete ich. „Ja, ich bin nur kurz rausgegangen, um Luft zu schnappen, ich musste dir schnell Hallo sagen, vermisse dich ja, und Luft habe ich auch", sagte sie. „Ja, das freut mich", antwortete ich ihr, „mit dir könnte ich immer und ewig telefonieren, aber noch lieber würde ich bei dir sein. Herz und Körper spüren, das wäre das Wichtigste." „Du hast recht, wenn wir beide zusammen sind, das hat und kann schon was, das habe ich mir nie gedacht, dass sich der Wunsch einmal erfüllt und ich das erleben werde oder darf", antwortete sie mit glücklicher Stimme. „Das, was du mir schenkst und was wir beide erleben." „Ja, du hast recht, das ist schon was wert, mehr als alles Geld der Welt und nicht zu beschreiben, wenn man es nicht fühlt oder wir beide unsere Gefühle und unser Verlangen im Herzen erleben", antwortete ich Isy.

„Wenn ich mit dir spreche, ist es, als würden wir uns in den Armen liegen. Da entsteht eine Wärme, und ich könnte mich schon wieder fest an dich schmiegen und meinen Körper an dich drängen, wo es erst eine kurze Zeit her ist, dass ich es spüren durfte", sagte sie. „Ich muss leider schon wieder aufhören, du weißt ja, er braucht mich nicht, aber suchen tut er mich bestimmt immer. Pass auf dich auf, ich liebe dich und hab dich gern", ergänzte sie, „und freue mich, wenn wir uns abends sehen. Es tut schon riesig weh, wenn du abends nach Hause fährst, da wäre es schön, sich nicht zu verabschieden, sondern anschmiegen zu können. Bis später", sagte sie und legte auf.

Langsam fuhr ich nach Hause, und all meine Gedanken waren wie immer bei dieser tollen, liebenden, wärmenden Frau, die mein Herz und meine Gefühle auf Trab hielt. Doch leider vergessen die Menschen, dass die Liebe das Blut der Menschen ist.

Abends gab es kein Halten mehr, und ich startete zu Isy. Als ich ihr Haus betrat, musste ich feststellen, dass mein Liebling heute ein wenig zu viel ihres Lieblingsgetränks konsumiert hatte. Sie kam mir lächelnd, mit leichtem Zungenschlag entgegen und sagte: „Bitte entschuldige, aber heute habe ich schon ein paar Schnäpschen zu viel erwischt. Einige Gäste waren um 4 Uhr da, die längere Zeit nicht hier waren. Jeder wollte mit mir anstoßen, und du kennst mich ja, zuerst animiere ich die Gäste, dann kann ich aber meist auch nicht mehr zurück; ich hoffe, du verzeihst mir und verstehst das", sagte sie.

„Ja, verstehen tue ich es, aber bitte verkaufe dich nicht unter deinem Wert", antwortete ich ihr, „und versuche nicht dein Unglück und die Kälte aus deinem Umfeld mit Schnaps zu tränken, das macht viel kaputt, besonders deinen Ruf und sonst auch unsere Liebe", antwortete ich ihr. Drückte sie kurz an mich und belohnte sie mir einem zärtlichen Kuss auf ihre sanften Wangen. Sie erwiderte meine Wärme, küsste mich zärtlich, dabei ihren Arm um mich gelegt, und antwortete: „Ich trinke jetzt nichts mehr, da ich noch länger aktiv sein muss, dann komme ich zu dir." „Ist okay, bin ja wegen dir da und nicht wegen des Trinkens", war meine Antwort. Schnell ging sie hinter die Theke, nahm sich ein großes Glas Wasser und verschwand in die Küche. Ich nahm an der Bar Platz, bestellte eine Tasse schwarzen Kaffee und ein

Stück Kuchen, ohne Sahne, aber mit viel Liebe, bitte so weiterleiten", sagte ich zur Kellnerin, die mit einem Lächeln die Bestellung entgegennahm.

„Was willst du Süßes?", fragte mich die Kellnerin. „Sag bitte Isy, etwas Süßes nach ihrer Wahl, aber mit Liebe angerichtet." „Okay, ich werde es ihr ausrichten", und sie ging mit dem Bon in der Hand in die Küche.

Es dauerte eine Weile, und mein mit Liebe bestellter Kuchen kam, wobei Isy aus der Küche rief: „Es wird alles mit Liebe gemacht, denn sonst schmeckt es ja nicht." Ich lächelte ihr zu und begann meinen Kuchen zu verzehren. Man muss schon eines bestätigen, das, was Isy den Gästen zubereitete, anrichtete und servierte, war wirklich mit viel Liebe gemacht, das sah man, und so schmeckte es aber auch.

Es war bereits nach Mitternacht, als Isy aus der Küche kam und kurz bei mir stehen blieb. „Heute hätte ich bald ein wenig zu viel erwischt", sagte sie, „aber jetzt habe ich es ja mit viel Wasser verdünnt; drehe kurz noch eine Runde zum Hallosagen und hoffe, dass es mich nirgends ‚verhabert'." Sie ging in den Nebenraum, wo noch viele Gäste einer Geburtstagsfeier anwesend waren. Von Isy war lange nichts zu sehen, man hörte ihr lautes, schallendes Lachen, dies ist ihr Markenzeichen, viele Gäste lieben ihre nette, freundliche, lächelnde und warmherzige Art, ihr Lächeln und ihre Umarmungen bei der Verabschiedung, egal ob alt oder jung, besonders ältere Menschen, da Isy sich auch immer Zeit für ihre Sorgen, Leiden und Schmerzen nimmt und sie ihr Leid Isy anvertrauen. Endlich kam sie und setzte sich neben mich auf den Barhocker. „Na, was hast du heute gemacht?", fragte sie, da die Kellnerinnen vor uns standen und kein Verdacht unserer Liebe aufkommen sollte.

„War von 9 Uhr morgens bis 15 Uhr in der Firma, dann zu Hause, und da von meinen geliebten Enkelkindern nichts zu sehen und hören war, musste ich raus, um der Kälte zu entwischen. Ab zu dir", sagte ich und drückte kurz ihre Hand, wobei Isy mich lächelnd ansah „Ja, das freut mich, wenn du zu mir kommst", war ihre Antwort.

Lange währte die Ruhe zwischen uns beiden nicht, denn draußen bei ihrem Mann waren die letzten Gäste gegangen, und er war auch jetzt an die Bar gekommen. Da war die freundliche Atmosphäre weg. Wir konnten uns nur noch über Allgemeines und die Kinder unterhalten. Kurz darauf sagte ich zu Isy: „Schade, dass uns der ‚Wachhund‘ den Abend vermasselt, aber ich glaube, es ist besser, wenn ich nach Hause fahre, denn deiner macht nicht gerade den freundlichsten Eindruck." „Ja, ich kann dich verstehen", sagte sie, denn er hat mich den ganzen Tag nur kritisiert und beschimpft, dass ich wie immer zu wenig tue. Seinem Blick nach zu urteilen, kommt heute noch was auf mich zu!" „Meinst du?", fragte ich. „Ja, das erkenne ich an seinem Gesichtsausdruck", antwortete Isy. „Zahlen", rief ich zur Kellnerin. „Ich gehe zu Bett", antwortete Isy, wünschte mir eine gute Nacht. „Ein Küsschen in Ehren kann niemand verwehren", erwiderte ich. „Gehe, um vielleicht einem Konflikt aus dem Weg zu gehen", antwortete sie. Bis morgen." Flüstere „Ich liebe dich" leise in Isys Ohr, gebe ihr dabei auch gleich ein zärtliches Wangenküsschen zum Abschied. „Gute Nacht und bis morgen Abend", sagte sie und verließ lächelnd das Lokal.

Die Nacht verlief wieder einmal fast schlaflos, da mir Isy so leidtat; könnte sie doch viel Liebe und Wärme tanken an meinem Herzen und Körper, was sie sich auch immer wünschte, doch oft erlebte sie dann nach Verlassen der Gäste erst nur „Schläge" in ihr Herz, da er nicht zimperlich mit Worten zu ihr umging. Nur wenn mehr Alkohol im Spiel war, das hasse ich!

Kurz nach 8 Uhr stand ich auf, machte mich frisch und fuhr zur Tankstelle, wo ich mir öfters sonntags eine Tasse Kaffee genehmigte und die Zeitung las. Aber auch mit dem Gedanken, dass Isy mit ihrer Mutter und Tochter in die Kirche fuhr und wir kurz unsere Blicke austauschen konnten. Leider konnte ich Isy nicht sehen, und ich fuhr nach Hause. Der Tag verlief ruhig, nichts tat sich, und ich spielte mit meinen Enkelkindern. „Opa, gehen wir doch eine Runde spazieren", schlug mir der Kleinere der beiden vor. „Ja, wenn ihr dürft und Lust habt, gehen wir eine große Runde", antwortete ich.

Kaum hatte ich dies gesagt, standen die beiden vor mir, und wir starteten los. Es ging durch den Wald, wo ich ihnen einige Sachen aus der Natur erklärte, was sich in der Erde tat, unter der Rinde, und verschiedene Tiere; was geschah, wenn es heiß war, und im Winter bei Kälte. Sie lauschten meinen Worten und fragten mir fast ein Loch in den Bauch: Opa, warum das, warum dies, warum so und nicht so, und es wollte kein Ende nehmen. Es tat mir gut und später auch ihnen, dass sie so reges Interesse zeigten. Wir plauderten, und mit Eifer und Interesse waren sie dabei, so gingen wir unsere geplante Runde Richtung Heimat.

Als wir wieder zu Hause ankamen, wurden sie bereits zum Abendessen erwartet, sodass wir kaum noch Zeit hatten, uns zu verabschieden. Ein kurzes „Opa, tschüss bis morgen früh", mehr war nicht drinnen. „Tschüss, ihr beiden Mäuschen", rief ich ihnen nach, und sie verschwanden durch die Eingangstür ins Stiegenhaus. Ich ging ins Haus und bereitete mich auf mein Kartenspiel mit Freunden im Nachbarort vor; ich war wieder voller Freude auf mein Treffen abends mit meinem Schatz Isy.

Ich schaute noch kurz fern, dann zog ich mich an und fuhr zum Kartenspiel. Es war nicht gerade mein Glückstag beim Spiel, aber ich dachte auch an meinen Schatz, ob sie heute mehr Zeit für mich hätte. Kurz nach 21 Uhr 15 beendeten wir unser Spiel, und ich bezahlte. Verabschiedete mich von meinen Spielkameraden und fuhr zu Isy. Dort angekommen, strahlte ich, denn es standen nur mehr drei Autos am Parkplatz, was bedeutete, sie hatte mehr Zeit für mich. Im Innenhof war es schon leer und in der „Garage" waren noch die alten Hocker und Säufer sowie der Chef. Ich ging in die Gaststube, wo auch nur mehr zwei Gäste sowie die Kellnerin und Isy waren.

„Hallo, du auch da?", sagte sie. „Ja, ich komme vom Kartenspiel, das weißt du ja", antwortete ich. Ich ging auf sie zu, drückte sie fest an mich und drückte ihr einen leidenschaftlichen Kuss auf ihre Wangen. „Hab dich vermisst, an Herz und Körper!" „Ich dich auch", antwortete sie.

Es dauerte nicht lange, und die Gäste gingen, worauf sich auch die Kellnerin verabschiedete und ich mit Isy allein war. Wir setzten uns auf die Bank, neben der Bar, wo man Berührungen nicht von Weitem sehen konnte, und schenkten uns noch je ein Seiterl und ein Schnäpschen ein.

Ruhig konnten wir plaudern, einige zärtliche, schnelle Berührungen und Küsschen austauschen, wobei Isy immer sagte: „Bist du verrückt, wenn er reinkommt und das sieht!" „Ja, Liebling, ich bin verrückt, aber nach dir, das habe ich dir schon so oft erklärt", sagte ich. Zärtlich streichelte ich ihren Rücken, ihren Po, ihre zärtliche Haut auf ihren Schenkeln und drückte ein Küsschen auf ihre Brust, die heiß mir an meinen Lippen erschien. „Bitte pass auf, es bringt doch nichts, wenn er uns sieht, da lädt er wieder alles an mir ab, wenn du weg bist."

„Bist du mir böse, wenn wir Gute Nacht sagen?", fragte sie mich. „Nein, ich spüre ja, dass du unruhig bist und Angst hast. Mit Angst tut alles nur weh, wobei Liebe und Vertrauen glücklich machen", sagte ich. „Dann, Schatz, möchte ich bezahlen, bevor er reinkommt." Ich bezahlte, sagte noch: „Bitte sperre mir auf, sonst kann ich nicht raus!" „Ja, mach ich", antwortete sie und ging mit mir zum Ausgang, sperrte auf, ich gab ihr einen Kuss auf ihre Lippen, und sie sagte: „HE, du bist ein Lauser!" „Ja, gern", antwortete ich. „Wünsche dir noch eine gute Nacht, bis morgen früh, gute Nacht. SMS kommt noch." Sie winkte, und ich ging zum Auto und fuhr heim.

Montagmorgen war angebrochen, und ich war bereits um 5 Uhr am Weg zur Arbeit, als ein „H" von Isy kam. Ich bremse, blieb am Straßenrand stehen und rief sofort an.

„Bist du schon in der Arbeit oder noch im Ort?", fragte sie. „Ich bin am Weg zur Arbeit, mein Schatz, warum?" „Ach, ich habe mir gedacht, ich gehe eine kleine Runde am Morgen, denn er schläft noch, da kann ich raus, sonst erdrückt es mich, habe aber nur eine halbe Stunde Zeit, mehr nicht, da ich meinen Sohn wecken muss."

„Ja, bitte gehe raus, wo soll ich warten?", fragte ich. „Ich gehe auf der Schotterstraße Richtung Asphaltstraße, aber gleich hinter unserem Haus raus, warte oben am Hügel, es ist ja noch ein wenig finster, da sieht dich nicht gleich jemand", sagte sie. „Okay, drehe um und warte auf dich, freue mich, bis gleich."

Langsam fuhr ich zu unserem Treffpunkt, drehte um und schaltete das Licht aus, um nicht gesehen zu werden und wartete auf meine Liebste. Isy kam im Laufschritt. Ich sah sie im Dunkeln auf mich zukommen, ließ die Autoscheibe runter und sagte: „Guten Morgen Schatz, welch ein schöner Morgen mit dir! Steig ein, die Zeit ist kurz, damit wir genug tanken und schenken können."

Isy hüpfte hinten rein. „Soll ich wegfahren?", fragte ich. „Nein, haben ja nicht viel Zeit", sagte sie. Ich hüpfte zu ihr nach hinten, verschloss von innen das Auto, nahm meinen Schatz fest in die Arme, und wir tauschten unsere Gefühle aus. Ich öffnete ihre Jeans und zog sie bis zu ihren Füßen runter. „Bitte nicht, habe doch keine Zeit", sagte sie. „Komm, ich helfe dir und du mir, dann geht es viel schneller, und man erlebt alles mal anders." „Ich weiß, aber du weißt ja." „Ja, ich weiß." Ich hob ihren Schoß hoch, ihr heißer Po nur mit Slip bedeckt lag auf meinen Oberschenkeln. Ich fuhr mit meiner Hand nach vorne und ihre Schenkel aufwärts zu ihrer heißen Öffnung. Ich hob sie hoch, schob den Slip zur Seite und liebkoste ihre Lippen mit den Fingern. „Nimm bitte meinen Penis in deine Hand, er möchte deine Lippen reiben", und ich zog sie näher an meinen Schwanz heran. Ihre Finger umfassten meinen Penis. Mit der linken Hand zog ich den Slip beiseite, hob sie mit der rechten Hand hoch und setzte sie auf meinen Steifen. „He, keine Zeit mehr, die Hose auszuziehen", sagte sie lächelnd. „Nein", antwortete ich, „habe meine Unterhose auch noch an, der musste sofort raus. ‚Draußen' wird gestohlen", antwortete ich. Ich ließ ihren Po los, und mein Schwanz drang mit einem lauteren „AH" von Isy tief in sie ein.

Sie griff nach hinten, drückte sich und mich fest an ihren Po, drehte sich um, schaute mich an und sagte: „Du bist ein Wahnsinn, in deinen Armen an deinem Körper fühle ich mich so geborgen, tut gut und ist gut, dich zu spüren." Nach langen, intensiven Stößen sagte ich zu ihr: „He, Schatz, ich fühle dich feucht, und mein Schwanz wird richtig heiß." „Ja, das bist du, und bitte pass auf, du weißt ja, warum." Tiefer, fester und intensiver wurden unsere Bewegungen, und kurz darauf ließ ich meinen Sperma-strahl auf ihren Rücken ablaufen. „Hast du aufgepasst?", fragte sie nochmals. „Ja, mein Liebes, du kannst dich auf ‚IHN‘ verlassen, er hatte deinen heißen Schoß so vermisst, darum konnte er den Saft nicht mehr halten", antwortete ich. „Ja, ich habe dich auch vermisst, es ist so schön und gut, bei dir zu sein", kam es zärtlich aus ihrem Munde.

So am Morgen, das habe ich auch noch nie getan; ich möchte so gerne bei dir liegen bleiben und dich nie mehr loslassen. Es tut mir so gut, wenn ich bei dir bin", sagte sie: „Du bist auch Balsam für mich, egal was und wo wir was zusammen tun, es ist einfach lebenswert." „Trotzdem muss ich gehen, sonst wird mein Sohn nervös, und meine kleine Maus, sie muss auch raus, und ich bringe sie zur Schule. Dann werde ich mich noch einmal kurz ins Bett legen und an dich denken." Wir halfen uns beim Anziehen und drückten uns noch ein paar Küsse auf unsere Lippen. Hielten uns kurz fest. „Hab dich ganz fest lieb", sagte sie. „Ich dich auch; ich hoffe, du spürst es, was du mir im Herzen bedeutest!" „Ja, ich spüre es selbst so intensiv, wenn ich bei dir bin oder dich vermisse. Ich hab dich lieb, danke für dein Kommen, war wunderbar mit dir." Sie küsste mich, schaute sich um und flüchtete aus dem Auto, und im Laufschritt ging es heimwärts.

Lang sah ich Isy noch nach, da es schon hell wurde. So wünschte ich mir einen Arbeitsbeginn. Morgens die Liebe mit Isy zu spüren, den Tag mit Liebe und Freude ablaufen zu lassen, den Abend mit ihr erleben und sich lieben, das macht glücklich, und das kann man auch wieder weitergeben; nur mit Angst und Frust zu leben, das bricht viele Menschen.

Es vergingen einige Tage, wir sahen uns jeden Morgen, zu mehr hatten meine Isy oder ich wieder mal nicht Zeit. Doch täglich tauschten wir SMS aus und gestanden uns wunderbare Liebe und Wärme, leider unter Tag nur als SMS, selten konnten wir reden am Telefon, aber dafür waren die Momente der unverhofften Treffen lebenswert und für uns beide Balsam.

Da der Tag gut verlief, beschloss ich, früher meine Arbeit zu beenden, denn vielleicht hatte mein Schatz auch das Bedürfnis, kurz irgendwohin zu fahren, wo wir wieder ein paar Minuten ein kurzes Treffen genießen könnten. Ich schloss meine Firma und machte mich auf den Heimweg. Bevor ich wegfuhr, schrieb ich ihr noch, dass ich Lust hätte, sie zu sehen, da ja schon wieder ein paar Tage seit unserem Treffen vergangen waren und die Lust, Liebe und Leidenschaft nach ihr verlangten.

„Kannst du kurz raus oder wohin fahren?", schrieb ich ihr und fuhr los. Ich fuhr immer die Strecke, welche nahe an ihrem Haus vorbeiführt, um sie vielleicht zu sehen.

Isy war mein Leben, und ohne sie war ich niemand mehr, der Lust zu irgendetwas hatte; mit ihr in den Armen war ich der glücklichste Mensch auf Erden. War bereits im Heimatort angekommen, da kam ihre Antwort: „Wegfahren kann ich nicht, da ich noch viel zum Vorbereiten habe", antwortete sie, aber ich gehe dann kurz raus, du weißt doch, die zweite Straße hinter unserem Haus, so in einer halben Stunde; wenn du Zeit hast, können wir uns kurz treffen." „Du machst mich glücklich", schrieb ich zurück. Für dich bin ich schon unterwegs", antwortete ich ihr. „Ich bin noch zu Hause, so schnell bin ich auch nicht, aber ich beeile mich. Gehe in den Wald hinein, du kannst ja mit dem Auto reinfahren, damit uns nicht jeder sieht; ich erwarte dich dort. Lass dir aber Zeit, ich freue mich auf dich", antwortete sie.

Langsam fuhr ich los zu unserem Treffpunkt. Es waren ja nur knapp vier Kilometer, also ließ ich mir Zeit. Mein Herz strahlte, denn Isy bedeutete Liebe und Leben für mich, und ich hoffte, sie blieb uns immer erhalten. Ich bog in die Straße ein, fuhr sie langsam entlang, ob ich sie vielleicht in der Ferne gehen sehe. Weit und breit war noch nichts zu sehen. Ja, dachte ich, bin ja schneller als Isy zu Fuß. Ich blieb kurz an einer nicht einsehbaren Stelle stehen und wartete ein paar Minuten. Ein innerlicher Drang wurde immer intensiver. Isy hielt mich, meine Liebe und Sehnsucht nach ihr in Wallungen. Wenn sie bei mir in den Armen lag, explodierte meine Liebe, wenn sie weit weg war, hatte ich das Gefühl, ich müsste erfrieren. Ich fuhr an den Straßenrand, und Tränen des Glücks liefen über meine Wangen. Ich wartete einen Moment, um mich zu beruhigen, denn ich wollte Isy nicht damit belasten, wie es mir in meinem Innersten ging. Langsam fuhr ich wieder los, bog in den Wald ein und blickte mich um, wo mein Schatz denn bliebe.

Es war sehr eng zwischen den Bäumen, und ich drehte vorsichtig mein Auto um, parkte rückwärts ein, um später besser wegfahren zu können. He, da kam plötzlich Isy aus dem Wald und lächelte voller Freude.

Sie kam näher und stieg sogleich hinten in mein Auto. „He, Schatz", sagte ich, „das freut mich aber, dass du Zeit für ein Treffen hast." Ich schloss wie immer mein Auto von innen ab. Schwups sprang ich zu ihr nach hinten, nahm sie voller Liebe und Wärme fest in meine Arme. Meine Gefühle gaben so viel Liebe und Wärme ab, genug für zwei. „Ja, ich musste kurz raus, bevor mir die Decke auf den Kopf fällt, und außerdem brauche ich Luft", antwortete sie mir. „Ja, wer braucht das nicht", sagte ich zu ihr und öffnete ihre Joggingjacke. „He, du hast nicht mal einen BH an", antwortete ich voll überrascht. „Ja, da schaust du", antwortete sie, „du ziehst ihn mir sowieso aus, und das spart Zeit", lächelte sie. „Super, dann ziehe ich auch gleich alles aus." Ich sprang hoch und schnell war meine Kleidung im Auto verstreut. „So, mein Liebling, jetzt nehme ich deine Sachen weg, und dann können wir unsere Körper gegenseitig wärmen, streicheln und beben lassen", sagte ich ihr leise, wobei ich zärtlich streichelnd Brust, Wangen und Körper liebkoste.

Isy schlang ihre Beine um meine Hüften und drückte sich nackt mit all ihrer Liebe an mich. Unsere Hände berührten alles, und Kribbeln stieg in uns hoch. Mein Penis schwoll und schwoll, meine Hände zwischen ihren Schenkeln haben ihre Sache, Lust und Leidenschaft zu wecken, gut gemacht. „Komm, Schatz, ich muss deinen heißen Mund mit den Lippen und der Zunge verwöhnen", sagte ich. Ich senkte meinen Kopf, legte Isy sanft auf den Rücken, zog ihren Schoß näher an meinen Mund, steckte meine Zunge in ihre Lippen und massierte diese samt fester Knospe.

„Wer kümmert sich um den ‚Heißen' da?", fragte ich Isy. „Komm, knie dich über mich, dann können wir uns gegenseitig massieren." Isy erhob sich, legte ihre Hände an meine Wangen und küsste mich. Sie kniete sich über meinen Mund, begann mit ihrem Mund meinen Penis zu massieren. Ich sah, wie sie mit ihrer Zunge meinen Schaft entlangfuhr und meinen Schwanz wieder tief in ihren Mund schob. „Komm, bitte leg dich neben mich, ich will dich spüren", sagte Isy. Ich erhob mich, legte mich neben sie. Sie schlug ihren Fuß über meinen Körper und drückte sich an mich. „Liebes, ich will meine Speerspitze ein kleines Stück in deinen heißen Liebesschlund stecken." Isy schob ihren Fuß noch weiter über mich, und so legte ich meine Spitze in ihre süße feurige Lustgrotte.

Langsam wurde Isy ruhig und blieb verharrt in dieser Stellung. Sie ließ sich fallen, das spürte man. Ihren Schoß und ihre Schenkel drückten sich fest an mich. „So, jetzt bin ich dran", sagte Isy, drehte sich von mir weg, erhob sich und setzte sich auf mich.

Isy streichelte mir zärtlich über meine Wangen, Brust und Schenkel. „He, mein Schatz, da bin ich dir so ausgeliefert", sagte ich und streichelte ihr über Schenkel, Lustgrotte und Brüste. „Jetzt bin ich der Chef", antwortete sie mir, beugte sich nach vorne und küsste mich.

„Hat ‚Der' sich keinen Kuss verdient?", flüsterte ich ihr leise fragend ins Ohr. „Ja, sicher", sie erhob sich, kniete sich neben mich. Zärtlich gab Isy meiner Spitze einen Kuss, mit der Zunge leckte sie über meinen Penis. „Der ist aber auch ganz schön heiß", sagte sie und umschloss mit ihrem Mund meine Penisspitze. „Ja, wundert dich das?", antwortete ich. „Der muss von deinem Schoß gekühlt werden." Ich hob ihren süßen Po hoch, legte ihren Schenkel neben mich und führte meinen inzwischen steif gewordenen Schwanz in ihre heiße Lustgrotte ein. An meiner Eichel spürte ich, wie sie sich innerlich festhielt. „Bitte pass auf", sagte Isy und beugte sich nach vorne. Wir küssten uns und bewegten beide unsere Becken im Rhythmus. „Du machst ihn ganz heiß und verrückt, da entlockst du ihm aber einen geilen Schuss." Isy lächelte, hob ihre Schenkel an, sodass sie fest auf ihm saß. „Hmm, ist das gut, fühlt sich so gut an, ich habe dich so lieb", sagte ich, und Isy küsste mich leidenschaftlich, ihre Brust auf meine gelegt.

„Wirklich?", fragte sie. Ihre Bewegungen wurden schneller und der Druck fester. „Bitte, bitte bleib so, fühlt sich so gut an", sagte sie zu mir, dabei zog ich mit zwei Fingern ihre rosigfarbenen Lippen weit auf, mit den Händen hielt ich Isys Pobacken fest. „Da wird aber mein Schwanz seinen Saft nicht länger halten können und auf dich verspritzen", sagte ich zu Isy. „Bitte, bitte, pass auf", antwortete sie, „bleib so, wie du liegst, spüre dich so wunderbar, es ist so schön."

„Na, das ist leicht gesagt", antwortete ich ihr und musste mich zurückhalten. Doch auch das half nur eine geraume Zeit. „He, Liebling, jetzt hast du es geschafft." Ich stieß fest in sie und zog ihn flugs aus Isys heißem Mund, wobei der Saft auf ihre Schenkel spritzte und ablief. „Na, der hatte es aber eilig." Isy drückte sich fest an mich. „Wir beide sind doch verrückt, hier 300 m von zu Hause weg und nackt im Wald, aber es tut so gut, bei dir zu sein, dich zu spüren. Ein wunderbares Gefühl, in deinen Armen zu liegen und die Liebe zu genießen."

„Ja, das kann schon was; du weckst alles neu in mir auf, ich liebe und genieße es, bei dir zu sein und in deinen Armen zu liegen, was ich schon lange nicht mehr erlebt habe", sagte sie, „und das ist ein gutes Gefühl, danke dass du für mich da bist, hab dich so lieb." „Du brauchst dich nicht zu bedanken, Schatz, das kommt von Herzen und gehört nur dir und mir", war meine Antwort. Sie lehnte sich an mich, küsste mich, schloss ihre Augen und lehnte ihren Kopf an meine Brust, umschlang mich mit ihren Armen, fest an mich gedrückt.

„Eines ist nur schade, dass die Zeit, die wir zusammen verbringen, immer so kurz und im Fluge vorbei ist", flüsterte ich ihr leise zu, wo sie an mich gepresst mich festhielt. „Lass mich noch ein paar Minuten so liegen und wärmen, muss ja gleich wieder in den Iglu zurück", antwortete Isy. „Das betrifft aber beide", kam es von mir. „Ich muss trotzdem wieder gehen, sonst sucht mich das ganze Haus." Langsam ließ sie mich los, begann sich anzuziehen und legte sich mit bedrückter Miene neben mich, ihren Fuß über mich geschlagen. „Bist ein Wahnsinn für mich, du gibst mir so viel Kraft, pass auf dich auf, ich muss jetzt gehen. Würde viel lieber jetzt bei dir so liegen bleiben und dich nie mehr loslassen. Doch leider, ich muss jetzt gehen, melde mich später noch mal. Warte bitte kurz noch eine Weile hier im Wald, damit ich schon weg bin, bevor du rausfährst, nicht dass uns jemand sieht." Sie gab mir einen zärtlichen Kuss, streichelte mir Brust, Bauch, liebevoll die Oberschenkel und über meinen Penis, der ein wenig verklebt dalag. Sie blickte sich um, sagte: „Danke, hab dich so lieb", und sprang aus dem Auto. Isy ging schnell Richtung heimwärts, blickte sich nochmals kurz um, winkte und verschwand hinter den Bäumen.

Meine Kleidung lag im Auto überall verstreut, und ich begann sie zu suchen, kleidete mich an, richtete mich zurecht und fuhr langsam aus dem Wald. Bog in die entgegengesetzte Richtung ab, als mein Engel gegangen war, und fuhr langsam heimwärts. Voller Glück und Freude über das tolle Treffen und die Liebe mit meinem Schatz Isy kam ich zu Hause an.

Am Abend daheim, da herrschte nur Kälte, da seit meiner Liebe zu Isy keine Basis mehr in meiner Beziehung und zu meiner Frau bestand; weil sie mir seit unserem Gespräch, ob da was wäre zwischen mir und Isy, nicht mehr vertraute, war ich immer nur am Frieren, doch die Liebe und das Treffen mit Isy heizten mich auf und trieben mich an, ohne sie wäre das ein Desaster gewesen.

In mir stieg ein Druck hoch; da ich nicht wusste, von wo er kam, entschloss ich mich, in die Natur zu flüchten und zog mich um, um zwei Stunden eine Runde walken zu gehen, das war immer das Beste für mich und das Erträglichste. Da war ich abgelenkt, und im Kopf wurde ich ein wenig frei, brauchte keine Angst zu haben, jemand im Hause fragte mich oder wollte was von mir. Zu dieser Zeit konnte ich auf niemanden im Hause außer auf meine beiden Enkelinnen zugehen.

Wie eine Mauer stand alles vor mir und blockierte alles. Die Runde ging von meinem Zuhause weg in den Nachbarort, von dort in den nächsten, dann über den Hügel und über die kleine Ortschaft zurück zu mir und immer auf und ab. Die Runde war so schön, da auch die Sonne das Ihre dazu tat und sich von der schönsten Seite zeigte. Langsam spürte ich, dass auch der Schweiß sich seine Bahnen suchte und fand. Doch ich wollte mein Tempo nicht verringern und nicht nachlassen, denn dieses Tempo tat mir gut, und das wollte ich auch, denn so zaghaft dahingehen, das war nicht mein Ding. Langsam konnte ich schon mein Haus wiedersehen, da ich auf der vorletzten Anhöhe stand und kurz anhielt, um die tolle Aussicht, den herrlichen Aus- und Rundblick zu genießen, vom Salzkammergut bis ins Mühlviertel, einfach herrlich. Mein Leibchen war total verschwitzt, und ich legte den Rest meiner Runde noch zurück. Kam entspannt und mit einer innerlichen Ruhe zu Hause an. Sperrte auf, doch niemand war da, also trank ich ein großes Glas Wasser, setzte mich kurz, um ein wenig zu rasten und mich zu erholen. Der Schweiß kannte jetzt kein Halten mehr, und ich spürte jede Perle den Rücken und die Stirn runterlaufen. Begann mich auszuziehen und sprang gleich unter die Dusche, da ich noch wo ein kleines Bier oder eine Tasse Kaffee trinken wollte. Außerdem musste ich meinem Schatz noch schreiben oder Hallo sagen, das ging am besten immer, wenn ich außer Haus war. Mein Weg führte mich ins Vinolino, wo auch ein paar Kumpels eintrafen. Ich ging kurz mal zur Toilette, um ein paar zärtliche Worte per SMS zu senden. Als ich zurückkam, fragten sie mich spaßeshalber: „Bist du leicht in die Klomuschel gefallen, weil du so lange aus warst?" „Dass würde euch so passen", antwortete ich. Es dauerte nicht lange, und mein Schatz antwortete. „Hab leider keine Luft und noch sehr viel zum Vorbereiten, alle brauchen was von mir, bitte sei nicht böse, aber ich sage dir gleich Gute Nacht, melde mich jedoch am Morgen; schlaf gut, ich vermisse dich." „Vielleicht kannst du dir morgen früh kurz Zeit nehmen und am Parkplatz halten, ich warte dort auf dich, um dich schnell in den Arm zu nehmen und uns ein paar wärmende Momente zu schenken. Schlaf süß, ich liebe dich."

Für mich war dann der Abend vorbei, denn ich fühlte, wie mein Schatz litt und keine Wärme und Liebe in ihrem Hause bekam, außer von ihren Kindern und ihrer Mutter. Da ging es uns beiden gleich, aber es war auch verständlich, denn beide waren wir eingesperrt und lebten im Eisschrank oder Iglu, wie mein Liebling immer sagte. Die Nacht war wieder einmal „Scheiße", denn mein Herz nahm so viel von meinem Schatz auf, dass es nicht zur Ruhe kam und ich daher nicht schlafen konnte. Ich befürchtete immer, dass mein Schatz wieder einmal die Angst nicht bewältigen könne und dieser Liebe vielleicht den Rücken kehrte. Oft hatte sie mir gesagt, der Druck der auf ihr laste, sei häufig nicht zum Aushalten, aber wenn wir uns treffen würden, sei alles wie weggeblasen.

Um 6 Uhr 30 stand ich auf, ging ins Bad und wusch mich, putzte die Zähne und zog mich langsam an. Mein Schatz würde sicher wieder rumsausen und allen ihre Sachen zu Füßen zu legen, denn die waren es gewohnt, dass ihnen alles bereitgelegt wurde und vorbereitet dalag, Gewand, Jause und Frühstück; außerdem lagen die, so lange es nur ging, und Isy hastete dann zur Schule im Ort oder mit dem Sohn 20 km entfernt in eine andere Schule. Hinbringen, abholen, hinbringen, abholen, so kurvte sie oft nach Herzenslust ihrer Kinder durch die Gegend, was sie ja gern für sie tat, doch dann noch das Haus, das Lokal, das wurde ihr oft zu viel. Sie jammerte nie, doch ihr Körper oder auch ihre Psyche litten manchmal sehr.

Dann nahm ich meinen Laptop, zog die Jacke an und fuhr Richtung Parkplatz, um da meinen Schatz für ein paar Minuten in die Arme zu nehmen und zu küssen, damit der Tag für uns erträglicher wurde. In der Mitte des Parkplatzes waren noch zwei Plätze frei, ich parkte ein und stellte den Motor ab. Hörte leise Ö3 und blickte mich um, ob niemand zu nahe kam oder in einem Auto wartete, sonst stieg gleich wieder die Angst in meinem Schatz hoch, jemand könnte uns sehen oder Verdacht schöpfen, doch keiner war hier. Ein Blick Richtung Einfahrtstor, Isy bog gerade um die Kurve. Sie parkte neben mir, blickte sich um, stieg aus und kam näher. Ein Wink, sie solle auf der anderen hinteren Seite einsteigen, hatte sie mitbekommen. Sie stieg schnell ein und zog ihren Kopf ein, um nicht gesehen zu werden. „Hallo und Guten Morgen, mein Liebling", sagte ich. „Ja, Guten Morgen", antwortete sie, aber so gut ist der Morgen nicht, mir zumindest geht es nicht gut, habe schlecht geschlafen, bin verkühlt oder habe vielleicht eine Grippe erwischt, aber ich wollte trotzdem kurz kommen, um dich zu sehen." „Das freut mich." Ich stieg zu ihr zurück, um ihre Nähe und Wärme zu spüren. „Bitte nur fünf Minuten, mein Mann ist auch schon auf und wartet, mir ist so kalt! Du weißt, der sucht mich glatt, wenn ich nicht gleich zu Hause bin", sagte sie, aber ein paar Minuten bei dir anzulehnen und Kraft und Wärme zu tanken, das brauchen wir, oder nicht?" „Ja, sicher, das brauche und vermisse ich den ganzen Tag, am liebsten würde ich dich nie loslassen und ganz festhalten", sagte ich. Sie schmiegte sich an mich, drückte mich fest, wie ich sie. „Schatz, das tut gut, ich liebe dich", sagte ich. „Ich dich auch", antwortete Isy. „Ich muss aber gleich weg, ab nach Hause, du weißt ja."

„Ich melde mich später bei dir", sagte sie nach geraumer Zeit, „vielleicht können wir uns abends oder morgen früh treffen, da muss ich meinen Sohn holen oder am nächsten Morgen in die Schule bringen. Da haben wir mehr Zeit und sind nicht so unter Druck und Kontrolle", sagte sie, gab mir einen Kuss, schaute sich um, stieg aus und ging zu ihrem Auto. Ich blickte ihr nach, wartete, bis sie an mir winkend vorbeifuhr. Ich winkte zurück, und als Isy nicht mehr zu sehen war, fuhr ich ebenfalls los. Sie war meiner Sicht entwischt, und so fuhr ich ins Büro. Doch da war ein Klingeln des Handys, Isy war dran, und ich meldete mich. „Musste noch kurz mit dir reden", sagte sie. „Es ist unbeschreiblich, fünf Minuten in deinen Armen, und mir geht es besser", sagte sie. „Ich bin für dich wie eine Glasscheibe, du siehst und spürst alles, was mir fehlt, was guttut, aber auch, was ich vermisse. Das musste ich dir noch sagen, bin jetzt bereits zu Hause und muss auflegen, melde mich später, hab dich lieb", und sie legte auf. Voller Glück und Freude vergingen Stunden, Arbeit und Tag, vieles ging wie geschmiert von der Hand und wurde ohne Probleme erledigt. Es ist unbeschreiblich, wie sich Liebe, Glück und Wärme positiv auf den Alltag auswirken und was sie können.

Ruhig verlief der Rest des Tages, ich ging noch eine Runde mit meinen beiden kleinen Lieblingen, meinen Enkelkindern, und ließ den Tag mit den Gedanken an Isy ausklingen. Diese Nacht konnte ich wieder mal einige Stunden durchschlafen. Morgens kam ich mir viel freier und erholter vor, war schon vor dem Wecker wach und dachte an Isy, ob sich ihre Erkältung bereits ein wenig gebessert hätte, und hoffte, dass es mit dem Treffen klappen würde. Ich wusste aber nicht genau, wann würde sie denn in die entfernte Schule fahren?

Ich machte meine Morgentoilette, zog mich an, nahm Schuhe und Jacke und verließ das Haus. Mein Weg ging wie immer über die Bundesstraße zur Firma. Es war schon fast 7 Uhr 30, und ich hatte noch kein SMS. Konnte sie nicht fahren, war ihre Erkältung schlimmer geworden? Ich schrieb ihr kurz, wie es ihr ginge, sendete einen dicken Kuss und wünschte gute Besserung. Doch mein Gefühl hat mich nicht verlassen, da kam auch schon die Antwort. „Ich fahre zuerst mit der Kleinen in den Ort und um 8 Uhr 15 mit dem Sohn. Mir geht es noch nicht so gut, aber ein paar Minuten gehen sich schon aus. Hast du Zeit für ein Treffen?", fragte sie. „Für dich immer, Isy", schrieb ich, „aber wo soll ich warten?"

„Fahre Richtung Kirchdorf, die Abzweigung Richtung Stift, beim Parkplatz nach der Unterführung rechts?" „Ja, Schatz, denn kenne ich, warte so um 8 Uhr 30 dort, damit dein Sohn mich nicht beim Vorbeifahren warten sieht und du nicht Angst zu haben brauchst. Ist das okay für dich, mein Liebling?" „Ja, passt, bis dann", kam ihre Antwort. Kam gerade bei der Firma an, trug meine Unterlagen und meinen PC ins Büro, legte am Schreibtisch alles ab, schloss den PC an und bereitete alles vor. „Ich muss dann noch mal kurz weg und werde versuchen, so bald wie möglich wieder da zu sein", teilte ich meinem Kollegen mit, der nickend antwortete. Ein Blick auf die Uhr zeigte mir, dass ich langsam wegfahren konnte, denn zehn Minuten Fahrt musste ich schon rechnen. Ich bog dann von der Bundesstraße in die angegebene Richtung ab und näherte mich dem vereinbarten Parkplatz. Bog rechts ab, parkte mein Auto neben einem alten, abgemeldeten Lkw nach vorne ein, damit niemand von hinten reinschauen konnte, denn die Scheibe ist nur leicht getönt. Doch kaum hatte ich den Motor abgestellt, kam Isy an und fuhr an mir vorbei. So wartete ich auf Isy, was nicht allzu lange dauerte. Als

Isy zurückkam, bog sie ein und stellte ihr Auto neben meinem ab. Sie blickte lächelnd zu mir rüber. Mit einem Wink zeigte ich ihr an, auf welcher Seite sie einsteigen solle. Ich hatte auch die Sitze umgelegt, mit dem Gedanken, Platz für unsere Liebe und Zärtlichkeiten zu haben. Sie stieg aus und kam näher, stieg ein, lächelte und mit einem „Hallo und Guten Morgen" nahmen wir uns in die Arme und küssten uns, was auch sie mit Gefühl und Lust an Zärtlichkeiten erwiderte. „Hat dein Kollege nicht gefragt, was du Wichtiges und Dringendes zu tun hast?", fragte sie. „Ja, sicher hat er gefragt, ich hab aber nur gesagt, dass es wichtig ist für mich, und das ist doch nicht gelogen, oder?", fragte ich. Sie sah mich an, lächelte, gab mir einen Kuss und drückte sich fest an mich. „Meine Hände sind so kalt, schieb sie durch mein Hemd auf meine nackte Brust", erwiderte ich. Sie schob ihre Hände unter mein Hemd, wobei es mir kalt über den Rücken lief; diese Hände waren eiskalt. Meine Arme hielten sie fest an mich, eine Hand legte ich auf ihre Brüste und rieb langsam an ihren Warzen, die durch ihren dünnen Pulli leicht zu finden waren. Ein kleiner Ruck von ihr, ich fragte: „Was ist den los?" „Du hast mich gerade mit deinen Händen ein wenig elektrisiert", antwortete sie. Ich gab ihr als Antwort einen Kuss und knöpfte mit der rechten Hand ihre Hose auf, schob meine Hand in ihren Schoß und streichelte ihre heißen Lippen. „Komm, hebe deinen kleinen Po, damit ich dir die Sachen abnehmen kann, die unsere Zärtlichkeiten und Streicheleinheiten stören." Sie blickte mich an, hob ihren Schoß, ich streifte ihre Hose samt Unterhose ab. „Na, und wer hilft mir?", fragte ich Isy, wobei ich meine Beine um sie schlang. „So geht das nicht", erwiderte sie lächelnd. Ich hob mein Becken hoch, und Isy zog mir die Hose aus. „Und wer nimmt die Unterhose?", fragte ich. Sie griff mir an den Bund der Boxershorts, zog sie langsam runter, griff nach meinem Penis, der leichten Wiederstand leistete, und legte sie zur Seite. „Nah, der ist auch schon wach", bemerkte sie, als sie meinen leicht erregten Schwanz vor sich sah. „Ja, der verlangt nach einer Massage von dir, mit allem, was er liebt und von deinen heißen Lippen." Ich nahm ihre Hand und legte sie auf meinen Penis. Sie ergriff

ihn und drückte leicht zu, gab ihm einen Kuss und fuhr zärtlich mit der Zunge über meine Eichel. „He", rief ich, „da wird
er aber rabiat und steif." „Na, will er das nicht?", fragte sie. „Ja,
auf das wartet er doch immer, nur mit dir wird er so verrückt",
antwortete ich und spürte, wie Isy sich immer mehr an mich
drückte. „Komm, mein Schatz", sagte ich, „ich will ihn dir mit
ganzer Liebe schenken." Ich zog sie an der Hüfte festhaltend mir
entgegen. Sie lag am Rücken, blickte mich an, streckte ihre Hände
nach mir und streichelte mit beiden Händen meine Brust. Langsam zog ich ihren Schoß an ihrem Becken festhaltend meinem
Schwanz entgegen.

Ich drückte meinen steifen Schwanz nach unten, da ich vor
ihr saß, und führte ihn langsam schiebend in sie. „He, der ist aber
fest, heiß und steif", sagte sie. Ich zog sie fester an mich meine
Schenkel hoch, damit ihr Po fest auf mir lag. „Ja, da spüre ich
ihn gut, und bitte pass auf, du weißt ja, warum", sagte sie leise
zu mir. Sie hob ihren Schoß in kleinen Hüben immer an, und
ich drängte ihr immer nach und dabei tief in sie ein. Immer
wieder und wieder. „Du bist so heiß und feucht in deinem geilen
Mund." „Ja, du bist so zärtlich, dass macht mich auch heiß und
verrückt nach dir", sagte sie. „Da bin ich so entspannt, da machst
du mich verrückt." Ich spürte, wie mein Schwanz immer heißer
und heißer wurde, meine und Isys Bewegungen immer schneller,
und ein „UPS, jetzt hast du mich erwischt" kam über ihre Lippen.
„Schatz, du mich auch", antwortete ich und zog schnell meinem
Schwanz aus ihren heißen, leicht rötlichen Lippen, dabei quoll
der Saft über ihre Schenkel. „He, mein Engel, bitte pass auf, nicht
hier drauf, du weißt, schwanger zu werden, das wäre das Letzte,
was ich noch brauchen könnte." „Keine Angst, nichts ist rein,
alles läuft außen vorbei, DU kannst beruhigt sein", sagte ich und
drückte Isy einen Kuss auf Bauch, Brüste und Mund, wobei sie
sofort ihre Arme um mich schlang. So verweilten wir Arm in
Arm eine ganze Weile, küssten und streichelten uns, da wir beide
diese Liebe und Wärme so liebten und gegenseitig schätzten.
„Wie spät ist es eigentlich?", fragte mein Liebes. „10 Uhr 15",
sagte ich. „Was, wie spät ist es?", erschrak sie. „Wo bleibt bloß

immer die Zeit? Jetzt nichts wie heim. Bei uns vergeht die Zeit wie im Fluge, als wäre eine Stunde nur fünfzehn Minuten, wie ungerecht ist das?", sagte sie und begann sich anzuziehen. „Hast du wo ein Taschentuch, ich muss da etwas wegwischen!" „Ja, im Handschuhfach sind genug, das muss ich aber auch", antwortete ich und zeigte auf einen großen weißen Fleck an meinem Bauch, der sich von Isy und ihrer Lage auf mich schön verteilt hatte.

Isy nahm eine Packung aus der Box, holte zwei Stück davon heraus und wischte sich ab. Sie nahm noch eines und wischte sich weiter ab, wobei sie mir auch eines auf meinen Fleck legte. Ich legte mich ebenfalls trocken, zog Isy nochmals auf mich, hielt sie fest und küsste sie innigst. „Ich weiß, ich würde ja auch gern noch bleiben, aber es geht leider nicht. Sind wir froh, dass wir so viel und so lange beisammen sein können! Dein Kollege wird sicher auch schon auf dich warten, oder nicht?" „Ja, sicher, aber der weiß, was mir guttut und fehlt, das bist du." „Du mir auch." „Aber jetzt ist Schluss, bevor er auftaucht, das ist ihm zuzutrauen", antwortete sie.

Gegenseitig halfen wir uns, unsere Wäscheteile zu suchen und beim Anziehen.

Es ging nicht so schnell, wie gewollt, da ich immer wieder bei Isy irgendwo meine Hand reinsteckte oder was festhielt. „Du bist ein Lauser und Spitzbub", sagte sie, „und DANKE, DANKE, dass du für mich Zeit hattest." „Ich habe für dich immer Zeit und bin auch immer für dich da, das weißt du, und das will ich dir auch immer schenken." „Das weiß ich und spüre ich auch", antwortete sie, drückte mich und gab mir ein Abschiedsküsschen. „Ich hab dich lieb", sagte sie noch. Isy stieg aus, lächelte und winkte mir zu. Stieg in ihr Auto ein und fuhr ab wie die Feuerwehr, um keine Probleme daheim zu bekommen. Auch ich machte mich auf den Weg in die Firma, um meine Arbeit zu erledigen.

Die Liebe und die erlebten Gefühle mit Isy sprühten Leben und Liebe aus, hatte auch nicht daran geglaubt, so etwas Wertvolles und Besonderes, so wie ich es schon lange in meinem Leben nicht mehr gefühlt, gespürt und erlebt hatte, mit Isy zu erleben. Es war unbeschreiblich, was zwischen uns beiden da lebte und uns glücklich machte, aber das ist etwas, was alles lebenswert macht. So ging ein wunderbarer Tag und nach getaner Arbeit auch der Abend zu Ende. Mit dem Gedanken und der Hoffnung, noch sehr viele und ganz lange Jahre diese Liebe mit Isy in den Armen zu erleben.

Wie immer morgens, wenn ich aufstand, schrieb ich ihr als Erstes ein SMS, gab ihr ein Gute-Morgen-Küsschen per Telefon, da mir das so wichtig geworden war, dem Menschen, der Tag und Nacht in mir Wärme, Liebe und Vertrauen weckte und schenkte, das auch zu geben, denn ohne das geht nichts im Leben; wer diese Gefühle kennt, weiß auch, was man da fühlt und welche Sorgen und Probleme diese leichter lösen lassen. Ich hoffte auch, dass sie sich meldete, wenn sie ihren kleinen Schatz in die Schule brachte. Oft war es nur ein kurzes Treffen, ein paar Küsschen, zärtliche kurze Umarmungen an einem ruhigen und sicheren Plätzchen.

Nach meinem Frühstück zog ich mich an, schloss die Haustüre und ging zum Auto, startete und fuhr los, Richtung Ort und Firma. Als ich den Ort erreichte, fuhr ich zur Sicherheit an einen stillen Platz und wartete, ob mein Schatz Zeit für mich hatte oder nicht. Es dauerte eine Weile, bis ich sie vorbeifahren sah, denn sie wollte wie immer nicht, dass ihre Kleine etwas mitbekam, vor unserer Liebe und ihrem Umfeld hatte sie immer riesige Angst. Obwohl ich sie stets tröstete und ihr Mut zusprach, weglöschen konnte sie das nicht, aber es hatte sich schon viel gebessert. Ein Brummen meines Handys sagte mir, dass jemand mich kontaktierte, nahm es aus der Ablage und sah nach. Ja, es war Isy, aber sie teilte mir mit, dass sie keine Luft habe, ihr Mann auch schon auf sei und sie nichts riskieren wolle. „Danke", sagte sie auch noch für die gestrige Zeit, Wärme und Kraft, welche ich ihr geschenkt hatte, dass es ihr gutgetan habe und sie noch den ganzen Tag glücklich und gestärkt war. „Ich habe solche Angst, wenn jemand etwas mitbekommt, von unseren Treffen und zärtlichen Stunden; schäme mich auch so, und da mir mein Glaube an Gott auch so viel wert ist, fühle ich mich beschmutzt und als schlechte Christin und Sünderin."

Sofort musste ich ihr antworten, um ihr Kraft, Vertrauen und Liebe zur Stärkung zu geben. Oft weiß ich mir keinen Rat, was ich tun soll, um ihr mehr, viel mehr zu geben, damit sie sich immer festhalten könnte. „Vielleicht melde ich mich später wieder, jetzt fahre ich nach Hause und lege mich noch schlafen, das muss ich jetzt tun. Hab dich gern", antwortete sie.

Auf meine Antwort kam nichts mehr zurück, mich schmerzte es, meine Gedanken waren den ganzen Tag nur bei ihr. Jeden Moment hoffte ich, dass sie Luft hatte, sich meldete oder „H" sagte, doch es kam nichts. Es musste was geschehen sein, da diese letzten Tage keine einzige Antwort auf meine SMS kam. Mich quälte es, was war los, war sie krank? Vielleicht hatte ihr „Wachhund" sie wieder beschimpft, oder schmerzte ihr das Herz oder ihr Rücken? Es wurde unerträglich für mich, aber ich konnte doch nicht zu ihr fahren und sie holen!

Ein paar Tage hörte ich nichts von meinem Schatz Isy. Ich fuhr etwas früher nach Hause, denn es schmerzte auch riesig in mir. Als ich ihrem Zuhause näher kam, wünschte ich, dass sie sich meldete, doch nichts; ich bog in die Straße zu ihr ab. Fuhr sie langsam entlang und verweilte kurz vor dem Nachbarhaus, bog aber aus Vernunft dann beim Nachbarn ab und fuhr die Schotterstraße entlang nach Hause.

Abends saß ich traurig im Wohnzimmer und sah fern, ein paar kleine Tränen liefen voller Schmerzen über meine Wangen, konnte nichts tun oder mich auf meine Vorbereitungen konzentrieren, welche ich fertigstellen sollte, da ich sie dringend für meine anstehende Dienstreise benötigte, doch ich dachte nur an Isy, legte meine Arbeit weg, ging ins Bad und machte mich zum Schlafengehen fertig.

Die Nacht war unerträglich, kein Schlafen war möglich, und das Warten auf den Morgen begann. Die Uhr zeigte bereits 3 Uhr 10, und ich hatte kein Auge zugetan. Wie sollte ich den Tag schaffen? Der Druck im Herzen, die Sehnsucht nach Isy und auch noch arbeiten zu müssen!

Der Wecker des Handys läutete, schnell stellte ich ihn ab, blickte in den Nachrichten nach, ob von Isy ein SMS gekommen war, da es schon 7 Uhr war. Und siehe da, sie hatte um 5 Uhr 45 „Guten Morgen" geschrieben. „Ich war die letzten Tage ein wenig krank, schlapp und wollte meine Ruhe. Mein Rücken ist steif, kann mich nicht bewegen, da hatte ich zu nichts Lust", schrieb sie.

„Hallo und Guten Morgen, mein Engel", schrieb ich zurück. „Habe dich so vermisst, hätte dich am liebsten geholt, es tat so weh, nichts von dir zu hören. Ich liebe dich von ganzem Herzen. Hast du einen Moment Zeit morgens, dich zu umarmen und dir meine Wärme an dein Herz und hübschen, zärtlichen Körper zu legen?", fragte ich. „Ja, aber nur sehr kurz am Parkplatz", kam ihre Antwort. „Passt", antwortete ich, und eine Wärme der Freude und des Glücks stieg in mir hoch. Ich räumte meine Schlafsachen weg, machte mich im Bad fertig und fuhr zu unserem Treffen.

Am Treffpunkt angelangt, das Auto eingeparkt, wartete ich auf meinen Liebling. Immer blickte ich mich um, ob jemand kam oder im Auto wartete, um Isy bei unserem Treffen keine Angst zu machen, es war alles ruhig.

Sie kam langsam durch das Einfahrtstor zum Parkplatz, fuhr an mir ein Stück vorbei und parkte ein. Ein Auto fuhr gerade vor und parkte neben Isy ein. Ich beobachtete, was Isy tat, denn da stieg sie nicht aus, dazu war ihre Angst zu groß. Die Leute vom Nebenauto aber stiegen aus und gingen weg.

Isy sah sich ängstlich um, stieg dann gleichfalls aus und kam auf mich zu. Ich öffnete mein Autofenster und sagte: „Guten Morgen, Mäuschen, steig hinten ein, es ist gerade niemand da!" Sie sah sich nochmals um und stieg ein. Sofort schloss ich das Fenster, stieg zu ihr nach hinten und sperrte das Auto von innen ab. „Ich habe dich so vermisst, mein Schatz", sagte ich, nahm sie in den Arm und küsste sie. Bitte pass auf, ich kann mich nicht bewegen, ich muss wieder mal zum Arzt , mich strecken lassen, sonst kann ich nicht mehr arbeiten", antwortete sie.

Vorsichtig hielt ich sie im Arm, nahm ihre kalten Hände, schob sie unter mein Hemd und drückte sie zärtlich an mich. „Nimm dir all die Wärme und Liebe, die du brauchst." Ich streichelte dabei ihren Rücken. „Das tut gut", sagte sie. „Das hoffe ich auch", antwortete ich. „Eine Weile verharrten wir so und tauschten

Worte der Wärme und Gefühle aus, ohne dass wir uns bewegten. „Bitte verzeih mir, dass ich dir immer so wehtue, du hältst mich fest und bist immer für mich da, doch ich muss jetzt wieder los, du weißt schon, warum, ich will nichts herausfordern", sagte sie. „Okay, aber bitte lass mich nicht wieder so lange warten, ohne von dir was zu hören." „Versprochen", erwiderte ich.

„Versprochen. Wenn ich Luft habe oder kurz wegfahre, melde ich mich; hat gutgetan mit dir." Sie richtete sich ihre Kleidung zurecht, und mit einem kurzen, aber intensiven Kuss verabschiedeten wir uns.

Steif und unbeweglich blickte sie um sich, ob jemand in der Nähe war, stieg aus und ging zu ihrem Auto. Ich wartete, bis sie startete und wegfuhr, damit niemand Verdacht schöpfte. Aber ich musste sie noch anrufen und ihr Mut zusprechen, was ich auch tat und mich für ihr Kommen bedankte.

Als ich verspätet in die Firma kam, war mein Partner schon nervös, denn ich hatte vergessen, dass wir einen Termin bei einem Kunden in Köflach hatten und nur noch zwei Stunden Zeit für die Fahrt übrig blieben. „Okay, das schaffen wir schon", sagte ich, lud alle Teile und meine Unterlagen ein, und wir fuhren los. Die Reise verlief ohne Probleme, und wir kamen gut voran. Die Gespräche und die Präsentation der Produkte verliefen auch erfolgreich, der Kunde war begeistert. „Hat dein Zuspätkommen heute Morgen was mit dem guten Ablauf hier zu tun?, fragte mein Partner. „Ja, vielleicht", antwortete ich. Er wusste, dass ich mit Isy eine tolle Frau und Geliebte hatte, doch oft zweifelte er daran, was Isy eigentlich wollte, da sie sich nicht traute, eine Entscheidung zu suchen und einmal „SO NICHT" zu sagen. „Ich habe ein Gefühl", sagte er, „als hätte diese Frau nur Angst!" „Ich blickte ihn an und antwortete: „Du verstehst das nicht!"

Er sah mich an und sagte: „Ich kann dich verstehen, wenn das Vertrauen und die Liebe stimmen, dann stimmt vieles im Leben, nur wichtig ist es auch, sich zu lieben und zu leben. Ich weiß und kenne dich schon so viele Jahre: Was du tust, tust du aus Leidenschaft und mit Wahrheit. Du gibst auch all deine Liebe dazu, das ist es, warum ich dich oft so beneide, denn du gehst so auf, mit der Liebe zu Isy, obwohl du oft so leidest, und ich sehe es dir oft an, wie weh es dir tut!" „Ja, aber mein Schatz Isy hat solche Angst, vor dem Nachher", antwortete ich, bog rechts ab und fuhr zur Raststation, um eine Kleinigkeit zu essen und zu trinken. Als wir alles verspeist und noch eine Tasse Kaffee getrunken hatten, setzten wir unsere Reise fort.

Es war bereits 19 Uhr abends, als wir wieder zu Hause ankamen; wir luden unsere Sachen aus, räumten alles an seinen Platz zurück, verabschiedeten uns und wünschten uns einen schönen Abend. Langsam fuhr ich los, meine Route ging wie jeden Tag bei Isy vorbei. Es war bereits dunkel, und ich wollte meinem Schatz noch ein Geschenk bringen, damit sie wissen würde, dass ich sie liebte und immer für sie da wäre.

Im Scheinwerferlicht sah ich, dass es in der Wiese am Straßenrand schöne blühende Blumen gab. Ich fuhr an den Straßenrand, lenkte ein, um die Blumen besser zu sehen. Legte den Gurt ab, öffnete die Autotür und ging ein Stück in die Wiese rein, um ein paar Blütenblätter zu pflücken, denn ich konnte doch meiner Geliebten Isy, außer zum Geburtstag, keine Blumen bringen. Vorsichtig pflückte ich große rötliche Blütenblätter, nur eine kleine Menge. Ging zurück, schloss die Autotür, gurtete mich an und fuhr zum Haus von Isy.

Am Nachbarhaus angekommen, fuhr ich langsam an die Hausmauer heran, stellte das Auto und den Motor ab. Vorsichtig blickte ich mich um, stieg aus und ging auf das Haus von Isy zu. In diesem Moment kam ein Auto näher und näher. Ich bekam Angst, dass ich gesehen würde, obwohl mein Auto ein wenig versteckt stand. Ich drückte mich gegen einen Baum, der neben der Straße stand, und ich erkannte das nahende Auto, es war Isys Vater, er fuhr an mir vorbei und hinter das Haus. Kaum war das Auto abgestellt und das Licht erloschen, lief ich mit den Blüten der Liebe in meiner Hand vor die Haustüre von Isy und verstreute diese. Eilig zurück zu meinem Auto, stieg ein und fuhr los, hinter dem Nachbarhaus vorbei, die Schotterstraße entlang Richtung heimwärts.

Daheim angekommen, glücklich, dass ich nicht gesehen worden war, schrieb ich Isy ein SMS: „Schatz, ich liebe dich, trage nur dich in meinem Herzen, Kopf hoch, ich halte dich fest und zu dir. Genau wie du es dir immer gewünscht und mir gesagt hast, wenn du in manchen zärtlichen Stunden in meinen Armen lagst: ‚Bitte halte mich fest, ich hab dich so lieb, und bitte lass mich nie mehr los!' Schlaf süß, ich bin bei dir. Gute Nacht. Ein paar Blüten der Liebe habe ich vor deinem Haus verstreut."

Um ein wenig Ruhe zu erlangen, ging ich ins Wohnzimmer, schaltete den Fernseher ein und setzte mich, die Füße hochlagernd, in meinen Ledersessel. Ein Rosamunde-Pilcher-Film lief, wo wieder Gefühle, wohl nur im Film, mitspielten, was aber meine Gefühle wieder nicht ruhen ließ. Bei solchen Filmen wurde ich immer an unsere liebevollen Stunden und Momente erinnert, was Isy und ich an Gefühlen, Liebe und Vertrauen austauschten. Ich ging in den Keller und holte mir eine Flasche Weißwein, ein kräftiger Wein aus Südtirol. Aus dem Schrank nahm ich ein Glas, schenkte mir ein, und den Rest stellte ich in den Kühlschrank. Zurück im Wohnzimmer, setzte ich mich wieder in meinen Sessel und genoss einen kräftigen Schluck. Langsam trank ich mein Glas leer, lehnte mich anspannt in den Sessel zurück, dachte an Isy, wie schön es wäre, sie jetzt bei mir und an mich lehnend zu spüren, ihr Wärme und Liebe zu geben. Im Hause war niemand mehr wach, ging ich ins Badezimmer, putzte mir die Zähne und duschte mich. Anschließend legte ich mich vor den Fernsehapparat, schaute noch eine Weile fern, bis ich müde wurde, ausschaltete und einschlief.

Am Morgen stand ich, als würde ich von einer Wolke getragen, auf. Das tat gut und war sicher ein Zeichen, dass es der Frau, die ich liebte, gutging und sie sich meldete. Kurz ein SMS an Isy, mit der Hoffnung auf baldige Antwort

Es ging am Tage alles leicht von der Hand, und die Zeit verging wie im Flug. Doch es war bereits früher Nachmittag und keine Antwort von meiner Liebsten. Trotzdem hatte ich ein gutes Gefühl, bald meinen Schatz zu sprechen, vielleicht ein „H" oder ein Treffen.

„Mir geht es mit dem Rücken und Körper noch nicht viel besser, und ich fahre um 15 Uhr zur Masseurin, vielleicht kann mir die helfen", kam ihr SMS. „Da könnten wir uns doch so um 16 Uhr treffen? Ich bin um 15 Uhr 45 dort und warte auf deinen Anruf", antwortete ich ihr.

„Ich weiß nicht, ist das nicht zu riskant?", antwortete sie. „Aber bitte, mein Engel, ich brauche dich, wäre schon super", schrieb ich zurück. „Von mir aus, warte bei der Schule am Parkplatz, und wenn ich fertig bin, dann melde ich mich, okay?" „Super, mein Schatz, ich freue mich und liebe dich", war meine Antwort.

Ein Blick auf die Uhr sagte mir, in neunzig Minuten treffe ich meinen Schatz. Ich spannte noch ein Werkstück in den Schraubstock der Fräsmaschine, um diesen Teil noch fertigzustellen, damit morgen früh mein Kollege gleich weitermachen konnte. Als das Teil fertig war, entgratete ich das Werkstück und legte es meinem Kollegen auf dessen Werkbank. Ich blies noch die Späne an der Maschine ab, kehrte sie zusammen, schaltete die Maschine ab, das Licht aus und verschloss die Tür. Im Büro schaltete ich den PC aus, packte alles ein, wusch mir die Hände und versperrte das Büro und die Firmentür.

Die Freude wurde immer größer, meinen Schatz zu treffen. Langsam fuhr ich zu unserem Treffpunkt. Kurze Zeit später parkte ich ein, stellte das Auto ab, um zu warten. Als ich mich umsah, erblickte ich Isys Auto. Es stand nur ein kleines Stück vor mir an einem Wohnhaus geparkt. So konnte ich sehen, wann sie mit ihrer Therapie fertig war und aus dem Haus kam. Es dauerte nicht lange, da kam sie und ging zu ihrem Auto. Kaum war sie eingestiegen, sie hatte mich bereits gesehen, das sagte sie mir, als sie anrief.

„Ich fahre hinter das Einkaufscenter, du weißt, WO! Da warte ich auf dich, aber bitte schau genau, dass keiner dort im Auto sitzt oder gerade hinkommt oder parken will. Ich habe Angst." Okay, mach ich", und ich startete. Isy fuhr los, ich wartete noch einen Moment und folgte ihr. Meine Blicke suchten meinen Schatz, wobei ich langsam an den parkenden Autos entlangfuhr. Das Gebäude war schon zu Ende, da sah ich sie ihren Wagen an der hinteren Seite stehen. Parkte das Auto verkehrt ein, da ich hinten eine Aufschrift hatte, und die fiel auf.

Kaum hatte ich es abgestellt, kam Isy auf mich zu und stieg ein. Sie bückte sich, damit sie niemand sah. „Hallo, mein Engel", sagte ich und hüpfte zu ihr nach hinten.

Meine Hände griffen nach ihr, ich drückte sie fest an mich und gab ihr einen langen, zärtlichen aber intensiven Kuss, den sie auch genauso erwiderte. „Ich muss deinen heißen Körper und deine Liebe spüren, die hat mir so gefehlt", sagte ich und begann sie zu streicheln, dabei öffnete ich ihre Bluse, wo zwei süße Früchte von Brüsten mir entgegensahen. „WOW, kam es über meine Lippen." „Was ist?", fragte sie. „Deine Brüste und dein BH sehen verführerisch aus." „Ja, das ist die Unterwäsche von dir", antwortete sie. „Ja, habe ich sofort erkannt und bin begeistert, wie gut der zu dir und deinem Körper passt. Sieht das Höschen dazu auch so gut aus?", frage ich Isy. „Weiß ich nicht", antwortete sie. Ich schaute sie an, lächelte und antwortete: „Na, dann muss ich nachschauen." Zog ihre Schuhe aus, öffnete ihre Hose, hob ihren süßen Po hoch und streifte diese ab. Isy schaute mich an und fragte lächelnd: „UND?" „Dazu gibt es nichts zu sagen", erwiderte ich, bückte mich nach vorne und legte ihr einen Kuss auf ihren Bauch und auf ihr süßes Höschen.

„Hübsch, wie der Slip an deinem Körper aussieht." Fasste sofort nach ihrem Slip, hob ihren Po an, und wups, war er ausgezogen. „Bitte sei vorsichtig, mir tut alles weh, kann mich schwer bewegen. Hast du es so eilig?", fragte sie. „Ja, du hast ja immer so wenig Zeit, und alles, was stört, soll weg, bevor es im Wege liegt!" Isy umarmte und küsste mich, schaute mich an und antwortete: „Ja, ja du Lauser", und drückte sich an mich. „Bitte lass mich so ein wenig liegen, das tut gut", und ich verweilte eine ganze Weile eng umschlungen mit Isy, ihren Rücken und ihre Brüste streichelnd. „Ich kann dir, Liebes, deinem heißen Körper und deiner Liebe nicht widerstehen. Na komm mein Engel!" Ich nahm ihre Hand und legte sie auf meine Schenkel, meine Hand fuhr an der Innenseite ihrer Schenkel bis zu ihrer Lustgrotte hoch, wo ich mit meinen Fingern zärtlich an ihren Lippen rieb, sie einmal fest drückte und dann leicht daran zog. „He, der ist aber schnell aufgewacht", kam es lächelnd über ihre Lippen, und sie drückte meinen Penis, der schon stattlich gewachsen und steif war. „Na, deine heiße Möse ist aber auch nicht ohne, die muss ich dir kurz mal mit den Lippen und der Zunge massieren", erwiderte ich, neigte den Kopf zwischen ihre Schenkel, zog mit den Fingern ihre Lippen auf, massierte mit den Fingern und der Zunge kreisend ihre Lippen, Locheingang und Zäpfchen. „Na, da hab ich ja jemanden geweckt, die ist so heiß und feucht!" Ihre Beine lagen auf meiner Schulter, ihr Schoß voller Verlangen vor mir, ihr Rücken eben und regungslos.

„Mein Engel", antwortete sie, du machst mich so heiß, du elektrisierst mich. Wenn uns jemand sieht, hier am Einkaufsparkplatz und nackt, wir sind verrückt!" „Aber mein Engel, wenn die Liebe samt Körperkontakt mit dir so schön ist, das muss man einfach genießen und leben", antwortete ich. „Wird Zeit, dass ich mein steifes Stück in dich stecke, der gehört nass gemacht, damit er wieder abkühlt!" Ich erhob mich, zog sie fest an mich und setzte Isy auf mich. „Deine Brüste muss ich auch massieren, die gehören auch dazu." Ich schiebe meinen Penis tiefer und tiefer in ihre feuchte Möse. „Na, der hat es aber eilig", dabei drückte sie sich fest auf mich und hielt sich fest. „Ist das gut, bitte bleib so", sagte sie, „ja, ein paar Stöße muss ich schon noch tun, damit ‚alles' drinnen ist." „Ja, aber bitte mit äußerster Vorsicht, du weißt." „Ja, und du pass auf meinen Saft auf, wenn er raussaust", antwortete ich und lachte. „Du wirst so heiß." Ich begann mehr und mehr mit tiefen Stößen. Fest umklammerte Isy mit ihren Schenkeln meine Hüfte, ihre Hände um meinen Nacken geschlungen, hielt sie mir ihren Schoß voller Verlangen entgegen. Wunderbar tief und intensiv in sie zu stoßen. Immer wieder küssten wir uns zwischendurch, ich streichelte ihre Brüste, saugte an ihren süßen, festen Brustwarzen, und wir ließen uns beide gehen. Die Stöße wurden schneller, und ein langsamer Druck baute sich in mir auf. Isy hatte es bereits gefühlt, dass es jeden Moment zu einer Explosion kommen würde, und so sagte sie: „He, pass auf, einen Unfall können wir uns nicht leisten!" „Tue ich gerade", antwortete ich und zog nach einem letzten tiefen Stoß meinen Schwanz spritzend aus ihrer Möse, wobei sich mein Saft an ihren Schenkel und Bauch verteilte. „He, das war aber knapp", erwiderte sie leicht empört. „Nein, Liebes", erwiderte ich, „ich will dich nicht enttäuschen und habe aufgepasst." Lächelnd und glücklich erhob sich Isy, drückte mich rücklings auf den Boden, legte sich nackt auf mich und hielt sich fest. Ich warf eine Decke als Tarnung über sie, wobei sie mich küsste. „Darf ich so auf dir liegen?", fragte sie. „Ist das schön, dich bräuchte ich halt immer." „Das liegt an dir, ich bin immer für dich da. Werde dich nie alleine lassen." „Danke", antwortete sie, drückte sich küssend an mich. „Das ist nicht so leicht; du tust es, aber wie sollte ich das tun?" „Genieß es, liebe und lebe, das ist besser für uns beide, Schatz", antwortete ich.

Wir lagen eine Weile, uns in den Armen haltend, da, genossen die leidenschaftlichen Momente, da erhob sich Isy und sagte:

„Ich muss wieder heim, immer, wenn es am schönsten ist." Sie begann die Spuren unseres Liebespiels auf ihrem Bauch und ihren Schenkeln mit den Taschentüchern abzuwischen, die ich ihr gereicht hatte, was sie auch an mir tat. „Wo darf ich sie hinlegen?" „Am Boden", sage ich, „räume später alles weg, habe ja auch meinen Anteil dazu beigetragen." „Ja, das glaube ich auch", antwortete Isy und gab mir ein zärtliches Küsschen. Ich half Isy beim Anziehen, aber auch sie mir. Nach einer Weile hatten wir mit vereinten Kräften alles gefunden und angezogen, was wir abgelegt hatten. „Ich muss jetzt, es ist fast 18 Uhr 30, da wird er gleich wieder fragen, wo ich so lange war."

„Na, sag ihm: wo es dir gut geht und du geliebt wirst!" „Ja, wenn ich das mache, kann ich gleich ausziehen", antwortete sie, gab mir einen Kuss und sagte: „Danke für die schönen Stunden, deine Liebe und deine Zärtlichkeiten, war so schön, und mir geht es jetzt viel besser; danke, ich hab dich lieb. Ich melde mich wieder, pass auf dich auf, ich liebe dich und hab dich gern." Nahm mich in ihre Arme und küsste mich, dabei entdeckte ich, dass aus ihren Augen ein paar kleine Tränen das Weite suchten und über ihre Wangen kullerten. „Komm, Liebes, vertrau mir, ich spiele nicht mit dir und unserer Liebe, bitte lebe und lass auch uns, samt dieser Liebe, leben." „Ja, ich bin so eine blöde Kuh", antwortete sie. „Wenn ich bei dir liege und du so zärtlich bist, dann kann ich meine Gefühle nicht im Zaum halten, da fühle ich mich so wohl und geborgen, danke nochmals." „Schatz, danke", antwortete ich Isy. „Es hat mir genauso gut getan wie dir, ich bin auch so glücklich, dich samt deiner Liebe, Herzen und Körper an mir zu spüren und dich zu lieben. Wahrheit, Liebe und Vertrauen kann man nicht kaufen, entweder man hat sie, dann soll man es auch leben und dem Liebsten geben." „Ja, ich spüre es ja immer, kaum sind wir getrennt, habe ich Sehnsucht nach dir, auch wenn wir uns erst vor ein paar Minuten getrennt haben." „Ist das nicht schön?", fragte ich Isy. „Ja, es ist wunderschön, du bist etwas Wertvolles und Besonderes für mich." Sie schaute mich an, drückte sich nochmals an mich und gab mir einen Abschiedskuss. „Ich melde mich verlässlich später noch, es dauert ja nicht lange, und du fehlst mir gleich wieder." Sie schaute sich um, öffnete die Autotür, ging zu ihrem Wagen und stieg ein. Mein Handy klingelte. „Danke nochmals, muss ich dir sagen, danke, hab dich lieb." Isy winkte mir zu und fuhr los. Ich winkte ihr nach, räumte alles zusammen und richtete alles im Auto, um zu Hause keinen Verdacht zu erzeugen, startete, gurtete mich an und fuhr heimwärts.

Es kamen oft Bedenken auf, wie sollte das weitergehen, mit mir und Isy? Ich spürte oft ihre Angst, dass jemand was erfahren oder sehen und ein Gerede aufkommen würde. Ich musste die Angst von Isy nehmen und ihr noch mehr Kraft geben, die Angst zu besiegen. Weil Isy lieber auf ihr Glück und unsere Liebe verzichtete, obwohl es ihr und auch mir große Schmerzen bereitete. Da die Gefühle einen oft nicht täuschen, war es nach ein paar Tagen Tatsache, denn es kamen die ersten Gerüchte auf. Isy schrieb ein SMS und hat mich angesprochen, dass in ihrer Nähe gesprochen wurde, dass sie einen Freund oder eine Affäre hätte. Auch ihre Schwiegereltern hatten etwas von Leuten gehört und sie schon angesprochen. Durch diese Worte stieg auch in mir eine Angst hoch, und ich wusste nicht, wie ich mit der Situation umgehen sollte. Also musste ich versuchen, Isy durch meine Liebe, Wärme und mein Vertrauen noch mehr von den

Kraftpillen zu verabreichen, indem ich ihr versicherte, sie nie alleine zu lassen und dass sie keine Angst zu haben bräuchte, ich wolle nicht nur mit ihr ins Bett gehen, sondern mit ihr, und nur mit ihr, diese wunderbare, besondere Liebe schenken und leben. Mein Gefühl, dass in Isy jetzt die Angst durch dieses Gerede noch größer geworden war, hatte mich nicht getäuscht. In ihrem Zuhause lastete nun noch mehr Druck auf ihr, sie entfernte sich in der Beziehung zu ihrem Ehemann immer weiter, da er zusätzlichen Ballast auf Isy abwarf und damit die letzte Chance auf ein „Familienleben" verspielte.

Ich schrieb Isy viele, viele SMS, da sie, wenn ich anrief, am Telefon nicht mehr abhob und ich nicht wusste, wie ich sie erreichen konnte, und um ihr Mut zusprechen zu können. Ich konnte doch auch nicht zu ihr fahren und sie holen, um mit ihr zu sprechen, wollte sie doch auch mit meiner Liebe und meinem Körper wärmen, damit sie mit mir Kraft tanken konnte. Es waren Stunden und Tage der Verzweiflung. Ich konnte nicht mehr schlafen, ja, es war so, denn ich lag bis 3 oder 4 Uhr morgens wach; da mein Herz so einen Druck in mir hervorrief, stand ich dann um 5 Uhr auf, um in die Firma zu fahren, war geschlaucht und gerädert. Es ging nichts von der Hand, es war ein Gefühl, dass ich seit Jahren nicht mehr kannte.

Warum ging es mir so schlecht, das kannte ich doch nie? Ich ging immer mehr in mich, denn ich hatte das Gefühl, es ging mir fortwährend schlechter, und suchte den Grund für meinen Zustand. Meine Gedanken versetzten mich fünf bis sechs Monate zurück, das war nicht ich, erst als ich diese tolle Frau Isy kennenlernte, die Wärme und das Vertrauen zwischen uns Fuß fassten, seit diesem Moment beschäftige mich alles, was zwischen mir und meinem Liebling Isy geschah und ablief, egal ob privat oder in ihrem Lokal.

Da mein Herz voller Schmerz keine Ruhe fand, beschloss ich, obwohl ich nicht der Gläubigste bin und Isy mir oft gesagt hatte, wenn es ihr ganz schlecht ginge, fahre sie auch mal auf ein Gespräch zu dem Pater ins Stift, um sich Rat zu holen. Nach diesen Besuchen ging es ihr oft besser. Also rief ich den Pater an, und wir vereinbarten ein Treffen im Stift.

An diesem Morgen, als ich zum Pater fuhr, hatte ich ein Gefühl, als wäre Isy bei mir. Als ich beim Stift angekommen war und vor der Türe stand, überlegte ich nochmals, ob ich reingehen solle, da spürte ich auch eine Angst wie Isy, nicht vor dem Pater oder dem Gespräch, nein, vor dem, was er sagen würde, wenn ich ihm erzählen musste, wie es mir ginge und wie diese Beziehung sich entwickelt habe.

Ich läutete an der Glocke, und der Pater öffnete mir. Wir grüßten uns, und er bat mich in sein Büro. Ich hatte sofort Vertrauen zu ihm, das strahlte er auch so aus. Also begann ich zu erzählen, dass ich verheiratet sei, Kinder habe und dass die Liebe zwischen mir und meiner Frau nicht mehr so sei, wie sie einmal war. Sie mir mein Vertrauen, welches ich ihr immer gab, genommen hatte und mich fallen ließ. Obwohl ich oft die Probleme und Wünsche mit meiner Ehefrau besprach, welche ich vermisste, antwortete sie oft nur: „Was du alles willst! Wir haben doch alles, es gibt doch Wichtigeres; du bist immer unzufrieden, für mich ist das nicht so wichtig!" Der Pater hörte mir zu, und als ich ihm dann sagte, dass ich mich in eine tolle Frau verliebt habe, welche in ihrer Beziehung auch nur Kälte zu spüren bekäme, und diese Liebe für beide so wichtig geworden sei, da wir uns liebten und vertrauten, sagte er zu mir:

„Versucht ein Gespräch, und lasset euch die Möglichkeit, sich gegenseitig zu helfen, zu verzeihen und für den anderen da zu sein. Redet miteinander." Erst jetzt begann ich ihm zu erklären, dass ich, bevor die Liebe zu Isy anfing, meine Frau und Töchter auf ein Gespräch eingeladen hatte und ihnen dabei die jetzige Situation zwischen meiner Ehefrau und mir erzählte, dass sich etwas ändern müsse und dies so kein Leben für mich sei. Da bei diesem Gespräch nur die Worte meiner Frau zählten, meine Töchter keine Ahnung hatten und meine Frau unterstützten, alle mir nicht vertrauten, obwohl es die volle Wahrheit bis zu diesem Zeitpunkt und außer ein paar vertraulichen Abschiedsküsschen nichts gewesen war, konnte ich mich keinen Meter mehr meiner Frau nähern. Nur mehr eisige Kälte in ihrer Nähe empfand ich und zog weite Kreise um sie.

Er blickte mich an, faltete seine Hände und sagte: „Bete mit mir ein Vaterunser"; er bitte Gott, dass er uns helfe, aber er sagte auch: „Man geht nicht in die Kirche oder glaubt an Gott, weil man eine Sünde begangen hat oder ein Sünder ist, sondern weil man Gott liebt und an ihn glaubt."

Wir beteten zusammen, dann machte er ein Kreuz auf meine Stirn, wir standen auf und verabschiedeten uns, da er noch ein paar Termine anschließend hatte, und wünschte mir alles Gute und auch für die Liebe, wenn ich sie ehrlich schenke.

Langsam ging ich zum Auto, saß da eine Weile, dachte an Isy, wie wird es ihr gehen, die Gerüchte um sie, die Angst, ganz allein. Ich konnte ihr jetzt keinen Mut zusprechen oder helfen, da sie nicht abhob, wenn ich sie anrief. Meine Liebe gehörte nur ihr und die gab ich ihr auch, um Kraft zu haben. Plötzlich wurde der Schmerz in mir so groß, und ich begann zu weinen. Die Tränen liefen über meine Wangen, es schien kein Ende zu nehmen, und es tat riesig weh. Nach einer Weile ließ der Schmerz nach, der Druck in mir wurde weniger, als würde jemand sagen: „Liebe und lebe das Leben, und gib es dem, der es liebt und lebt, mit dir teilt und auch die Liebe in Wahrheit, Vertrauen, Wärme und Gefühlen gibt, weil man sich liebt."

Als ich zu Hause ankam, im Wohnzimmer Platz genommen hatte, kam ein SMS von Isy. Es täte ihr so weh, sich nicht zu sehen, aber sie könne nach dem Gerede in ihrem Umfeld voller Angst nicht raus, da auch ihr „Wachhund" immer um sie sei. Darum schlug ich Isy vor, sie solle doch, wenn sie Luft habe oder ihr Mann wegfahren würde, kurz einmal „H" sagen, damit wir reden könnten, verstecken tue nur weh und mache viel kaputt. „Ja, ich werde es versuchen", kam ihre Antwort, „weiß aber nicht, wann, ich hoffe, du verstehst mich", antwortete sie.

Den ganzen Tag wartete ich, und es wurde Abend, kein Zeichen von Isy. Ich schlief wieder mal schlecht und stand früher auf, als ich überhaupt wollte. Doch ich wurde dafür belohnt, denn kaum war ich ein paar Minuten auf, kam ein SMS von Isy, dass sie mich morgens treffen wolle, am Parkplatz, ihr Mann bis um 5 Uhr unterwegs und betrunken heimgekommen sei. Er schlafe da immer bis Mittag, und sie bräuchte keine Angst zu haben, dass er sie suchen würde. Sofort antwortete ich Isy, dass ich mich freue, sie wieder mal in die Arme nehmen zu können, sie zu stärken, und ihr meine Liebe beweisen wolle. Da ich bis zu unserem Treffen um ca. 7 Uhr 45 viel Zeit hatte, trank ich ausnahmsweise noch Kaffee zu Hause und aß auch ein Marmeladebrot.

Ich blickte auf die Uhr, und der Zeiger stand bereits auf halb. So ging ich zur Garderobe, nahm meine Weste, zog mir Schuhe an, nahm meinen Laptop und verließ das Haus. Es war ein tolles Gefühl in mir, den Menschen, den ich von ganzem Herzen liebte, in die Arme zu nehmen und ihn meine Liebe spüren zu lassen. Langsam fuhr ich durchs Ortszentrum und bog ein auf den Parkplatz, suchte mir einen guten, aber schlecht einsehbaren Standplatz. Ich beobachtete das Umfeld, um Isy den Weg zu mir zu erleichtern. Ich blickte in den Innenspiegel, wo ich genau das Einfahrtstor sah.

In diesem Augenblick sah ich die Scheinwerfer von Isys Auto im Spiegel. Sie fuhr zwei Autos vor mir in die Parklücke und stellte den Wagen ab. Sie blickte zu mir, ich winkte ihr zu und zeigte mit meinen Bewegungen, dass der Weg in mein Auto frei war. Sie blickte sich um, kam näher und öffnete hinten die Tür, stieg mit einem betrübten Blick, aber unterdrücktem Lächeln ein. „Guten Morgen, Schatz, welch eine Freude, dich zu sehen. Ich hoffe, du hast es gefühlt, wie ich dich vermisse, denn ich liebe dich und nur dich." Sie blickte mich an, rückte mir ganz nahe, legte ihre Arme um meinen Nacken und sagte: „Ich habe dich auch so vermisst, du bist was Wertvolles und Besonderes für mich, und du fehlst mir so." Zärtlich streichelte ich ihren Rücken und mit der linken Hand ihre Brust, küsste sie zärtlich, aber intensiv, was sie mit ihrem Druck gegen mich und mit ihren Lippen erwiderte. Die Küsse schienen kein Ende zu nehmen. Wir streichelten uns gegenseitig, ohne darauf zu achten, ob jemand kam. Man fühlt das Verlangen und das Vermissen des Geliebten. Nachdem ich zärtlich über ihre Schenkel gestrichen, meine Hand unter ihren Pulli geschoben hatte und ihre Brüste streichelte, fragte ich Isy, ohne sie zu drängen: „Darf ich dir deine Hose öffnen und ausziehen?" Sie lächelte und küsste mich. Bückte mich nach vorne, ergriff ihren linken Fuß und zog ihr den linken schwarzen Stiefel aus. Anschließend den rechten. Ich griff an ihren Hosenbund, öffnete den Knopf, dann den Reißverschluss, hob ihren süßen Po hoch und zog die Jeans bis an die Knie und dann ganz aus, um leichter zwischen ihre Schenkel zu gelangen. „He", sagte ich, als ich meine Hand an ihrem Schenkel hochschob: „Hast du ein heißes Höschen an!" „Ja, für dich, wollte dir eine Freude machen, da wir uns ein paar Tage nicht gesehen und gehört haben. Hast du gut ausgesucht für mich und passt perfekt. Fühlt sich auf der Haut so traumhaft an, ein tolles Gefühl in diesen Dessous."

„Danke", antwortete ich, nahm Isy in den Arm, und wir ließen uns zusammen auf den Rücken fallen, zog ihr die Jeans komplett aus. Legte meine Hand auf ihr Höschen, zog das Höschen zur Seite und massierte ihre Lippen. „He", sagte Isy, du machst mich ganz heiß!" Ich erhob mich, kniete mich neben sie, greife nach ihrer Hand und legte sie auf mein Hosentor. „Nah, der braucht dich auch." Ich beugte mich zu ihr nach unten und küsste sie. Isy lächelte, öffnete meine Hose, zog sie runter, sagte kurz mal: „Na!", hob mich hoch, und so zog sie mir die Hose aus. Griff mit der einen Hand nach meinem Penis, hielt ihn fest, und mit der anderen zog Isy mir die Unterhose aus.

„Oh, ist der groß geworden!" „Ja, da du ihn schon so lange nicht gesehen, festgehalten und gespürt hast", antwortete ich. Sie lachte kurz laut: „Du bist ein Wahnsinn und hast immer sofort eine Antwort." Sie zog mich zu ihr nach unten und küsste mich. „Für dich bin ich gerne wahnsinnig, aber das mit viel Liebe", erwiderte ich und hielt mit einer Hand ihre heißen Schamlippen fest. Ich beugte mich nach vorne, biss zärtlich in ihre Schamlippen, streichelte kurz mit meiner Zunge über ihre Lippen und ihre Öffnung.

„Komm bitte hoch, mein Liebling." Half ihr hoch, drehte sie um, öffnete ihre Lippen mit beiden Händen und setzte sie verkehrt auf ihn. „He, nicht so und nicht hier", sagte sie, „wenn da jemand kommt!" „Ist Gott sei Dank schon versteckt, niemand sieht ihn mehr", antwortete ich, dabei beugte sich Isy nach vorne, um nicht gesehen zu werden. „Der ist geil und spritzig heute Morgen", sagte ich, „muss ihn entladen", denn der Druck um ihn hatte stark zugenommen und war groß. Ich stieß langsam tief in sie und schnell zurück.

So genossen wir unsere Situation innig und intensiv. „Jetzt spritzt er dich voll", sagte ich zu Isy. „Nein", erwiderte sie kurz und etwas lauter. Ich stieß tief in sie und zog ihn schnell aus ihrer heißen, geilen Öffnung. „He, hast du aufgepasst?", rief Isy mir leise zu. „Das habe ich", antwortete ich Isy, sonst hätte ich ihn in dir auslaufen lassen." Dabei lief mein Sperma ihre Schenkel nach unten. Ich ergriff ihre Schamlippen, rieb sie fest und küsste dabei ihren Po, den sie mir durch die Stellung im Auto entgegenhielt.

„Warte, ich rücke zur Seite, nicht dass von vorne jemand kommt, der sieht hier rein", sagte Isy und setzte sich wieder auf meinen linken Fuß, lehnte sich zurück und drückte sich an mich, ihre Arme um mich geschlungen. „Schön, dich zu streicheln, zu küssen und mit dir so heiß vereint zu sein. Du bist mein Engel, Schatz, und meine Liebe", antwortete ich, drückte Isy fest an mich und küsste sie zärtlich.

„Schatz, gibst du mir bitte ein Taschentuch, um diese flüssige Belohnung entfernen zu können." Lächelnd griff sie um die Taschentücher, nahm zwei für mich und gab sie mir. Als ich alles an mir gereinigt hatte, wischte ich meine Spuren an Isys Schenkeln ab, warf die Tücher auf die Fußmatte, wo schon meine liegen. „Hab auch dein Höschen leicht bespritzt!" Isy lächelte, strich mir über meine Wange und sagte: „Macht nichts, muss ich sowieso waschen und wieder verstecken, darf doch niemand sehen. Das ist lieb von dir, dass du deine Spuren an mir ab-gewischt hast." Drehte sich zu mir, umarmte mich und gab mir einen Kuss. Griff nach ihrer Hose, zog sie an und lehnte sich mit ihrem Rücken an meine Brust. „Will noch kurz mich an dir wärmen, dich spüren und festhalten!" „Ja, tu das, ich halte mich an dir fest", antwortete ich und hielt die eine Hand zwischen ihre Schenkel und die andere über ihre Brüste.

„So könnte ich jetzt an dir einschlafen", sagte sie." „Das kannst du, aber da fahren wir wohin, wo du wirklich an mir liebend und liegend einschlafen und bleiben kannst." „Du stellst dir das leicht vor", sagte Isy, „wie sollte ich das tun, da kann ich gleich hierbleiben, da wirft er mich raus!" „Ich bin hier und fange dich auf", antwortete ich, „dann hauen wir ab!" „Mit dir von Herzen gern", antwortete sie, „weit weg, wo es warm ist, vierzig Grad wären am besten."

„Immer wenn es am schönsten ist, muss ich heim." „Du musst nicht, das liegt an dir, mein Schatz", sagte ich, „aber du weißt ja, wo ich bin." Isy erhob sich, drehte sich zu mir, setzte sich auf mich, ihre Füße um mich geschlungen, nahm ihre Hände und drückte sie auf meine Wangen, zog mich zu ihr, wo sie mir mit geöffnetem Mund einen kräftigen Kuss gab. „Ich hab dich ganz fest lieb", sagte sie, „danke für die Liebe und Zeit, die du mir schenkst, aber ich muss jetzt. Bin ja schon so spät dran, aber er schläft sicher noch; du weißt doch, wenn er Donnerstagabend weg ist, kommt er meist ,eingespritzt und ab und zu mit einem Rausch' heim, darum habe ich keine Angst, im Gegenteil, ich bin glücklich, dass ich mit dir zusammen bin." Isy gab mir nochmals einen Kuss, streichelte über meinen Rücken und meine Brust, blickte sich um. „Melde mich noch." Öffnete die Tür, schlug sie zu und ging zu ihrem Auto. Sie blickte zu mir, lächelte mir, als sie im Auto saß, zu, startete und fuhr langsam an mir vorbei; sie winkte noch, dann ging es heimwärts. Lange blickte ich ihr nach und dankte Gott, Isy meine Liebe zu schenken und nur sie zu lieben. Solche Tage musste es noch viele geben, nur so und mit ihr wollte ich sie erleben.

An solchen Tagen macht alles, was es zu tun gibt, Spaß. Man ist entspannt, das Herz glücklich, und das Leben hat einen Sinn. Es gibt Geschenke, die mehr Wert haben als alles Geld auf der Welt. So einen Menschen wie Isy samt ihrer Liebe im Herzen zu tragen, das ist Reichtum. Es verging der Rest des Tages wie im Fluge. Isy hatte sich später noch gemeldet und beteuert, dass sie viel zu tun und keine Zeit habe, „H" zu sagen, aber immer an uns denken würde. Welch eine Freude in ihr lebe und Kraft sie habe, wenn wir zusammen seien, und was ich ihr immer mitgebe.

Es war wieder einmal Freitag, und ich freute mich, sie im Lokal zu besuchen. Doch nachmittags kam ein SMS, in dem sie mich bat, wenn ich käme, ein wenig vorsichtig zu sein, da ja nach dem Gerede alle auf sie schauen würden und natürlich auch auf mich. Ich antwortete ihr, dass ich vorsichtig sein, aber auf eine Umarmung und einen zärtlichen Wangenkuss nicht verzichten würde, da wir es beide liebten. „Ja, passt, aber bitte pass auf, du weißt, was ich dann von zu Hause wieder zu spüren bekomme." Sie melde sich später nochmals.

Sie hatte ja immer so gegen 15 Uhr 30 ihre Badpause, bevor sie mit ihrer Arbeit begann und das nützte sie oft, nochmals „H" zu sagen, was sie auch tat. Wir sprachen dann noch über unser letztes Treffen, wie schön es war und wie gut es uns beiden getan hatte. Isy sprach auch davon, dass sie am liebsten abhauen würde, und das ganz weit weg, wo uns niemand finden könnte. „Ja, so auf eine Almhütte, wir beide ganz allein", sagte ich, „das wäre was." Ja, du hast recht, das wäre was", antwortete sie. „So ich muss jetzt Schluss machen, denn die warten schon auf mich; bis später, hab dich gern." Dann legte sie auf.

Ich machte meine Arbeit fertig, erledigte meine Schreibarbeiten und räumte im Büro alles auf. Da ich noch Zeit hatte, begann ich die Kaffeemaschine zu reinigen, fegte die Spinnweben weg und reinigte dann auch den Fußboden. Der Boden war noch feucht, darum ging ich ein paar Schritte ins Freie, wo ich meinen Vermieter traf und wir noch eine Weile plauderten, damit alles trocknen konnte. Da schon eine Weile vergangen war, begann ich mein Gespräch unauffällig zu beenden und ging ins Büro, fuhr dann den PC runter, legte ihn in die Tasche, verschloss Büro und Firma und machte mich auf den Heimweg.

Als ich zu Hause ankam, waren meine zwei Lieblinge, meine Enkelkinder, im Garten und baten mich, doch ein wenig bei ihnen zu bleiben und mit ihnen zu spielen, da niemand für sie Zeit hatte. „Ist doch klar, ihr zwei Mäuschen", antwortete ich, trug meine Jacke und meinen PC rein, nahm meine Tablette, welche ich seit vier Jahren wegen meines Herzinfarktes einnehmen musste, und ging dann raus zu den Kleinen in den Garten.

Zuerst spielten wir zusammen im Sandkasten, bauten Figuren und Türme. Als das nicht mehr interessant war, spielten wir Ball und Fangen und liefen wild durch den Garten. „Jetzt müssen wir mal was trinken", sagte die große Enkelin, „und Opa, du setzt dich auf die Bank und bist unser Gast. Hier ist Ihr Platz", sagte sie und deutete auf die kleine Steinbank, die im Garten stand.

„Was wollen Sie trinken?", fragte sie, als wäre sie die Kellnerin und ich der Gast. „Ein großes Bier", antwortete ich. „Aber Opa, wir haben nur Kaffee und Tee", sagte die Kleine. „Du kannst auch noch einen Kuchen haben." Sie ging zur Sandkiste und nahm einen Turm, der aussah wie ein Gugelhupf. „Danke, der sieht aber lecker aus", antwortete ich und tat, als würde ich ihn auf-essen. So spielten wir ein paar Stunden, bis sie ihre Mutter zum Abendessen rief. Sie räumten die Sachen zusammen, deckten die Sandkiste zu und gingen zu ihrem Hauseingang. „Opa, tschüss bis morgen", sagten sie, öffneten die Haustüre und verschwanden. Ich ging zurück und legte mich in die Liege auf der Terrasse, ge-noss die Einsamkeit für mich, wäre aber lieber bei Isy gewesen, die bestimmt schon im Stress war, denn so gegen 18 Uhr war meistens die Hütte gerammelt voll und viel zu tun. Langsam ging die Sonne unter, ich ging ins Haus, um mich zu duschen, umzu-ziehen und dann meinen Schatz Isy zu besuchen.

Es war schon gegen 21 Uhr 50, als ich von zu Hause wegfuhr, langsam Richtung Isy So wie ich es vermutete und Isy es mir auch am Telefon gesagt hatte, war der Parkplatz voll. Ich fand einen Platz in der hintersten Ecke, parkte so ein, dass ich später leicht wegfahren konnte, wobei es meist schon später wurde und es da leichter zu bewältigen war. Ich stieg aus, versperrte das Auto und ging ins Lokal. Es kam mir wie immer gleich vor, doch leider musste ich feststellen, etwas war anders als sonst, aber ich hatte es noch nicht herausgefunden.

Ging wie immer an meinen Platz an der Theke. Legte vorher noch meine Jacke ab und setzte mich; kurz darauf fragte mich die Kellnerin, was ich trinken möchte: „Heute mal ein Seiterl Bier und eine kleine Brettljause, denn ich bin hungrig." „Ja, kannst ja auch eine Große haben", antwortete sie. „Nein, das reicht für den Abend", antwortete ich. „Aber es wird eine Weile dauern!" „Ist okay", gebe ich ihr zur Antwort.

Es verging eine Weile, bis meine Jause kam, blicke mich um, wo denn mein Schatz bleibt? Ich hörte sie nicht in der Küche und auch nicht im Lokal, darum ließ es mir keine Ruhe, und ich frage: „Wo ist denn heute die kleine hübsche Chefin?" „Heute haben wir ein kleines Problem", antwortete sie: „Die Chefin hat Fieber, die liegt, der geht es nicht so gut!" „Das tut mir aber leid", antwortete ich. „Was hat sie? Grippe, Fieber, oder ist ihr allgemein nicht gut?" „Ich weiß auch nicht, was sie genau hat", antwortete sie und verschwand in der Küche.

In diesem Moment kam Unbehagen in mir auf, da ich morgens nicht sah, dass sie krank war oder es ihr nicht gut ging. Ich fühlte mich von diesem Moment an nicht mehr wohl, da all meine Gedanken bei meiner Liebsten waren. Darum entschloss ich mich, meine Jause zu essen, dann zu bezahlen und heimzufahren.

Als meine Jause serviert wurde, kam mein Freund. „He, da bist du", sagte er, ich habe dich schon drei Mal angerufen, aber du hast dich nicht gemeldet." „Wie soll ich mich melden, wenn du genau weißt, hier gibt es keine Handyverbindung." „Ja, darum bin ich hierhergefahren, da ich mir dachte, vielleicht sitzt er bei Isy." „Mich hat auch der Hunger aus dem Haus getrieben", antwortete er, „und ich werde mir einen Schnitzelsalat genehmigen." Er bestellte sich einen Weißwein, gespritzt, und sein Wunschessen. Bis er seinen Salat bekam, war ich mit meinem Essen fertig und wollte bezahlen. „HE", sagte er, „du kannst doch jetzt nicht gehen und mich alleine lassen." Bestellte mir noch ein Glas Weißwein von meiner Sorte, denn das wusste er natürlich, sodass ich gezwungen war zu bleiben.

Wir plauderten, was sich in beiden Firmen diese Woche so getan hatte, was nicht gut war und super ablief. Auch so manche Sachen vom Alltag kamen in unserem Gespräch vor, und auch er fragte nach Isy, da sie uns immer Gesellschaft leistete, wenn sie da war.

„Die ist krank und liegt", sagte sie zu ihm. „Was hat sie denn, kann ich ihr helfen?", wandte er sich an die Kellnerin, als sie vorbeikam. „Du kannst ihr nicht helfen", antwortete sie. „Vielleicht doch", sagte er, „vielleicht hat sie ‚Stangerlfieber', da bin ich bei der Heilung gut." Er lacht. Die Kellnerin war auch schlagfertig und erwiderte: „Mit deinem Stangerl kannst niemanden heilen, wobei wir beide schallend laut lachen mussten, und ich antwortete: „Wieso weißt du das?" Darauf schaute sie mich an, Röte stieg in ihrem Gesicht auf, drehte sich um und verschwand in die Küche. Nun kam sein Salat, und er begann zu essen, und wir sprachen noch eine Weile dummes Zeug. Als auch er dann mit seinem Essen fertig war, sagte er: „Jetzt trinken wir zur Verdauung noch ein Schnapserl, ohne Chefin, wäre toll gewesen, aber das ist so im Leben." Er wusste ja nichts von mir und Isy, von unseren Treffen, unserer Beziehung und unserer Liebe, was ich ihm auch nicht erzählen würde, obwohl wir super Freunde waren, aber das wäre zu weit gegangen, da er nicht immer dichthielt, zwar meistens schon, doch wenn es in einem Gespräch lustig herging, dann hat er sich schon manchmal verplappert. „Du, Chef", sage ich zu ihm, dies war ein Spitzname für ihn, welchen ich oft verwendete. „Ich werde jetzt abhauen und heimfahren, bin heute nicht so gut drauf, und es tut sich ja nicht so viel." „Passt", antwortete er, „ich bin auch gleich weg." Ich rief die Kellnerin, um zu bezahlen. „Einen kleinen Moment", antwortete sie, „ich richte die Getränke für den Nebenraum noch her und dann komme ich zu dir." „Okay, antwortete ich.

Wir bezahlten beide unsere Rechnung, erhoben uns, zogen uns an, dabei sprach uns eine andere Kellnerin an: „He, ihr beiden, seit wann geht ihr so bald nach Hause, trinkt doch noch was." „Wir haben kein Geld mehr und außerdem heute keinen Ausgang, sodass wir pünktlich zu Hause sein müssen, sonst bekommen wir auch noch Hausarrest", antworteten wir einstimmig und lachten dabei. „Genau ihr zwei, wen müsst ihr denn fragen, und außerdem, ihr fragt ja nicht, ihr fahrt einfach weg, typisch Männer", sagte sie. „Da hast du aber eine Ahnung; wir haben scharfe Frauen zu Hause", gab ich ihr zur Antwort. Wir sagten noch Gute Nacht und verließen das Lokal.

Als wir bei den Autos ankamen, entschlossen wir uns im Ort einen kleinen Einkehrschwung auf ein Gläschen Wein zu tätigen, denn nach Hause trieb es uns noch nicht. Wir gingen ins Weinlokal, tranken dort nur ein Achterl, und dann fuhren wir heimwärts, da dort die letzten Gäste gegangen waren.

Kaum war ich zu Hause, schrieb ich Isy ein SMS, wie es ihr gehe und warum sie morgens nicht gesagt hatte, wie ihr Befinden sei. Es dauerte fast bis Mitternacht, als eine Antwort kam: „Entschuldige", schrieb sie, „ich habe morgens nichts gespürt, und im Laufe des Tages wurde mir immer übler, und ich konnte mich fast nicht mehr bewegen, mir tat alles weh. Warst du da?", fragte sie. „Ja, Schatz, ich war bei dir, habe eine Jause gegessen, auch mein Freund war auf eine Jause gekommen."

„Es tut mir leid, aber ich konnte nicht aufstehen, muss zusehen, dass ich bis morgen fit bin, da sehr viele Gäste reserviert haben und sonst alle ins ‚Schwimmen' kommen in der Küche. Hoffe, dass wir uns morgen sehen, aber bitte pass auf, wenn du kommst, und tue nichts Auffälliges, du weißt, ich habe immer solche Angst, dass jemand etwas mitbekommt von uns beiden."

„Versprochen, mein Engel, und ich mache jetzt Schluss mit dem Schreiben, decke dich fest zu, schlafe, und ich drücke dich ganz fest an mich, das wärmt und heilt, damit du morgen wenigstens arbeiten kannst; wenn nicht, dann bitte bleib liegen, und werde gesund. Ich schicke dir meine Liebe, Wärme, auch ein paar Streicheleinheiten, die werden deine Beschwerden vertreiben. Bussi, ich liebe dich, und schlaf süß!"

Mein Herz war traurig, denn ich konnte auch fühlen, wie es Isy ging. Sie sehnte sich wie ich immer nach unserer Wärme und Zärtlichkeiten, denn die waren so etwas Wunderbares und Schönes, schenkten uns Kraft und Leben. Oft denke ich daran, wie es am Anfang war, ich konnte es nicht glauben, diese tolle Frau mit all ihrer Angst in mein Herz schließen zu können, zu lieben und ihren Körper mit so viel Liebe und Verlangen gemeinsam zu erleben. Ich lag lange wach und dachte an Isy, es wurde schon hell draußen, als ich endlich einschlief. Lange war meine Nacht nicht, aber ich war trotzdem glücklich, als ich aufwachte, da ich mich nach dem abendlichen Treffen sehnte, hoffentlich war sie da und fit, damit ich sie auch sehen konnte, ihr einen zärtlichen Wangenkuss zu geben, sie mein Herz und meine Liebe spüren zu lassen. Den ganzen Tag war ich mit Tätigkeiten am PC und in der Firma beschäftigt, denn seit ich Isy liebte, hatte ich auch keinen Mumm mehr, in meinem Haus etwas zu tun, außerdem war es in meinem Umfeld kalt geworden, und ich ließ auch niemanden an mich heran, meine beiden Enkelinnen waren mein einziges Leben in diesem Hause. Meine kleine Tochter hatte ich auch noch, welche mein Herz zum Strahlen brachte, wenn sie zu Besuch kam, denn sie lebte seit geraumer Zeit in der Stadt und hatte Einsehen damit, was ich tat und lebte.

Der Abend kam immer näher, und mein Herz wurde immer wärmer. Langsam begann ich mich auf das Wegfahren vorzubereiten. Ging ins Zimmer, holte mir frische Unterwäsche, Socken und auch neue Oberbekleidung. Nach dem Rasieren und Duschen zog ich mich an, da ich sonntags immer zum Tarock in eine Nachbargemeinde fuhr. Dort traf ich mich immer mit meinen Kumpels und spielten Karten. So gegen 21 Uhr 15 beendeten wir unser Spiel, ich bezahlte und machte mich auf den Weg zu Isy. Eilig verließ ich das Lokal, ging zum Auto und fuhr über die Bundesstraße und eine Seitenstraße zu ihr. Am Parkplatz standen noch vier Autos, also war das Personal in der Küche mit dem Herrichten sicher auch schon fertig, nur musste noch geputzt werden, das machte aber das Personal, dann aber hatte vielleicht mein Schatz auch schon Zeit für mich, wenn sie schon gesund und fit war.

Über den Innenhof ging ich Richtung Gaststube, als aus dem Nebenraum, man sagte immer „beim Nachbarn", ihr Mann herauskam. Sagte kurz: „Hallo". Er ging auf mich zu und gab mir die Hand zum Gruße. Gemeinsam gingen wir in die Gaststube, wo nur mehr vier Männer an der Bar standen.

Legte meine Jacke ab, ging zur Bar und setzte mich auf einen Barhocker, da war auch mein Stammplatz, direkt am Zugang zur Küche, damit ich meinen Schatz immer und sofort sehen konnte. „Hallo", sagte die Kellnerin. „Hallo, wie üblich?" „Ja", antwortete ich ihr. Sie bereitete einen Kaffee zu und stellte ihn vor mir ab. „Vielleicht was Süßes dazu?", fragte sie. „Ja, wäre gut! Ist der kleine ‚Küchenbolzen', so nannte ich aus Spaß oft Isy noch im Dienst, da?", fragte ich. „Ja, die ist noch in der Küche, aber es geht ihr nicht gut, die ist krank", sagte sie." „Wenn sie mit viel Liebe mir noch etwas herrichten kann, dann nehme ich ein Stück Torte", antwortete ich ihr. „Für dich macht sie das immer", kam es wie aus der Pistole geschossen. Gelassen wartete ich auf meine Torte, die eine kleine Weile dauerte, aß diese dann mit Genuss auf. Doch als ich einen Blick Richtung Küche warf, sah ich meinen Schatz.

Sie winkte mir zu und verschwand wieder in der Küche. Den kurzen Moment, wo ich sie sah, machte sie keinen gesunden bzw. fitten Eindruck. Nach geraumer Zeit kam Isy aus der Küche, wir gaben uns zärtlich wie immer unsere Wangenküsschen.

„Ich bin wie geschlaucht", sagte sie. „So viel zu tun in der Küche, dann zu wenig Personal, da auch Oma krank ist, du weißt doch, mit ihren Füßen." „Ja, antwortete ich, „du hast mir davon erzählt." „Ja", sagte sie, „jetzt bin ich auch krank, und glaubst du, dass die Damen aus der Küche ein wenig schneller arbeiten oder einen Griff zusätzlich tun? Da kommt höchstens noch die Frage: ‚Was denn noch, bin jetzt schon im Stress, das kann ich nicht, habe ich noch nie gemacht, bin ja schon fix und fertig'. Das ist oft zum Haareraufen und zum Ausflippen, da bin ich manches Mal am Explodieren, kannst du dir das vorstellen."

„Ich kann dich verstehen, mein Liebling", antwortete ich ihr. „Pst, bitte ein wenig leiser, du weißt doch, da hören alle zu." „Okay", sagte ich und lehnte mich seitlich an sie. Dabei gab ich ihr einen zärtlichen Kuss auf ihre Wangen. Sie schaute mich an, lächelte und schüttelte den Kopf. „Du bist ein Wahnsinn, wir sind verrückt", kommt es über ihre Lippen. „Komm, Schatz", frage ich, „trinken wir zusammen ein Pfifferl?" „Du, danke", sagte sie. Du weißt doch, ich bin nicht fit und wollte dich kurz sehen und dir Gute Nacht wünschen, damit du spürst, dass ich mich freue, wenn du da bist, wann ich dich brauche." „Ja, ich weiß ja, Liebes", antwortete ich ihr. „Du bist wahrlich immer da, wenn ich dich brauche oder wenn es mir nicht gut geht", sagte sie, ergriff meine Hand und drückte fest zu. Zu mehr traute sie sich nicht, aus Angst, es könnte jemand etwas bemerken. „Ja, mein

Liebling, ich verstehe dich, aber bitte melde dich morgen mal, vielleicht wenn du deine kleine Maus zur Schule bringst; geh nachher nochmals ins Bett, ruhe dich aus, sonst verschleppst du was und hängst ewig dran", antwortete ich. „Versprochen, ich melde mich. Du hast recht", sagte sie. „Ich gehe jetzt, lass mir noch ein heißes Bad ein, und ab ins Bett. Schade, dass ich da allein bin, wäre schön, dich an mir zu spüren!" Sie stand auf, umarmte mich, gab mir ein wärmendes Küsschen, sagte zu allen Gästen: „Gute Nacht", und verschwand durch die Küche in ihre Wohnung.

Nun überlegte ich: Soll ich fahren oder noch bleiben? Wie aus dem Nichts kam mein Stammtischkollege, er ist Koch, hatte gerade Dienstschluss gemacht und wollte auch noch ein Glas trinken. Immer wenn wir uns trafen, tranken Isy, mein Freund und ich ein Schnäpschen, ab und zu auch ein paar mehr. Wir sprachen über seinen Alltag im Gasthaus und den Stress, den er hatte, da mittags wieder über zweihundert Gäste zum Essen da waren.

So blieben wir noch eine Weile. Die Kellnerin hatte auch schon alles gereinigt und stellte sich zu uns an die Bar. Ich lud sie noch auf ein Gläschen Wein ein. Da es schon Mitternacht war und es Zeit wurde, nach Hause zu fahren, sagte ich: „Bitte zahlen, die Alten gehören ins Bett!" „Ja, weil du immer so bald ins Bett gehst", erwiderte sie lächelnd.

„Es ist mein Ernst", sagte ich, „ich will nach Hause, und außerdem muss ich morgen um 5 Uhr raus, da ich noch einiges für meine Dienstreise nach Italien am Dienstag vorzubereiten habe und morgen Abend auch wieder Stammtisch ist, das ist ebenso ein Pflichttermin." „Warte doch noch kurz", sagte mein Freund, „ich bin auch gleich weg, dann gehen wir zusammen." „Okay", ich bezahlte, und nach einer Weile machten wir uns auf den Heimweg.

Zu Hause angekommen, ging ich ins Bad und machte mich fertig zum Schlafengehen. Ich lag im Wohnzimmer in meinem Fernsehsessel, schaute noch fern und dachte an Isy. Ich nahm mein Handy und schickte per SMS ein paar Gutenachtküsse und liebende Worte, damit sie bald gesund werde; dass ich sie liebte und alles von ihr vermisste.

Es war schon spät, als ich hörte, dass eine Meldung per SMS angekommen war, sofort blickte ich nach, wer es war. Isy hatte noch geantwortet, ich solle schlafen. Ihr sei so kalt, sie könne auch nicht schlafen, und es wäre schön, neben mir zu liegen und sie zu wärmen. Kurz antwortete ich ihr, dass ich das auch lieber täte, als hier zu Hause in dieser Umgebungskälte allein zu sein; wünschte ihr einen erholsamen Schlaf und eine gute Nacht. „Dir auch, bis später", antwortete sie, „denn in ein paar Stunden hören wir uns ja, oder hast du kurz Zeit am Parkplatz, aber wirklich nur kurz?"

Große Freude stieg in mir auf, ich sagte ihr zu, dass ich wie immer dort warten und sie gerne in die Arme nehmen würde, ihr meine Liebe zeigen und schenken wollte und es nichts Wichtigeres in meinem Leben gäbe – als alles mit ihr zu teilen, antwortete ich ihr. „Danke für dein Geschenk, ich freue mich darauf: Auf DICH!"

Der Morgen war schneller da, als ich dachte, und der Handywecker klingelte. Nahm das Handy und stellte das Klingeln ab. Ich streckte mich, da ich im Sitzen eingeschlafen war, stand auf und ging ins Bad. Nach der Morgentoilette zog ich mich an, nahm meine Sachen fürs Büro und machte mich auf den Weg, um meinen heiß ersehnten Schatz, Isy, in die Arme zu nehmen.

Fuhr an den Ort unseres Treffens, den Parkplatz. Niemand war zu sehen, und ich stellte mich so hin, dass ich sah, wann sie ankam, aber auch so, dass sie geschützt war und in einer kleinen Deckung einsteigen konnte. Es dauerte nicht lange, und Isy stellte ihr Auto ab, lächelte mir zu. Ich winkte ihr, bei mir einzusteigen. Schnell stieg sie aus und hüpfte hinten in mein Auto. Ich verschloss wie immer von innen das Auto und stieg zu ihr nach hinten. „Guten Morgen, Mäuschen." Ich nahm sie in den Arm, und wir küssten uns. „Ich hab dich auch vermisst", sagte sie, „mir war heute Nacht so kalt, und du warst nicht da! Liegt das an mir?", fragte ich. „Hättest du mich gerufen, ich wäre gekommen und hätte mich an deine Seite gelegt", antwortete ich. „Ja, du würdest es tun, das weiß ich", antwortete sie.

Es war ein wunderbares Gefühl, diese tolle Frau, ihre Liebe und Wärme zu spüren. Fest hielt ich Isy in meinen Armen, küsste sie und streichelte ihren heißen, erotischen Körper. Ich schob meine Hand unter ihren Pulli und in ihre Unterhose, wo ich ihren heißen Mund spürte. Ich öffnete ihre Hose, schob meine Hand zwischen ihre Schenkel und massierte ihre heißen Lippen.

„Bitte jetzt nicht, ich bin nicht ganz gesund, und außerdem habe ich nicht so viel Zeit. Bleib so, tut so gut, wenn du mich streichelst", sagte sie. „Ja, dein Mund und deine Lippen sind so heiß, ich liebe es, dich zu streicheln, aber auch mit allem zu lieben und zu verführen", antwortete ich. Drückte sie fest an mich, wobei eine Hand ihren Mund streichelte und Isy sich wärmend an mich schmiegte.

„Das tut so gut, da möchte man nicht mehr aufhören", sagte sie mir leise ins Ohr und biss mich dabei zärtlich. „Du bist ein kleines Biest", erwiderte ich, „ich nehme dich jetzt mit und fahre weit weg mit dir, damit uns niemand findet." „Das wäre sicher oft das Beste, aber dann nie mehr zurück." „Wenn du Ja sagst, dann starte ich sofort", antwortete ich, hielt dabei fest ihre Schamlippen. „He", sagte sie, „was tust du?" „DIE nehme ich jetzt mit." Dann nahm ich meine Hand aus ihrer Hose, hob Isy am Schoß hoch und setzte sie mir gegenüber auf meine Schenkel.

„Das habe ich aber jetzt total übersehen, wie du mich hochgehoben und auf deinen Schoß gesetzt hast", sagte sie. „Ja, weil wir, du wie ich, es lieben und genießen, zusammen zu sein und uns zu lieben", war meine Antwort. „Du weißt aber auch, dass ich wieder gehen muss", sagte sie, „denn die Zeit mit dir ist wunderschön, nur leider vergeht sie zu schnell." „Ich weiß, aber von dir und alldem kann man nie genug haben, es bedeutet Leben, der Körper dankt es uns; wir sind im Herzen die Menschen, die wir immer sein wollten und die zu sein wir uns gewünscht haben, auch wenn es sich leider nie erfüllt hat. Und das Geschenk dazu ist diese wunderbare und besondere Liebe."

„Ja, ich spüre es, aber ich muss jetzt. Bitte sei mir nicht böse, ich möchte nicht, dass ich zu Hause Stress und Ärger bekomme oder mir Beschimpfungen anhören muss, das brauche ich nicht, da wäre dann alles kaputt", sagte sie und küsste mich zärtlich. „Ja, Schatz", antwortete ich, „danke für die Zeit und dein Geschenk heute Morgen, ich liebe dich, und bitte sag mal kurz ‚H'!" Schnell nahm sie mich in den Arm, drückte mich an sich, küsste mich zärtlich, dann zog sie ihre Hose hoch und machte sich zurecht, schloss sie und richtete sich Pulli und Jacke. „Danke, war schön mit dir", sagte sie. Ich öffnete die Verriegelung der Türe, sie streichelte noch meine Wange, schaute sich um, öffnete die Türe und lief zu ihrem Auto.

Auch ich richtete meine Kleidung, sah ihr nach, als sie winkend an mir vorbeifuhr. Kaum war sie aus meinem Blickfeld verschwunden, klingelte das Handy. „Ich musste dir noch Danke sagen, dass du dir Zeit für mich genommen hast, es geht mir gleich besser; ich weiß nicht, warum, aber das kannst du, und ich weiß nicht, wie du das mit mir machst, aber danke, es tut gut, dich zu spüren und zu haben, wenn man dich braucht. Ich liebe dich und gehe noch kurz schlafen." Eine geraume Zeit später kam ein SMS von ihr, welches alles sagte:

> Andrea Berg singt-wer
> schläft schon Nachts
> gern allein

„Sage dir auch Danke, für deine Geschenke von Herz, Wärme und Körper, denn ich schätze dich ganz hoch ein, da ich mir nie erträumt hätte, dass du über deinen Schatten springen würdest, trotz deiner Angst, aber du weißt auch, dass ich es dir von Herzen und mit meiner Liebe versprochen habe, und das halte ich, immer für dich da zu sein. Ich liebe dich."

Oft denke ich über die jetzt erlebte Zeit nach, frage mich, wie ist das überhaupt zustande gekommen? Es gibt Phasen im Leben, die nicht so verlaufen, wie man es sich wünscht, aber man passt sich an, versucht das Umfeld und die Familie aufrechtzuerhalten. Es kommen immer mehr Situationen, welche Einfluss nehmen. Das Herz und der Körper öffnen sich, da die Wärme und das Vertrauen, welche dir diese Menschen entgegenbringen, für diese bedrückten Menschen neues Leben bedeuten. Man ist in seinem Inneren bedrückt, hat sich mehr Aufmerksamkeit gewünscht. Ist das Sich-Anpassen, allen ein guter Partner oder Freund sein richtig, wünscht man sich das? Das Innere sehnt sich nach einem Menschen, Freund oder einer neuen Liebe, welche durch die Jahre zum Alltag geworden sind. Auch wenn man oft in Gesprächen mit dem Partner seine Wünsche nach mehr Anerkennung, vielleicht auch mehr Liebe geäußert hat, wurde man vielfach, mit Worten wie „Du bist nur unzufrieden, es passt doch alles" – was ich oft verneinte –, trotzdem nicht erhört. Da beginnen sich die Gefühle und das Herz zu öffnen und machten Platz für etwas „NEUES"!

Wie bei mir im Innersten die Veränderung zu greifen begann, versuchte ich eine Aussprache in der Familie. Versuchte ihnen mein Erlebtes und die Situation in der Beziehung zu erklären, obwohl es zu diesem Zeitpunkt keine körperlichen Kontakte gab, außer ein paar zärtlichen Küssen, doch auch da kam nur: „Du hast eine neue Frau, das weiß ich!" Es versetzte mir einen riesigen Stich in mein Herz; ist das der Dank dafür, immer nur für die Familie da zu sein, mit Herz, Liebe und auch finanziell, und dafür, selbst auf vieles zu verzichten, nur dass es den Mitmenschen gut geht? Das kam wie ein Schlag, die Kälte und der Abstand zu den Mitmenschen, die einem so viel bedeuten, doch dann spürt man, nun haben sie dich weggeworfen, niemand braucht dich mehr.

Jetzt haben sich das Herz und die Sehnsucht nach Liebe und Wärme weit geöffnet, denn jeder Mensch, wenn er es auch oft bestreitet, braucht die Liebe, da sich mit Liebe und Vertrauen alles bewältigen lässt, auch Dinge, die man sonst nicht glaubt bewältigen zu können, schafft man ganz leicht. Man spürt es, kommt man in die Nähe von diesen besonderen Menschen, denen es im Herzen vielleicht auch nicht anders geht. Da ist etwas, man kann es nicht definieren, fühlt aber, es ist was da, was man nicht beschreiben kann, doch dringend will und braucht; trotzdem macht es freier, glücklicher, und der Körper beginnt zu leben. Das Innere sagt: Rede doch mit diesem Menschen, was fehlt ihm, was schmerzt ihn oder was aber macht ihn so bedrückt, hat er auch dasselbe Bedürfnis, sich anzulehnen und geliebt zu werden, so wie man es sich ersehnt und wünscht?

Ich habe es bei den Gesprächen mit Isy oft erlebt, und sie sprach mich auch oft an: „Wie kann es sein, dass du sofort spürst, wenn es mir nicht gut geht? Du schaust mich an und sagst: ‚Was hast du, was tut dir weh? Du hast doch Schmerzen!‘“ „Das sieht man in deinen Augen und deiner Mimik und Ausstrahlung, du bist nicht der Mensch, den du herzeigen willst, und durch Lächeln überspielst du, dass dich etwas quält und schmerzt; das sehen die Menschen nicht, nur die, die in dich hineinsehen und es fühlen wie ich“, war meine Antwort. „Ich bin für dich wie eine Glasscheibe, aber es tut mir im Herzen gut, dich zu sehen, zu spüren, dass du da bist für mich“, waren ihre Worte. Ich habe dieser Frau den Platz in meinem Herzen gegeben, den sie sich erwünscht und ersehnt hat, denn nur mit Wahrheit und innigster Liebe kann man Vertrauen aufbauen, alles andere macht vieles kaputt.

Oft hatte ich Bedenken, denn Isy hat wiederholt geäußert, sie könne mit dem Druck aus dem Umfeld und von mir nicht umgehen. Doch ich habe ihr oft erklärt: „Das, was du als Druck empfindest, bezeichne ich als Liebe!“ Wie kann ich einen Menschen von ganzem Herzen lieben, wenn er nur Angst hat, sich versteckt, nicht meldet, weder ein SMS schreibt noch einen anruft, einfach wie tot reagiert? Man durfte sie nicht anrufen oder wo auf sie warten, ihr nicht einmal mit dem Auto entgegenkommen, alles wurde als Druck gewertet.

Ich habe sie immer animiert: „Komm, Schatz, Kopf hoch, du kannst mir vertrauen, bin für dich immer da, egal wann und wo, habe nur dich im Herzen, und meine Liebe gehört nur dir. Ich möchte doch immer bei dir sein, es tut mir alles weh, wenn ich von der Firma wegfahren muss; ich würde dich am liebsten immer mitnehmen, um meine Liebe mit dir Tag und Nacht zu genießen.“

Was stellen sich Frauen unter Liebe wirklich vor? Ich zweifle oft daran, dass, was sie sagen, oft mit Wahrheit nichts zu tun hat.

Wenn man mit ihnen darüber spricht, dann äußern sie oft, ihr Partner habe keine Zeit für sie, sie seien immer allein, würden gerne in die Arme genommen werden und sich anlehnen, alles müssten sie allein tun, auch für die Kinder habe er keine Zeit. Sei im Haushalt was zu tun, bleibe das an ihnen hängen, für die Kinder und die Schule habe er keine Zeit, er ziehe den Fernseher, den Sport oder die Freunde vor, könne einfach aufstehen und fahre weg, egal wie es ihnen ginge oder was sie sich wünschten, und der Abend verliefe oft kalt, kein Knistern am Abend, und der Sex ließe auch zu wünschen übrig.

Ist das ein Fehler, wahre Liebe zum Leben zu schenken, zu versuchen, immer in der Nähe seiner Liebsten zu sein, sie in die Arme zu nehmen, sie zu lieben im Bett und auch im Alltag, sich Zeit zu nehmen mit den Kindern, Träume von Gemeinsamkeiten wie Arbeit und Freizeit mit Urlaub zu verbinden, einfach die Wünsche und Träume gemeinsam zu erleben und lieben? Ja, ich denke, das wären die Wünsche vieler Frauen, aber wer traut sich, es zu tun?

Meine Gefühle waren immer gemischt, aber hundertprozentig ernst Isy gegenüber, alles andere mochte ich nicht mit dieser Frau leben. Sie hat ein tolles Herz und den heißen, zärtlichen und ebenso tollen Körper mit wunderbarer erotischer Leidenschaft, Liebe und Wärme an allen Orten mir geschenkt, was ich als Geschenk des Herzens festhalte und ihr danke, denn statt die Liebe zu leben, ließ sie die Angst leben, statt die geschenkte und erlebte Liebe zu leben, verzichtete sie lieber auf Leben und Liebe, da sie den Druck von zu Hause und durch ihr Umfeld nicht meistern konnte, wobei ich ihr alles geben wollte, um es gemeinsam zu schaffen; vielleicht mochte auch Gott ein gutes Wort für sie haben, da ihr Glaube an Gott auch viel wert war.

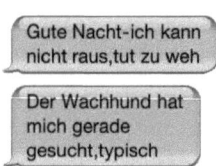

Ein SMS von ihr, ein Zeichen der Angst: Herr, bitte gib ihr was, um es lieben und leben zu können.

Dass mir alles an Isy lag und meine Liebe ihr gehörte, musste ich ihr mitteilen und schrieb ihr ein paar Zeilen per SMS. Es dauerte auch nicht lange und die Antwort kam. „Habe schon gedacht", sagte sie, „du hast heute keine Zeit für mich, denn dass du nicht schreibst gegen Mittag, das gibt es bei dir nicht, du bist so verlässlich, und ich habe es schon vermisst. Was tust du?", fragte sie, „mein ‚Wachhund' ist gerade weggefahren, der geht einfach raus und ist weg. Kann ich ‚H' sagen?" Sofort ging ich nach draußen und rief sie an.

„He, Mäuschen", sagte ich, „das freut mich, dass du Zeit hast!" „Ja, da er gerade weg ist und ich ein wenig Luft habe, musste ich mich melden, ob du Zeit hast. Was tust du?", fragte sie. „Warum", antwortete ich, „willst du vielleicht, dass wir uns treffen?" „Das wäre schön, aber ich weiß nicht, ob sich das ausgeht; wäre ein Wahnsinn, schauen wir mal, vielleicht geht es sich aus. Bitte Schatz, komm doch raus, täte uns beiden gut, oder nicht?" „Muss zuerst alles fertig machen, du weißt doch, die Leute am Wochenende brauchen was, und irgendwann muss man vorbereiten, putzen; meine Kleine braucht mich, und abends möchte ich zum Treffen. So, jetzt muss ich Schluss machen, sonst wird es nichts mit uns", sagte sie, „und danke, dass du für mich da bist. Bis später", und sie legte auf. Alle Worte von Isy waren Balsam für Liebe und Herz, darum liebte ich sie auch. Der Tag war mit Arbeit gespickt und verging wie im Fluge. Da ein Treffen möglich war, blickte ich laufend auf das Handy, ob eine Meldung von Isy gekommen war. Es war schon 16 Uhr, und ich hatte keine Lust mehr zu arbeiten, darum entschied ich mich, Schluss zu machen und heimzufahren. Ich fuhr den PC runter, sprach noch mit meinem Kollegen, ob es ein Problem wäre, wenn ich heimfahre! „Nein, ist okay", war seine Antwort. Ich packte meine Sachen ein und verabschiedete mich.

Nachdenklich fuhr ich heimwärts, mit der Sehnsucht nach Isy. Langsam fuhr ich an ihrem Zuhause vorbei. Da noch kein

„H" kam, kehrte ich im Café ein, um zu warten und die Zeitung zu lesen. Als schon eine geraume Zeit vergangen war und keine Meldung von Isy kam, beschloss ich, heimzufahren. Ich bog zu meinem Haus ein, wendete, stellte das Auto ab und ging hinein. Niemand war daheim, und ich hatte zu nichts Lust, nur meine Liebste wollte ich treffen. Es wurde immer später, und ich dachte nicht mehr daran, dass ein Treffen noch stattfinden würde, doch meine Sehnsucht wurde belohnt.

„H" kam an, und ich sprang vor Freude zum Telefon. „Hallo Schatz, du schenkst mir Freude, wenn du dich meldest." „Wo bist du?", fragte sie. „Ich bin zu Hause, aber ich bin allein und kann sofort kommen", antwortete ich. „Ich bin gerade weggegangen, um ein wenig Luft zu schnappen, sonst fällt mir die Decke auf den Kopf; ich gehe bei der zweiten Straße, du weißt ja, wo!" „Okay, Schatz, ich komme sofort, ich habe auch so ein Verlangen nach dir", antwortete ich und fuhr gleich los. „Lass dir Zeit, und bitte pass auf, dass du nicht zu auffällig bist und uns jemand sieht." „Bis gleich", sagte ich und fuhr los.

Als ich zu unserem Treffpunkt einbog, kamen mir zwei Leute entgegen, welche auch dieselbe Idee hatten, Luft zu schnappen. Ich fuhr an ihnen vorbei und blickte mich nach Isy um. Die ganze Straße entlang sah ich niemanden, und darum rief ich sie an. „Wo bist du?", fragte ich, „ich habe dich nicht gesehen." Dabei begann sie zu lachen. „Ich habe dich vorbeifahren gesehen", sagte sie. „Bin, wenn du umdrehst, im Wald stehen geblieben, da schon zwei Autos vorbeigefahren sind, und stehe da, bevor du wieder rauskommst aus dem Wald, da warte ich." Ich wendete und fuhr langsam zurück, und da erblickte ich sie. Hielt neben der Waldeinfahrt und winkte ihr zu, dass die Luft rein wäre. Schnell lief sie zu mir, sprang hinten rein und bückte sich, um nicht gesehen zu werden. „Hallo Liebes", sagte ich, wo wollen wir hin, um ungestört zu sein?" „Bitte nicht zu weit, ich habe nicht viel Zeit, aber ich wollte dich auch sehen und spüren, mich ein wenig wärmen an dir", sagte sie.

Vorsichtig blickte ich mich um und fuhr das Auto verkehrt in eine Waldeinfahrt. Stellte ab, versperrte von innen, und flugs war ich bei meinem Schatz auf der Rückbank. „Bitte hilf mir", sagte ich, „muss meine Sachen wegwerfen, damit du Körper, Wärme und meine Liebe spüren kannst." Liebevoll half sie mir, und ich zog ihr den Pulli aus; wunderbare Brüste, lieb verpackt, schauten mich an, musste kurz loslassen, da ich Hose und Boxershorts auszog. Schnell öffnete ich ihre Jeans, zog sie ihr aus, auch ihren Slip. Ein süßer, zärtlicher Körper samt heißem Liebesmund lag vor mir. Ich nahm sie in meine Arme, streichelte ihren Körper, und sie schmiegte sich fest an mich.

„Schatz, ich liebe dich", sagte ich, drehte mich zu ihr und küsste sie, was sie wie ausgehungert erwiderte. Zärtlich strich ich über ihre Brüste, über ihren hübschen Bauch und fuhr zwischen ihre Schenkel. Mit der Hand lege ich einen Fuß von ihr zur Seite und massierte ihre Lippen. „Wow, sind die heiß, die gehören verwöhnt mit Mund und Zunge." Langsam wanderte ich mit Mund und Zunge über Brüste, Brustwarzen und Bauch zwischen ihre Schenkel, massierte ihre Lippen, zog diese leicht auf, um ihre Innenseite und die süße Knospe zu liebkosen. „He, du bist ein Lauser, was machst du?", fragte sie. „Ich muss diesen geilen Mund massieren, damit ich dir meinen Hungrigen später fest reinschieben kann, schau doch, was der macht", antwortete ich, und sie strich mir dabei zärtlich über den Rücken, fuhr mir langsam zwischen meine Schenkel und hielt meinen Penis fest. „Na, der ist aber auch schon heiß", sagte sie und lächelte.

„He, da kommt wer", sagte sie, und ich blickte nach vorne. „Da steht schon ein Bauer mit seinem Traktor, der will mit seinem Anhänger in den Wald rein." „Kein Problem", sagte ich, hüpfte nackt nach vorne, startete das Auto und fuhr raus. Nach einer kurzen Fahrt, einige Hundert Meter später, stellte ich das Auto wieder ab. „Du bist verrückt", sagte sie, „wenn uns jemand sieht." „Mich kennt doch da keiner, und dich hat niemand gesehen", antwortete ich. Hüpfte wieder zu ihr, da sie sich unter der Decke, welche ich immer im Auto hatte, zugedeckt, fast versteckt hatte. Ich kroch zu ihr unter die Decke, zog sie an mich und drückte ihr meinen Steifen an ihren Bauch. „Der ist wirklich heiß", sagte sie. „Komm, ich will ihn dir schenken", antwortete ich, zog sie an mich, hob ihre Schenkel hoch und schob ihn in ihren heißen, feuchten Mund. „Bitte pass auf", kam es von ihr, wie immer die Angst, schwanger zu werden. „Hab keine Angst, mein Schatz, schließe deine Augen und genieße, so wie du es liebst." Sie schlang ihre Füße um mich und presste ihren Schoß und Mund fest gegen mich. In langsamen Bewegungen ließ ich sie meinen festen Schwanz spüren. „He, was machst du mit ihm?", fragte ich. „Ich halte dich und ihn fest", sagte sie und presste sich fest gegen mich. „UPS", sagte sie. „He, was hast du?", fragte ich, und ein Strahlen kam aus ihrem Gesicht. Ich ließ mich nach vorne, hob sie auf meinen Schoß und küsste sie. „He, pass auf." „Ja", sagte ich und schob ihn in kleinen Stößen hin und her. „Jetzt bekommst du auch deine Belohnung." Stoße kräftig in sie, ziehe ihn schnell raus und spritze mein Sperma auf ihre Lippen. „Das war aber knapp und direkt drauf", sagte sie, dabei klammerte Isy sich fest an mich. „Bleib so", sagte sie, „ich möchte mich bei dir wärmen." Schnell nahm ich die Decke, zog Isy an mich und deckte uns zu. „He, das klebt aber", antwortete ich, da ich meine Füße um sie geschlungen hatte und sie auf mir lag. „Hm, ist das gut", sagte sie." So lag sie mit verschlossenen Augen auf mir. „Ja, davon kann man nicht genug haben", erwiderte ich und küsste sie zärtlich festhaltend. So lagen wir eine ganze Weile . „Wie spät ist es eigentlich?", fragte sie nach geraumer Zeit. „18 Uhr 45", antwortete ich. „Was, so spät, bist du wahnsinnig? Wie die Zeit vergangen ist. Muss sofort heim, um 18 Uhr 30 meine Kleine abholen, das habe ich ihr versprochen, und jetzt ist es schon so spät. Das ist eine Frechheit, immer wenn es am schönsten ist, muss ich heim, und die Zeit vergeht so schnell. Hast du wo Taschentücher?", fragte sie. „Ja, im Handschuhfach. Und wer wischt bei mir weg?", fragte ich. Isy sah mich an, küsste mich und entfernte unsere gemeinsamen Spuren. „Weil du so lieb zu mir warst und dir Zeit für mich genommen hast", sagte sie.

„Isy, mein Schatz, ich habe mein Herz und meine Liebe an dich verloren, so wie ich dein Herz und deinen Körper von dir aus Liebe und zum Festhalten bekommen habe, da spielt Zeit keine Rolle, sondern Wahrheit und Liebe, welche ich halte und auf die ich aufpasse, damit sie uns nicht verloren gehen und leben." „Darf ich die Taschentücher hierherlegen?", fragte sie. „Wirf alles hin, ich räume dann auf." Streichelte sie und gab ihr einen intensiven Kuss. Ich half ihr beim Anziehen. Dann zog ich mich an. „Bist du mir nicht böse, wenn ich dich gleich verlasse? Du weißt doch, warum." Sie gab mir einen Kuss und verabschiedete sich mit: „Danke, du bist ein Engel. Pass auf dich auf, ich liebe dich, und melde dich." Sie stieg aus, lächelte mir zu und begann zu laufen. Ich schaute Isy nach, hupte kurz, bis sie hinter den Bäumen im Wald verschwand.

Richtete an mir alles und im Auto zurecht und startete. Mein Inneres war so leicht, als würde ich schweben, so ein tolles Gefühl, was diese Liebe mit Isy konnte, bewirkte, und das Erlebte mit ihr hielt ich im Herzen fest. Kaum war ich zu Hause, kam meine Frau auch. Sie fragte mich: „Bist du schon lange da?" „Nein", antwortete ich, „hatte noch was Wichtiges zu erledigen, war ganz wichtig für mich", und ging glücklich ins Wohnzimmer ein Glas holen, um mein Glücklichsein mit Isy mit einem guten Wein zu feiern; schade, dass ich es allein tun musste, ohne meine Liebste.

Der Abend blieb ein Genuss der Gefühle, denn es war schon spät, als Isy noch ein SMS schickte und schrieb:

> Ich bin steinreich und kanns nicht leben, darfs den sowas überhaupt geben

„Ja, mein Engel, das darf es nicht geben. Wir haben unsere Liebe, die uns gehört, zum Leben, was kann es Schöneres und Wunderbareres geben?", antwortete ich ihr. „Ich kann auch nicht schlafen, bin einsam und allein, denkst du, das ist fein? Es wäre schön jetzt, sich anzulehnen und sich zu wärmen; du fehlst mir, war ein schöner Tag heute mit dir, aber gefährlich, wenn uns der gesehen bzw. erkannt hätte, wir beide sind schon verrückt, oder?" „Nein, das sind wir nicht", antwortete ich, sondern die Liebe mit dir, dein heißer Körper und dein Herz machen alles so schön und lebenswert. Bitte schlaf jetzt, es ist schon spät, und du hast morgen einen starken, stressigen Tag. Ich liebe dich, und einen dicken, innigen Gutenachtkuss." „Dir auch. Ist leicht gesagt, zu schlafen, wenn alles drum herum so kalt ist", antwortete sie. „Am liebsten würde ich kommen und dich zudecken!" „Ja, wäre schön. Schlaf auch gut, ich denke an dich."

Ich schlief lange nicht, hatte all meine Gedanken bei meinem Schatz, da ich mit ihr fühlen konnte, wie es ihr ging. Es war schon früher Morgen, als ich einschlief, und die Nacht war kurz, aber ich musste raus, die Arbeit rief und ein SMS an Isy, die um ca. 6 Uhr aufstand, Sohn und Tochter wecken und alles zutragen musste, denn die bewegten sich am Morgen nicht, waren es gewohnt, dass alles am Tisch stand, Frühstück, Jause und die gewünschten „Extrawürste". Kaum war ich im Bad fertig, kam auch die Antwort: „Hat gutgetan, gestern noch mit dir zu plaudern, aber ich bin so müde, die Nacht war zu kurz, da ich lange nicht einschlafen konnte, ohne dich", antwortete sie. „Das müssen wir ändern und uns am Morgen kurz in die Arme nehmen, denn bis am Abend ist es noch so lang. Sehen wir uns kurz?", fragte ich. „Ja, kurz, und nur eine zärtliche Umarmung, er schläft noch, ist spät heimgekommen, und du weißt, wie, aber ich habe noch viel zu tun. Okay, bis dann."

„Okay, freu mich auf dich." Kurz noch meine Tablette einnehmen, dann fuhr ich los. Wusste, dass ich zu früh war, aber auf meinen Engel zu warten machte mir nichts aus, und so parkte ich am vereinbarten Platz. Ich sah auf die Uhr, es blieben noch zehn Minuten, bis mein Schatz kommen würde. Kaum sah ich weg, klopfte es am Autofenster, und ein Freund hatte mich erkannt. Ich ließ das Fenster runter und fragte: „He, was suchst du denn hier?" „Ich habe einen Termin bei der Bank, wegen meiner Hausbaufinanzierung", sagte er. „Wann denn?", fragte ich. „Um 8 Uhr", sagte er, „ich muss aber noch zur Gemeinde, ein Formular abgeben, und in die Trafik. Du weißt, und immer im Stress. Hast du mal Zeit, ein Seiterl nach der Arbeit zu trinken?", fragte er? „Ja, vielleicht heute Nachmittag, das würde mir passen", antwortete ich. „Okay, wir sehen uns nachmittags, und ich muss jetzt. Ciao, bis später."

Ich war froh, dass er gegangen war, denn als ich in den Rückspiegel sah, er ging gerade um die Ecke, bog Isy ein. Sie lächelte, fuhr an mir vorbei und stellte ihr Auto ab. Vorsichtig blickte sie sich um und stieg hinten ein. Ich sprang zu ihr, schlang meine Arme um ihren Körper und küsste sie leidenschaftlich. „Haben Glück gehabt", sagte sie, „dass uns dein Freund nicht gesehen hat, denn wenn ich um zwei Minuten früher gekommen wäre, hätte er sicher bei dir am Auto nachgesehen und uns dann erwischt." „Vielleicht, aber du siehst, da schaut jemand auf uns, damit die Liebe leben kann", antwortete ich. „Ja, das kann sein, der schaut immer von oben zu, egal wo und wann; er ist immer da, Gott sieht alles", kam es über ihre Lippen.

„Wichtig ist, dass wir hier sind, uns lieben und vertrauen", was wir uns mit intensiven, leidenschaftlichen Küssen gegenseitig bestätigten. „Du hast immer Zeit für mich; tut wieder weh, wenn du nächste Woche dienstlich wegfahren musst", sagte sie, „aber jetzt bist du für mich da, und ich muss wieder nach Hause. Schade, zehn Minuten sind wie ein Atemzug für uns beide, und schwups, sind sie vorbei. Ich muss wieder los, bevor er auf die Idee kommt, aufzustehen und mich zu suchen. Ich hab dich gern und freue mich, wenn du abends zu mir ins Lokal kommst", sagte sie. „Da, ein kleines Geschenk für dich." Ich legte ihre Hand auf meine Brust, und sie gab mir einen heißen Kuss, den ich mit der Zunge erwiderte. Auch sie reagierte wie eine giftige Schlange, so drang ihre Zunge ein kleines Stück in meinen Mund ein. „Bist ein heißer Schatz", erwiderte ich. Drückte mich an sie und schon öffnete sie die Autotür. „Ciao", sagte sie und lief zu ihrem Wagen. Auch ich stieg nach vorne, startete und fuhr in einem Abstand hinter ihr her, da es ein Teil meiner Strecke zur Arbeit war. Als sie von der Hauptstraße zu ihrem Haus abbog, blinkte ich sie noch an, und Isy winkte zurück.

Zurück in der Firma, fragte mich mein Partner: „Ist alles okay mit dir, da du so strahlst?" „Ja, habe gerade eine tolle Frau im Arm gehalten und sie geküsst", antwortete ich. „Ach, die Frau, von der du die ganze Zeit sprichst und träumst." „Ja, genau die. Du kannst es nicht verstehen, aber die ist was Besonderes, und das ist mir vieles wert." „Wenn sie aber, wie du oft sagst, nicht damit umgehen kann?" „Ja, du hast ja recht, aber ich habe ihr meine Liebe versprochen, und die halte ich, wie schon so oft gesagt, dafür habe ich ihr Herz, ihre Liebe und Zärtlichkeiten sowie ihren Körper bekommen, ist das nicht ein tolles Geschenk?" „Für dich", lautete seine Antwort, und er ging aus dem Büro.

Der Bürokram nahm heute kein Ende, all meine Gedanken waren bei Isy, immer mit Wärme und dieser Liebe, die mich nicht losließ, aber es waren Momente, die Leben und Sonne in mein Herz zauberten.

Ich war froh, als ich meine Mappe schließen konnte, ordnete alles ein und freute mich auf den Abend, um meine Liebe zu sehen und ihre Nähe zu spüren. Langsam verging der Tag, ich räumte noch das Umfeld auf und beschloss, nach Hause zu fahren.

Am Heimweg entschied ich mich, noch eine Tasse Kaffee in meinem Lieblingscafé zu trinken, wo ich nachmittags immer ein paar Kumpels traf. Auch heute war einer da, und wir plauderten über die vergangene Woche und was sich getan hatte.

„Na, du Lauser", sagte er, „was tut sich mit den Frauen, und was macht der Sex, geht bei dir noch was?", fragte er lächelnd und klopfte mir auf die Schulter. „Wie meinst du das?", fragte ich. „Ich habe damit keine Probleme, im Gegenteil, habe eine tolle Frau, und die schenkt mir das, von dem du nur träumen kannst", antwortete ich. „Du bist ein Angeber; wer sollte dir das geben? Die gibt es noch nicht, davon träumst du nur."

Ich musste laut lachen, denn auch er kannte diese Frau, doch niemand hatte eine Ahnung von unserer Liebe und unseren Gefühlen. Gott sei Dank, dachte ich, denn wenn er das wüsste, da würde bei seinem nächsten Treffen bei ihr sicher alles ausgeplaudert, und das konnten wir beide nicht gebrauchen. So wechselte ich das Thema, und somit war alles wieder keine Gefahr mehr.

„Fahre dann noch auf eine kleine Jause; ich treffe dort immer ein paar Freunde, die du auch kennst", sagte er. „Soll ich einen schönen Gruß von dir ausrichten, dass du später ebenfalls kommst?" Er bezahlte seine kleinen Biere. „Ja, das kannst du, aber ich komme erst so gegen 22 Uhr, und sie soll eine kleine ‚süße Nachspeise mit Liebe' vorbereiten." Er lachte: „Ja, ich werde es ausrichten, aber ich bleibe heute auch nicht so lange dort, da ich morgen früh noch eine Baustelle fertig machen muss; du weißt ja, dass die Pensionisten es immer eilig haben", antwortete er. „Ja, das ist immer so", sagte ich. Er zog sich an, verabschiedete sich und verließ das Café.

Ich nahm die Zeitung, um die aktuellen Berichte des Tages zu lesen, und setzte mich an die Bar. Kaum hatte ich zu lesen begonnen, läutete mein Handy. Ich suchte in meiner Jacke die Taschen ab, da ich nicht mehr genau wusste, wo ich es eingesteckt hatte. Als ich es endlich fand, stieg Freude in mir auf, Isy war dran. „Hallo, mein Liebes", sagte ich, „das freut mich, dass du dich noch meldest, bevor wir uns abends sehen." „Ja, ich bin gerade in der Wanne und hatte Luft, kurz noch Hallo zu sagen." „Ja, jetzt ist deine Zeit, noch Wärme zu tanken", antwortete ich. „Ja, sonst habe ich ja auch nur Kälte um mich. Wo bist du?", fragte sie. „Sitze im Café und lese die Zeitung, um die Zeit totzuschlagen, bis ich dich treffe", antwortete ich, „aber du fehlst mir so, wäre schön, jetzt mit dir in der Wanne zu liegen!"

Sie lachte laut auf: „Ja, das glaube ich dir, wäre auch schön, sich zu umarmen und mit dir in der Wanne zu liegen, aber von dem Schönen haben wir beide zu wenig. War schön heute Morgen dich zu spüren." „Ja, du bist doch das Wichtigste und Wertvollste für mich", antwortete ich. „Ich muss jetzt aufhören, du weißt ja, die warten schon auf mich." „Danke, dass du Zeit hattest, ich musste dich einfach noch hören, habe dich ganz fest lieb", sagte sie, „bis später", und legte auf.

Sie zu hören löste in mir immer Wohlbefinden und Wärme aus, die diese Frau mir schenkte. Ich las meine Zeitung fertig, bezahlte und machte mich auf den Heimweg. Zu Hause an- gekommen, fielen mir meine zwei Lieblinge, meine Enkel, um den Hals, als ich aus dem Auto stieg.

„Hallo Opa", sagte die Kleine. „Hast du Zeit, mit uns eine Weile zu spielen, oder gehen wir eine kleine Runde spazieren?" „Ja, das machen wir, ich trage nur meine Tasche rein, gehe noch auf die Toilette, und dann gehen wir, okay?" „Ja, passt", antwortete sie. Trug meine Tasche ins Haus, zog die Jacke aus und nahm eine Weste mit.

Freudestrahlend kamen sie mir entgegen und nahmen mich an der Hand. „So, meine zwei Mäuschen", fragte ich: „Wo gehen wir hin?" „Eine große Runde durch den Wald, du weißt doch." „Okay, dann hauen wir ab." Und so gingen wir los und begannen zu plaudern, machten ein paar Späße, und ich gab ihnen noch eine Belohnung, ein paar Bonbons, welche ich heimlich immer mitnahm, da ihre Mutter ihnen wenig Süßigkeiten gab, nur um sie gesund zu ernähren, was ich richtig fand, aber so kleine Belohnungen waren immer Balsam für Kinderherzen, was man dann auch von ihnen zurückbekam und was Freude schenkte.

Als wir nach eineinhalb Stunden zurückkamen, wurden wir bereits erwartet, da es Zeit war, zu Abend zu essen, so verabschiedeten wir uns und gaben uns noch ein Küsschen. „War super, diese kleine Wanderung, mit euch zu spaßen und zu plaudern; wir sehen uns morgen doch wieder, oder?", fragte ich. „Ja, sicher", sagten sie und umarmten mich warmherzig. „Opa, tschüss", riefen beide. „Hab euch ganz fest lieb", antwortete ich, und meine Gefühle ließen ein paar kleine Tränen entweichen, da diese beiden Kinder ein wertvoller Teil in meinem Leben, Stütze und Liebe waren.

Es war schon spät, als ich zu meiner Frau sagte: „Ich fahre jetzt noch auf ein Bier." Ich erhob mich und ging ins Bad, um mich zu rasieren und zu duschen, holte mir frische Unterwäsche und Kleidung und zog mich an. Kurz noch einen Duft auf die Haut, und ab zu Isy.

Es war eine tolle, sternklare Nacht. Als ich von der Hauptstraße zu ihm abbog, sah ich von Weitem, dass heute nicht mehr viele Gäste in ihrem Lokal waren, und es wurde warm in mir, da Isy dann mehr Zeit zum Reden hatte. Ich parkte mein Auto und betrat das Lokal.

Ein paar Männer und eine Frau standen an der Theke, sonst war niemand mehr im Lokal. Ich legte mein Sakko ab und hängte es auf die Garderobe. Mein Stammplatz, direkt am Küchenausgang, war frei, und so setzte ich mich. Die Kellnerin kam auf mich zu, sagte Hallo und fragte: „Was darf ich dir bringen?"

„Wie immer, einen Kaffee ohne Milch und Zucker", antwortete ich. „Und was Süßes auch?", fragte sie. „Ja, das habe ich schon nachmittags bei meinem Freund bestellt." „Wie geht das?" „Er soll mir was ‚Süßes' mit viel Liebe bei Isy vorbestellen, habe ich ihn beauftragt." „Na, dann weiß sie ja schon Bescheid; ich sage ihr nur, dass du da bist." Sie drehte sich um und ging in die Küche.

Da hörte ich Isy lachen. Es dauerte eine Weile, und sie brachte mir die Torte. „Na hallo", sagte sie, ist die in Ordnung?" „Moment, zuerst Begrüßung!" Ich gab ich ihr beidseitig ein zärtliches Küsschen, welches sie erwiderte. „Was haben wir denn da?", fragte ich. „Das ist eine Giottotorte", antwortete sie. „Ja gut, ist die auch gut und mit ‚viel Liebe' gemacht und serviert? Sonst schmeckt sie nicht", wollte ich von Isy wissen. Sie sah mich an, lächelte und sagte: „Ich mache alles nur mit Liebe." Sie legte ihre Hand auf meine und drückte sie.

„Muss noch einiges in der Küche erledigen und ein paar Stück Torten fertig machen, dann komme ich." Sie drehte sich um und verschwand. Ich griff nach der Torte, nahm die Gabel und begann zu kosten. Wie immer schmeckte diese Torte köstlich, nicht fettig und picksüß, darum freute ich mich immer abends auf ein Stück, wenn ich sie besuchte.

Lange war ich fertig, als sie aus der Küche kam. „Na, dann können wir uns doch ein kleines Pfifferl genehmigen, oder?", fragte ich sie. „Wenigstens einer, der auf mich schaut", sagte sie. Ein kleiner Blick zu ihr, und das Strahlen aus ihren Augen traf mich. Isy nahm zwei Gläser und schenkte ein. Dann trat sie neben mich, stellte mein Glas ab, und ich trank einen Schluck. „He", sagte sie: „Nur ein Schwein trinkt allein", und lachte. Ich hatte getrunken, ohne anzustoßen. Ich setzte den Schluck ab und stieß mit Isy an. Sie legte den Arm auf meine Schulter und drückte ihren Kopf gegen meinen. „He, du riechst aber gut, das verlangt nach mehr", sagte ich, da drückte sie sich lachend an mich, wobei ich ihr zärtlich ein Küsschen auf die Wange gab. „He, bitte pass auf, du weißt, die Leute haben überall ihre Augen." Ich legte meine Hand auf ihre. „Ja, okay, du hast recht, und du sollst keine Angst haben", antwortete ich. Wir sprachen eine Weile über uns und das Erlebte in den letzten Tagen und wie gut es tat. „Gehe jetzt kurz zu den anderen Gästen, damit kein Verdacht aufkommt. Muss mit denen ein wenig plaudern, okay?" „Ja, passt", erwiderte ich, und sie ging weg.

Es war schon nach Mitternacht, als ein Freund mit seiner Lebensgefährtin kam, welche immer auf der Bank an der Bar Platz nahmen. „Hallo", sagten beide, und wir gaben uns die Hand zum Gruße. Dann setzten sie sich an ihren Stammplatz. Nach einer Weile kam Isy und ging lachend auf die beiden zu. Ihn nannte sie immer „mein Bub" und seine Lebensgefährtin „meine Tochter", umgekehrt nannten sie sie immer „Mama". Die Kellnerin gab ihnen Kaffee und Apfelsaft gespritzt, klein, und sie plauderten mit Isy. „Komm, setz dich doch zu uns", sagte sie zu mir, „du bist so weit weg." Ich nahm mein Glas und setzte mich neben Isy auf die zweite Bank. Wir unterhielten uns köstlich, ich bestellte noch ein kleines Bier und drei Schnäpschen für uns drei, da er keinen Alkohol trank. Lange noch dauerte die Unterhaltung, bis er und sie bezahlten und sich verabschiedeten. „Na, und was machen wir beide jetzt so allein?", fragte ich Isy. Da niemand mehr im Lokal war und die Kellnerin noch Tische säuberte und in der Küche aufräumte, gab ich ihr einen dicken Kuss auf den Mund und legte meine Hand auf ihren Oberschenkel; langsam drückte ich meine Hand fest in ihren Schoß und hielt sie kurz fest. „Bitte, wenn das jemand sieht! Es tut ja gut, das weiß ich, aber bitte nichts riskieren." „Ist ja gerade niemand da, sonst täte ich es nicht", antwortete ich. „Ja, du weißt auch, mein ‚Jagdhund' kann jederzeit auftauchen, und das brauche ich nicht."

Ich nahm meine Hand von ihrem heißen Mund und legte meine Hand auf ihren Schenkel, das sah man nicht, da der Tresen davor war. „Du verstehst mich doch, oder?", fragte sie. Ich nickte und drückte sie an mich. „Ich könnte dich die ganze Zeit festhalten und nicht mehr loslassen, nur lieben und wärmen, das weißt du ja auch", antwortete ich, und da drückte sie sich an mich, umarmte mich kurz und lächelte. „Wir beide sind wahnsinnig", sagte sie, „aber es kann schon was." „Mein Engel, ich denke, es ist besser, wenn ich jetzt nach Hause fahre, denn wenn

‚ER' jetzt reinkommt und wir sind alleine, dann könnte er wieder mal Last abwerfen, und das will ich nicht, besser ich bezahle, und wir treffen uns wieder woanders", sagte ich. „Vielleicht hast du mal Zeit heute, dann sag doch Hallo, habe immer Zeit für dich." „Ja, ist besser", antwortete sie. Ich bezahlte, umarmte Isy und verabschiedete mich mit einem dicken Kuss auf ihren Mund, den sie total übersah. „Du bist ein Lauser", lächelte sie, nahm meine Hand und begleitete mich nach draußen, das Tor war ja bereits zugesperrt. Wir gingen an der Bar im Innenhof vorbei, aus der noch laute Musik zu hören war. Sie sperrte das Tor auf. „Ich wünsche dir eine gute Nacht, mein Engel", sagte ich. Wir geben uns noch einen zärtlichen Kuss und verabschiedeten uns mit einer festen Umarmung.

Ich ging zum Auto, sperrte es auf, startete und fuhr los. Isy winkte mir noch zu und verschwand im Haus. Langsam fuhr ich heim, ein wenig traurig, dass ich meinen Schatz zurück- lassen musste und es mir sehr wehtat; war mir sicher, auch ihr, da sie die Momente der Zweisamkeit immer genoss, glücklich war und dies auch ausstrahlte. Als ich zu Hause den Vorraum betrat, kam noch ein Gute-Nacht-SMS. „Schlaf süß, hab dich ganz fest lieb." Die Nacht war schnell vorbei, und ich schrieb ihr um 5 Uhr morgens ein SMS mit einem Kuss zum Aufwachen und der Bitte, sich irgendwo zu treffen. Ich hatte immer Lust, diese Frau in meinen Armen zu halten, nackt an meiner Haut zu spüren, ihren heißen, verführerischen Körper zu verwöhnen und zu lieben, aber wichtig war, ihr die Liebe zu geben, die sie ver- misste und ich für sie bereithielt. Ich hatte bereits gefrühstückt und wollte zum Einkaufen, als ein „H" von Isy kam. Sofort ging ich ins Freie, damit ich ungestört reden konnte. „Hallo, Liebling" sagte ich, „tut gut, dich am frühen Morgen zu hören. Sehen wir uns?" Sie lachte. „Warum lachst du?", fragte ich. „Ich weiß nicht, aber du spürst es, wenn ich dich sehen will. Ich muss nachmittags mal kurz raus, und vielleicht hast du Zeit auf ein Treffen!" „Ja, du musst mir nur sagen, wo, und ich bin bei dir", antwortete ich ihr. „Ich melde mich, so gegen 12 Uhr 30, dann sage ich dir, wo, okay?" Dann legte sie auf.

Ich fuhr zum Einkaufen, da mir nur mehr gut eine Stunde Zeit blieb, wenn die Uhrzeit stimmte, wann sich mein Schatz melden würde. Es waren wenige Leute in den Geschäften um die Mittagszeit, darum war ich mit meinen Einkäufen schnell fertig. Fuhr zum anderen Parkplatz und wartete auf das „H" von ihr. Es war noch nicht halb eins, als sich Isy per SMS meldete. „Warte auf dich beim Friedhof, da ich zur Grabstätte meiner Schwester gehe, um auch ihr zu sagen, welch eine tolle Liebe ich jetzt mit dir erleben darf. Bitte komme nicht vom Ort aus hin, damit uns niemand sieht, okay?" „Freue mich auf dich", antwortete ich und fuhr los zum vereinbarten Treffpunkt. „Erwarte dich auf der Kapellenseite, passt das, mein Engel?"

Mit all meiner Sehnsucht legte ich los. Um meinen Schatz so lange wie möglich in die Arme nehmen zu können, fuhr ich ein wenig schneller als sonst, damit wir viel Zeit gemeinsam verbringen konnten. Von ferne sah ich bereits die Kirche, und die Freude nach Isy stieg. Der Parkplatz war schon zu sehen, und ich erkannte noch kein Auto dort, also bog ich langsam ein, suchte mir einen guten Platz, damit Isy neben mir einparken konnte. Der Zeiger der Uhr zeigte bereits nach halb, da kam sie nicht mit dem Auto, sondern zu Fuß aus dem Friedhofstor. Schaute sich um und ging auf mich zu. Ich winkte und zeigte ihr an, wo sie einsteigen sollte. Lächelnd öffnete sie die Autotür und stieg ein. „Hallo, Liebes, du machst mir eine große Freude, dass du ein Treffen ermöglicht hast", sagte ich lächelnd. „Hallo, freu mich auch", antwortete sie, „hatte Sehnsucht nach dir!" Ich stieg zu ihr nach hinten, nahm sie in die Arme, und wir küssten uns leidenschaftlich. Sie schmiegte sich an mich, ihre Hände verschwanden unter meinen Pulli. „Bin so kalt, ich muss mich bei dir wärmen", sagte sie. „Bitte tu es, nimm dir, so viel du brauchst, gehört alles dir." „Alles?", fragte sie und schob ihre Hand zwischen meine Schenkel. „Ja, Schatz, alles. Öffne meine Hose, und ziehe sie samt Boxershorts runter", sagte ich, was sie auch tat. Legte ihre Hand auf meinen Penis, den sie mit ihren kalten Händen festhielt. „Der ist heiß", sagte ich, „dem macht das nichts aus, im Gegenteil, der freut sich." Dabei drückte sie ihn fest zusammen und gab der Spitze ein Küsschen. „Komm, mein Liebes, ich helfe dir; damit wir unsere Wärme besser an den Körper bringen, nehme ich dir Hose, Bluse und Unterwäsche weg!" Schnell öffnete ich ihre Jeans, hob ihren Schoß hoch, streifte ihr die Hose samt ihrem Slip ab. Ihre süßen Schenkel, ein heißer Mund, den ich sofort streicheln musste, und ein schöner Bauch lagen vor mir. Mit beiden Händen öffnete ich den BH und warf ihn zur Seite. „Na, mein Engel, wo bleibt deine Mithilfe?", fragte ich. Ich kniete mich neben sie, wobei ich ihren Körper, von den Schenkeln über ihre heißen, leicht feuchten Lippen bis zu ihren festen Brüsten samt Warzen, streichelte. Sie griff an meine Hose und streifte sie ab. „Nah, und das andere?", fragte ich. „Du Lauser", erwiderte sie lächelnd, zog meine Boxershorts runter, und auch mein Polo-leibchen war flugs weg. „Jetzt ist nur Liebe angesagt", flüsterte ich ihr ins Ohr. „Ja, das tut gut", und wir streichelten uns in einen Rausch. Ich schob meinen Kopf zwischen ihre Schenkel und saugte ihre heißen Lippen, mit den Fingern massierte ich sie und leckte ihre heiße Möse samt Zäpfchen. „He, du machst mich verrückt", sagte sie. „Verrückt zu sein mit dir, deinen feuchten Schoß und uns gegenseitig zu verwöhnen bedeutet Liebe und Leben", antwortete ich, wobei sie meinen Schwanz festhielt, langsam meine Haut von der Eichel bis zum Sack schob, ihren Mund über meinen Schwanz stülpte und ihre Zunge um meine Eichel kreisen lässt.

„Wow", sagte ich, „du machst mich aber auch scharf." „Bitte bleib so", antwortete sie, „tut so gut, sich so zu streicheln." „Ja, schon, aber das kann für dich gefährlich werden!" „Warum?", fragte sie. „Überraschung", antwortete ich Isy. „Hab keine Angst, wenn ich bei dir bin." Und sie küsste mich.

„Na, dann nimm ihn!" Ich hielt ihr meinen Steifen entgegen. Sie drehte ihren Po zu mir. Ich packte ihre Pobacken und zog sie fest auf; ein heißer Schoß mit prallen Lippen lag vor mir. Ich drückte ihre Schenkel weit nach außen, legte meine Spitze an ihre Öffnung und schob meinen Schwanz langsam in sie. „Ups", sagte sie, „der ist aber heiß." „Wundert dich das? Deine Massage mit Hand und Mund und der ‚geile feuchte Schoß'!" Sie lächelte freudestrahlend und glücklich, schob mir fest ihren Po entgegen und ich ihn tief in sie.

Die Bewegungen wurden intensiver und leidenschaftlicher. „He, bitte pass auf, du weißt ja, warum, und einen Unfall können wir uns nicht leisten", sagte sie. „Leisten schon", antwortete ich ihr, worauf sie mich fest an sich drückte, zärtlich küsste und antwortete: „Ich habe dich schon verstanden." „Ja, mache ich, aber bitte schließ deine Augen, und nimm alles, was du möchtest!" Sie griff mit ihren Händen an meinen PO und zog sich fest an mich. „Darf ich hoch?", fragte Isy, und mit einer schnellen Drehung saß sie frei auf mir. „Komm, jetzt darfst du dir die Belohnung nehmen", sagte ich. „Meine hab ich dir schon gegeben", antwortete sie lächelnd und beugte sich zu mir nach unten; ein zärtlicher, aber intensiver Kuss war ihre Draufgabe. Ich schob ihren Schoß von meinem Schwanz hoch, und ein glitschiger Schwall von Flüssigkeit schwupste auf ihre Oberschenkel.

„Das war aber mehr als knapp", sagte sie. „Alles liegt auf deinem Bauch und auf deinen Schenkeln", antwortete ich und drückte sie an mich. „Draußen und überall macht nichts, alles andere wäre schlimm", erwiderte Isy und gab mir einen Kuss auf meine Wange. Sie lag gebückt auf meiner Brust. Beide drehten wir uns um und ließen uns nach hinten fallen. Ich nahm eine der Decken, welche ich immer im Auto habe, deckte uns zu und umschlang mit meinen Füßen ihre Hüften; wir umarmten uns und verweilten, uns küssend, zusammengepresst. So lagen wir, nichtssagend und genießend, uns gegenseitig wärmend in den Armen. „Wie spät ist es?", fragte sie wie immer nach einer Weile, da ihre Zeit stets sehr kurz bemessen war. „WAS, 15 Uhr? Ich muss sofort heim, um 16 Uhr kommen die Leute wieder, und ich muss noch vorbereiten, duschen, höchste Zeit." Schnell wirft sie die Decke zur Seite. „Gibst du mir ein Taschentuch zum Abwischen, BH und die anderen Sachen?" „Ja, Moment." Ich nahm eines raus und wischte ihren und meinen nassen Bauch ab. Schnappte ihren Slip, zog ihr diesen und ihre Jeans an, lege ihr den BH an und schloss ihn, wobei ich auch ihre süßen Brüste im Körbchen zurechtrichtete. „Du machst alles perfekt", sagte sie, drehte sich um, da ich ruhig gewartet hatte, damit sie sich fertig machen konnte, drückte und küsste mich. „Hab dich ganz fest lieb, und danke, dass du immer für mich da bist. Ich muss leider", sagte sie, schaute sich um, und niemand war zu sehen. „Bis später", sagte sie, sprang aus dem Auto und lief durch den Friedhof wieder zurück, von dort war sie auch gekommen.

Langsam zog ich mich an, richtete alles, Decke und Sitzbank, stieg aus und setzte mich ans Lenkrad, gurtete mich an, startete und fuhr los. Als ich an der Bundesstraße stehen blieb, sauste Isy winkend vorbei, man sah, sie hatte es eilig, was ich auch verstehen konnte, denn ihr ging es nicht anders als mir, diese Momente und Gefühle ließen die Zeit zu schnell vergehen. So fuhr ich hinter ihr, nahm aber das Telefon und rief sie an, um dieses Stück noch zu plaudern. „Du, ich hab es wirklich eilig, wir sehen uns ja am Abend, habe dich lieb", sagte sie, „bis später, ich muss." Sie legte auf und bog zu ihrem Elternhaus ab. Wir waren nur durch ein paar Meter getrennt, ich blinkte sie noch an und winkte ihr. Ich sah ihr eine Weile nach, bis sie in einer Talsenke, kurz vor ihrem Zuhause, verschwunden war, und machte mich auf den Heimweg. Doch ich war noch ein Stück von daheim weg, da kam schon ein SMS von Isy:

> Tut einfach so gut

„Du hast recht, mir geht es nicht anders, kaum bist du weg, schmerzt es schon wieder, und das Verlangen nach dir steigt immer mehr, bis ich zu dir fahren muss", antwortete ich. „Bis später, ich liebe dich."

Der Nachmittag war kurz bis zum abendlichen Treffen mit Isy. Ich saß da und dachte über das Erlebte nach, das mit Isy und meiner Familie. So manche Gedanken gingen mir durch den Kopf, welche mir immer wehtaten, ich aber durch Isy einfach schluckte, da ich nur das geben wollte, was uns so glücklich machte, aber auch von ihr kannte. Jeder wollte alles, aber mithelfen wollte niemand, denn für alles war Zeit, aber helfen wollte keiner, wie auch bei mir. Da mir mein Umfeld einmal mitgeteilt hatte, dass alles, was ich im Garten im Lauf der Jahre getan hatte, trotzdem alles gepflegt war und blühte, falsch war, legte ich meine Hände in den Schoß, hatte im Hause nichts mehr zu tun und überließ alles meiner Familie. Früher, als ich noch viel an Arbeit zu tun hatte und auch etliche Stunden bei Freunden half, nebenbei noch versuchte, Geld für ein schöneres Leben aller Familienmitglieder zu verdienen, um sich so manchen Luxus leisten zu können, Ausbildungen, gemeinsame Urlaube, Autos oder Wohnungen für die Kinder finanziell zu unterstützen, da hatte niemand Zeit, mir zu helfen. Da wollte ich nie etwas sagen, ich hätte es mir nie gedacht, dass mir diese Hilfsbereitschaft einmal auf den Kopf fallen würde. Oft kam ich spät von der Arbeit, sah, dass der Rasen gemäht werden musste, am Haus war etwas zu reparieren oder Unkraut musste gejätet werden, da saßen alle auf der Terrasse und schauten zu. Keiner kam auf die Idee, mich zu entlasten, ab und zu sagte ich: „Könnt ihr nicht die Steine oder den Unrat bei den Bäumen und unter den Stauden wegräumen?" Da kam immer die Antwort: „Das habe ich noch nie gemacht, und wir wissen auch nicht, wie das geht", oder: „Die Kübel sind zu schwer." Ich hielt meist den Mund, um Streit oder Meinungsverschiedenheiten zu vermeiden, da ich immer die Auffassung vertrat, Arbeit muss man sehen, alles andere bringt nichts, deshalb tat ich es selbst. Heute, da meine Tochter mit Familie im Haus wohnt, helfen alle zusammen und kriechen im Garten umher. Für mich ist das erniedrigend, was habe ich falsch gemacht?

Heute erdrückt es mich oft, wenn ich sehe, was gemacht oder repariert werden müsste, was aber keinem auffällt oder keinen stört. Es wird immer was neu gemacht, aber das Äußere wird übersehen. Was habe ich falsch gemacht? Hätte ich einmal laut aufschreien sollen und mal auf den Putz hauen müssen? Das lag mir nie, denn mir war Ruhe und Leben in meinem Umfeld immer das Liebste; lieber mit der Familie wegfahren und Urlaub machen, das Leben genießen und Freude schenken, egal in welcher Form, mit dem Herzen, Geld oder Arbeit, denn Streit und Frust macht Unlust.

Heute weiß ich, Wege zu ebnen, damit es später alle leichter haben, ist der falsche Weg. Man müsste oft auf stur schalten und sagen: „Egal wie ihr es und was ihr macht, schaut, wie ihr es schafft, mir oder uns hat auch niemand geholfen, obwohl ich zugeben muss, ich hatte nie einen Bezug zu Geld, da mir das nie wichtig war, ich wollte nur nicht, wie in meiner Jugendzeit, einmal mit nichts dastehen. Ich versuche jetzt einfach, meine Liebe und Wärme meinen Enkelkindern zu schenken, die geben dir vieles an Liebe und Freude zurück, denn sie sind ehrlich. Ihnen so manche kleine Freuden bereiten ist viel schöner, als angemotzt zu werden, für das Geschenkte und Gegebene. All diese Gedanken werfe ich weg, wenn ich bei Isy bin; ihre Wärme, Gefühle, Liebe und Zärtlichkeiten bedeuten neues Leben und neue Liebe für mich, welche ich auch beschützen und festhalten werde, denn nichts schenkt mehr Reichtum, als mit Wahrheit Liebe zu geben. Es war bereits spät, als ich auf die Uhr blickte und der Zeitpunkt meines Treffens gekommen war. Meine Frau war auch schon zum Kaffeetreffen gefahren, also konnte ich mich in Ruhe darauf vorbereiten, meinen Schatz zu besuchen.

Ich war bereits angezogen, da kam ein SMS von Isy, welches mein Herz in Schmerzen versetzte. Ich kannte diese Worte nicht, die sie schrieb. Ich hatte oft Angst, dass sie ihren Gefühlen und Ängsten nicht standhalten würde, aber versuchte bei jedem Treffen, Worte zu finden, die sie stärken würden, was sie auch oft bestätigte, dass sie sie stark machten und sie vieles leichter bewältigen ließen, doch das!

Sie waren wieder stark geworden, ihre Ängste. Sie schrieb: „Es war so wunderbar mit dir heute, diese Liebe und Wärme, die du mir gibst, es ist was Wertvolles und Besonderes, aber mein Mann hat mich wieder beschimpft, ich bin immer unterwegs, tue zu wenig, und das macht mich fertig. Es ist besser, wenn wir uns heute nicht sehen, ich hab gerade keine Kraft und muss arbeiten, bitte verstehe mich, ich kann nicht anders. Hab dich ganz fest lieb, ich melde mich wieder, wenn ich kann.“ In mein Herz schlug es ein, als hätte mich ein tonnenschwerer Fels getroffen, ein Druck kam in mir auf, unbeschreiblich. Warum, was soll ich tun, wie kann ich Isy helfen? Ich nahm das Handy und schrieb zurück: „Hallo Liebes! Es war heute, und wie immer, so wunderbar mit dir, wie du dich angeschmiegt hast, wie wir uns gemeinsam gewärmt haben, unsere Gefühle und Leidenschaften verschmolzen sind, wie wir uns geliebt und fallen haben lassen, das ist Reichtum und Wahrheit der Gefühle! Warum lässt du dich immer erniedrigen, sag doch auch mal was, was du willst und was DU dir nicht mehr gefallen lässt. So machst du dich kaputt. Ich helfe dir, wo und wie ich kann, will doch lieben und leben und das nur mit dir. Das wolltest du doch auch, oder nicht?" So schickte ich es ab, und mit der Bitte, doch zu antworten.

Ich wartete auf ihre Antwort, doch es dauerte und dauerte, und die Zeit verging. Es war schon fast Mitternacht, als ihre Antwort kam. „Bitte versteh mich doch, ich weiß, es tut uns beiden weh, aber was soll ich tun? Ich kann doch nicht weglaufen, habe ja meine Kids, das Haus und meine Eltern. Außerdem kann ich es mir nicht leisten, wegzugehen, habe auch die Schulden durch den großen Umbau, und mein Mann wird auch seine Ansprüche stellen. Bitte, ich hab dich ganz fest lieb, aber verstehe mich. Lass mir Zeit, vielleicht ändert sich was, bitte! Ich melde mich."

Mein Körper klappte mit diesen Worten zusammen. Hatte ich etwas falsch gemacht? Hätte ich Isy mitnehmen sollen und weit weg mit ihr gehen? Oft hatten wir darüber gesprochen, und sie sagte mehr als einmal: „Jetzt weit wegfahren, wir beide allein, dorthin, wo es warm ist und dass uns niemand findet, das wäre schön", was ich ihr immer bestätigte und worauf ich antwortete: „Mit dir gehe ich bis ans Ende der Welt, egal wohin; mit was und wie viel in der Tasche, ist egal, wichtig ist, dass wir uns vertrauen, lieben und uns festhalten, dann schaffen wir alles." Lange überlegte ich: Was soll ich jetzt tun? Sollte ich trotzdem zu ihr fahren oder nicht? Vielleicht würde es ihr helfen, wenn ich bei ihr wäre, oder hätte sie noch mehr Angst? All diese Gedanken verwirrten mich. Ich setzte mich ins Wohnzimmer und begann zu weinen, ich hoffte nur, dass sie durch die viele Arbeit, die sie hatte, abgelenkt werde und nicht zu sehr ihr Herz und ihre Gedanken belastete. Sie wusste doch, dass ich immer für sie da war und sie nie alleine lassen würde. Wusste aber auch, dass gerade das oft Angst in ihr auslöste und sie über Druck, der dadurch entstehe, ihr Angst mache, klagte, aber würde nicht jeder liebende Mensch, der von Herzen und in Wahrheit liebt, seine Liebste immer in seiner Nähe haben wollen, um glücklich zu sein? Es ist doch das schönste Gefühl, geliebt und begehrt zu werden, da zu sein, wenn es einem schlecht geht; genau das lebte in mir und gehörte Isy. Als ich mich langsam erholt hatte, ich war Gott sei Dank noch immer allein, zog ich mich aus, ging ins Bad, um mich zu waschen und Zähne zu putzen; ich hatte keine Lust mehr, etwas zu tun, wollte mich nur hinlegen und am liebsten nicht leben, doch da gab es Isy, der ich mich anvertraut und wahre Liebe versprochen hatte. So legte ich mich hin und wartete, ob nicht doch noch ein paar Worte kamen.

Gegen 2 Uhr schrieb ich ihr dann selbst ein paar Worte der Liebe und des Vertrauens und hoffte, dass sie sich noch erholen und sich melden würde. Sagte ihr auch Gute Nacht, obwohl ich fühlen konnte, dass sie diese Schmerzen spürte, genau wie ich. Lange schaute ich noch fern und konnte nicht schlafen, konnte keine klaren Gedanken fassen und fand keine Ruhe, um schlafen zu können, so lag ich und wartete, bis es Morgen wurde.

Ein leises Brummen ließ mich hochfahren, war das mein Liebling Isy? Ich griff nach dem Handy und schaute, wer es war. Ja, es war mein Schatz, sie sagte Gute Nacht. Wie das eine gute Nacht werden sollte, wisse sie nicht, aber was soll's, waren ihre Worte; doch es waren auch ein paar Worte, die mir Mut machten, denn es waren Wünsche oder Träume, die es zu leben galt.

> Gute Nacht,ist gut
> gesagt,wenn die
> Traurigkeit am Leben
> nagt

„Hab doch bitte, Schatz, keine Angst, „ich halte zu dir und dem Versprochenen, denn von Lügen kann man nicht leben, sondern mit Liebe viel Sonne erleben. Kopf hoch, bin mit all meiner Liebe bei dir. Versuche zu schlafen, wir sehen uns heute Abend. Einverstanden?", antwortete ich ihr. „Schlaf doch du mal", antwortete sie. „Ich kann doch nicht schlafen, wenn man Schatz leidet; ich spüre doch, wenn es dir schlecht geht. Schlaf du, du brauchst ja deinen Schlaf, musst heute wieder arbeiten, ich habe ja frei. Fährst du in die Kirche, wenn ja, ich warte auf dich am Parkplatz, vielleicht tauschen wir eine Umarmung aus, damit wir beide Kraft tanken, okay? Ich lieb dich."

Die Nacht war kurz und schlaflos, darum stand ich auf. Ich hatte ein Gefühl, als hätte die ganze Nacht jemand auf mich eingeschlagen, war todmüde und schlapp. Sofort kamen die Gedanken an Isy, wie geht es ihr, hat sie geschlafen und ihre Angst und ihre Bedenken verdrängen können? Sie sprach immer von dieser „Scheiß"-Angst und dem Druck, den sie so stark spüre und gegen den sie immer kämpfe, wodurch sie so viel Kraft und Elan verbrauche. Wie könnte ich ihr helfen? Sie wusste und fühlte es auch, dass ich für diese Liebe mit ihr alles tun würde, damit sie leben könne; was hat der Mensch denn sonst, was so wichtig wäre? Nur die Liebe macht glücklich, aber auch reich und gesund, denn kranke Herzen machen vieles kaputt.

Es war schon kurz vor neun, als ich wieder auf die Uhr sah und mich entschloss, zu sehen, ob mein Schatz in die Kirche ging. Langsam erhob ich mich, begab mich ins Bad und machte mich fertig. „Fahre kurz auf einen Kaffee", sagte ich und verließ das Haus, um zu sehen, ob Isy da war. Viele Leute waren schon auf dem Weg in die Kirche. Mein Auto parkte ich wie üblich am Parkplatz hinter der Kirche. Als ich die Autotüre öffnen wollte, parkte Isy in Begleitung ihrer Tochter neben mir ein.

Jetzt wusste ich, ich musste vorsichtig sein, keine falschen Worte bei der Begrüßung verwenden, damit ihre Tochter nichts bemerkte und mein Schatz ihre Angst nicht noch steigern würde. „Hallo, Guten Morgen die Damen", sagte ich. „Auch schon ausgeschlafen und unterwegs?" „Hallo", sagte Isy. Ich gab ihr die Hand und versteckte wie immer links und rechts ein zärtliches Küsschen. „Was heißt ausgeschlafen, hab fast nicht geschlafen, die Gäste waren bis 5 Uhr morgens da und dann … ach, ich will darüber nicht reden." Bedrückt schaute sie mich an, ich schüttelte unauffällig leicht den Kopf und antwortete: „Ja, ich weiß und kann mir alles vorstellen, so ist das Leben, aber man muss das Beste daraus machen, bevor man in dem Iglu erfriert." „Wir müssen gehen, sonst fängt die Kirche ohne uns an; wir sehen uns", sagte Isy. Ich ging auch in die Kirche, da mich meine zwei Enkel darum gebeten hatten, um zu sehen, wie sich die Größere als Ministrantin anstellte. So gingen wir nebeneinander zur Kirche. Sie nahm den Haupteingang und ich den Hintereingang, um nicht die Blicke der Menschen auf uns zu ziehen. Ich schaute mich um, wo mein Schatz saß und wo meine Enkelin war. Sie stand rechts neben dem Altar, hielt die Glocke in der Hand. Es war für mich beruhigend, Isy gesprochen und ein paar Worte gewechselt zu haben.

Als die Kirche vorbei war, nahm ich wieder den Hinterausgang und wartete vor dem Dritte-Welt-Laden auf meine Enkelin. Isy mit ihrer Tochter kam vorbei, und ich sagte noch zu ihr: „Na, jetzt wieder heim und loslegen, damit die Gäste was zum Essen und Trinken bekommen? Pass nur auf, dass du dabei nicht erfrierst." Sie schaute mich an, lächelte und sagte: „Ja, du hast recht, du siehst das halt, bis später." Und sie ging zu ihrem Auto.

Kurz darauf kamen meine zwei Enkelinnen, und die Ältere fragte: „Hallo Opa, hast du mich gesehen in der Kirche!" „Sicher, mein Mäuschen", antwortete ich, „das hast du toll gemacht, habe alles genau gesehen und beobachtet", dabei umarmten und drückten beide mich. „Na, dann fahren wir jetzt nach Hause." Wir gingen gemeinsam zum Auto. Kaum waren wir zu Hause angelangt und meine kleinen Kids sofort nach oben gegangen, nahm ich mein Handy und schrieb Isy ein paar aufmunternde Worte:

„Liebe ist das Blut des Lebens, welches der Herrgott hat uns gegeben, nimm und halte es fest in deinem Herzen, es wird lindern deine wie auch meine Schmerzen.

Ich liebe dich!"

Das Wetter draußen war regnerisch, ich ging ins Wohnzimmer, um allein mit meinen Gedanken an Isy zu sein, um eventuell ungestört antworten zu können, wenn ihr SMS kam. Hatte bereits zu Mittag gegessen, die Zeitung ausgelesen und noch keine Antwort erhalten. Da ich nach dem Essen gerne einen Kaffee trank, ging ich in die Küche, um mir eine Tasse vom Automaten zu holen. Da hörte ich das Brummen meines Handys, nahm es von der Ablage und sah nach. „Hurra, es war Isy, und ein „H" war angekommen, das einen Rückruf bedeutete. Ich drückte noch auf den Knopf, damit der Kaffee runterlaufen konnte, und ging dann ins Freie, um sie anzurufen.

„Hallo, mein Engel", sagte ich, „es tut so gut, dich zu hören, wäre besser, dich jetzt fest im Arm zu halten, um deinen Druck rauszupressen und wegzuverwerfen." „Hallo", antwortete sie. „Muss kurz noch Luft holen, darum bin ich raus, und muss dir Hallo sagen. Ich konnte heute Vormittag nicht reden, du weißt, da meine Tochter dabei war, aber wie er sich gestern wieder aufgeführt hat, kannst du dir nicht vorstellen, er hat mir so vieles an den Kopf geworfen, nie mehr gehe ich zurück, da bleib ich lieber allein", sagte sie. „Nein, mein Engel", war meine Antwort, „was ist dann mit mir? Ich habe nur dich und deine Liebe, Wärme, Geborgenheit und Zärtlichkeiten, die möchte ich mit dir teilen, leben und erleben."

„Ja, ich weiß es, du bist immer für mich da, das tut auch so gut und gibt mir Kraft und Halt, aber wie soll ich es leben, wie denn?" „Komm, mein Engel, mach dich nicht kaputt, mach deine Arbeit mit den Gästen, die lenkt ab, macht einen Teil von dir glücklich, den Rest machen wir zusammen, einverstanden?" „Du verstehst mich immer, versuchst mich zu motivieren und schaffst es auch immer, aber mich macht das so fertig und krank", antwortete sie. „Du, ich muss wieder rein, du weißt ja, sonst sucht er mich auch gleich wieder, und ich bin froh, wenn er mich in Ruhe lässt. Hab dich lieb, und danke, dass du dir Zeit genommen hast, mit mir zu reden. Wir sehen uns doch, oder nicht?", fragte sie. „Ja, klar, mein Engel, ich vermisse dich ja so, und ohne dich ist das kein Leben. Ich liebe dich", antwortete ich. „Bis später", war ihre Antwort, und sie legte auf.

Schnell schob ich das Handy ein, drehte mich um und ging ins Haus. „Na, das muss aber wichtig gewesen sein, denn der Kaffee ist schon drei Mal ausgekühlt", sagte meine Frau. „Ja, das war wirklich wichtig", antwortete ich, „auf jeden Fall für mich be-

sonders wichtig", kam es von mir wie aus der Pistole geschossen.
Sie sah mich an und ging aus der Küche.

Der Kaffee war wirklich schon bitterkalt, ich nahm in trotzdem
und ging wieder ins Wohnzimmer, um mir kurz eine Sportüber-
tragung anzusehen. Der Nachmittag verlief ruhig im Umfeld, doch
meine Gefühle ließen mir keine Ruhe, und ein leichter Schmerz
drückte in mir. Es war schon fast 21 Uhr, als noch ein SMS von
meiner Liebsten kam, jedoch mit ein paar schmerzenden Worten:

> So jetzt geht dann der
> Kampf wieder an

„Hallo Liebes", antwortete ich, „bin so gegen 21 Uhr 30 bei
dir, bitte lass uns leben, und mach das Wertvolle und Besondere
nicht krank und kaputt, dazu ist es zu schade, aber für uns beide
wertvoll, okay? Ich liebe dich und freue mich auf später, dicken
Schmatz, mein Schatz."

Wie jedes Wochenende, ob Freitag, Samstag oder Sonntag, fuhr
ich so gegen 21 Uhr 30 zu meinem Schatz. Als ich mich ihrem
Zuhause näherte, konnte ich schon sehen, es waren noch wenige
Gäste da, was wiederum Freude in mir hochkommen und Zeit
für Gespräche zwischen uns beiden ließ, sofern Isy sich nicht ver-
kroch. Ich fuhr an den drei geparkten Autos vorbei, parkte ebenfalls ein, stieg aus, versperrte meinen Wagen und ging rein. Wie
gewohnt begrüßte mich die Kellnerin freundlich und fragte nach
meinen Wünschen. „Wie immer, du weißt ja, was ich möchte",
antwortete ich. „Und auch was Süßes?", fragte sie. „Ja, wäre
super." „Da habe ich heute ein kleines Problem", antwortete sie.
„Isy geht es nicht gut, und sie ist schon weg." Diese Worte trafen
mich wie der Blitz. „Na, dann lass es heute, bin ja schon schwer
genug, es wird mir sicher nicht schaden", antwortete ich, und
mein Herz füllte sich mit Traurigkeit. Sie stellte mir den Kaffee
auf die Theke und ging, die Tische abzuräumen, Getränkeladen
und die Kaffeemaschine wie jedes Wochenende auszuräumen und
die Zapfsäule zu reinigen. Gelassen schaute ich ihr zu. Wie ging

es Isy wirklich? Als ich den Kaffee ausgetrunken hatte, bestellte ich noch ein kleines Bier, um nicht Verdacht aufkommen zu lassen. Kurz darauf kam ihr Mann, sie nannte ihn ihren „Wachhund", und er stellte sich neben mich.

„Hallo", sagte er. „Hallo", antwortete ich. „Hast du draußen schon zugesperrt?" Mit draußen meinte ich die Bar, welche vom Innenhof in das Seitengebäude führte. „Ja", antwortete er, „ich weiß nicht, was heute los ist, alle sind müde und gehen nach Hause, wir, die Alten, müssen immer herhalten." Ich blickte ihn an und dachte: Wenn du wüsstest, was mir deine Frau heute wieder erzählt hat, was du für ein Unmensch gegenüber ihr bist, würde er gleich wieder ausflippen. So blieb ich ruhig, sagte nichts, aber antworte ihm: „Na, dann werde ich bezahlen und auch langsam heimfahren." „Trinkst du noch ein Bierchen? „Nein, heute nicht", antwortete ich, „schadet ja auch nicht, mal früher schlafen zu gehen." Ich rief die Kellnerin, nahm meine Geldbörse raus, bezahlte, holte meine Jacke, sagte allen Gute Nacht, wünschte allen eine erfolgreiche Woche und verließ das Lokal.

Zu Hause angekommen, musste ich meinem Schatz noch herzliche Gutenachtgrüße per SMS senden, was ich sofort erledigte. Natürlich wartete ich auf eine Antwort von Isy, um zu wissen, wie es ihr ginge, was ich ihr in einem langen Schreiben mitteilte. Alle meine Liebe und Gefühle, das Erlebte mit ihr in den vielen Momenten unserer Treffen. Doch es kam nichts, kein „Gute Nacht", keine Worte.

Es war bereits Morgen, und ich blickte auf das Handy, ob ich vielleicht ihr SMS überhört hätte, was mir noch nie passiert war, da ich all meine Gedanken und mein Leben auf Isy ausgelegt hatte und lebte, um Glück, Freude und Sonne in ihr Herz zu bringen und sie in mich. War sie doch ein Bestandteil in meinem Herzen. Doch leider nein.

Um sie zu sehen, beschloss ich, so gegen 7 Uhr 45 in die Arbeit zu fahren, da sie um diese Zeit ihre Tochter zur Schule brachte. Ich wollte sie doch treffen, sie an mir, an meinem Herzen und Körper spüren, da sie, so wie ich, heiß auf Wärme, Liebe und Glücklichsein war. Kurz schrieb ich noch: „Hallo und Guten Morgen", ob sie Zeit auf ein Treffen, wo und wann war mir egal, hätte!

Dann zog ich mich an und fuhr los. Um sie nicht zu versäumen, wartete ich an der Tankstelle, von wo ich auch einen Überblick und Einblick auf ihren Zufahrtsweg hatte. Es dauerte nicht lange, als ich sie sah. Sie bog zur Schule ein, stellte das Auto nach rückwärts einparkend ab und verweilte eine Weile; das machte sie öfters, da ihre Kleine oft sehr traurig war, nicht in die Schule und von Isy weg sein wollte, obwohl sie eine top Schülerin war, darum sprachen sie oft lange vor der Schule im Auto miteinander, wo ihr Isy Trost und Mut zusprach.

Von der Ferne sah ich, dass sie das Auto startete, da das Licht anging, welches automatisch beim Start sich einschaltet. Auch ich startete und fuhr langsam los. Als sie schon Richtung heimwärts abbog, nahm ich mein Handy und rief an. Es läutete und läutete, sie hob nicht ab, und ich kam auf die Mailbox! Sofort versuchte ich nochmals sie zu erreichen und mit ihr zu sprechen.

Endlich hob sie ab und sagte mit trauriger, lustloser Stimme: „Guten Morgen, ich weiß, ich habe mich gestern nicht mehr gemeldet, aber ich hatte keine Kraft und wollte mit niemandem mehr reden, bitte verstehe mich." „Weißt du, mein Liebling, mir geht es auch nicht gut, da ich es fühle, wenn es dir schlecht geht; kann auch nicht schlafen und möchte am liebsten sofort zu dir fahren, dich umarmen und in deinen Armen ruhen und einschlafen, so wie du es liebst, wenn wir nach unseren Treffen und Liebesstunden aneinandergeschmiegt liegen und uns wärmen." „Ich weiß", sagte sie, „das kann schon was und bedeutet mir auch sehr viel, aber ich schaffe es nicht, aufzuschreien und ‚Vergiss mich, tu doch, was du willst' zu meinem Mann zu sagen, der mich durch seine Aktionen oft an den Rand der Verzweiflung bringt. Ich denke dabei immer an meine Kinder, Eltern und das Umfeld, was die wohl sagen würden, wenn ich weggehe oder abhaue! Die wären sicher bitter enttäuscht von mir."

„Ach, Schatz", antwortete ich. „Du musst nicht weglaufen, sondern gib deinen Kids deine Liebe und dein Vertrauen, sag ihnen die Wahrheit, wie es dir geht, was du fühlst, dann werden

sie dich verstehen, die sind doch nicht mehr fünf Jahre alt!"
„Vielleicht hast du ja recht", antwortete sie. „Dazu habe ich zu
wenig Kraft, ich bin nicht wie du, dass ich das durchziehe, was
ich mir von Herzen wünsche, die Liebe, die auf mich zukommt.

Du, verzeih mir, aber ich muss aufhören, ich bin fast zu Hause",
sagte sie. „Ja, ich sehe es, bin ja zweihundert Meter hinter dir",
antwortete ich, „aber bitte, mein Schatz, melde dich, ich vermisse dich so, und nimm dir ein paar Momente Zeit, dass wir
uns treffen können, tut einfach so gut, dich zu lieben. Ich liebe
dich." „Okay, ich melde mich, pass auf dich auf, hab dich ganz
fest lieb und danke." Sie legte auf.

Traurig fuhr ich in die Firma und dachte immer an Isy und
ihre Worte. Wie konnte ich helfen, ich wollte diese tolle Frau
glücklich sehen und die Liebe mit ihr auskosten, so wie wir sie
uns so oft schon geschenkt und gemeinsam erlebt hatten. Keine
Arbeit machte mir Spaß, und mein Partner sprach mich an: „Bist
du krank? Du machst so einen niedergeschlagenen, lustlosen Eindruck! Hast du Probleme mit Isy?", fragte er. „Du weißt ja, ich
bin über beide Ohren in diese Frau verliebt, liebe sie wahrlich
und von ganzem Herzen, mit ihrer Liebe und Leidenschaft ist sie
meine Liebe und mein Leben. Ich bin kein Mensch, der sich eine
Frau angelt, sie vernascht und dann wegwirft. Ich habe, bevor es
zu unseren Treffen kam, versprochen, immer für sie da zu sein
und sie zu lieben, darum will und kann ich sie nicht enttäuschen."
„Ich weiß, das bist du, darum habe ich mich auch dazumal entschlossen, mit dir diese Firma zu gründen, da du verlässlich und
ehrlich bist und nicht mit einem spielst oder unüberlegt handelst.
Wie du öfters am Boden bist, das würde ich nicht aushalten, da
müsste ich zu ihr fahren und einfach sagen: ‚Ich bin kein Spielball
deiner Gefühle, entweder ich bin dir wichtig, dann okay, aber sich
verstecken zu müssen, dann wieder mal Zeit für mich zu haben und
dann nicht, auf das würde ich verzichten, doch auch die Wahrheit
müsste auf den Tisch, denn ich würde nicht allein die Lügen durch
die Welt tragen, wir beide sind erwachsen und haben vom ersten
Moment an gewusst, was auf uns zukommt und zukommen kann,
und dafür müssen beide gerade stehen, ist es nicht so?", sagte er.

„Ja, du hast ja recht, aber ich bin nicht der Typ, der alles sofort hinwirft, oft kommt alles schneller und anders, als man denkt, und ich möchte diese Frau, Isy, meinen Schatz, nicht wegwerfen, denn es hat mit einem Stich und Schmerz ins Herz beider begonnen, und das kam nicht von irgendwoher, da hat jemand mitgeholfen, hört sich für Außenstehende blöd an, aber ich denke, auch der Herrgott hat dazumal seinen Pfeil uns beiden in die Brust gerammt, sonst hätten wir es vielleicht nicht gefunden, dieses Gefühl; haben uns sofort angerufen und erzählt, nach unserem gemeinsamen ersten Spaziergang und Kuss. Seit dieser Zeit leben wir beide im Herzen, hat lange gedauert, bis wir es gefunden haben."

„Kann dir nur gratulieren, dass du es so schaffst und auch hältst, ich könnte es nicht, aber ich denke, wer das erlebt und in Liebe gibt, besitzt viel mehr, als manche ihr ganzes Leben erarbeiten und kaufen können", antwortete er, widmete sich wieder seiner Arbeit am PC, und ich versuchte auch, meine Arbeit zu erledigen, was mir so schwer von der Hand ging. Da ich oft Dienstreisen tätigen musste und eine ganze Woche nicht da war, im Frühling und im Herbst, war Isy mein Balsam für Herz und Seele. Sie schrieb mir zum Aufstehen, unter Tage ein paar Worte der Liebe, wenn sie Luft hatte und der „Wachhund" nicht in ihrer Nähe war. Wenn ich Luft hatte oder zu einem neuen Kunden unterwegs war, schrieb ich ihr ein SMS, dass ich Zeit und Sehnsucht nach ihr hätte und sie „H" sagen und sich melden könnte, ohne Angst zu haben. So überbrückte sie meine Sehnsucht und mein Heimweh nach ihr. Abends rief sie oft an: „Wie geht es dir? Und hoffe, du hast Erfolg", wünschte sie mir, auch dass ich bald wieder nach Hause kommen solle, da sie mich vermisse und immer traurig sei, wenn ich unterwegs wäre. Da ich durch das viele Reisen Isys Gefühle oft mehr spürte, besuchte ich ab und zu eine Kirche, betete für mich, Isy und meine Familie, zündete eine Anzahl von Kerzen für alle an und verließ irgendwie ruhiger die Kirche; nicht dass ich einen starken Glauben hatte, nein, ich hatte das Gefühl, Isy und meinen Kids dabei ein Geschenk und Freude gemacht zu haben.

Jede Heimreise war wie das Auffüllen eines kalten Beckens mit heißem Wasser und dann darin zu schwimmen, ohne sich zu verbrennen. Das heiße Wasser ist die Liebe mit Isy, das Schwimmen ist eine Wolke des Glücks, die Kraft des Vertrauens, der Wärme und der Zärtlichkeiten der Schutz vor dem Verbrennen. Jede Rückkehr und das anschließende Treffen waren ein Freudenfest der Gefühle, die Liebe kannte keine Grenzen, Worte des Herzens, wie alleine und einsam unsere Herzen und Körper waren und welche Kälte uns umgab; wir erfroren nicht, da die Liebe Wärme erzeugte und in beiden Körpern gut und vertraulich gelagert wurde.

Es war schon später Nachmittag, und kein SMS oder Hallo von Isy. Gegen 16 Uhr beschloss ich, Schluss zu machen und nach Hause zu fahren. Ich musste auch noch Isy mitteilen, dass ich abends beim Stammtisch sein würde, und sollte sie den Freundeskreis besuchen, für sie und ein Treffen immer Zeit hätte. Also packte ich meine Sachen zusammen, drehte überall das Licht ab, schaltete die Geräte aus und machte mich auf den Heimweg, da mein Partner schon früher nach Hause gegangen war. So gegen 20 Uhr fuhr ich zum Stammtisch, mit der Freude, dass sich Isy melden würde und auch Sehnsucht nach einem Treffen hatte. Als ich ins Lokal kam, waren schon ein paar Kollegen da. „He, Chef", sagten sie, denn das war oft die Begrüßung für mich. Ich legte meine Jacke ab und ging zu einem der Tische, wo meine Freunde saßen.

Heute waren wieder einmal mehr Stammtischkollegen gekommen, und wir unterhielten uns glänzend, es wurde gelacht und so mancher Witz erzählt, doch mein Herz dachte an Isy. Ob sie sich melden würde? Der Abend verging und auch die Zeit, denn es war schon 22 Uhr 30, und kein Wort von meinem Schatz. So entschloss ich mich, auf die Toilette zu gehen und ein Gute-Nacht-SMS zu senden.

Ich schrieb: „Hallo Mäuschen, ich vermisse dich so, bitte melde dich doch, es ist doch kein Leben, den Kopf hängen zu lassen, traurig und allein die Abende voller Schmerz zu verbringen. Bin noch beim Stammtisch und so einsam ohne dich und deine Liebe. Solltest du keine Luft mehr haben, sage ich dir ‚Gute Nacht‘, und bitte liebe und lebe, dazu sind wir geboren worden. Ich liebe dich.“

Langsam stieg ich die Treppe zum Lokal empor und setzte mich wieder. Inzwischen waren ein paar Kumpels bereits gegangen. Da ich auch keine Lust mehr hatte zu bleiben, rief ich: „Zahlen bitte!“ Der Kellner kam, und ich bezahlte meine Getränke. „He“, sagte mein Freund, „was ist mit dir los? Wir gehen doch nie vor Mitternacht nach Hause!“ „Ich bin ein wenig müde, und es macht mir keinen Spaß mehr zu bleiben, ein anderes Mal wieder“, antwortete ich, holte die Jacke und machte mich auf den Heimweg.

Ein wenig enttäuscht betrat ich mein Haus, zog Schuhe und Jacke aus, ging noch ins Bad, putzte mir die Zähne und wusch mich. Holte mir Kissen und Decke und legte mich ins Wohnzimmer auf das Sofa. Griff zur Fernbedienung des TV-Gerätes und sah mir einen Bericht über die Tierwelt in Afrika an, da dies immer Lieblingssendungen von mir waren. Plötzlich ein Brummen meines Handys, und sofort schaute ich nach, da ich voller Erwartungen nach Isy war. Ihr SMS machte mich freier, als ich es las.

„Hatte heute keine Luft zum Atmen, er hat mich wieder einmal bewacht, als wenn er etwas bemerkt hätte zwischen uns beiden, und ich bin nicht ganz fit. Alles tut mir so weh, Rücken und Nacken und … Außerdem war die Nacht im Lokal noch lang, konnte erst spät einschlafen, hatte auch kurz mal geweint und war traurig, allein zu sein und mich nicht bei dir anlehnen zu können“, sagte sie. „Vielleicht fahre ich morgen schnell nach Wels; wenn es möglich ist und du Zeit hast, könnten wir uns kurz treffen, um ein wenig zu plaudern. Schlaf gut, hab dich lieb.“ „Da dein SMS jetzt erst angekommen ist, nehme ich an, du bist noch wach und einsam wie ich. Habe dich den ganzen Tag so vermisst, du spürst sicher auch, wie weh es in meinem Herzen tut, wenn du nicht bei mir bist und ich dich nicht spüre“, antwortete ich. „Wenn du Lust hast, mit mir zu plaudern, kannst du noch ‚H‘ sagen“, bot ich ihr an. Ich wünschte Gute Nacht. Morgen hätte ich sicher Zeit für sie, sehr viel, so viel sie bräuchte, um das Schöne zu genießen. Mein SMS war rasch versendet, da kam auch schon ihre Antwort: „Ja, ich bin noch wach, liege bei meiner Kleinen und schreibe unter der Decke, damit sie nichts mitbekommt", antwortete sie. „Und ja, du hast recht, sich anzulehnen wäre jetzt ganz nett und gut, aber du weißt doch, wie soll das gehen? Dass es nicht einfach ist, mein Schatz, haben wir von Anfang an gewusst, wichtig ist, dass wir uns lieben und vertrauen; dass du nicht Angst zu haben brauchst, ist schon ein Geschenk für uns, du aber bist das Wertvollste für mich. Ist es nicht so, mein Engel?"

> Ich sitzt schon eine
> gute Stunde in Bett

„Ja, aber ich habe solche Angst, es nicht leben zu können und dich zu enttäuschen. Dass es wunderbar und schön ist mit dir, das weißt du auch, dass es mir guttut, Mut und Kraft gibt, ebenso, aber diese „Scheiß"-Angst, die macht mich fertig. Tut gerade so weh, muss aufhören, und pass auf dich auf, habe dich lieb und halt mich fest", sagte sie, und dann kam auf mein SMS nichts mehr von ihr.

Ich nahm mein Handy und stellte mir den Wecker, damit ich morgens nicht verschlafen würde, denn es war schon sehr spät geworden, und einschlafen konnte ich nicht, was, seit ich Isy kannte, immer ein Problem war, da ich oft Stunden wach lag und an sie dachte. Mehrfach hatte sie schon zu mir gesagt: „Bitte schlaf doch mal, du musst morgen auch arbeiten, wie hältst du das aus, so wenig zu schlafen?" „Mein Liebling, ich habe nur eine Liebe und ein Leben, das habe ich dir schon so oft erklärt, und die ist bei dir. Wenn ich fühle, irgendetwas stimmt nicht mit dir, ist es mit dem Schlafen oft vorbei, und ich muss mich mit zwei bis drei Stunden begnügen, aber mein Herz ist glücklich dich und deinen Körper lieben zu dürfen, und das ist Entschädigung genug für mich", war meine Antwort.

Trotzdem war ich vor dem Wecker wach, stand frisch und gut gelaunt auf, machte mich im Bad fertig, zog mich an und fuhr in

168

die Arbeit. Irgendwie hatte ich das tolle Gefühl, heute noch ein Geschenk zu bekommen, es ließ mich nicht los, und mein Herz und meine Seele wurden bereits am Mittag belohnt.

Das Klingeln meines Handys holte mich von meinen Gedanken zurück, doch als ich sah, wer am Telefon war, jauchzte mein Herz voller Freude. Ich hatte so darauf gewartet, Isy zu hören und dass sich vielleicht ein Treffen mit ihr organisieren ließe. Sofort hob ich ab und sagte:

„Hallo, mein Engel, das freut mich, dass du dein Versprechen, dich zu melden, eingehalten hast. Wie geht es dir, und wo bist du?", fragte ich. „Ich bin gerade auf dem Weg nach Wels, muss dort etwas abholen, und da könnten wir uns kurz treffen, wenn du Zeit hast. Viel Zeit habe ich auch nicht, aber ein paar Minuten wären schön." „Für dich habe ich immer Zeit, sag nur, wo und wann du auf mich wartest", antwortete ich. „Ich warte so um 11 Uhr auf dem Parkplatz, du weißt doch, der vor der Burg auf der rechten Seite", sagte sie. „Okay, denn kenne ich, und ich warte im Auto dort auf dich. Es freut mich von ganzem Herzen, dich zu treffen. Ich liebe dich, mein Schatz, bis dann", antwortete ich und legte auf.

Um keine Zeit zu verlieren, ging ich zu meinem Arbeitskollegen und teilte ihm mit, dass ich kurz nach Wels müsse und es wichtig für mich sei. Es werde vielleicht eine Stunde oder ein wenig länger dauern, dann wäre ich wieder zurück, da Isy mir mitgeteilt habe, sie habe nur ein paar Minuten für mich Zeit. „Geht in Ordnung", antwortete er, „hab ja noch genug zu tun; dann hilfst du mir, wenn du zurück bist, einverstanden?", sagte er. „Ja, ist okay, und ich ging, um mir meine Autoschlüssel zu holen. Isy wird es fühlen, welche Freude sie mir mit dem Treffen macht, wenn ich sie in die Arme nehme und mit zärtlichen, heißen Küssen überschwemme. Ich fuhr Richtung Stadt und bog rechts in Richtung Treffpunkt ab. Es waren nur noch einige Hundert Meter bis zu diesem Parkplatz. Blickte mich um und stellte mein Auto rückwärts eingeparkt ab. Ich suchte, wo mein Schatz bliebe, da es schon 11 Uhr war.

Ich stieg aus, um zu sehen, wo denn ihr Auto stand. Ganz hinten am Ende des Parkplatzes sah ich es, und mein Schatz saß wartend darin. Ich blickte mich um, ob wo bekannte Autos oder Leute zu sehen wären, Gott sei Dank nicht, und so ging ich auf Isy zu. Sie lächelte mir entgegen, und sie ließ die Seitenscheibe runter. „Hallo, mein Liebes, du machst mich glücklich dadurch, dass wir uns treffen. Frage: Was wollen wir tun?" „Ich weiß auch nicht, vielleicht gehen wir dort in den Innenhof der Burg und setzen uns auf eine Bank, um zu plaudern, ist doch ein so wunderbarer, sonniger Tag", antwortete sie. „Okay, mein Schatz, dann nichts wie raus und in die Sonne, welche du immer so vermisst." Und wir gehen gemeinsam lächelnd über die Straße in den Innenhof, welcher wie mein Engel in voller Blüte erstrahlt.

„Welche Bank nehmen wir?", frage ich Isy und gebe ihr einen Kuss. „Bitte sei vorsichtig, wenn uns jemand Bekannter sieht, du weißt doch, meine Angst." Wir setzten uns und rückten uns ganz nahe. „Ich muss dich jetzt küssen." Ich umarmte sie und begann sie leidenschaftlich zu küssen, was sie freudig erwiderte. Sie wirkte verbittert und traurig. „Was hast du, mein Liebling?", fragte ich. Sie sah mich an, umarmte mich und begann zu weinen. „He, mein Schatz, warum weinst du? Es ist doch der Moment, um glücklich zu sein", worauf sie bitterlich und unaufhörlich weinte. „Bitte lass mich weinen, denn du machst mich dermaßen glücklich, wenn ich so an dir verweilen und mich wärmen kann", antwortete sie. „Es tut so weh, allein zu sein, keine Liebe zu spüren, immer beschimpft zu werden, und du gibst mir genau das, nach dem ich mich so lange gesehnt habe", sagte sie.

„Bitte nimm dir alles von mir, was du brauchst, um glücklich zu sein, ist ja genug da, und ich möchte dich nur glücklich machen, lieben und die Liebe gemeinsam erleben ist doch das Schönste auf der Welt." Ich holte ein Taschentuch heraus und trocknete ihre Tränen, drückte ihren Kopf fest an mich und küsste sie, dabei schlang sie ihre Arme um mich und ließ mir fast keine Luft, so fest drückte sie mich.

„Es ist Wahnsinn, was ich tue", sagte sie. „Sitze hier mit dir, wo doch so viele Menschen an uns vorbeigehen, und habe keine Angst, gesehen zu werden, wenn ich bei dir bin, obwohl ich weiß, dass ich das nicht tun darf; Gott wird mir nie verzeihen", und sie begann wieder zu weinen. „Lass die Tränen ruhig laufen, das lindert deinen Schmerz. Ich legte eine Hand um sie, streichelte mit der zweiten ihren Bauch und ihre Brüste und versuchte sie mit zärtlichen Küssen zu verzaubern. „Ich liebe dich, mein Engel", sagte ich, „will dich in den Armen halten und deine Sorgen mit dir teilen."

„Ich weiß, dass du immer für mich da bist, du vergeudest deine Zeit mit meinen Problemen, wo du selbst so viel zu tun hast", sagte sie und gab mir einen Kuss, wobei ich sie nicht mehr losließ und wir uns innigst küssten.

„Es ist so schön hier, all diese Blumen, die Sonne und die Wärme, die du mir gibst", sagte sie, „da möchte man am liebsten nicht mehr heim in diesen Iglu, wo man nichts wie friert." So liegt sie, mich fest umarmend und mit geschlossenen Augen, an meiner Brust. „Ich möchte dich nie mehr loslassen, ich hab dich ganz fest lieb, du bist schon was Besonderes für mich." Wir saßen eng umschlungen, die Sonne genießend da. „Ich muss mich anders zu dir setzen", sagte sie, „du weißt ja, mein Rücken spielt wieder mal verrückt." Dabei erhob sie sich und drehte sich zur Seite. „So sitzt du schlecht, mein Engel", antwortete ich ihr, nahm ihre Füße, hob beide hoch und legte sie quer über meine. „Genau so ist es richtig, da kann ich dir tief in die Augen sehen, dich streicheln, an mich drücken und dich küssen." „Wenn du mir in die Augen siehst, dann siehst du ja alles", sagte sie, „da ich wie eine Glasscheibe bin für dich und du alles in mir ablesen kannst, denn du weißt immer, was mir fehlt, wehtut oder mich glücklich macht." „Das ist doch schön, wenn man seinen Liebsten kennt und fühlt, was er braucht, ihm guttut und er sich wünscht, oder?", antwortete ich.

„Ja, ich weiß." Dabei umarmten wir uns, küssten und streichelten uns leidenschaftlich. „He, da müssen wir aufpassen, dass wir hier vor den Leuten nicht zu weit gehen", sagte sie und gab mir einen zärtlichen Kuss, wobei wir uns züngelnd unsere Zungen uns in den Mund schoben.

Als wir nach Luft schnappten, bemerkte sie: „Bitte sag doch mal", dabei gab sie mir einen Kuss, „wie spät ist es? Du weißt, ich kann mir nichts erlauben. Bevor ich wieder Krach zu Hause habe, gehe ich lieber in den Iglu und erfriere." „Erfrieren brauchst du nicht, ich habe genug Wärme für uns zwei, aber es ist 12 Uhr 30", antwortete ich.

„Am besten wäre es, ich würde mich nicht mit dir treffen", antwortete sie, „denn mit dir ist die Zeit nichts, da sie immer wie im Fluge vergeht, doch das Besondere möchte ich mit dir nicht missen." Sie umarmte mich fest. Ich griff nach ihrem Kien, drehte es zu mir und legte einen langen, intensiven Kuss auf ihren Mund. „Du bist ein Engel", sagte sie, nachdem der leidenschaftliche Kuss endete. „Danke, danke, danke für alles! Bitte lass mich jetzt gehen, sonst gehe ich überhaupt nicht mehr; war schön mit dir hier an diesem wundervollen Platz und hat mir gutgetan", sagte sie, stand langsam auf, richtete sich ihre Kleidung und nahm mich an der Hand. Als wir durch den Garten auf die Straße gingen, sagte sie noch: „Danke für alles, und ich melde mich bei dir; muss erst schauen, was zu Hause los ist und wann ich wieder Luft habe. Hab dich lieb." Ich begleitete Isy zum Auto, ließ sie einsteigen, dabei griff ich noch nach ihr und zog sie an mich: „Ich sage auch dir, Schatz, Danke für deine Liebe, Zärtlichkeiten und die Zeit, die du uns geschenkt hast; bitte melde dich verlässlich, du weißt, ohne dich gibt es nur Leere um mich. Die möchte ich nicht, sondern möchte nur mit dir fühlen." Schob meinen Kopf noch zwischen Tür und Rahmen und gab ihr einen langen Kuss. „Pass auf dich auf, ich liebe dich." Sie antwortete: „Ich dich auch, und fahre vorsichtig, ich brauche dich noch länger." Schloss die Autotür, startete und fuhr los. Auch ich machte mich auf den Weg, ging zum Auto und fuhr heimwärts zu meiner Firma. Dort angekommen, sagte mein Kollege: „Hast du wo geschlafen, da du so spät kommst?" „Zum Schlafen war keine Zeit, hatte was Wichtigeres zu erledigen und dabei jemanden auch noch glücklich gemacht", antwortete ich mit einem Lächeln und stürzte mich in meine Arbeit.

Es war keine halbe Stunde vergangen, da kam ein SMS von Isy: „Zu Hause ist nichts aufgefallen, und so weit ist alles okay, waren ein paar schöne Momente mit dir in diesem herrlichen

Garten, deine Umarmungen und die Sonne, als wären wir beide im Paradies. Hab dich lieb, melde mich später noch mal." Und nochmals kam ein Danke!

> Danke danke danke

Die Arbeit ging mir leicht von der Hand, da mein Herz voller Liebe und schöner Worte von Isy war. Sie gab mir so viel Kraft und Liebe, wie ich es schon Jahre ersehnt und durch Isy jetzt bekommen hatte. Sich bei ihr zu bedanken, konnte man nur mit Vertrauen und wahrer Liebe tun, denn die fehlte uns beiden schon sehr lange, aber wer suchet, der findet, und wenn sie ehrlich gemeint ist, wird man auch belohnt. Nach getaner Arbeit schaltete ich alle Maschinen und Lichter ab, verschloss Türen und Fenster und versperrte alles in der Firma, um mich auf den Heimweg zu machen. Ich parkte das Auto vor meinem Hause auf dem vorgesehenen Platz, zog die Bremse an und stellte ab.

Von der hinteren Sitzbank nahm ich meinen Laptop und verschloss das Auto, um ins Haus zu gehen. Auf halbem Wege kam mir meine große Tochter entgegen und sagte: „Ich muss mit dir über den gebuchten Urlaub in Kroatien sprechen. Du müsstest mit deinem Auto auch mitfahren, da wir sonst nicht alle Sachen unterbringen."

Mit betrübter Miene blickte ich sie an und sagte: „Was muss ich? Ich habe nie gesagt, dass ich mit euch in den Urlaub fahre, außerdem habt ihr mich nie danach gefragt, ob ich Zeit oder auch Lust hätte, gemeinsam Urlaub zu machen. Ihr habt gebucht, dann müsst ihr auch wissen, wie ihr es organisiert.

Denkst du wirklich, ich fahre mit euch in den Urlaub, wo ihr mir bei unserem letzten Gespräch zwischen Mutti und euch beiden Töchtern mein Vertrauen genommen und mir unterstellt habt, ich hätte ein Verhältnis mit Isy, was zu diesem Zeitpunkt nicht der Wahrheit entsprochen hatte? Und jetzt gemeinsam unter einem Dach zu leben, vierzehn Tage lang. Das muss ich mir noch gut überlegen", antwortete ich und ging verärgert ins

Haus. In mir drückte jetzt ein riesiger Stein, denn ich fühlte, dass ich ihr damit auch wehgetan hatte, doch wer hatte mir geholfen, als sie mich nach dem Gespräch wie Müll weggeworfen hatten, obwohl ich ihnen genau mitgeteilt hatte, es sich genau zu überlegen, obwohl ich die Wahrheit gesagt hatte? Wie es mir da erging, war ihnen auch egal. Mir blieb nichts anderes übrig, als dieses Gespräch meinem Schatz Isy mitzuteilen, denn sie war mein Leben und meine Liebe, und ohne sie tat ich nichts, das hatte ich ihr immer versprochen und hielt es auch. Ich legte sofort los, schrieb ihr alles Gesprochene genau und was sie an meiner Stelle tun würde!

Der Abend war schon spät, als die Antwort von Isy kam. Sie sagte Folgendes: „Bitte fahre mit ihnen in den Urlaub. Ich weiß und kann dich verstehen, dass dein Herz schmerzt, nachdem sie dich fallen gelassen haben, aber tu es deinen kleinen Lieblingen zuliebe. Die lieben dich doch von ganzem Herzen und sind so stolz auf dich; das sieht man, wenn du zu mir ins Lokal kommst, wie sie dich vergöttern, dich umarmen und lieben. Es ist so schön, dich mit ihnen strahlen zu sehen."

„Ja, Schatz, du hast ja recht, ich habe schon darüber nachgedacht. Wenn ich es tue, dann nur den Kleinen zuliebe, denn die haben es sich verdient und können für die Dummheit der Erwachsenen nichts. Würdest du mit deinem Mann und den Kindern in den Urlaub fahren, wo Sonne und Meer sich die Hand geben, die Abende lau sind, Hand in Hand mit dem, was man liebt, spazieren gehen, doch nachts Angst haben, zu erfrieren unter einem Dach?" „Du hast ja recht, ich könnte es auch nicht, aber für die Kinder würde ich es tun, denn die dürfen unter dem Druck, der zwischen mir und meinem Mann liegt, nicht leiden, das täte ihnen viel zu weh, darum bitte tu es", antwortete sie. „Sie werden es dir später sicher mit ihrer Liebe danken."

„Ja, mein Engel, ich werde versuchen, es so gut wie möglich zu organisieren, aber vierzehn Tage ohne dich! Die Abende dort in der Sonne mit dir zu verbringen, das wäre viel schöner, glaubst du nicht?", antwortete ich. „Ja, das wäre schon was, kann ich mir gut vorstellen, aber wie sollte ich es anstellen? Das ist das Problem. Ich muss jetzt Schluss machen, es ist fast Mitternacht, und meine Kleine wartet auf mich, habe gesagt, dass ich noch schnell was herrichten muss, sonst hätte ich dir nicht mehr antworten können; schlaf süß, und halte mich fest, vielleicht muss ich morgen zur Massage, dann sag ich dir Bescheid. Gute Nacht."

Isys Worte hatten mir noch gutgetan und ein wenig Ruhe in mich gebracht. So machte ich mich im Bad fertig, um auch schlafen zu gehen, doch das Gespräch hielt mich noch lange wach, aber ebenso der Gedanke, wie schön es wäre, mit Isy so einen Urlaub zu verbringen und gemeinsam unsere Liebe unter der Sonne und der Wärme zu genießen. Das wäre was!

Der Morgen begann trotz der nächtlichen Unruhe in mir gut. Da mir Isy versicherte sich zu melden, sollte sie zur Massage fahren, brachte sie Sonne in mein Herz, denn unsere Treffen wurden von vielen guten Gefühlen beider belohnt, so auch an diesem Tag. Als ich an der Schule vorbeifuhr, klingelte das Handy. Isy sagte mir Guten Morgen und fragte, wie ich denn die Nacht verbracht hätte und ob ich mich schon entschieden hätte, wegen des Urlaubes.

Ich antworte ihr, dass ich mitfahren würde, und fragte, ob sie zur Massage ginge, damit ich mir meine Arbeit einteilen könne. „Ja", sagte sie, so gegen 16 Uhr sei sie dort, und wenn ich Zeit hätte, würde sie sich freuen, mich zu treffen. „Ist für mich doch selbstverständlich, ich genieße doch jede Minute mir dir." Mein Herz und mein Körper hätten immer Sehnsucht nach ihr.

„Okay", antwortete sie, „ich melde mich dann nicht mehr, und wir sehen uns, an unserem Treffpunkt, hinten am Supermarkt kurz nach 16 Uhr! Bitte stelle dich nicht auffallend hin, damit kein Verdacht aufkommt, da dort viele Menschen aus der Umgebung einkaufen", sagte sie. Bin zu Hause, bis später." Und sie legte auf.

Da ich noch einen Kundentermin in der Steiermark hatte, welcher ein paar Stunden in Anspruch nahm, und ich auf der Rückfahrt zu unserem Treffpunkt fahren könnte, schlug ich meinem Kollegen vor, nach dem Kundenbesuch nicht mehr in der Firma zu erscheinen, da ich nicht genau wusste, wann ich zurück war. „Ja, sicher", antwortete er, „das wäre ja Blödsinn, noch hierherzufahren. Wir sehen uns dann morgen früh." Schleunigst packte ich meine Unterlagen und die Teile zur Präsentation ein, lud alles ins Auto und machte mich auf den Weg. Ich kam gut voran und dachte an Isy, was sie denn machen würde; ich schrieb ihr kurz ein SMS, dass ich mich freue auf unser Treffen, zu einem Kunden unterwegs wäre und es sein könnte, dass ich durch den Autoverkehr eventuell ein paar Minuten später käme; damit sie auf mich warte.

Der Kundenbesuch lief gut, und ich lag in meiner Zeit. Am Rückweg fuhr ich noch eine Raststation an, um eine Kleinigkeit zu essen, da ich auch noch nicht gefrühstückt hatte. Aus der Vitrine nahm ich mir ein paar Antipasti, Gebäck und eine Flasche Mineralwasser. Bezahlte am Ausgang und sah, dass es hier rote Rosen gab, da musste ich fünf Stück mitnehmen, als ein Dankeschön für Isy, ihre Liebe und unser späteres Treffen.

Während der Fahrt blickte ich immer auf die Anzeige des Bordcomputers, um nicht zu spät zu kommen; ich lag in der Zeit, und mein Ziel kam immer näher. Als ich den Ort erreicht hatte, schaute ich mich um, ob ich Bekannte sah, und fuhr an die Rückseite des Einkaufzentrums, suchte einen guten Platz für uns aus und stellte mein Auto ab. Keine drei Minuten später kam Isy, fuhr auf mich zu und parkte ihr Auto gegenüber meinem. Sie beobachtete das Umfeld, ein Auto parkte neben ihr ein, und sie blieb noch sitzen, um beim Umsteigen nicht gesehen zu werden.

Die Luft war rein, und Isy stieg aus, versperrte ihr Auto und stieg bei mir hinten ein. „Na hallo, mein Schatz", sagte ich, „welch eine Freude, dich zu sehen." Drehte mich um, legte meine Hand um ihren Nacken, zog sie an mich und küsste sie. „Ist das hier nicht zu gefährlich?", fragte sie. „Wir fahren an einen anderen Ort, wo du keine Angst zu haben brauchst", antwortete ich, startete mein Auto und fuhr los. Aus dem Ort hinaus, über eine kleine Seitenstraße bogen wir in einen Feldweg ein, der in einem Waldstück endete. Ich parkte das Auto gerade ein, denn hinten sah niemand rein, da die Fenster verdunkelt waren, und stellte den Motor ab.

„Bitte sperre das Auto ab, man weiß nie, ob jemand vorbeikommt." Ich stieg zu ihr nach hinten, sperrte ab und nahm sie in meine Arme, die sie zu streicheln begannen, wobei ich ihre Bluse und Hose öffnete. „Bitte sei vorsichtig. Mir tut alles weh, und hoffentlich kommt niemand", sagte sie.

„Der Herrgott schaut auf uns Liebende und passt auf", antwortete ich. Sie sah mich an und lächelte: „Du bist ein Lauser", sagte sie und kuschelte sich an mich. „Ich muss dir deine Sachen wegnehmen; ich pass auf, dass ich dir nicht wehtue, aber die stören, wenn ich dich mit Händen und Lippen streichle." Vorsichtig hob ich ihren Schoß hoch, zog ihre Hose samt Slip aus und dann noch Bluse und BH.

„Ich möchte mich bei dir wärmen", sagte sie und legte sich auf mich. „Du bist ein kleines Biest", antwortete ich, „da hast du mir alles verdeckt." „Bei dir bin ich gerne ein Biest", sagte sie lachend und drückte ihren Körper fest gegen meinen. „Du bist so warm, so könnte ich immer bei dir liegen." Sie küsste und streichelte meine Brust. „Nimm die Decke von der Seite, um uns zuzudecken und zu verstecken."

„Tauschen wir doch mal", sprach ich leise in ihr Ohr. „Ich lege dich zärtlich auf den Rücken und wärme dich mit meinen Händen, Lippen und meinem Körper, einverstanden?" Vorsichtig drehte ich Isy zur Seite und legte mich seitlich neben sie. Meine Hände nahmen ihre Brust, meine Zunge leckte ihre festen Brustwarzen und saugte daran. „Was macht dein heißer Schoß?", fragte ich. „Ist der auch so verrückt nach mir wie ich nach dir?"

Du machst ihn so heiß, verrückt und verwöhnst ihn so süß, antwortete sie, dabei schiebe ich meine Hand zwischen ihre Schenkel, um ihre süßen, heißen Lippen zu massieren. Da ist noch jemand, sage ich, dabei fährt sie hoch. Wo ist jemand, fragte sie. Ich begann zu lachen und sie sieht mich fragend an. Du hast mich jetzt erschreckt, sagt sie. Ich dachte es ist jemand am Auto, du bist mir einer und gab mir einen zärtlichen, erotischen Kuss.

„Leg dich wieder so hin, und schließ die Augen, genieße die Momente der Zärtlichkeit und Liebe, die sind doch Mangelware für uns beide." Und ich begann alles an ihr zu streicheln. „Mach so weiter, das tut gut", sagte Isy. Sie legte ihre Arme um meinen Hals, blieb wie regungslos liegen, ließ meine Streicheleinheiten ihren Körper genießen und über sich ergehen. „Bitte erschrick nicht, da ist wirklich noch jemand, dem auch kalt ist und der gestreichelt werden möchte, nimm ihn, er wartet schon so auf dich." Isy schaute mich an, lächelte, fuhr langsam mit ihrer Hand über meine Brust abwärts und griff nach meinem steifen Schwanz. „Na, der ist aber ganz schön munter", sagte sie, und ihre Hand hielt ihn fest.

„Pass bitte auf, der ist scharf geladen und möchte von deinen Lippen verwöhnt und massiert werden, oben und unten", sagte ich. Ich hielt meinen Steifen vor ihren Mund, worauf sie ihre Zunge um meine Eichel kreisen ließ. „Da machst du ihn aber verrückt, da wird sich dein heißer Schoß freuen, wenn er dich verwöhnt", sagte ich und massierte ihre feuchten Lippen. „Komm, Schatz, ich schenke ihn dir ganz tief, dann kannst du ihn fest umklammern." Sie drehte sich langsam, da ihr Rücken schmerzte, ich legte meinen Kopf zwischen ihre Schenkel und leckte ihre geilen, feuchten Lippen, wobei ich ihre steifen Brustwarzen massierte und mit der anderen Hand ihre Lippen auf Spannung hielt, um mit der Zunge besser ihre geile Öffnung zu lecken. „He, du machst mich verrückt." Sie drückte meinen steifen Schwanz fest mit ihrer Hand. „Ich muss meinen steifen Schwanz in deine Möse stecken, die ist so heiß und scharf", antwortete ich, drehte meinen Kopf aus ihrem Schoß. Kniete mich über sie, legte den linken Fuß über den rechten, um seitlich tief in sie eindringen zu können. Zärtlich schob ich ihn in Isys heiße Öffnung. „Der ist aber wirklich heiß", sagte sie, „und bitte pass auf, du weißt, ich verhüte nicht." „Mach ich", antwortete ich und stieß ihn tief in sie rein. Ich sah an meinem Steifen, wie nass er wurde, der ganze Schaft sah wie eingefettet aus. Mit beiden Händen hob ich ihren Schoß gegen mich und drang immer wieder tief in sie ein.

„Ups", sagte sie, hielt sich mit ihrer Hand fest an meinem Schoß. „Du machst mich glücklich", sagte Isy lächelnd und streichelte mir zärtlich über meine Wange. Ich spürte, wie mein Sperma meinen Schaft emporstieg, und stieß fester in sie. Isy spürte, dass jetzt eine Belohnung auf sie zukam, und ermahnte mich: „Bitte pass auf!" Sofort zog ich meinen Schwanz aus ihrer heißen Lustöffnung, und ein Strahl an Sperma floss über ihre Hüfte, da sie noch immer seitlich dalag.

„Das war aber knapp", sagte sie und blickte mich strahlend an. „Ist da nichts drinnen geblieben?" „Nein, mein Schatz, habe dir alles auf deine Hüfte gespritzt!" Sie drehte sich auf den Rücken, streckte ihre Arme nach mir aus, zog mich an sich und beschenkte mich mit zärtlichen Küssen.

„Das war so schön mit dir, und du warst so zärtlich, da verliere ich die Kontrolle", sagte sie, „hast du das bemerkt?" „Es war so schön, dich zu beobachten, wie du dich fallen lässt, wenn du liebst, vertraust und glücklich bist, da kann man nicht aufhören, dich zu verführen, zu streicheln und zu stoßen. Wahnsinn, was da in dir frei wird, da kann man nie genug davon haben, oder nicht?" „Ja, das ist so und tut auch so gut. Komm, leg dich neben mich, ich möchte mich an dich kuscheln, das brauche ich jetzt", sagte sie. Gab mir einen Kuss, schmiegte sich fest an mich, einen Schenkel über mich gelegt, ihre festen Brüste an meinen Körper gepresst; so lagen wir küssend und eng umschlungen da. „So möchte ich ewig liegen bleiben." Sie rieb ihren Körper an meinem.

Ein langsam näher kommendes Geräusch schreckte uns hoch, ein Traktor kam uns auf der bergab führenden, schottrigen Bergstraße entgegen. „Wir müssen uns anziehen", sagte Isy, „wenn der zu uns herkommt, sind wir aufgeschmissen." Schnell nahm ich ein Taschentuch und wischte Isy an der Hüfte ab. Inzwischen suchte sie ihre Kleidung zusammen, ich half ihr beim Anziehen, da ihr Rücken immer noch große Schmerzen ausstrahlte, ich aber in solchen Situationen keine Angst hatte.

„Bitte zieh dich auch an", sagte sie, „wenn der dich sieht." „Ist mir doch egal, das Auto ist auf die Firma angemeldet, und wenn da jemand nachfragen würde, könnte ich immer sagen, das war nicht ich." Isy sah mich an und lachte: „Wer soll es sonst gewesen sein? Ich war ja mit dir da und nicht mit jemand anderem, oder hast du das vergessen?" Ich nahm sie in die Arme, gab ihr noch einen zärtlichen, innigen Kuss und erwiderte: „Dass ich mit dir hier war und was wir getan und gegenseitig erlebt haben, wissen wir beide und sonst niemand, mein Liebling."

Der Traktor war nur noch hundert Meter vor meinem Auto, als ich nach vorne sprang, startete und losfuhr, um nicht erkannt zu werden. Langsam lenkte ich den Wagen zu Isys Auto, parkte ein und setzte mich nochmals nach hinten zu ihr.

„He", sagte sie, „ich muss aber auch wieder mal heim." „Ja, wieder mal ist ja okay, aber jetzt nicht, ich muss dich noch ein wenig verwöhnen, damit du das Schöne nicht vergisst." „Du bist verrückt", antwortete sie. „Was du mir gibst, ist auch nicht ohne", erwiderte ich ihr. „Was kann ich dir schon geben?", fragte sie. „Ich tue dir so oft weh, weil ich nicht weiß, wie ich es leben kann, aber ich möchte es gern, ganz ehrlich, doch wie, weiß ich wirklich nicht. Es gibt mir so viel Kraft und Wärme, wenn ich bei dir bin, genau das, was ich mir immer gewünscht, aber nie bekommen habe, doch ich weiß nicht, wie ich damit umgehen soll, es leben kann. Komm, halte mich fest, es tut mir so gut", sagte sie, legte ihre Arme um mich und ihren Kopf auf meine Brust. „Schön, dieser Moment, du bei mir, und die Sonne strahlt herein, Wahnsinn, wie schön." „Ich liebe es genauso wie du, mein Schatz, ich kann auch nie genug davon haben, und wenn ich es habe, möchte ich es nicht mehr loslassen." „Ja, genauso ist es", sagte sie.

„Trotzdem muss ich dich wieder verlassen und in meinen Käfig, ich darf nicht daran denken, sonst müsste ich laut schreien." Sie rückte noch näher, dabei hob ich sie vorsichtig hoch und setzte sie seitlich auf meinen Schoß. „Du hast Glück", sagte ich, „dass du angezogen bist, sonst müsste ich dich nochmals verwöhnen." „Nein, das geht nicht", erwiderte sie, „das weißt du doch, viel zu viel Risiko!" „Aber es wäre doch schön, oder nicht?" „Sind wir froh, dass wir das zusammen erleben und beide lieben, nicht wahr?", antwortete sie. Drehte sich vor Rückenschmerzen mir entgegen und gab mir einen Kuss. „Ich muss, mein Engel, es geht nicht anders, aber danke. Bis später, hab dich lieb. Schreib dir noch verlässlich." „Bist mein Engel und meine Liebe, danke für die schönen Stunden." „Ja, bei uns sind es immer Stunden, denn in Minuten geht bei uns beiden nichts. Schau bitte mal, ob du jemanden siehst", fragte sie. „Nein, niemand zu sehen." Ich blickte mich um, es war niemand zu sehen. Schnell öffnete Isy die Autotüre, und flugs war sie in ihr Auto eingestiegen.

Sie richtete sich ihre Haare, startete, winkte mir zu und fuhr heim. Auch ich fuhr los und eine Weile hinter ihr her. Als sie blinkte, um abzubiegen, blinkte ich sie mit der Lichthupe noch an und fuhr weiter Richtung Heimat. Zu Hause angekommen, sah ich, dass ich einen großen weißen Fleck an meiner Hose und am Autositz hatte. Den an der Hose machte ich außen am Wasserhahn sauber, der am Autositz musste bleiben, eine schöne, liebevolle Erinnerung an Isy. Ich machte mir eine Tasse Kaffee und setzte mich auf die Terrasse, um die erlebten Momente mit Isy Revue passieren zu lassen. Ich konnte den ganzen Abend von Isy nur schwärmen, da ich den Herrgott immer bat und ihm dankte, dass er mir diese Frau und deren Liebe geschenkt hatte.

Es wurde spät, und Isy sendete nur einen Gutenachtgruß und ein Danke, dass zu Hause alles okay sei und sie bald schlafen gehen würde, um wieder fit zu werden und damit sich ihr Rücken erholen könne, denn nachmittags, nach der Massage, hatte sie keine Schmerzen, was sie mit „HAHAHA" in ihrem SMS als Schlusswort schrieb. Ich wünschte ihr per SMS alles Gute und eine gute Nacht.

Gute Nacht

Gott sei Dank war diese Woche vorbei, und Freitag war Isytag, Besuchstag in ihrem Lokal. Doch wie immer am Morgen musste ich meinem Schatz ein SMS mit „Guten Morgen" senden. Aber auch das Hallo, nachdem sie ihre Tochter zur Schule gebracht hatte, war mir ganz wichtig, um Isy zu beweisen, wie wichtig sie und ihre Liebe waren. So war es für mich klar, kurz vor 8 Uhr auf das Hallo zu warten, und ich parkte beim Supermarkt, um sie nicht zu übersehen. Da sah ich Isy auch schon kommen, sie fuhr mit ihrer Kleinen an mir vorbei zur Schule. Es dauerte eine Weile, bis sie zurückkam. Sie blinkte, um auch auf den Parkplatz zu kommen, was mich sehr überraschte, da sie immer Angst hatte, gesehen zu werden. Sie stellte ihr Auto neben meinem ab und öffnete das Seitenfenster. „Guten Morgen", sagte sie, „wie geht es dir?" „Ohne dich immer schlecht, aber wenn ich dich sehe, bin ich glücklich, doch dich in meinen Armen zu betten, wäre schöner", antwortete ich. Sie lächelte: „Ja, du hast recht, bin gestern noch lange wach gelegen und hab über uns und das gestrige Treffen nachgedacht; war wirklich schön mit dir", sagte sie.

„Ja, ja, mein Engel, da sieht man, was man mit Wahrheit und Liebe schaffen kann. Wie Herz und Körper das erleben und wie schnell Schmerzen verschwinden. Mit dir erlebe ich wirklich ganz was Neues, aber es ist wunderschön, und da kommen mir so manche Gedanken, wie schön es wäre, wenn ...", sagte sie und lächelte. „Bin heute im Stress, habe einen Bus schon um 4 Uhr und muss noch viel vorbereiten."

Sie streckte ihre Hand nach mir aus, drückte sie und sagte: „Bis am Abend, vermisse dich und danke, dass du für mich da bist, hab dich ganz fest lieb. Ich fahre jetzt, sehen uns ja am Abend, oder nicht?" „Sicher, mein Schatz, du weißt ja, so gegen 21 Uhr 30, ich liebe dich." Sie schloss das Autofenster, winkte und fuhr heimwärts. Wohin ich ihr ein Stück auf dem Weg zu meiner Firma folgte.

Ihre Liebe im Herzen zu tragen machte einen glücklichen Menschen aus mir, und so strahlte ich es auch anderen Menschen gegenüber aus, das haben mir schon einige Kunden bestätigt, dass ich einen sehr offenen und sicheren Eindruck in allen Belangen an den Tag legte. Dies spiegelte sich auch in den Ergebnissen der Firma.

So liebte ich das Leben, glücklich und verliebt zu sein in eine Frau, die Berge in mir versetzte und auch in ihr neues Leben geweckt hatte, genauso verbrachte ich den Tag. Ich beendete den Arbeitstag ein wenig früher, um noch eine Tasse Kaffee in meinem Stammcafé zu trinken und die Zeitung zu lesen. Es war niemand Bekannter dort, somit konnte ich in Ruhe den Tag beenden. Nach einer Stunde machte ich mich auf den Heimweg, holte mir noch Geld von der Bank und fuhr nach Hause.

Meine zwei kleinen Goldstücke, meine Enkelinnen, waren im Garten und liefen mir sofort entgegen. „Hallo Opa, spielst du mit uns? Denn niemand hat für uns Zeit." „Na klar spiele ich mit euch." Ich trug meine Tasche ins Haus und ging in den Garten. Die beiden spielten in der Sandkiste und fertigten Kuchen zum Essenspielen aus Sand, welche ich bei ihnen bestellen musste. Ich hatte viel Spaß. „Muss kurz zur Toilette", sagte ich zu der Größeren und ging ins Haus. Da kam ein SMS von meinem Schatz:

„Muss dir kurz ein paar Worte schreiben. Bin so allein und liege in der Wanne, tanke Wärme in diesem Eiskasten", schrieb Isy. „Das weißt du ja, da du mich genau kennst und im Bilde darüber bist, wann und was ich tue. Möchte am liebsten nicht rausgehen und in der Wanne liegen bleiben. So und jetzt raus in den Rachen des Löwen, bis später." Ich antwortete nur kurz: „Kopf hoch, ich liebe dich, bis später." So ging ich wieder zu meinen Kids nach draußen. Es wurde langsam dunkel, und die Kids mussten zum Abendessen, so gingen wir alle ins Haus, sie nach oben und ich unten rein. Sperrte die Haustüre auf und zog mich aus. Ging in die Dusche, um mich für den Besuch bei Isy fertig zu machen. Holte frische Wäsche aus dem Schrank, zog mich an und fuhr los. Wie ich auf dem Parkplatz bei Isy ein-parkte, sah ich, dass mein Freund auch da war. Ich trat ein und ein „Hallo Chef" kam mir entgegen.

„Hallo", antwortete ich, und Isy war auch da, in der Küche war sie fertig, saß bei einem Gast und trank ein Seiterl Bier. Ich ging zu ihr, umarmte sie und sagte: „Hallo, hübsche Dame, toll siehst du aus in deiner Tracht, schönes offenes ,Herz', schaut hübsch aus." „Du Lauser", antwortete sie leise, „du kennst das ja alles." „Gott sei Dank, sonst müsste ich zu erkunden beginnen." Und wir gaben uns links und rechts ein Küsschen.

Ich stellte mich zu meinem Freund, bestellte wie immer Kaffee, da rief Isy: „Den Kuchen mache ich sofort!" Ich blickte sie an, lächelte und nickte. So plauderte ich mit meinem Kumpel, was sich so tat und getan hatte und was es Neues gab. Es wurde bald ruhig im Lokal, und Isy setzte sich neben mich auf die Bank, wo wir drei uns unterhielten. Isy und ich uns ab und zu berührten, ohne aufzufallen.

„Ich kann morgen nicht kommen, da ich mit meiner Familie in Tirol eingeladen bin, und da haben sie mich verdonnert, dass ich mit dem Auto fahren soll, da alle Platz darin haben." „Ja, und wann kommst du wieder zurück?" „Am Sonntagabend komme ich, muss ich doch, oder?" Sie blickte mich an und drückte meine Hand. Ihr Mann kam ins Lokal: „Habe draußen gerade die Letzten rausgeworfen, ich weiß nicht, warum die heute alle nach Hause gehen", sagte er. „Da musst du mehr tun", sagte Isy forsch und lachte. Sie ging hinter die Theke und holte drei kleine Schnäpschen, für meinen Freund, Isy und mich. „Ich haue dann ab, neben deinem Mann fühle ich mich nicht wohl", sagte ich. Isy stieß mit ihrem Glas an, und wir tranken es in einem Zuge leer.

Mein Freund rief: „Zahlen, muss nach Hause!" „Ich auch", antwortete ich, „muss ja morgen früh raus und fahren." Wir bezahlten beide und verließen das Lokal. „Sehen wir uns morgen?", fragte er mich. „Nein, ich bin mit der Familie in Tirol und komme erst Sonntagabend zurück." „Okay", sagte er, „dann nicht, Gute Nacht", und er ging zu seinem Auto. „Gute Nacht", rief ich ihm nach und fuhr auch heim.

Schrieb Isy noch „Gute Nacht", zog mich aus und legte mich schlafen. Es war schon früher Morgen, als ihre Antwort kam. „Warum bist du so schnell weg? Wollte mit dir noch plaudern", schrieb sie. „Du weißt doch, wenn dein Mann kommt, muss ich gehen, sonst müsste ich ihm sagen, welch ein Idiot er ist und wie er mit dir umgeht, Liebes! Schlaf süß."

Das Wochenende war für mich einsam, nur meine Kleinen hielten mich ein wenig auf Trab, was auch guttat, und ich wurde abgelenkt. Doch Isy fehlte mir. Dieser Kurzurlaub tat wohl gut, ich hatte Spaß mit meinen Kids, und wir hatten wieder einmal Zeit, uns auszutoben. Aber im Laufe des Tages kamen meine Familienmitglieder auf die Idee, erst sonntagabends zurückzufahren. Eine leichte Wut stieg in mir hoch, da ich doch sonntags immer noch zu Isy fuhr. Darum schrieb ich ihr, dass wir uns sonntags nicht sehen würden, erst Montagfrüh.

Ich war froh, als das Wochenende zu Ende ging und ich am Heimweg war, traurig war ich nur, dass die Tage mit meinen Kids zu Ende waren, denn die hatte ich auch genossen. Doch ich musste Isy mitteilen, dass ich am Montagmorgen auf sie warten und sie von ganzem Herzen treffen würde. So kam ich voll auf ihre Antwort wartend spät abends zu Hause an. Räumte das Auto aus und trug meine zwei Enkelinnen nach oben, da sie eingeschlafen waren.

Gegen Mitternacht kam ihre Antwort. „Montagfrüh hab ich keine Zeit, aber am Vormittag um 10 Uhr muss ich nach Wels zum Augenarzt. Ich schreib dir die Adresse auf, dann kannst du auf mich warten. Hab dich lieb, bis morgen."

„Hurra, ich treffe morgen meinen Schatz in Wels, da gibt es viel Liebe und Wärme, super." Sogleich kam auch die Adresse des Arztes per SMS. Ich nahm meinen Koffer von der Reise und verstaute alles, wo es hingehörte. Meine Frau war schon zu Bett gegangen, als ich ins Bad ging und mich zum Schlafengehen fertig machte.

Um 6 Uhr früh fuhr ich in die Firma, damit die meiste liegen gebliebene Arbeit bis zu unserem Treffen in Wels schon erledigt wäre. Um 9 Uhr 30 fuhr ich los und fand auch den Treffpunkt. Ich parkte mein Auto und wartete auf Isy. Da es kurz vor 10 Uhr war, rief ich sie an. „Hallo Schatz, wo bleibst du?" Ich bin bereits in der Ordination, und mein Auto steht in der Seitenstraße, da vorne kein Platz war", antwortete sie.

„Ich komme zu dir hoch und warte mit dir gemeinsam", sagte ich und legte auf. Ich ging in den Warteraum, wo mein Schatz mich lächelnd erwartete. Mit großen Schritten ging ich auf sie zu und sagte: „Hallo, mein Schatz, dauert es noch lange, bis du an der Reihe bist?" Sie schaute mich mit einem entrüsteten Blick an. Ich setzte mich, legte meine Hand um ihre Schulter und gab ihr einen Kuss.

Leise sprach sie mir ins Ohr: „Bist du verrückt, wie kannst du neben den Leuten einfach ‚Hallo Schatz' sagen, mich unter den Menschen küssen, was werden die denken?" „Was die denken, ist mir egal", antwortete ich ihr, ich bin wegen dir und unserer Liebe da, das andere zählt nicht, die helfen dir auch nicht, wenn es dir schlecht geht."

Als Isy an der Reihe war, sagte ich: „Ich warte draußen, mein Schatz!" „Okay", sagte Isy und ging in die Ordination. Es dauerte fast eine Stunde, bis mein Schatz kam. „Gehen wir doch einen Kaffee trinken oder ein Glas Prosecco", sagte ich. „Okay, um die Ecke ist ein kleines Café, dort gehen wir hin." „Gut, dann ab mit dir, mein Liebling." Und ich nahm sie an der Hand und führte sie ins Café. Es war eine wunderbare Atmosphäre, hier mit Isy zu sein, so wie man es sich vorstellt, zusammenzuleben, doch das waren noch Träume. Ich fragte: „Mein Engel, bist du im Stress, oder hast du Zeit für mich?" „Hätte ich keine Zeit, würde ich nicht hier sitzen", antwortete sie. „Wir könnten kurz zusammen wohin fahren, vielleicht an ein stilles Plätzchen, Liebling!"

„Ja, wenn du Zeit hast, dann ja, aber nicht zu lange, einverstanden!" „Ja, freu mich." Ich gab ihr ein Küsschen. Wir tranken unsere Tassen leer und gingen zum Auto. „Wo willst du hinfahren?", fragte sie: „Ich fahre nur Richtung ‚Ackern', du weißt, dass es dort einige ruhige Plätzchen gibt." Ich bog an der nächsten Kreuzung rechts ab und folgte der Straße, bis sie in einer Sackgasse endete.

„Bleib hier stehen, ich denke, da sieht uns nicht so leicht jemand", sprach Isy. Ich stellte den Motor ab, und schon saß ich neben meinem Liebling. Nahm sie in meine Arme und drückte sie an mich. Eine Lawine von Küssen folgte, und ich schob meine Hand unter ihre Bluse. Mit einem kleinen Dreh war ihr BH offen. „Nicht so eilig", sagte sie. „Bei dir muss man schnell sein, sonst bleibt uns zu wenig Zeit für Liebe, Streicheleinheiten und um deinen süßen Körper zu verwöhnen", antwortete ich. „Zeit haben wir wirklich immer zu wenig, da stimme ich dir zu." „Komm, hilf mir", sagte ich und schob ihr meinen Schoß entgegen. Sie öffnete meinen Hosenknopf, den Reißverschluss und zog mir die Hose aus. „Na, Schatz, die auch, sonst kommt sie dazwischen."

„Na, du bist mir einer, zieht meine Boxershorts runter und wirft sie auf den Fahrersitz." „So, jetzt werden die schönen, heißen, sexy Sachen ausgepackt." Ich beginne sie auszuziehen. „He, die Unterwäsche passt dir aber gut, sieht die toll aus an deinem Körper!" Ja, die ist ein Wahnsinn, die spürt man nicht auf der Haut, das ist die Neue, die du mir gekauft hast, toll und nochmals danke." Sie zog sich an mich und küsste mich.

Dann legte sie ihren Kopf auf meine Brust und streichelte zärtlich über meinen Penis. „Ich bin mit dem Auspacken noch nicht fertig", sagte ich. „Das macht nichts, du bleibst jetzt so liegen, jetzt bin ich dran." Ich genoss es, von Isy verwöhnt zu werden. Ihre Streicheleinheiten verfehlten ihre Wirkung nicht, und mein Schwanz schwoll stattlich an.

„Der ist aber ganz schön lebendig", sagte sie. „Ja, der braucht einen heißen Schoß, deinen", antwortete ich. Sie zog einen Fuß aus ihrem Slip, ich ergriff ihn und zog Isy über mich. „Komm, bist mein Liebling, er wartet auf dich, bitte nimm ihn dir, draußen wird viel gestohlen." Ich schaute Isy an und lächelte sie an, worauf sie kurz laut auflachte. Ich öffnete mit einer Hand ihre feuchten Lippen und steckte meinen Penis in ihre heiße, erotische Öffnung. „Ups, ist der heiß", kam es aus ihrem Munde. „Wundert dich das? Lebt ja auf Entzug", antwortete ich. „Ist doch erst vier Tage her, dass wir im Auto zusammen waren, sagte sie lächelnd. Ich legte meine Arme um ihre Hüfte und zog sie zu mir, schenkte ihr einen Kuss. Ich unterstützte sie bei ihren Auf-und-ab-Bewegungen mit meinen Händen und auch meinem Becken.

Herrlich, diese Frau zu stoßen, sie saß auf mir, ihre prallen Brustwarzen und Brüste standen mir stark entgegen; ich begann sie zärtlich zu kneten, erhob mich, saugte mit dem Mund an ihnen und biss sie zärtlich in die Warzen. „Au, das elektrisiert mich höllisch", sagte sie, drückte mir fest ihren Po entgegen, damit er tief in sie eindrang. „Wir beide sind wahnsinnig, wo und was wir treiben, oder nicht?", fragte sie. „Wir treiben nichts, wir lieben uns und genießen den Sex, die Liebe und die Leidenschaft." Und mit einem kräftigen Stoß verweilte ich tief in ihr. „Ein tolles Gefühl, mein Engel, ich spüre dich so einfühlsam, wie du mich streichelst und liebkost, ich fühle es so intensiv, einfach schön, und ich fühle mich so wohl bei dir", sagte Isy. Ich fühlte, wie mein Penis heiß wurde, und mit ein paar tiefen Stößen musste ich die Flucht aus diesem heißen Mund antreten.

„Puh, das war knapp", sagte ich zu Isy. „Aber ich konnte nicht früher, da ich meinen Schwanz noch tief in dich stoßen wollte und da du mich mit deinem Innenmuskel festgehalten hast, da gab es kein Halten mehr für ihn, oder Schatz?", fragte ich sie. „Ich habe nichts getan", sagte sie lächelnd, aber ich habe dich gut und intensiv gespürt. War schön!" Isy legte ihre Arme um meinen Nacken, zog mich nach unten, drehte mich auf den Rücken und legte sich küssend auf mich.

„Jetzt bleiben wir so lange liegen, bis uns jemand sucht oder besser, jemand findet", sagte ich lächelnd und mit einem langen Kuss dankend zu Isy. „Da wäre es besser, weit wegzufahren und auf einer einsamen Hütte die Zeit zu verbringen", antwortete sie. „Ja, das machen wir, zieh dich an, wir fahren los, Liebes", antwortete ich. „Ja, du würdest das sofort tun, das weiß ich", erwiderte Isy.

Lange lagen wir eng umschlungen, gegenseitig uns wärmend in den Armen, belohnt durch die schönen Momente. Isy machte einen glücklichen Eindruck, und ich fragte sie: „Wie fühlst du dich, mein Schatz, so an mich geschmiegt und so nah an einer schönen Liebe?" „Du bist einfach was Besonderes und Wertvolles für mich, bin immer so glücklich und voller Energie, wenn ich bei dir bin, und später zu Hause, hab ich Kraft, das alles schenkst du mir, danke! Schade, dass die schönsten Momente immer die kürzesten sind, aber wir müssen dann mal zurück. Ich habe ja vorgekocht, und meine Mutter serviert den ‚Paschas' das Essen, du weißt ja, die setzen sich alle zu Tisch, warten und schaffen an, was fehlt. Das kann ich nicht mehr ändern, das habe ich übersehen."

Sie schlang ihre Arme um mich, drückte mich an sich, und wir küssten uns leidenschaftlich. „Komm bitte, wir müssen", sagte sie, griff nach ihrem Slip, der noch am anderen Fuß hing, und zog ihn hoch. Ich zog ihr den BH an, richtete ihre süßen prallen Brüste und schloss ihn. Nahm ihre Jeans vom Vordersitz, drehte sie um und zog sie über ihre schlanken Beine hoch. Zog ihr Höschen kurz ein kleines Stück nach unten, ein Griff an ihren geilen, heißen Mund, drückte ihr noch ein Küsschen darauf, wobei ich mit der Zunge ihre heißen, feuchten Lippen berührte.

„He, es ist genug", sagte sie, „da komme ich nie heim, und alles würde von vorne beginnen, dazu ist keine Zeit mehr." „Ich weiß, aber von dir und deinem heißen erotischen Körper kann man nicht genug haben oder darauf verzichten", antwortete ich. Schloss ihren Reißverschluss und zog ihr die Schuhe an.

„So, du bist jetzt fertig, und ich?", fragte ich. „Komm, ich helfe dir auch, da du mir ebenfalls zur Hand gegangen bist", antwortete sie. Sie nahm meine Shorts und zog sie mir an. „Der gehört auch rein." Isy gab ihm ein Küsschen auf die Spitze und schob ihn vorsichtig in meine Shorts, dann gab sie mir Hose und Leibchen und half mir beim Anziehen.

„Na, jetzt haben wir es geschafft." Ich nahm sie in die Arme und küsste sie. „Du kannst wohl nie genug bekommen", antwortete sie, dabei setzte sie sich auf meinen Schoß, wo wir uns noch einen kurzen Moment festhielten und uns küssten. „Nun aber nichts wie los", sagte sie und stieg nach vorne auf den Beifahrersitz. Ich stieg ebenfalls nach vorne, startete das Auto und fuhr zurück zu ihrem Wagen. „Ist ja noch alles da", sagte ich lächelnd, den Blick auf Isy gerichtet, als ich um die Ecke bog, wo Isys Auto stand!

„Das wäre Wahnsinn, wenn das Auto weg wäre", sagte sie. „Das kann man wieder kaufen, aber ich könnte dich nach Hause bringen", antwortete ich Isy lächelnd. „Du Wahnsinniger", sagte sie, „und ich könnte gleich ausziehen, und wohin?" „Zu mir, ich nehme mir eine Wohnung, und wir könnten die ganze Zeit unsere Liebe Tag und Nacht genießen", antwortete ich. „Ja, das wäre die Krönung!" Sie gab mir einen Kuss und sagte Danke für die heutige Zeit mit mir. „Ich bin jetzt weg, sonst überlege ich es mir noch", sagte sie. Isy gab mir einen innigen Kuss und beendete das schöne, wunderbare Treffen. „Ich liebe dich", rief ich ihr noch nach. „Ich dich auch", antwortete sie und verschwand in ihrem Auto.

Sie richtete sich noch zurecht, startete und fuhr winkend an mir vorbei. Ich folgte ihr bis kurz vor der Autobahn, wo es für mich weiter zur Firma ging, um den Rest meiner Arbeit zu erledigen. Doch das Klingeln meines Handys brachte mich zum Lachen. „Ich muss mit dir noch plaudern, bis ich zu Hause bin, hab dich ja lange nicht mehr gespürt." Sie lachte dabei laut auf. Ein langes, aber vertrautes Gespräch zwischen zwei Liebenden folgte, das noch lange dauerte; wir schenkten uns viele Worte der Wahrheit, des Vertrauens und der Liebe. „Danke nochmals für die schöne Zeit mit dir, bin zu Hause, hab dich lieb, und wir hören uns." Isy legte auf.

Auch ich war schon eine Weile am Parkplatz bei meiner Firma angekommen, stieg aus und stürzte mich in die Arbeit. Hatte noch viele Teile zu kontrollieren und zu verpacken, außerdem waren alle Lieferscheine und Rechnungen zu schreiben und versandbereit zu machen. Es wurde spät, und ich konnte diese auf der Heimfahrt nicht mehr aufgeben, so musste ich es auf den nächsten Morgen verschieben. Ich war abends allein zu Hause, da läutete mein Handy, und Isy fragte per SMS, ob ich reden könnte. „Ja klar", antwortete ich. Ich rief sofort an. „Ich muss dir Folgendes sagen: Ich weiß nicht, wie ich es dir erklären soll, und es wird dir sicher wehtun, aber ich denke, es ist besser, wir sehen uns eine Weile nicht. Es waren heute meine Schwiegereltern da und meinten, dass die Leute reden würden, ich hätte mit dir ein Verhältnis. Du kannst dir nicht vorstellen, wie er ausgerastet ist, ich möchte nicht reden, bin fix und fertig. Bin dann in mein Zimmer und habe lange geweint, da ich die Momente mit dir so liebe, du hast mir so viel geschenkt, was ich mir nie gedacht hätte, einmal erleben zu dürfen, und es ist schon was Besonderes und Wertvolles für mich, aber was soll ich tun? Ich kann hier nicht alles liegen und stehen lassen. Bitte verzeihe mir, ich muss aufhören, ich kann nicht mehr. Verzeih mir, tschüss!"

Nach so einer Mitteilung hatte ich das Gefühl, als würde mir jemand bei lebendigem Leib das Herz rausreißen. Wie darf das sein, wir hatten so einen schönen Tag zusammen, uns so innig geliebt, und nun das? Was sollte ich jetzt tun?, fragte ich mich. Soll ich zu ihr fahren und sie einfach holen? All diese Gedanken schossen mir durch den Kopf.

Ich schrieb Isy, was ich bzw. wir tun sollten. „Ich will nicht auf dich und diese Liebe verzichten, sie bedeutet mir so viel, da sie ein Bestandteil von mir und meinem Herzen ist. Du mein Leben und meine Liebe bist." Sie antwortete nur: „Ich weiß auch nicht, was wir tun sollen, aber ich möchte jetzt nicht reden, es tut zu weh; bitte verstehe mich, ich halte den Druck und die Angst nicht aus, bitte!"

Mehr hörte ich nicht die nächsten Tage von Isy. In mir wurde der Druck gleichfalls immer größer. Das hieße für mich außerdem, ich sollte auch am Wochenende nicht zu ihr ins Lokal, damit das Gerede wieder verstummen würde. Das hielt ich nicht aus, das musste ich ihr schreiben, denn ohne sie war auch ich tot, das konnte sicher jeder verstehen, wenn man nach all den Jahren, in denen man sich nach Liebe sehnte, diese dann endlich gefunden und den Menschen getroffen hatte, mit dem man wieder zu leben begann, sich Hals über Kopf verliebte und so schöne Stunden mit Körper und Wärme, Vertrauen und Gefühlen erlebte und die Liebe seit Langem wieder ausleben konnte, mit dieser Frau, ja, nur mit dieser.

Es waren ein paar Tage vergangen, und kein Wort von Isy. Es war schon spät, ich saß einsam zu Hause. Da kam ein SMS von Isy. „Wie geht es dir?", fragte sie. „Bitte frag mich nicht, am liebsten würde ich von einem hohen Berg abspringen, um nicht mehr zu sein", antwortete ich. „Und wo bist du?", fragte ich sie. „Er ist noch unterwegs, und in mir drückt es wahnsinnig, werde oft in der Nacht wach und denke an uns und an dich, das musste ich dir sagen."

„Bitte lass uns doch treffen", bat ich sie, „es ist doch schade darum, zuerst alle Liebe, Gefühle und Zärtlichkeiten austauschen, schenken und dann wegen des Geredes alles wegwerfen. Dazu ist mir die Liebe zu schade. Denkst du, es kommen deine Schwiegereltern, Freunde oder Nachbarn und helfen dir, wenn du am Boden liegst und nicht mehr kannst? Kein Mensch hilft dir oder uns, selbst müssen wir uns helfen; ich bin gerne und mit all meiner Liebe und meinem Vertrauen für dich bzw. uns da. Ich liebe dich ehrlich und von ganzem Herzen."

„Bitte lass mir noch Zeit, um mich zu sammeln, ich habe wirklich keine Kraft, aber du fehlst mir", antwortete sie, „bitte versteh mich, bitte." „Schlaf süß, ich halte dich fest! Mein Liebling, wenn ich dich nicht sehen und treffen kann, muss ich zu dir fahren; wenn du nur zwei Minuten rauskommst und mir einen Kuss gibst, dann geht es mir besser", schrieb ich ihr.

„Bitte setz mich nicht unter Druck, da brauchst du überhaupt nicht mehr kommen, ich halte das nicht aus. Gute Nacht!" „Du machst es dir leicht, mein Schatz, du sperrst dich ein, und ich gehe zugrunde, das haben ich und du nicht verdient, sondern viel Liebe und Leben, das waren immer deine Worte, dass dies die wichtigsten Dinge sind im Leben, oder nicht?", fragte ich sie noch.

Sie antwortete nicht mehr, so lag ich bis in die Morgenstunden wach, hatte vielleicht zwei Stunden geschlafen. Ich schrieb wie immer „Guten Morgen, Schatz", aber mit der Bitte, uns zu treffen, doch es kam keine Antwort, kein Hallo und auch kein Vorschlag von Isy.

Das Wochenende rückte näher, und ich überlegte, was oder wie ich es anstellen sollte, sie zu treffen, ihr Kraft zu geben und ihr meine Liebe und Wärme zu schenken. Es wurde Abend, und kein Wort von ihr. Es war schon 23 Uhr abends, und ich hatte solche Sehnsucht nach Isy, dass ich mich entschloss, zu ihr zu fahren. Ich parkte das Auto nicht bei ihr, sondern bei einem Bauernhof, welcher 100 m von ihr entfernt war und wo ich versteckt parken konnte. Ich stieg aus und ging im Dunkeln zu ihr, schaute durch das Fenster, ob ich Isy sehen konnte. Ich musste vorsichtig vorgehen, um nicht als „Räuber" entlarvt oder gesehen zu werden. Da ich sie nicht entdecken konnte, ging ich von hinten Richtung Küche, ob sie da noch wäre. Als ich am Fenster der Gaststube vorbeischlich, sah ich sie. Sie saß an einem Tisch und unterhielt sich mit Gästen. Wie konnte ich sie auf mich aufmerksam machen? Mir fiel nichts ein, doch dann kam ich auf die Idee, ich hatte doch zu Hause einen Laser-Zeigestift, wie man ihn bei Präsentationen auf Vorträgen verwendet, den muss ich beim nächsten Besuch mitnehmen, mit dem müsste es funktionieren. So entschloss ich mich, wieder zu fahren. Bevor ich ihr Haus verließ, brach ich noch einen kleinen blühenden Zweig ab und legte ihn vor ihre Haustüre. Vorsichtig schlich ich zu meinem Auto und machte mich auf den Heimweg. Zu Hause angekommen, schrieb ich Isy, dass ich bei ihr war und ein kleines Geschenk an ihrer Haustüre abgelegt hatte. Wie durch ein Wunder, ich konnte die Uhrzeit nicht genau sagen, da ich erst gegen Morgen auf das Handy sah, dass Isy sich gemeldet hatte. „Warum tust du das, musst du alles herausfordern, alles kaputt machen und mich unter Druck setzen?", schrieb sie. „Mein Schatz", antwortete ich: „Wenn du so schreibst, habe ich das Gefühl, du willst dich einfach verstecken, oder soll man sagen, heimlich ‚vertschüssen'? Bedeutet das Erlebte und Geschenkte dir nichts?", antwortete ich.

„Wenn ich nicht zu dir komme ins Lokal, dann mache ich das nur für dich, aber wenn du dich auch noch versteckst, muss ich dich besuchen!" „Ich verstecke mich nicht, aber kannst du mich wirklich nicht verstehen?" „Ich kann, doch wenn du so schreibst ...", antwortete ich. „Jetzt versuchst du dich zu verstecken, wo wir, du wie ich, uns einig waren, dass diese Liebe mehr wert ist als alles auf der Welt, hast du das vergessen?" „Ich nicht, denn ich halte mein Versprechen, immer für dich da zu sein, aber nicht durch andere und Angst mich beeinflussen zu lassen und zu verstecken! Das ist doch kein Leben, den Druck und die Hiebe, davon hast du ja genug in deinem Umfeld, oder nicht? Ich liebe dich."

Ich fühlte, dass es Isy schmerzte, diese Liebe nicht leben zu dürfen, außerdem dachte ich, machte ihr auch der Glaube an Gott zu schaffen, da sie mir oft sagte: „Ich bin eine Sünderin, und Gott liebt mich sicher nicht mehr." Wobei ich ihr immer geantwortet habe: „Gott liebt die Liebenden und die, welche Gott lieben, auch wenn sie gesündigt haben", was Isy oft angezweifelt hat.

Es war Sonntagmorgen, und ich fuhr in den Ort, um an der Tankstelle die Zeitung zu lesen, aber auch mit dem Gedanken, Isy zu sehen, wenn sie sonntags immer um 9 Uhr 30 in die Kirche ging. Ich lenkte mein Auto auf den Parkplatz und stellte den Motor ab, um Richtung Kirche zu gehen, da kam Isy um die Ecke und parkte ihr Auto. Wichtig war, sie hatte ihre Tochter nicht dabei, um sie auch sprechen zu können. „Morgen, Schatz", sagte ich, und sie blickte mich ängstlich an. „Bitte, nicht hier, da schauen ja alle Leute auf uns, haben ja schon genug zum Reden, willst du es herausfordern?" „Ich fordere nichts heraus, ich gehe mit dir in die Kirche, das darf ich doch! Bitte wirf deine „Scheiß-Angst" weg, die bringt dich und alles andere um, ist es das wert?" „Du hast recht, aber so einfach geht das nicht bei mir", antwortete sie, „ich muss jetzt rein, und dann geht es weiter."

Ich war bitter enttäuscht, dass sie sich so verhielt. Mit schwerem Herzen ging ich zum Auto und fuhr wie geplant eine Tasse Kaffee trinken und die Zeitung lesen. Ich ging nicht in die Kirche, was ich im Glauben an Gott und an Isy von Herzen gerne tat, doch um sie nicht zu ängstigen, ging ich nicht.

Mein Körper spielte verrückt, ich weiß nicht, warum, aber meine Anzahl an Schlafstunden wurden immer weniger, und dauernde Magenschmerzen waren die Folge.

Da diese Schmerzen immer mehr wurden, suchte ich den Arzt auf, dieser untersuchte mein Blut, Herz und machte ein EKG, um den Hintergrund meiner Beschwerden zu finden. Alle Auswertungen brachten nur negative Werte, worauf er mich fragte, ob ich mit der Firma oder privat Probleme hätte. Ich verneinte, denn ich wollte ihm nicht sagen, dass meine Beziehung zu Ende war, obwohl wir uns nicht bekämpften, aber aus dem Weg gingen. „Na, dann musst du mal ins Krankenhaus, um die Ursache zu finden." Er schrieb mir eine Überweisung, und wir verabschiedeten uns.

Als ich ins Auto stieg, schrieb ich Isy, sie sollte auch wissen, wie es mir geht. Doch wie in den Tagen zuvor, nichts kam, kein „Hallo" oder „Wie geht es dir?" oder „Was hast du?", nichts, als wäre ich der letzte Dreck. So blieb ich zu Hause mit meinen Schmerzen, da ich auch zu nichts Lust hatte.

Spät abends fuhr ich wieder zu Isy, nahm den Laserstift mit und parkte wie zuletzt am Nachbarhaus. Diesmal ging ich gleich auf die andere Seite ihres Hauses und hielt Ausschau nach ihr. Es dauerte nicht lange, und sie ging mit einem Tablett voller Getränke vorbei. Ich wartete einen guten Moment ab. Jetzt konnte ich mit dem Laserstrahl auf ihre Hand zeigen. Sie bemerkte den Strahl, und sie wusste, von wem der Strahl kam. Als ich das zweite Mal auf ihren Körper zielte, gab sie mir ein Zeichen, dass sie es bemerkt hätte, und ich stellte mich an einen dunklen Platz, um nicht entdeckt zu werden, mit der Erwartung, dass Isy rauskäme. Doch sie kam nicht. Ich ging wieder zum Auto, legte wieder einen kleinen Zweig vor ihrer Haustüre ab und fuhr traurig und enttäuscht heim.

Was kann ich tun, um Isy aus diesem Umfeld rauszuholen? Bin ich ihr nichts wert, bedeutet ihr diese Liebe nichts, wie kann ich ihr die Angst nehmen? All das beschäftigte mich den ganzen Tag, ja über Wochen, da Isy nicht reagierte. Für mich wurde es immer erdrückender.

Seit den letzten Treffen waren einige Wochen vergangen; an den Wochenenden fuhr ich zu ihr, doch keine Reaktion von Isy. Ich gab nicht auf, denn ich konnte diese Frau nicht verstehen; auf der einen Seite war sie so gläubig, anderseits nahm sie die Liebe und Wärme mit beiden Händen und mit ganzem Herzen, tat mir dabei riesig weh. Passte das zusammen? Ich fand nein! Wenn, dann sollte man in allen Bereichen gerecht sein. Meine Hartnäckigkeit trug langsam Früchte. Als ich eines Abends wieder an ihrem Fenster mit dem Laserstrahl auf sie zielte, winkte sie abermals. Ich stellte mich wie immer an einen dunklen Platz, doch da kam ihr Sohn mit seinen Freunden! Ich hielt mich ganz ruhig, und sie gingen an mir vorbei ins Haus. Aber nach einer Weile ging die Türe, welche ins Freie führte, auf, und Isy kam raus. Sie sah mich nicht, da ich im Finstern stand. „Hallo, hier bin ich", sagte ich, und sie kam auf mich zu. Mit einem kleinen Satz sprang sie hoch, umarmte mich und sagte: „Bist du verrückt, wenn dich jemand sieht, mein Mann schleicht sowieso Tag und Nacht ums Haus." Ich konnte nicht mehr antworten, mit ihren Küssen und Umarmungen blieb mir die Stimme weg. „Bitte sei leise, und lass dich nicht erwischen, ich muss rein, sonst suchen sie mich, ich vermisse dich auch. Bis morgen früh", sagte sie und lief ins Haus.

Daheim angekommen, schrieb ich Isy: „Schatz, ich danke dir, dass du rausgekommen bist. Ich wusste, dass auch dein Herz Sehnsucht hatte nach mir und ich mit dir nach unserer Liebe und nach Zärtlichkeiten. Man kann doch nicht Herz und Körper seinem Liebsten schenken, sich lieben und dann sagen, das war nichts, ich kann es nicht leben! Ich bin ein Mensch, der seine Worte hält und auch eine Liebe, die ich versprochen habe; ich halte dich fest. Ich liebe dich."

Lang nach Mitternacht kam die Antwort per SMS:

> Warum muß das so
> sein.auf einmal ist das
> Leben vorbei-oder zum
> Glück

Es war Montagmorgen, und ich schrieb meinem Schatz wie immer „Guten Morgen", dass ich sie liebte und vermisste. „Es würde mich freuen, dich wieder einmal in die Arme zu nehmen; ich hoffe, dass du nicht vergessen hast, dass ich in zwei Wochen mit meinen Enkelkindern in den Urlaub fahre, hast auch du mir geraten. Bitte komm, ich warte am Parkplatz auf dich, bitte, ich liebe dich."

Wie ein Wunder kam die Antwort einer Zusage, uns zu treffen. Ich war glücklich, meinen Schatz endlich wieder in die Arme zu nehmen und zu küssen, mir fehlte sie so, einfach alles an ihr, ihr Körper, ihre Liebe und ihre Zärtlichkeiten. Alle diese Dinge sind, als würde man langsam die Kraft verlieren, weiter stehen zu können, wenn man sie vermisst und nicht hat, darum ist die Freude umso größer. Ich fuhr früher als normal zum Parkplatz und wartete auf meinen Schatz. Das Warten war nur kurz, als Isy mit ihrem Auto neben meinem einparkte und schnell hinten bei mir einstieg. Lächelnd sahen wir uns an, umarmten und küssen uns.

„Na, mein Liebling, wie geht es dir? Habe dich vermisst", sagte ich, streichelte ihre Wange und drückte sie an mich. „Ich dich auch, aber bitte pass auf, wenn du zu mir kommst, es ist zu gefährlich, reinzuleuchten", antwortete sie. „Ich weiß, aber bitte versprich mir, dass du dich nicht versteckst; ohne dich ist das kein Leben, du schenkst mir so viel Liebe und Lebensfreude. Will alles an Liebe nur dir geben." „Ich weiß es, aber bitte versteh mich doch auch", antwortete sie, „wenn uns da jemand erwischt oder sieht, dann ist bei mir die Hölle los. Du weißt, dass er immer ums Haus schleicht oder Freunde zu meinem Sohn kommen; ich darf nicht daran denken, was sich da abspielen würde."

Ich drückte sie fest an mich, streichelte ihren Bauch, da ich meine Hand unter ihren Pulli geschoben hatte und auch die in einem hübschen BH verpackten Brüste liebkoste. Schwups, hatte ich den BH geöffnet und saugte an ihren kleinen, festen Brustwarzen, dabei hatte sie ihre Arme um mich geschlungen und hielt mich fest. „He, ich habe nicht so lange Zeit", sagte sie. „Ich bin heute noch sehr müde, bin erst um 5 Uhr zu Bett, wir haben wieder mal gewürfelt, und da wird es immer spät."

Ich hob meinen Kopf, sah sie an und sagte: „Du musst immer die Letzte sein, ohne dich geht da ja nichts, und Nein sagen kannst du auch nicht, um früher ins Bett zu gehen." Ich nahm ihre Hand und legte sie zwischen meine Oberschenkel. „Na, keine Lust?", fragte ich. „Ja schon", antwortete sie, „aber bitte versteh mich, ich muss nach Hause, schlafen soll ich auch, muss dann alles aufräumen und mit dem Putzen beginnen, sonst wird mir die Zeit zu kurz. Ich gehe heute noch eine Runde, um Luft zu schnappen, aber erst gegen 18 Uhr", sagte sie, „wenn du Zeit hast, dann treffen wir uns, einverstanden?" „Ja, sicher, ich freue mich auf jede Minute mit dir." Sie sah mich an und lachte: „Ja, unsere Minuten, die kenn ich, das sind meistens Stunden", erwiderte sie, schloss ihren BH und richtete sich ihren dünnen Pulli zurecht. Sie legte ihre Arme um mich und küsste mich. „Dann bis am Abend, ich melde mich, aber jetzt muss ich los." Ein paar Blicke links und rechts, „freie Bahn", sagte sie, öffnete die Autotür und lief zu ihrem Auto. Ich wartete wie immer noch eine Weile, bis sie nicht mehr zu sehen war, und fuhr zur Arbeit.

Es war ein wunderschöner Tag, die Sonne strahlte, und ich überlegte, ob ich nicht früher Schluss machen sollte, um eine Tour mit dem Fahrrad zu fahren. Ich fuhr früher nach Hause und startete eine Runde mit dem Rad, da Isy mir mitteilte, dass ein Treffen vor 18 Uhr nicht zustande komme. Als ich meine Radrunde fast erledigt hatte, kam das SMS von Isy. „Gehe in einer halben Stunde eine Runde, du weißt, gehe in Richtung der zweiten Straße", schrieb sie, und da treffen wir uns, oder kannst du nicht?" „Sicher kann ich", antwortete ich ihr, „es kann sein, dass ich fünf Minuten später komme, da ich mich noch duschen muss!" Ich erhöhte kurz mein Tempo, um früher zu Hause zu sein, stellte das Rad in die Garage und sprang schnell unter die

Dusche. Zum Glück war niemand im Hause, da sich ein kleiner Stress aufbaute, um meinen Schatz nicht warten zu lassen. Ich stieg ins Auto und trat ein wenig mehr aufs Gaspedal, denn die Lust auf Isy wurde immer mehr.

Ich bog in die vereinbarte Straße ein, fuhr diese langsam entlang, um meinen Schatz nicht zu übersehen. Ich konnte sie nicht erblicken, also musste ich wieder wenden, um sie zu suchen. Ich nahm kurz das Handy raus und rief an! „Wo bis du?", fragte ich sie, da ich sie nicht sehen konnte. Sie lachte: „Ich habe dich schon gesehen; fahre noch ein kleines Stück, bis zum Jägerstand und dann links, da warte ich." Ich konnte den Jägerstand schon sehen und bog ab. Da stand Isy, eng an einem Strauch, um nicht gesehen zu werden. Ich hielt an, und sie stieg hinten bei mir ein. „Hallo", sagte sie, „du warst aber schnell da." „Wenn du für mich Zeit hast, muss ich Gas geben, da die immer zu wenig ist für uns", antwortete ich, „und wo geht es hin?"

„Fahre nicht zu weit, viel Zeit habe ich nicht, muss danach meinen Sohn abholen", sagte sie. „Da vorne kannst du stehen bleiben, oder ist es zu gefährlich?", fragte sie. Ich fuhr zu der Stelle, drehte um und stellte das Auto ab, zog die Handbremse an, da das Auto hinten steil nach unten stand, verschloss die Türen und stieg nach hinten.

Wie ein ausgehungerter Löwe umschlang ich Isy, und wir halfen uns gegenseitig, unsere dünnen, aber wenigen Sachen zu entfernen. Kaum war das letzte Stück weggeworfen, umarmte ich Isy und legte sie auf den Rücken, begann sie überall zu streicheln und zu lecken.

„Bitte schau, ob niemand kommt", sagte sie, „es war mir, als hätte ich jemanden gehört." Ich hob meinen Kopf und sah mich um, da Isy immer jedes Blatt rauschen hörte und dies viel Angst in ihr erzeugte. „Kannst beruhigt sein, nichts zu sehen, jetzt gehört alles uns, und das werden wir jetzt genießen!" Beginne sie zu küssen und überall, an Schenkeln, Bauch, Brüsten, Mund und ihrer Öffnung zu massieren. „Knie dich doch mal, Schatz, deine Lippen sind so heiß und feucht, die muss ich dir massieren", dabei erhob sie sich und kniete sich über mich. „Da bleibt für dich auch was Schönes", sagte ich und schob ihr meinen Schoß entgegen. Isy hielt meinen Penis fest und begann ihn mit Zunge und Lippen zu verwöhnen, gleichzeitig saugte ich ihre Lippen und stieß meine Zunge in ihre heiße, sich leicht auftuende Öffnung. „Du bist verrückt", sagte sie, als ich ihre Lippen fest auseinanderzog, zärtlich ihr Zäpfchen in den Mund saugte und sie biss. „Hab ich dir wehgetan?", fragte ich sie, als sie kurz „HE" schrie. „Nein, tut gut, macht aber ein wenig verrückt." „Ja, so wie du meinen Schwanz, denn der ist scharf geladen, und pass auf, dass er dich nicht vollspritzt. Komm, setz dich darauf, damit nichts verloren geht." Und ich kroch durch ihre Schenkel. „Pass bitte auf, du weißt, wir dürfen nicht riskieren, dass ich schwanger werde, das wäre das Aus", sagte sie und setzte sich verkehrt auf meinen steifen Schwanz. Ich fuhr ihr mit meinem Schoß entgegen, er verschwand tief in ihrer feuchtheißen Lusthöhle. Wir konnten uns nicht mehr halten, unsere Stöße nahmen kein Ende. Ich spürte, wie das Sperma sich seinen Weg zum Ausgang suchte, ein tiefer Stoß, und ich zog ihn aus ihrem heißen, feuchten Schoß, wobei der Schuss des Spermas ihren Po übergoss und auf meinen Penis runtertropfte. „Bleib, ich wische es mir ab", sagte sie und nahm sich ein paar Taschentücher aus meiner Mittelkonsole, um ihren vollgespritzten Po abzuwischen, dabei legte sie mir auch ein Taschentuch auf meinen Penis. Ich zog mich unter ihr nach vorne, leckte ihr dabei über ihre feuchte Möse. „Nein, das reicht", sagte sie, drehte sich um, legte sich neben mich, ihren Fuß über mich geschlagen. Fest uns umarmend lagen wir da und küssten uns. So genossen wir eine Weile unsere Wärme und Liebe. Dann drehte sie sich auf den Rücken, schloss die Augen und sagte: „So möchte ich jetzt liegen bleiben und schlafen bei dir!"

„Tu es, und genieße es", antwortete ich, nahm ihre Hand und legte sie auf meinen Penis, den sie festhielt; ich streichelte den süßen Bauch, ihre festen Brüste mit den spitzen Brustwarzen. „Horch", sagte ich, „kommt da ein Auto?" Ich blickte nach draußen, und ein Jeep kam des Weges. „Bleib und decke dich zu, Isy. Ich warf ihr die Decke über, und so versteckte sie sich zusammengedreht darunter. Ich zog mir schnell mein Poloshirt über, nahm die

Unterhose und die kurze Hose und zog diese schnell an. Stieg nach vorne, startete das Auto und fuhr los.

Als ich dem Jeep nahe kam, hielt dieser in der Straßenmitte an, der Mann stieg aus und kam auf mich zu. Was sollte ich jetzt tun, und was wollte er von mir? „Isy, bitte bleib so liegen, es kann dich niemand sehen, hab keine Angst, die Fenster sind verdunkelt, und man kann von außen nichts sehen." Ich fuhr näher an ihn heran, stoppte und öffnete das Seitenfenster an der Fahrerseite einen kleinen Spalt. „Hallo, gibt es ein Problem?", fragte ich. „Grüß dich", sagte er. „Was machst du da?" Ich überlegte kurz, was ich sagen sollte und antwortete: „Ich hatte kurz ein mulmiges Gefühl im Bauch, und bevor ich in die Hose machte, bin ich hier in den Wald gefahren, darf ich das nicht?" „Ist okay", sagte er, „aber in letzter Zeit wird da gewildert, und wir suchen nach dem Übeltäter."

„Ich bin kein Jäger oder Wilderer", antwortete ich. „Du kannst ja meine Autonummer überprüfen lassen, wenn du willst", und um meinen Schatz, welcher noch immer regungslos unter der Decke lag, nicht zu gefährden. „Alles okay", gab ich zu verstehen, verabschiedete mich und fuhr los. Isy traute sich nicht zu bewegen und sagte: „Bleib bitte nach einem kleinen Stück stehen, damit ich mich anziehen kann."

Am Eingang zum Wald hielt ich an und hüpfte zu Isy nach hinten. „Komm, ich helfe dir beim Anziehen." Dabei sah ich mich nochmals um, um nicht noch eine Überraschung zu erleben. Die Luft war rein, ich schob die Decke zur Seite und nahm Isy in die Arme, da man ihre Angst im Gesicht sah und an ihrem Körper spürte. „Wir sind total verrückt, wenn mich der jetzt gesehen hätte", sagte sie und hielt mich fest. „Ich hätte ihn doch nicht reinschauen lassen, da wäre ich einfach weggefahren; ich bin doch nicht blöd, bin ihm doch keine Rechenschaft schuldig, oder?" Ich gab ihr zärtlich ein paar Küsse und drückte sie fest an mich. „Du kannst mir vertrauen, für dich tue ich alles." Ich nahm ihren BH und ihren Slip, welche noch am Beifahrersitz unter ihrer Jogginghose lagen, und half ihr beim Anziehen.

Endlich hatte sie wieder alle ihre Sachen an, alles war am richtigen Fleck; wir legten die Decke gemeinsam zusammen und fuhren aus dem Wald hinaus; um den Jeepfahrer nicht nochmals zu treffen, in eine andere Richtung. In einem Waldstück in der Nähe von Isys Zuhause hielt ich an, drehte mich um und fragte: „Hattest du Angst?" „Wie kannst du das fragen?", sagte sie: „Ich hab gedacht, jetzt hat die letzte Stunde geschlagen, und alles kommt auf; wie du schnell reagiert hast mit deiner Notlüge, Wahnsinn!" „Hab doch nicht gelogen, hatte ehrlich ein Kribbeln im Bauch; es war die Liebe und Sehnsucht nach dir, deiner Liebe und deinem Körper, Liebes!"

Drehte mich zu ihr um, nahm sie vom Fahrersitz aus in den Arm und gab ihr einen langen, intensiven Kuss. „Siehst du, man braucht keine Angst zu haben, warum auch? Wenn es passiert wäre, hätte man es auch nicht ändern können, so etwas bindet und hält zusammen, wenn man gemeinsam etwas liebt und lebt, oder nicht, mein Schatz?", fragte ich Isy.

„Du hast recht, aber allein der Gedanke macht mich fertig und ängstigt mich", antwortete sie. „Ich muss jetzt nach Hause, die Angst und das Erlebte verdauen." „Das Treffen mit dem Jeepfahrer musst du verdauen, nicht das Erlebte", erwiderte ich, denn das war wie immer mit dir ein Rausch der Gefühle in wahrer Liebe." „Ja, es war wie immer schön mit dir, eng umschlungen bei dir zu liegen und sich zu lieben, nur die Angst macht mich krank", sagte sie, gab mir einen Kuss auf die Wange und sprang aus dem Auto.

„Tschüss, Mäuschen", rief ich ihr nach, „und melde dich, sonst muss ich wieder um dein Haus geistern." „Okay, wenn ich Luft habe, melde ich mich. Pass auf dich auf, und schau, dass dir der Jeepfahrer nicht nochmals unterkommt." Isy verschwand im Wald, wo ein kleiner Feldweg an die Verbindungsstraße zu ihrem Haus führte. Von dort konnte man nicht hierhersehen, solche Details mussten wir bei unseren Treffen immer berücksichtigen. Auch bei mir war der Zwischenfall mit dem Jeepfahrer nicht spurlos vorübergegangen, dies erzählte ich Isy per SMS. Nicht dass ich Angst vor der Situation hatte, aber bei Isy würden solche Aktionen wieder mehr Angst hervorrufen. Außerdem hatten wir keine Zeit, über meinen Kroatienurlaub zu sprechen, denn vierzehn Tage wollte ich nicht ohne Isy sein, dazu fehlten sie und ihre Liebe mir zu sehr.

Es war schon späte Nacht, als das Gute-Nacht-SMS von Isy kam. Sie schrieb, alles sei okay bei ihr zu Hause, doch der Schrecken sitze noch tief in ihr. Sie könne nicht schlafen, und es wäre schön, sich jetzt anlehnen zu können, denn ihr sei so kalt in ihrem Iglu! Ich konnte Isy verstehen, denn mir ging es nicht anders, schrieb ich ihr mit meinem zärtlich, heißen Gutenachtkuss zurück. Zwei Tage waren vergangen, und Isy ließ wieder einmal nichts von sich hören, obwohl ich ihr schon so oft erklärt hatte, wie krank mich das machen würde. So schrieb ich ihr, sich sicher zu melden, oder wir könnten uns treffen, da ich Samstagmorgen nach Kroatien fahre und sie unbedingt noch treffen müsse. Besser wäre, sich wo zu treffen, um genügend Zeit zum Verabschieden für den Urlaub zu haben. Es war Donnerstagabend, ich war Tarockspielen, als ein SMS von Isy kam. Sie entschuldigte sich, sich nicht gemeldet zu haben, habe aber einen Vorschlag, den sie mir mitteilen müsse, sie habe morgen in Gmunden zu tun und würde mich gern treffen. „Bin gerade von der Gebetsrunde heimgekommen und musste es dir sagen. Gute Nacht!" Ich schrieb ihr sofort zurück und bat sie, mir Genaueres mitzuteilen. „Muss etwas einkaufen und umtauschen, dies würde so eine Stunde dauern", und sie denke, es würde gegen 10 Uhr beim Einkaufszentrum sein. „Wenn du da bist, ruf mich an, dann sage ich dir Genaueres, wo ich warte." „Ja, ist fix, freue mich auf dich, schlaf süß, ich liebe dich", antwortete ich. Am Morgen schrieb ich meinem Kollegen, dass ich in Gmunden etwas zu tun hätte und erst gegen Mittag in der Firma erscheinen würde. Auch Isy schrieb ich: „Guten Morgen, Schatz, bin verrückt nach einem Schmatz, werde dir noch viel mehr vom Schönsten geben, was wir beide wünschen, lieben und in den Armen erleben. Bussi, mein Schatz."

So fuhr ich um 9 Uhr 30 los und parkte mein Auto am Parkplatz vor dem Einkaufszentrum. Ich nahm mein Handy und rief Isy an. „He", sagte sie, „du bist schon da?" „Ja", antwortete ich, „und wo soll ich warten?" „Ich habe noch ca. fünfzehn Minuten zu tun und rufe dich dann an; ich weiß noch nicht, wo ich einen

Parkplatz bekomme, bis dann." Ich blieb im Auto sitzen und beobachtete die Menschenmenge, die in Hektik ihre Bedürfnisse erledigte. Es war interessant zu beobachten, wie unterschiedlich diese Menschen reagierten und wie sich ihre Mienen änderten, den einen ärgerte der Verkehr, da er warten musste über die Straße zu gehen, der andere hasste das lange Warten um einen Parkplatz, andere wiederum konnten mit dem Willen ihrer Kinder nichts anfangen. Das Klingeln des Handys riss mich aus meinen Beobachtungen, und Isy sagte: „Ich bin gerade ganz oben am Parkdeck, sonst gibt es keine Parkplätze." „Bin in drei Minuten bei dir, habe großen Hunger auf dich", antwortete ich, und sie entgegnete mit einem lauten Lachen: „Dann nimm dir etwas zu essen mit!" „Ich brauche nichts zu essen, ich will naschen, dich vernaschen", erwiderte ich. Kam oben am Parkdeck an, fuhr um das obere Gebäude und sah Isys Auto dastehen. „Parke hinter der Mauer, und du kommst in mein Auto, okay?" „Okay", sagte sie und legte auf.

Fuhr an Isy vorbei, stellte mein Auto mit einer Seite eng an die Mauer und schaltete den Motor aus. Winkte meinem Schatz, sie solle an meiner Seite einsteigen. Sie stieg aus, kam auf mich zu und mit einer schnellen Bewegung öffnete sie die Tür, stieg ein und bückte sich, um nicht gesehen zu werden. „Warte, ich schließe von innen die Türen und komm zu dir nach hinten, Liebes." Versperre von innen und hüpfe zu ihr nach hinten. Heute war ein heißer Tag, und die Sonne brannte auf mein Auto. Es war entsprechend heiß im Innenraum, aber für Isy sind Temperaturen von 35–40 Grad super, das liebt sie.

Ich nahm ihr alle Kleidungsstücke ab und legte auch meine ab. „Wenn uns jemand sieht, wo so viele Leute vorbeigehen", sagte Isy fragend. „Hab keine Angst, die denken alle, nichts wie rein, bei der Hitze", und ich begann sie zu streicheln. Wir lagen eng umschlungen nebeneinander, küssten und streichelten uns überall, was nicht ohne Wirkung blieb. Meine Manneskraft schwoll an, und meine Hände streichelten Isys Schenkel, ein heißer Mund lag vor mir. „He, Mäuschen, du bist so erotisch und heiß, möchte dich verwöhnen und massieren, mit allem, was uns zur Verfügung steht!" Isy legte sich auf den Bauch, ließ sich fallen und genoss. Ich begann meinen Engel zu streicheln, massierte ihre Schenkel, den süßen zierlichen Po und ihren Rücken, der ihr immer große Probleme bereitete; ich ließ keine Stelle dieses Körpers aus. „Ach, tut das gut, in dieser Wärme und mit deinen Liebkosungen", ließ sie mich wissen, als ich da und dort auf ihrem Körper einen Kuss anbrachte. Isy drehte ihren Kopf zur Seite, wendete sich um und blickte mich nur an, griff nach mir, fasste nach meinem Penis, und mit der anderen Hand streichelte sie mich zärtlich am Rücken. Ich neigte mich zu ihr nach vorne, drückte ihr einen Kuss auf ihre Lippen, und beide züngelten wir wie eine Schlange. Auch ihre Zunge drang tiefer in meinen Mund ein und wurde leidenschaftlicher. Isy war keine Angst mehr wegen des Umfeldes mehr anzumerken, wo und in welcher Umgebung sie war. Unsere Körper legten los, als hätten wir Monate keine Liebe und Wärme erlebt.

Meine Hände wurden feucht, da ich ihre Möse und Lippen fest rieb, streichelte, mit dem Finger ihr Zäpfchen massierte. Es begann ein Rausch der Sinne. Isy und ich ließen es uns so erleben, wie wir beide es liebten, nichts an Liebe und Sinnen zu vergessen, es uns zu schenken. Wir verwöhnten uns gegenseitig, an allen Stellen des Körpers und des Herzens. Sie hielt meinen Penis mit einer Hand fest, bewegte sie langsam auf und ab und küsste mich zärtlich. Mit meiner linken Hand ergriff ich ihre Schamlippen, zog sie ein kleines Stück auf, und süße, leicht errötete, feuchte Lippen lagen vor mir. Drehte meinen Kopf langsam zu ihrem Schoß und saugte vorsichtig ihre Lippen. Isys Schoß schob sich mir fest entgegen. „Dein Mund ist so heiß und deine Lippen so rot", sagte ich ihr leise ins Ohr. „Du bist wahnsinnig, was du mit mir hier anstellst und machst, da hab ich nicht einmal Angst, gesehen zu werden. Du machst mich verrückt, aber glücklich, tut mir gut, bei dir zu sein." Und sie drückte meinen Penis fest zu. Sie würde nie ein schmutziges Wort verwenden, das ließe ihr Glaube nicht zu, aber man fühlte, wie diese Liebe sie frei machte und wie sie diese Erlebnisse mit mir erleben wollte. Sie lag da, hielt ihre Augen geschlossen, aber ihr Körper zeigte Leben. „So schön, mein Schatz, zu fühlen, wie du dich fallen lässt. Wahnsinn, wie du Herz und Körper verschenkst." „Ja, da verliere ich all meine Angst, und das genieße ich", sagte sie, erhob sich und schloss ihre Hände um meinen Nacken. Traumhaft, wie Isy vor mir kniete, ihr Lächeln, ihr Strahlen und ihr süßer Körper. Ein tolles Gefühl und eine innerliche Freude, diese tolle Frau zu lieben und ihre Liebe mit ihr zu leben. Umarmte Isy, legte sie zärtlich auf den Rücken und drehte mich, um zwischen ihre Schenkel zu kommen. „Nahm die Decke und legte sie unter ihren Po. Eine wunderbare Position, ihren heißen Schoß zu verwöhnen, mit all dem Schönen. Ihre Füße lagen auf meinem Rücken, mit den Händen öffnete ich ihre Lippen und leckte sie. „Wie ist die geil und rot, Schatz", sagte ich. Sie schloss ihre Oberschenkel und hielt mich fest. „He, was machst du mit mir?", fragte ich. „Ich halte dich fest, du machst mich feucht und verrückt", antwortete sie leise, strich mir über die Wange, stützte sich auf ihre Hände auf und gab mir einen Kuss. „Mein Engel, ich möchte deine feuchten, roten Lippen an meinem Penis spüren." Ich hob meinen Kopf hoch und rückte nahe an sie heran. Ihr Schoß lag hoch, da sich das Kissen noch unter ihrem Po befand. Isy saß aufgestützt, mit weit geöffnetem Schoß vor mir. So konnte ich meine Oberschenkel unter ihren durchschieben und meinen Penis langsam in sie einführen.

Ich fühlte ihre feuchten Lippen an meinem Schwanz. Ein wunderbares Gefühl, diese tolle Frau zu lieben, im wahrsten Sinne des Wortes. Ich drang tief in sie ein, und es schien, als wollte es nie enden, da ich meinen Oberschenkel unter ihren Po geschoben hatte und so jeden Zentimeter meines Schwanzes in sie schieben konnte. Mit ihren Füßen umklammerte sie mich, hob ihren Schoß hoch und fest gegen mein Becken. So konnten wir in kleinen Stößen unsere Lust genießen und ausspielen. Wir hofften, dass dies niemals enden würde, doch der Mensch ist keine Maschine, und ich spürte, wie der Druck des Spermas immer mehr zunahm.

„Komm, mein Schatz, ich belohne dich mit meinem Saft und werde ihn in deinem Bauchnabel ablegen." Dabei nahm ich sie an der Hüfte, und wir erhöhten unsere Stöße. „He", sagte sie

laut, „jetzt hast du mich erwischt." „Ich liebe dich, mein Engel",
antwortete ich, „jetzt halte dich fest." Nach einem tiefen Stoß
zog ich ihn aus ihrem heißen, wunderbaren Schoß. Ich legte
meine Belohnung auf ihrem Becken ab. Schnell legte Isy ihre
Hand auf meinen Penis, und das Sperma quoll auf ihren Bauch
und über ihre Finger.

„Ganz schön warm und viel, was du auf meinem Bauch ab-
legst", sagte sie. „Ja wundert es dich? Machst mich und meinen
Schwanz ganz verrückt, da muss er dich auch belohnen, aber
es gibt nichts Schöneres, als mit dir und deiner Liebe in den
Armen glücklich zu sein." „Ich fühle mich so geborgen und
vertraut bei dir, danke, dass du mir das gibst", antwortete sie.
„Kommt von Herzen, es wäre das Allerschönste für mich, dich
immer neben mir zu haben", antwortete ich ihr und bedankte
mich mit einem intensiven, aber ehrlichen Kuss aus meinem
Herzen. „Ich brauch was zum Abwischen, kannst du mir was
geben?", bat sie mich. „Moment, ich hole was aus dem Handschuhfach." Ich erhob mich und nahm eine Packung Taschentücher. Sie wischte alles bei sich weg und begann auch bei mir
eine kleine Stelle trockenzulegen. „Danke", sagte ich, „war
lieb von dir." „Haben es ja zusammen verursacht", antwortete
sie mit einem herzlichen Lachen. „Bei dir kann ich alles fallen
lassen, da kann man es so erleben, wie ich es mir so oft gewünscht habe und jetzt erleben darf. Ich danke auch Gott, dass
ich diese Gefühle und diese Liebe mit dir erleben darf." Und
ein paar Tränen des Glücks liefen über meine Wangen. „Warum weinst du", fragte Isy? „Willst du meine Antwort hören?",
fragte ich Isy. „Ja, bitte", antwortete sie. „Ich bin mit dir der
glücklichste Mensch im Leben, ehrlich." Sie legte ihren Kopf
an meine Brust und gab mir einige zärtliche Küsse. „Ich bin
auch glücklich, bei dir zu sein und deine Wärme zu genießen,
doch wie soll das nur weitergehen? Darf nicht daran denken,
jetzt wieder heimfahren zu müssen und, ach, will nicht darüber
reden", sagte sie, „war so wunderschön, so bei dir zu sein und
der Mensch zu sein, der ich immer sein wollte, ein Glücklicher
und Geliebter." Isy begann sich anzuziehen.

Ich nahm mir auch ein Taschentuch und wischte mir einige Schweißtropfen ab, welche sich in der langen Zeit im Auto unter der prallen Sonne angesammelt hatten.

Langsam zogen wir uns an, wobei wir uns immer wieder streichelten und küssten. Es dauerte eine Weile, bis wir die wenigen Sachen anhatten. „Lass uns noch ein wenig so zusammenliegen, bat mich Isy, „ich tanke mit dir so viel Kraft, da geht alles viel leichter; ich weiß nicht, warum, aber es ist so." Dabei schmiegte sie sich an mich, und ich hielt sie fest, damit auch ich ihre Wärme spürte. „Sag doch, wie spät ist es jetzt, mein Engel? Ich muss meine Kleine um 13 Uhr abholen." „Mein Liebling; es ist bereits 12 Uhr 45!" „Was?", sagte sie. Mit einem lauten Aufschrei fuhr sie hoch. „Was? Ich muss doch um 13 Uhr meine Kleine abholen." Isy sprang hoch, drückte mich fest an sich, gab mir einen dicken, leidenschaftlichen Kuss und sagte: „Danke, bist ein Engel, und dass du dir Zeit für mich genommen hast. Ich muss jetzt heim, und meine Kleine wird auch schon warten. Ich melde mich am Abend, hab dich ganz fest lieb." Sie sprang raus und lief zu ihrem Auto. Sie hatte es eilig, denn sie wollte keinen Frust und Zwist zu Hause, sondern Leben. Startete und brauste winkend an mir vorbei. Auch ich startete und fuhr ihr hinterher.

Diese wunderbare Frau! So nahm ich diese Erinnerungen und Gefühle, welche sie mir wieder geschenkt hatte, mit nach Hause. Es tat mir nur weh, daran zu denken, diese Frau meiner Liebe zwei Wochen nicht zu sehen; ich musste mir etwas einfallen lassen, den Urlaub zu unterbrechen, heimzufahren und meine Isy, meine Liebe und mein Leben, zu treffen, ja, dass musste ich. Ich schrieb ihr noch ein langes, aber intensives SMS, mit meinen Gefühlen und meiner Liebe für sie. Kaum hatte ich es gesendet, kam kurz, aber für mich eine tolle, ihren Worten nach zu urteilen, freudige, nach dem vorher Erlebten glückliche Antwort:

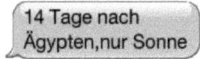

14 Tage nach Ägypten,nur Sonne

Am Heimweg dachte ich immer nur an Isy, hoffentlich hatte sie keinen Ärger zu Hause oder Beschimpfungen zu erwarten. Sie hatte so viel Mist und Müll aus ihrem Umfeld zu tragen, ich wunderte mich oft, wie sie es schaffte, so viel zu arbeiten, Nächte im Lokal und die Vorbereitungen, aber auch das Haus und die Pflege von allem, ich bewunderte sie, wollte sie gern unterstützen, was in ihrem Hause nicht möglich war, aber mit Liebe, Gefühlen, Zärtlichkeiten und Vertrauen konnte ich sie glücklich und reich machen, und das wollte ich, sonst nichts. So verging der Abend, und es blieb nur mehr der Freitag vor meiner Kroatienreise. Es war wie immer die erste Tat am Morgen, Isy zu schreiben, dass ich ihr einen guten Morgen, gefestigt mit einem zärtlichen, aber intensiven Kuss wünschte und die Nächte ohne sie „Scheiße" waren, es hätte viel schöner für beide sein können, was sie wie ich auch sehr vermisste.

Ich war am Weg zur Arbeit, als Isy aus der Seitenstraße kommend Richtung Ort fuhr und ich an ihr vorbeimusste. Ich konnte ihr nur kurz winken, denn anhalten durfte ich nicht, da sie immer ihre Tochter dabeihatte und die nichts mitbekommen durfte. So fuhr ich zur Arbeit, in der Hoffnung, dass sie Hallo sagte oder ein SMS schrieb. Ich war keine fünf Minuten gefahren, da läutete das Handy. „Na, Guten Morgen", sagte sie. Wie geht es dir, hast du gut geschlafen?" „Was heißt geschlafen, du weißt doch, dass ich sehr wenig schlafe, und wenn ich ‚schlafe', dann mit dir", antwortete ich. Sie lachte laut, und mit glücklicher Stimme antwortete sie: „Das weiß ich doch, habe den wunderschönen, gestrigen Tag mit dir auf dem Parkdeck ganz sicher in meinem Herzen festgehalten, mir war seit Langem nicht mehr kalt, und ich habe super geschlafen, danke. Was machst du?", fragte sie. „Ich bin fast in der Firma und muss mir etwas einfallen lassen, um dich nicht zwei Wochen allein zu lassen!" „Was willst du tun?", fragte sie neugierig. „Ich werde mir einen Geschäftstermin einplanen, um zur Halbzeit mal nach Hause zu fahren und meinen Engel zu lieben und in meinen Armen zu halten." „Du bist wahnsinnig, du brauchst doch nicht so weit nach Hause fahren", sagte sie, „da setzt du dich solchen Gefahren aus, so weit zu fahren!"

„Kein Weg ist mir zu weit, um bei dir, an deinem Körper und Herzen zu sein, mit all unserer Liebe. Du bist meine Liebe und mein Leben, Schatz", antwortete ich, „und wo du bist, möchte ich auch sein und werde es auch sein, da du mich glücklich machst, mit deiner Liebe und Wärme. Oft empfindest du es als Druck, aber ich möchte dir immer ganz nahe sein, am liebsten, wenn du neben mir liegst, nackt, und meine Wärme auf deinen Körper strahlt, dein Körper auf meinem liegt. Wunderbar, mein Engel."

„Ich stehe vor unserem Haus und muss jetzt aufhören, da aber mein Mann gestern wieder mal um 5 Uhr nach Hause ist, wie, kannst du dir denken, kann ich ruhig mit dir telefonieren, da er sicher bis Mittag schläft", antwortete sie. „Mit dir könnte ich stundenlang reden, aber an deiner Seite könnte ich immer sein."

„So, ich mache jetzt Schluss, und wir sehen uns heute Abend, oder nicht?", fragte sie. „Ich komme sicher zu dir, aber gehe, um dich zu schützen, nicht ins Lokal, sondern leuchte rein, ich will dir nicht wehtun, damit nicht wieder getuschelt wird über uns, einverstanden?" „Okay, aber hab Geduld, ich kann nicht immer gleich rauslaufen, wenn du da bist, das muss ich heimlich machen. Hab dich lieb. Bis am Abend", sagte sie und legte auf.

Ich fuhr in die Firma, um noch alle ausständigen Arbeiten fertigzustellen, damit in den zwei Wochen Urlaub nichts liegen bliebe, ich meinen Kollegen nicht zusätzlich belaste, da er sich um die Produktion und ich um das Finanzielle und um den Verkauf kümmerte. Alle ausstehenden Aufträge kontrollieren, verpacken und versandfertig machen sowie alle Rechnungen und Lieferscheinen fertigstellen.

Wir besprachen noch ein paar Artikel, welche gefertigt werden mussten, wo sie hinzuschicken wären, und bei Problemen könnte er mich jederzeit anrufen, um diese abzusprechen, da er sich nur bei meiner Nichtanwesenheit darum kümmerte und sonst keine Beziehung zu den Kunden hatte. Gegen 15 Uhr verabschiedeten wir uns, und er wünschte mir einen schönen Urlaub.

Eilig machte ich mich auf den Heimweg, da ich auch noch packen musste, und so schrieb ich Isy, ob sie nicht eine halbe Stunde rausgehen könnte, da ich gerade am Heimweg war und bevor ihr Lokal ab 17 Uhr 30 von Gästen gestürmt würde. Ein Treffen am Abend biete zu wenig Zeit, auf Wiedersehen zu sagen. Es dauerte keine zwei Minuten, als mein Schatz antwortete: „Es tut mir leid, aber ich habe noch so viel zum Vorbereiten, komm doch abends, um uns zu verabschieden, aber lange geht das nicht, denn da sucht mich jeder, doch um uns zu umarmen und uns zu küssen; ‚kurz' müsse sich ausgehen", antwortete sie. „Okay, wenn du keine Luft hast, dann sehen wir uns abends, aber bitte komm raus, ich nehm mir Zeit für dich, ohne einen Abschiedskuss fahre ich nicht weg. Ich würde dich am liebsten mitnehmen, damit du einmal Luft und Liebe tanken kannst, das wäre die Krönung, mein Engel", antwortete ich und fuhr heim, um zu packen. Meine Familie erwartete mich bereits. „Wo bleibst du so lange?", fragte meine Frau, „wir müssen doch das Auto packen mit all den Sachen für die Enkelkinder, da die Tochter keinen Platz hat, wenn vier Leute in ihrem Wagen sitzen müssen, und außerdem fahren wir um 4 Uhr morgens weg, und schlafen sollst du auch noch." „Bin ja schon da", antwortete ich, „und das Packen und Einpacken dauert auch nicht so lange, außerdem muss ich um 21 Uhr nochmals kurz weg." „So etwas Dringendes kann es doch nicht geben, dass du nochmals wegmusst, was ist, wenn du im Urlaub bist?" „Was wichtig ist", antwortete ich, „das muss ich entscheiden und nicht ihr, und wenn etwas noch zu erledigen ist, dann mache ich es auch, okay?" Ich trug meine Laptoptasche ins Haus und baute mein Auto um. Räumte hinten alles aus, lege die Sitze um, damit die großen Spielsachen meiner Lieblinge Platz hatten. Dann ging ich ins Haus, um auch meine Sachen einzupacken. Die Uhr zeigte bereits 20 Uhr 30, als ich den letzten Koffer fertig gepackt hatte und mich ins Badezimmer begab, um mich zu duschen. „Den Koffer trage ich erst ins Auto, wenn alles verstaut ist", sagte ich und legte ihn dann obendrauf, als Gewicht; ließ ihn an den Kopfstützen anstehen, damit bei einem Bremsvorgang nicht alles zu fliegen beginnen würde. Es war schon nach 21 Uhr, als ich mich auf den Weg zu Isy machte. Parkte das Auto wieder beim Nachbarn und ging im Dunkeln an das Küchenfenster des Lokals, um zu sehen, wo mein Schatz sich aufhielt. Ich hörte ihr Lachen in der Küche, so versuchte ich sie durch einen Spalt zu sehen. Leider ging das nicht, deshalb begab ich mich ans Fenster, mit Blickrichtung Bar, und wartete auf sie. Ich hatte mich an die Mauer gedrückt, um im Lichtkegel der Lokallampen nicht gesehen zu werden. In diesem Moment ging die Küchentüre, welche ins Freie führte, auf, und das Küchenpersonal trug einen großen Wasserbehälter ins Freie, welchen sie im hohen Gras entleerten. Gebückt verharrte ich und wartete, bis sie wieder in der Küche verschwanden. Es wurde mir langsam kalt, denn ich hatte nur ein dünnes Poloshirt an und wartete auf Isy, welche noch nicht zu sehen war, um mich erkenntlich zu zeigen. In diesem Augenblick ging sie mit einem vollen Tablett ins Nebenzimmer. Vorsichtig schlich ich die Mauer entlang und versuchte sie mit dem Laser an der Hand oder am Bauch zu treffen, ohne dass es Gäste mitbekamen. Jetzt schaute sie Richtung Fenster, und ich leuchtete ihr ganz kurz auf ihre Brust. Sofort hatte sie es gesehen und gab mir, als sie zurück zur Bar ging, ein Zeichen mit ihrer rechten Hand. Vorsichtig schaute ich mich um, hörte, ob niemand um die Ecke oder aus dem Haus kam, und lief zum Nebenbau, wo ich mich hinter einem Auto versteckte. Es dauerte eine Weile, da hörte ich Isys Stimme in der Küche. Ich lauschte ihren Worten, und kurz darauf war es still. Kommt sie vielleicht nicht raus, kann sie nicht weg oder hat sie Angst?, dachte ich.

Ich ging nochmals ans Fenster, und da sah ich sie, als sie mit einem Gast gerade ein Stamperl in die Hand nahm und wie sie sich zuprosteten. Sie tranken es in einem Zuge leer, und Isy ging hinter die Bar, wo ich keinen Einblick hatte. Doch in diesem Augenblick begab sie sich Richtung Ausgang, sodass ich wiederum mit dem Laser auf die Türe vor ihr leuchtete, und wiederum gab sie mir ein Zeichen. Darauf ging ich zu meinem Schutzbereich zurück und wartete. Da vernahm ich, dass an der Vorderseite eine Türe geöffnet wurde, konnte aber nicht sehen, wer es war, da oft auch das Personal zum Rauchen durch diese Türe ging. Doch genau in dem Augenblick hörte ich auch Isy. „Muss schnell in den Garten, noch Minzeblätter abzupfen, zum Dekorieren der Mehlspeisen und für die Drinks", sagte sie und ging der Hausmauer entlang an mir vorbei in den Garten, der im Finstern lag, und sie leuchtete mit einer Taschenlampe, um die Minzeblätter zu sehen und abzupfen zu können. In diesem Augenblick ging an der Vorderseite des Hauses das Licht aus, und es war überall dunkel. Leise hörte ich Isy fragen: „Wo bist du?" „Hier an der Garagenmauer, genau vor dir, ich sehe dich, aber du mich nicht", antwortete ich leise und leuchtete sie an. Sie ging aus dem Garten auf mich zu, dabei drehte sie die Taschenlampe ab, um nicht gesehen zu werden. Ich ging ihr ein paar Schritte entgegen und umarmte sie. Trug Isy an die Garagenmauer, wo wir uns intensiv küssten. „Verzeih mir, dass ich nicht früher konnte, ich musste vorsichtig sein, du weißt, alle suchen und beobachten mich nach dem Gerede." „Ich verstehe dich ja, mein Schatz", antwortete ich, „aber ich musste dich noch sehen, deinen Mund und Körper spüren", dabei schob ich ihr meine Hand in ihren Schritt. „Dafür ist keine Zeit", sagte sie, ich kann auch nicht länger bleiben, da in der Küche die Minzeblätter gebraucht werden." Ich drückte sie fest an mich, schob meine Finger an ihrem Slip vorbei und streichelte ihre heißen Lippen. „Ach, wäre schön, dich jetzt verführen zu können und uns zu lieben." „Ja, schön wäre es, aber ich muss wieder rein. Ich hab dich lieb, pass auf beim Fahren, und einen schönen Urlaub wünsche ich dir", sagte sie, schlang ihre Arme um mich und gab mir einen festen, intensiv langen Kuss. „Ich vermisse dich jetzt schon", sagte sie, „und du bist noch nicht mal weg, das ist ein ‚Scheißgefühl'." „Du hast recht, und das nehme ich mit." Ich drückte meine Hand in ihren Schritt und hielt ihre Schamlippen fest, „damit ich von dir auch etwas habe", antwortete ich. „Ich muss jetzt wirklich rein, bitte verstehe, wir dürfen nichts riskieren, dein Warten hier ist Risiko genug." Und sie gab mir noch einen Kuss. „Ich melde mich, wenn ich unten bin, und bitte antworte, mein Schatz!" „Ja, mach ich", versicherte sie und lief ins Haus.

Eilig fuhr ich heim, um ein wenig zu schlafen und nicht übermüdet fahren zu müssen, denn auf meine Frau konnte ich mich nicht verlassen, die nickte meistens nach ein paar Kilometern bereits fest ein. Also ging ich schnell ins Haus, putzte mir die

Zähne, schickte noch ein Liebes-SMS und legte mich schlafen. Ein leises Brummen weckte mich, und ich dachte, der Wecker läute, um aufstehen zu müssen. Es war fast 3 Uhr, doch mein Engel hatte noch geantwortet: „Hab dich lieb, und pass auf dich auf, ich bete jetzt noch zum Herrgott, dass er dich auf der Fahrt und im Urlaub beschützt." Kurz antwortete ich ihr noch: „Danke, dass du für mich betest, aber bete auch für unsere Liebe, dass sie lange hält! Ich liebe dich, und schlaf süß!" Ich konnte nicht mehr einschlafen, da ich mit meiner Familie vereinbart hatte, wir fahren um 4 Uhr 15 los. So entschloss ich mich aufzustehen und in Ruhe Kaffee zu trinken und zu frühstücken. Während der Kaffeeautomat lief, ging ich ins Bad und zog mich an.

War gerade mit dem Frühstücken fertig, kam meine Tochter, dass die Enkelinnen schon im Auto säßen und abfahrbereit wären. „Ja", antwortete ich, „bin auch fertig." Wir könnten fahren, aber Mutti bräuchte noch fünf Minuten. „Ja, passt", sagte sie, „wir warten im Auto auf euch." „Gut, in fünf Minuten fahren wir." Meine Frau zog sich ihre Schuhe an und ging zum Auto, ich versperrte die Haustüre, warf einen Blick zu meinen Enkelinnen in deren Auto, winkte ihnen zu und stieg ins Auto ein, startete, und wir fuhren los.

Zügig kamen wir voran, und wir riefen uns an, wann wir zu Mittag essen würden, da die Kids schon hungrig waren. Also beschlossen wir, sie sollten eine Raststation anfahren, und wir würden ihnen folgen. Nach ca. einer Stunde bogen wir zu einer Raststation ab und aßen zu Mittag. Wir hatten in Ruhe gegessen, und nach zwei Stunden setzten wir unsere Reise fort. Es war schon 14 Uhr, als wir an unserem Ziel, einem Ferienhaus für uns alle, ankamen. Es lag schön hoch oben, auf einer Bergkuppe, von wo wir einen herrlichen Rundblick, auch auf das blaue Meer hatten. Gemeinsam räumten wir unsere Sachen, Kleidung, Spielzeug, Lebensmittel, aus dem Auto und trugen sie ins Haus, räumten alles in Kästen und Schränke ein und kochten Kaffee. Die Enkelinnen liefen auf dem Grundstück umher, um alles zu erkunden, und konnten es nicht erwarten, uns zu erzählen, was sie entdeckt hatten.

Es war noch nicht spät, aber die Kids wollten zu Bett, da sie müde geworden waren nach dieser langen Fahrt. So begannen meine Frau und Tochter zu kochen, damit wir zu Abend essen konnten. Um 20 Uhr war bereits Ruhe im Haus, und ich ging ins Freie, um mir ein genaues Bild unserer Lage und davon, was geboten wurde, zu machen. Früh am Morgen weckte uns die Sonne, welche strahlend durch die Fensterläden schien. Nach dem Frühstück packten wir unsere Badesachen und fuhren runter ans Meer, wo wir den Tag verbrachten – mit Baden, Spielen und Schwimmen. Es waren wunderbare Tage, doch mein Herz, meine Gedanken und meine Liebe waren bei Isy. Als wir abends auf der Terrasse saßen, schrieb ich meinem Schatz. Wie schön das Wetter, das Meer und die Gegend und wie warm es war und wie sie mir fehle. Es vergingen keine fünf Minuten, und die Antwort war da. „Ich habe den ganzen Tag an dich gedacht und daran, wie schön es wäre, bei dir zu sein", schrieb sie. „Ich vermisse dich auch, und ich werde kurz nach Hause fahren, um dich zu treffen, da können wir ein paar Stunden ohne Störung gemeinsam verbringen", schrieb ich und schlug ihr vor, Donnerstag gegen Mittag wäre ideal, da Freitag viel Verkehr sei und ich lieber am Donnerstag so um 6 Uhr wegfahren würde und um ca. 13 Uhr bei ihr wäre. „Würde dir der Termin passen, Isy?", fragte ich.

„Bist du verrückt, würdest du für mich so weit fahren?", fragte sie. „Ja, sicher, sag mir nur, ob du dir Zeit für uns nehmen kannst." „Wenn du so weit fährst, muss ich mir ja Zeit nehmen, außerdem vermisse ich dich auch. Wenn du zu mir fährst, schreib mir während der Fahrt mal, ob die Uhrzeit unseres Treffens bleibt oder ob es später wird", antwortete sie. „Ich freue mich, mein Schatz, auf dich, und bitte nimm viel Liebe mit für mich, ich habe solch einen Entzug und brauche jede Menge Liebe und Streicheleinheiten von dir. Ich liebe dich. Gehe noch eine kleine Runde mit meinen kleinen Kids und dann zu Bett, um ausgeschlafen zu sein für die lange Rückfahrt, aber die Liebe zu dir verleiht Flügel. Gute Nacht, bis morgen, mein Liebes." Ich hatte schon ein paar Stunden geschlafen, als ich ein leises Piepsen meines Handys hörte. „Ich kann nicht schlafen", schrieb Isy, und Andrea Berg singt: ‚Wer schläft nachts schon gern allein‘; es wäre schön, sich jetzt anlehnen zu können. Freue mich, wenn wir uns treffen!“

Ich legte mich nochmals hin, um bis zum Läuten des Handys die noch verbleibenden eineinhalb Stunden zu nutzen. Die Zeit war schnell verstrichen, und ich musste aufstehen. Ich verhielt mich leise im Haus und verließ es anschließend, ohne zu frühstücken. Ich wollte zur Halbzeit an eine Raststation, um eine Kleinigkeit zu mir zu nehmen. Meine Reisekilometer zu meinem Schatz schmolzen und schmolzen, die Grenze zu Österreich hatte ich erreicht, als ich einkehrte, um mir einen Kaffee und zwei Brötchen zu kaufen, außerdem musste ich auch tanken, so ging alles gleichzeitig. Ich lag auch richtig in der Zeit, um pünktlich bei meinem Schatz zu sein. Ich aß in Ruhe meine Brötchen und schrieb Isy ein SMS, um meine vereinbarte Uhrzeit zu bestätigen. Sofort kam ihre Rückantwort, auch sie habe Nachholbedarf an Liebe und Wärme und werde eine Runde gehen, wenn ich ankomme. Genaueres teile sie mir noch mit. Ich antwortete, dass ich solche Sehnsucht nach ihr und ihren Zärtlichkeiten und ihrem Körper hätte, der Hunger nach ihr riesengroß sei und ich mich freue, sie in die Arme nehmen zu können und sie zu lieben. Bis bald! Die restlichen 280 km schwanden, als wäre das nichts, denn die Glückseligkeit für unser Treffen stieg und stieg, und das Ziel kam immer näher. Ich verließ die Autobahn und parkte unauffällig an einem Supermarkt. Stellte den Motor ab und schrieb Isy, dass ich beim Supermarkt parke und auf ihr SMS mit dem Treffpunkt warte.

„Bitte hab noch ein wenig Geduld, ich kann die nächsten fünfzehn Minuten nicht weg, aber wenn ich weggehe, ruf ich dich an, einverstanden? Hab dich lieb, bis gleich.“ So wartete ich auf meinen Schatz und auf ihren Anruf. In mir wuchs die Sehnsucht, und meine Lust auf Isy stieg immer mehr. Oft kann ich es nicht beschrieben, welch eine Liebe und welch Leben diese tolle, einsame und ängstliche Frau mir geschenkt hat; wenn man lange Zeit keine dieser Gefühle gehört und erlebt hat, weiß jeder Mensch, was es bedeutet, wieder zu leben und geliebt zu werden, ein unbeschreibliches Gefühl, welch ein großer Schatz an Reichtum.

Auch Isy schwärmte oft in meinen Armen, wenn sie sich an mich schmiegte. „Ich weiß nicht", sagte sie, „was du mit mir tust, dass ich so glücklich sein darf, ich meine Angst verliere und so viel Kraft von dir bekomme? Ich habe das so lange nicht mehr bekommen und so eine wunderbare Liebe nicht mehr erlebt, danke, dass du für mich da bist und sie mir schenkst, um glücklich zu sein; schade nur, ich weiß nicht, wie ich es leben soll in diesem Käfig."

Das Klingeln des Handys unterbrach meine Gedanken. „Hallo, bin jetzt von zu Hause los und gehe Richtung der zweiten Straße, du weißt ja, meinen Weg, lass dir Zeit, und pass auf, dass dich niemand sieht oder beobachtet." „Hallo Mäuschen", antwortete ich, „mein Herz und die Liebe zu dir sind unterwegs, gleich bei dir." Und ich legte auf.

Als ich in die Seitenstraße einbog, sah ich Isy schon von Weitem. Sie ging den Verbindungsweg durch den kleinen Wald und kam dann am Bauernhof vorbei auf die Straße. Langsam fuhr ich ihr nach, damit sie am Bauernhof vorbei war und ich anhalten konnte, um keine Angst zu erzeugen und damit sie einsteigen konnte. Ich hielt neben ihr an. Sie strahlte und lächelte, als ich sagte: „Hallo, mein Liebling, der Herrgott hat uns den herrlichen Sonnenschein und die Zeit geschenkt, uns zu treffen und uns viel Liebe zu schenken, komm steig ein, ich hab solche Sehnsucht nach allem von dir." „Du bist wahnsinnig!" Isy stieg hinten ein. Ich drehte mich um und gab ihr einen herzlichen Kuss. „Komm, fahr weiter, dass uns niemand sieht." „Wohin?", frage ich. „Nicht zu weit", antwortete sie.

Nach ein paar Hundert Metern bog ich in einen kleinen Waldweg ein und hielt an. „Komm, steig aus." Ich öffnete die hintere Autotüre und nahm sie am Arm. „Was tust du?", fragte sie. „Warte ab, ich möchte dich überraschen." Ich half ihr aus dem Auto, ging zum Kofferraum, öffnete ihn und nahm eine große Decke raus. „Komm, jetzt genießen wir die Sonne, unsere Liebe und unseren Körper."

Ich umarmte sie, und wir gingen ein Stück in den Wald, um von der Straße aus von Blicken geschützt zu sein. Ein Wildzaun stoppte uns. „Kein Problem, mein Engel, Schatz!" Vorsichtig kletterte ich darüber. „Komm, ich helfe dir", sagte ich, „hinter diesem Zaun sind wir geschützt, und es sieht uns niemand." Ich hielt ihr meine Hände entgegen, und als sie an der höchsten Stelle war, nahm ich sie an ihren Hüften he runter, dabei küssten wir uns leidenschaftlich. „Mit dir erlebe ich immer wieder Überraschungen", sagte sie, „aber schöne", und sie drückte sich fest gegen mich und belohnt mich mit zärtlichen Küssen. „Schau, Liebes, da ist ein wunderbarer Platz, umgeben mit kleinen Bäumen und Sträuchern, mitten in der Sonne, da können wir alles auftanken, was leer ist." „Warf die Decke auf den Boden, breitete sie aus und setzte mich mit Isy.

Zärtlich nahm ich sie in meine Arme, legte mich auf den Rücken, zog Isy an mich, sodass sie auf mir lag. „Ist das ein schöner Platz", sagte sie, „aber wenn uns jemand sieht!" „Hab keine Angst, es wird niemand über den Zaun klettern, darum habe ich den Platz ausgesucht, damit du dich in der Sonne, die du von Herzen liebst, fallen lassen und unsere Liebe genießen kannst." „Freue mich, dass du gekommen bist", sagte sie. „Habe viel an dich gedacht, wie schön es wäre, dich im Arm zu halten und mich anlehnen zu können, aber du bist verrückt, warum fährst du so weit, nur um ein paar Stunden mit mir zu verbringen?" „Ja, ich hatte solche Sehnsucht und musste kommen, ich hatte so einen Druck in mir, dich zu sehen", antwortete ich. Ich schlang meine Arme um sie, wir begannen uns zu küssen und zu streicheln. „He, Liebes, was sehe ich da, du hast keinen BH an, warum das?", fragte ich. „Du nimmst mir sowieso immer alles weg, und ich dachte mir, das spart dir Zeit." Ich strich zärtlich über ihren herrlichen, erotischen Bauch langsam ihren Brüsten entgegen. „Komm, ich helfe dir aus deinem Shirt."

Mit beiden Händen streifte ich ihr Shirt ab, und zwei tolle Brüste mit ihren Knospen strahlten mich an. „Warum muss ich alles ausziehen? Und du?", fragte sie. „Du weißt es ja auch, wie das geht, brauchst dich ja nur bedienen", antwortete ich und kniete mich nahe an sie. Ihre Hände griffen nach meinen Shorts, und sie zog sie mir aus. „Aber hallo", sagte sie, „da ist vielleicht mal einer neugierig." „Wundert dich das?", antwortete ich.

Sie warf mich auf den Rücken und sich auf mich. „Bitte lass mich so eine Weile liegen, will dich, deine Wärme und die Sonne genießen, ich liebe das." Wir küssten und streichelten uns überall. „Komm, Schatz, ich ziehe dir alles aus und du mir, dann können wir beide es genießen", und im Nu waren ihre Schuhe, Hose und ihr Slip sowie meine Boxershorts weg. So lagen wir mit nackten Körpern in der warmen Sonne. „Ach, ist das schön, so hier zu liegen mit dir", sagte Isy und drehte sich auf den Rücken. Ich begann sie zu küssen, bei Mund, Nacken, Brüsten beginnend, über Bauch und Schenkel bis zu ihrer Lusthöhle. „Das tut aber gut, habe ich ein wenig vermisst von dir", sagte sie und drückte mit ihren Händen meinen Kopf in ihren Schoß. Vorsichtig schob ich meine Hand zwischen ihre süßen Schenkel, legte sie auseinander und massierte mit den Fingern ihre kleinen, aber feinen Lippen. Isy lag mit geschlossenen Augen da, und sie wirkte, als würde sie schweben. „Na, mein Liebes, tut das gut, so geliebt und gestreichelt zu werden, so unter freiem Himmel in der wärmenden Sonne?", fragte ich sie.

„Ja, hat schon was Besonderes, aber ein wenig habe ich Angst, es könnte jemand kommen", antwortete sie, „du weißt, wie es vor geraumer Zeit mit dem Jeepfahrer war." „Ja, mein Engel, du hast ja recht, aber bitte schließ deine Augen, vertrau und genieße unsere gemeinsamen Momente, die brauchen wir beide doch, von was sollten wir sonst leben und Kraft tanken? Komm, ich liebe dich." Ich legte mich ganz nahe an sie, küsste sie und hielt sie fest an mich geschmiegt. Auch Isy drückte sich fest an mich, leidenschaftlich küssend schlug sie ihre Arme um mich. Ich nahm ihre Hand und legte sie zwischen meine Schenkel auf meinen Penis. Langsam schloss sie ihre Hand und hielt ihn fest. Meine Hände begannen sie überall zu verwöhnen. Isy lag mit geschlossenen Augen da, ließ sich fallen und genoss diese Momente, so wie ich, diese Frau zu verwöhnen.

Mein Mund küsste ihre prallen Brüste und deren Knospen, vorsichtig saugte ich daran und biss sie zärtlich in ihre Knospen, die immer fester wurden und stattlich steif waren. „He", sagte Isy, du elektrisierst mich! Super, soll ja nicht umsonst sein", antwortete ich ihr lächelnd, schob meine Hand an ihren Schenkeln hoch und streichelte ihre Schamlippen. Spürte, wie Isy heiß, erregter und leicht feucht wurde. „Komm, leg dich auf mich", sagte sie, „ich will dich spüren." „Ja, gern, nichts ist schöner als das und mit dir." Ich kniete mich zwischen ihre Schenkel, wo eine kleine, rote, leicht geöffnete Lustgrotte vor mir darauf wartete, gefüllt zu werden. Ich nahm meinen Penis und visierte ihren Mund an, doch da fuhr Isy zur Seite und sagte: „Nein, jetzt noch nicht, ich will noch länger deine Wärme und Nähe spüren, auch dich streicheln." Dabei schlug sie ihre Schenkel um mich und zog sich, ihre Arme um meinen Nacken geschlungen, daran hoch.

„Komm, Schatz, nimm dir dein Geschenk!" Isy, mir gegenüber sitzend, griff nach meinem Penis. „Warte, ich möchte ihn streicheln und küssen." Dabei beugte sie sich nach vorne, gab mir einen Kuss auf die Spitze und kreiste kurz mit ihrer Zunge um diese. „Schatz, ich muss deine heiße Öffnung mit meiner Eichel massieren, sonst kann ich für nichts garantieren." Mit der einen Hand öffnete ich ihre roten Lippen, zog Isy an mich, schob meine Eichel langsam an ihrem Zäpfchen auf und ab. Isy sah mich an, lächelte und küsste mich, wobei ich ihre Lippen mit meiner Spitze massierte. Beide genossen wir es in dieser Position und wiederholten es noch einige Male. Doch im selben Augenblick hatte Isy mit ihrer Hand nachgeholfen, ich hatte es total übersehen. Sie zog sich, da sie ihre Arme um mich geschlungen hatte, fest an mich. „Ups", sagte Isy, „ist er aber heiß", als er in einem Schub in ihrer süßen heißen Öffnung verschwand. An den heißen, feuchten Lippen und dem hungrigen Schoß fand er immer mehr Lust und Gefallen. Ihre Füße umklammerten meine Hüften, und ihr Becken schob sich meinem steifen Schwanz fest entgegen, sodass ihre heiße Möse mit meiner ganzen Länge gefüllt wurde. „Bitte bleib so in mir, ein wunderbares Gefühl, dir so nah zu sein!" „Ehrlich?", fragte ich Isy, küsste sie, begann meine Stöße zu verstärken. Spürte, wie Isy ihre Muskeln spielen ließ, um meine Eichel festzuhalten. „Willst du ihn nicht mehr loslassen, da du ihn so einklemmst in dir?", fragte ich, beugte mich zu ihr nach vorne und gab ihr einen Kuss. „Es ist so ein tolles Gefühl, dich zu spüren, die Umgebung, die Sonne. Wahnsinn!", sagte sie. „Dafür wird er dir eine heiße Ladung schenken", antwortete ich, stieß immer heftiger in sie, bis ich ein heißes Gefühl verspürte.

„Ups, mein Engel, jetzt hast du mich erwischt!" „Du mich auch", antwortete sie, und schnell zog ich meinen spritzenden Schwanz aus ihrer heißen Möse. Mein Sperma verteilte sich auf ihrem Schenkel. „He, das war aber mehr als knapp", sagte sie und schaute, wo ich alles hingespritzt hatte. „Bist du dir sicher, nichts in mir vergessen zu haben?" „Ja, mein Engel, ganz sicher, darauf kannst du dich verlassen." Ich hob ihren Schoß hoch und zog sie an meinen Schenkeln entlang zu mir, bis sich mein Penis an sie drückte. „Bitte pass auf, so etwas passiert oft schneller, als man denkt." Dabei lehnte sie ihre prallen Brüste an meine Brust, legte ihre Arme um mich und hielt mich fest.

„Komm, leg dich zu mir." Isy ließ sich nach hinten fallen und zog mich zu ihr nach unten. Sie lag am Rücken, dann drehte sie sich zur Seite, schlug ihren Fuß über mich und sagte: „Danke, danke, danke, dass du gekommen bist, gibt mir einen nie endenden Kuss. Ich hätte mich nie getraut, mich im Wald einmal auszuziehen, aber bei dir denke ich nicht nach, da habe ich keine Angst und ein wunderbares, besonderes Gefühl des Vertrauens", sagte sie, küsste mich und hielt sich an mir fest.

„So in der Sonne mit dir zu liegen, ich genieße es, Isy." „Ja, ich auch, da wäre ein Urlaub mit 30 Grad und mehr, nur Sonne und Meer ein Wahnsinn, weit weg, nur wir zwei, und niemand kann uns finden." „Du brauchst nur Ja zu sagen, antwortete ich, „ich buche den Urlaub, und wenn es bloß eine Woche ist, aber nichts wie weg, nur Sonne und Liebe, SUPER!"

„Komm, hören wir auf zu träumen", sagte sie ich, „muss wieder einmal nach Hause, sonst komme ich vielleicht noch auf andere Gedanken!" „Träumen dürfen wir doch, oder nicht, mein Engel? Und nach Hause muss auch jeder, egal wo er zu Hause ist", antwortete ich Isy. „Komm, leg dich noch mal auf mich!" Isy drehte sich auf mich und sagte: „Irgendwann kriegst du mich nicht mehr los, was tust du dann?"

„Was soll ich tun? Nichts. Ich nehme dich einfach mit, egal wo wir hinfahren und ankommen, aber wir bleiben zusammen." Sie sah mich an, gab mir einen Kuss und sagte: „Ehrlich!" „Ja, sicher, könnte mir nichts Schöneres vorstellen, als immer mit dir zusammen zu sein und dich zu lieben", antwortete ich. Isy blickte mich an, lächelte, doch in diesem Augenblick lief eine kleine Träne über ihre Wangen. „Was hast du, warum weinst du, mein Engel?", fragte ich Isy. „Ich habe nichts, ich bin so glücklich bei dir, bitte lass mich nicht allein, brauche dich noch länger." Und ihre Tränen schienen nicht zu enden. „Bitte weine dich aus, wenn du glücklich bist. Ich bin es auch, glaube mir, du machst mich zum glücklichsten Menschen der Welt, und der genau liebt nur dich, es ist es nicht schön!" „Ja", sagte sie.

Isy griff nach ihrem Shirt und wischte sich die Tränen ab. Setzte sich neben mich und lehnte sich an meine Brust, mir sagend: „War schön, aber auch das Schöne hat mal ein Ende. Ich muss bei dieser Hitze wieder in den Iglu, kein Wunder, wenn man krank wird. Ich hab dich lieb." Sie legte ihre Arme um mich und drückte mir einen intensiven Kuss auf meinen Mund.

„Das glaube ich dir", antwortete ich, „da geht es uns beiden gleich, nur der liebt und die Kraft hat aufzustehen, der wird leben und nicht krank werden, weil Liebe alles heilt." „Du hast recht." Dabei sah sie auf meine Uhr. „Was", rief sie erstaunt, „es ist 16 Uhr! Ich war jetzt zweieinhalb Stunden hier bei dir und hab gedacht, es ist gut eine Stunde vergangen; es ist verrückt, wenn ich bei dir bin, sind Stunden schon so wenig?"

Sie erhob sich, nahm ein Taschentuch aus meinen Shorts und wischte sich Bauch und Schenkel, wobei die Sonne das Verteilte meist schon getrocknet hatte, ab. Ich hob ihren Slip auf und zog ihn ihr an, wie auch ihr T-Shirt. Sie nahm meine Boxershorts und schob sie über meine Füße, stülpte mir mein Leibchen über den Kopf. „Passt so", sagte sie lächelnd. „Ja, wenn wir zu Hause wären, bräuchte ich auch das nicht und du auch nicht, mein Engel", erwiderte ich. Sie sah mich an, umarmte mich und sagte: „Mein Engel, möchte dir nochmals Danke sagen, dass du so weit wegen mir und zu mir gefahren bist, und bitte, bitte, fahr vorsichtig, du hast einen weiten Weg zurück, und riskiere nichts." „Ich pass auf, mein Schatz", antwortete ich, „muss ja wieder gesund zurückkommen, es wartet ja jemand auf mich, oder nicht?"

Sie legte ihre Hände um meinen Hals und küsste mich unendlich lang. Ich nahm meine Hand, fasste an ihr Kinn, hob ihren Kopf hoch und schaute in ihre Augen. „Sei nicht traurig, mein Liebling, ich komme in einer Woche wieder, freue mich auf dich und liebe nur dich!"

„Es tut so weh, wenn ich daran denke, wie gut es tut, wenn ich mich bei dir anlehne, da erdrückt mich der Schmerz, und ich muss weinen, wenn du wieder fährst", sagte sie, und die Spuren des Schmerzes zeigten sich in ihren Augen, die leicht unter „Wasser" standen. „Komm, gehen wir, hab mächtig über die Stränge gehauen", sagte sie, „aber ich hoffe, ich hab niemandem gefehlt, dann bin ich glücklich." „Ich danke dir, mein Liebling, für deine Liebe und Zeit, die du uns geschenkt hast, um uns die Liebe zu schenken, welche wir beide im Herzen tragen. Danke Gott, und bitte ihn, auf uns zu schauen und diese Liebe leben zu lassen, für unser Glück und Leben. Ich liebe dich", antwortete ich ihr. Wir legten die Decke zusammen, kletterten wieder über den Wildzaun und machten uns auf den Weg zum Auto. Ein wunderbares Gefühl, das Geliebte, diese tolle Frau Isy zu lieben. So gingen wir eng umschlungen, die Köpfe an uns gelehnt, aneinandergeschmiegt zum Auto. Ich blieb nochmals stehen, umarmte Isy und küsste sie leidenschaftlich. Stieß meine Zunge ein wenig durch ihre Lippen in ihren Mund, und wir züngelten wie zwei Schlangen. „Ich konnte nicht genug von dir haben, außerdem musste ich mir Reiseproviant mitnehmen!"

„Du bist ein Lauser, hab dich lieb, gebe dir noch ein Reiseküsschen mit", sagte sie. Umarmte mich ganz herzlich und fest, gab mir ihr versprochenes Küsschen und stieg in mein Auto ein, um sie an den Ausgangspunkt des Treffens zu bringen. Ich startete und fuhr im Schritttempo los. „Ich halte wieder an der Stelle, wo du zu mir ins Auto gestiegen bist, Schatz, ist das okay für dich?" „Ja!", antwortete Isy. Dabei drehte ich mich um und sagte zu ihr: „Ein Küsschen muss noch sein, dann sind wir beide wieder allein!" „Ja, hast ja wie immer recht, und danke nochmals", sagte sie, „und vergiss nicht, dich zu melden, wenn du angekommen bist, da ich mir Sorgen mache um dich." „Warum machst du dir Sorgen?", fragte ich. „Frag doch nicht so dumm, du weißt es doch, ich brauche dir ja nichts vorzumachen, du kennst mich doch", antwortete sie, stieg aus und lief winkend schnell ihrem „Iglu" entgegen.

Ich fuhr los, winkte ihr noch zu, was sie erwiderte. Ein Hauch von Schmerz stieg in mir auf, aber auch eine Wärme und volles Glück, seinen Schatz getroffen zu haben und lieben zu dürfen. Mit einem guten Gefühl an Wärme und Liebe fuhr ich wieder Richtung Kroatien. Es würde einige Zeit dauern, bis ich mein Ziel erreicht hatte, und ich musste aufpassen, nicht einzuschlafen, da ich seit 5 Uhr morgens unterwegs war und bereits 700 km gefahren war, doch Isys Liebe trug mich. Die Fahrt schien nicht zu enden, und ich kam trotz des Verkehrs gut voran, aber leichte Müdigkeit überkam mich, und 430 km waren noch zu fahren. Ich entschloss mich, eine kurze Pause zu machen, Kaffee zu trinken und etwas zu essen. Ich schrieb schnell meinem Schatz ein SMS, ob alles okay sei bei ihr zu Hause. Ihre Antwort kam wie aus der Pistole geschossen: „Alles okay, und danke, hab dich lieb."

Ich saß eine Weile da und dachte über mich und Isy nach. Wie lange würde diese Liebe dauern, würde Isy die Kraft haben, sie zu leben? Ich würde auf jeden Fall alles versuchen, sie mit ihr zu leben, konnte aber nur hoffen, sie falle nicht um, da sich oft der Glaube mehr durchsetzte als die Liebe und ihr Leben.

Gestärkt und die Müdigkeit überwunden, setzte ich meine Reise fort und kam früher als erwartet in unserem Ferienhaus an, hatte aber ein ungutes Gefühl in mir, etwas käme heute noch. Es brannte noch Licht im Haus, und meine Frau und Tochter spielten ein Kartenspiel, der Schwiegersohn war schon zu Bett gegangen.

„Das muss erneut ein wichtiger Termin gewesen sein, wenn du bereits wieder da bist", sagte meine Frau. Ein Druck kam in mir hoch, da ich an meine Liebste dachte und lieber bei ihr geblieben wäre, als mir diese blöde Anrede abzuholen. „Für mich war er wichtig, das andere zählt nicht", antwortete ich mit schroffer Stimme und schaltete das Fernsehgerät ein, um mich zu beruhigen.

Es kam keine Antwort mehr, und die zwei Frauen standen auf und gingen auch zu Bett. Gott sei Dank, dachte ich, eine Diskussion war ausgeblieben, und so konnte ich in Ruhe Isy noch mitteilen, wie schön dieser Tag mit ihr und ihrer Liebe im Wald war und dass ich heil angekommen war. Wünschte ihr eine gute Nacht, ging ins Bad und anschließend zu Bett.

Der Morgen begann, wie der mit Isy am Vortag verlief. Strahlender Sonnenschein und ein wunderbarer Blick zum Meer, wie würde sich mein Schatz freuen, hier zu sein und den Morgen gemeinsam zu genießen! Es dauerte eine Weile, als meine zwei Lieblinge, meine Enkel, mit leuchtenden Gesichtern „Hallo Opa" riefen und auf mich zuliefen. „Hallo, meine zwei Mäuschen", antwortete ich. „Wie war euer Tag gestern, was tatet ihr da so?", fragte ich. „Wir waren am Strand, dann essen und haben nachmittags Eis gegessen und am Abend noch im Pool gebadet", sagten sie. „Das freut mich für euch", antwortete ich, „und was machen wir heute?" „Wir wissen es nicht", sagten sie, „da müssen wir Papa und Mama fragen." „Jetzt wird zuerst gefrühstückt, und dann sehen wir weiter", kam die Stimme meiner Tochter aus dem Badezimmer. „So, jetzt setzt euch hin und frühstückt", kam es mit schroffer Stimme und finsterer Miene auch von ihrem Vater rüber. Worauf sie sich mit gesenktem Haupte an ihre Plätze begaben.

„Frühstückst du nicht?", fragte meine Frau. „Ich richte mir meine Sachen schon selbst", antwortete ich. Es kostete mich viel Überwindung, ruhig zu bleiben, denn in ihrer Nähe zu sein ließ Kälte in mir aufsteigen, und um den Kleinen einen schönen Urlaub zu schenken, versuchte ich mich zu beherrschen, auch Isy zuliebe. Nachdem alle gefrühstückt hatten, packte ich die Sachen ins Auto, und wir fuhren zum Strand. Um mich abzulenken, ging ich viel mit den Kleinen schwimmen und spielen, das Umfeld machte mich krank und missmutig. Wir besuchten Städte zusammen und andere Strände, gingen abends essen und saßen in den lauen Nächten auf der Terrasse. So vergingen die Tage, und die Zeit der Heimreise kam immer näher.

Es blieben noch drei Nächte, und um meinen Kleinen noch eine Freude zu machen und ihnen mehr der abendlichen Zeit zu schenken, schlug ich meiner Frau und Tochter vor, die nächsten Tage abends nicht zu kochen, ich würde alle zum Essen einladen, die letzten zwei Abende. Der Vorschlag wurde dankend angenommen. Alle waren einverstanden, und wir suchten gemeinsam, wo wir abends zum Essen hingehen könnten. Als wir vom Strand nach Hause fuhren, fanden wir zwei Restaurants und reservierten beide Male um 17 Uhr, damit die Kleinen später beim Ferienhaus nicht gleich schlafen gehen mussten und noch spielen konnten.

Der Abend verlief ruhig, und die Kleinen waren nach dem Abendessen sehr müde, wollten aber nicht zu Bett, doch mit dem Versprechen, morgen nach dem Abendessen noch länger aufbleiben zu dürfen, gingen sie ohne Widerrede. Die Frauen räumten den Tisch ab, und ich ging auf die Terrasse, um die Zeitung zu lesen.

Der nächste Tag am Strand verlief ruhig, und die Kids freuten sich auf den Abend, um sich Essen nach ihren Wünschen aussuchen zu dürfen. Das Abendessen fand hoch oben am Berg, mit tollem Ausblick auf einer wunderschönen Terrasse statt. Auch ein kleiner Spielplatz mit Kartbahn war dabei, was den Kleinen riesigen Spaß machte. Voller Freude bestellten sie ihre Lieblingsspeisen und Getränke, und der Abend war ein Geschenk auch für mich, da ich fühlte, wie glücklich ich sie gemacht hatte. Wir aßen köstliche Fisch- und Meeresfrüchtegerichte, die Kids hauten in sich rein, als hätten sie Tage nichts gegessen. Toll, diese Freude und Glückseligkeit in ihren Gesichtern zu sehen. So verweilten wir noch eine Zeit lang, bis wir zum Ferienhaus fuhren.

„Opa", riefen sie, als sie ausgestiegen waren, „spielen wir noch Ball!" „Ja, kommt, gehen wir rüber auf die große Rasenfläche." „Super", antworteten sie, und wir liefen, bis uns der Schweiß über die Stirn rann und die ersten Ermüdungserscheinungen sich bemerkbar machten. „Kommt, ihr zwei", rief ich, „jetzt machen wir Schluss, gehen noch eine kleine Runde spazieren, denn es ist schon spät; ich lese euch noch eine lange Geschichte vor, einverstanden?" „Okay", sie räumten den Ball und die anderen Spielsachen weg, ich holte das große Märchenbuch; beide setzten sich auf meinen Schoß, und ich begann zu lesen. Aufmerksam hörten sie zu. Es war bereits eine Dreiviertelstunde vergangen, als ihre Mutter sie rief: „Es wird Zeit, ins Bett zu gehen, damit ihr wieder fit seid morgen für den Ausflug und zum Schwimmen."

„Okay", antworteten die beiden, standen missmutig auf und gingen ins Bad, um sich die Zähne zu putzen. Ich begleitete sie und machte noch einige Späße mit ihnen, was in lautes Gelächter überging. „Was machen wir morgen für einen Ausflug, Opa?", fragten sie.

„Wir machen morgen noch eine Schifffahrt, mit dem großen gelben Schiff, welches immer unten am Strand steht", antwortete ich, „und da können wir vom Schiff ins Meer springen, das wird lustig, und jetzt ab ihr zwei", sagte ich und brachte sie zu Bett.

Um 6 Uhr stand ich auf und ging nach draußen, den Sonnenaufgang zu erleben, da schrieb ich Isy auch ein „Guten Morgen", wie glücklich die kleinen Kids gestern waren und wie ich sie vermisste und mich freute, in zwei Tagen bei ihr zu sein. Es dauerte eine Weile, da wünschte sie mir auch einen guten Morgen. Schnell sendete ich noch eine Antwort, ob ich vielleicht kurz Hallo sagen könnte.

„Ich schicke dir ein „H", wenn ich Luft habe, dann kannst du ja anrufen", schrieb sie. „Okay, freu mich", antwortete ich, legte mich in den Liegestuhl, da noch niemand aufgestanden war, und genoss die Morgensonne und Wärme. So gegen 7 Uhr 30 kamen die Kids mit ihren Pyjamas auf die Terrasse und legten sich zu mir in den Liegestuhl.

„Opa, das ist super bei dir", sagten beide freudestrahlend. „Ja, das finde ich auch, und ich liege schon länger als eine Stunde hier." An mich gekuschelt lagen sie da und genossen die Sonne und die Ruhe. „Opa, dein Telefon hat geläutet", rief die größere Enkelin. „Bleibt liegen, muss kurz telefonieren", sagte ich und ging ein Stück den Hang entlang, um keine Mithörer zu haben.

„Hallo Isy, mein Schatz!" „Hallo", antwortete sie! „Wie ist das Wetter, und wie geht es dir und den Kleinen?", fragte sie. „Den Kleinen geht es gut, das Wetter ist wunderbar, nur du fehlst zum Glücklichsein!" „Ich musste wieder einmal meinen Rücken massieren lassen, weil du nicht da bist", sagte sie mit einem lauten Lachen. „Ich bin doch morgen Abend zu Hause und werde dich sofort besuchen, einverstanden?", antwortete ich. „Ja, ich freu mich auch auf dich, aber bitte sei vorsichtig und übertreibe es nicht, du kennst meine Angst", antwortete sie. „Bin schon zu Hause, und er ist schon auf. Schönen Tag noch und gute Heimreise, hab dich lieb. Ciao". Sie legte auf.

Langsam ging ich zurück, und die Mädels lagen noch im Liegestuhl, doch als ich mich wieder zu ihnen legen wollte, rief ihre Mutter sie zum Frühstück. „Opa, komm mit uns, und setz dich zu mir", sagte die Kleinere der beiden. „Einverstanden", und wir setzten uns an den Tisch, wo wir mit Genuss die Brötchen mit Marmelade, Ei und Schinken verzehrten.

„Wir werden jetzt gleich einmal die meisten unserer Sachen packen", sagte meine Tochter, worauf meine Frau nickend zustimmte, „damit wir länger am Strand bleiben können und abends nicht zu lange packen müssen." So ging ich mit den Kids in den Garten, suchte die mitgebrachten Spielsachen zusammen und legte alles auf und unter den Gartentisch, sodass wir morgen früh die Sachen nahe am Auto zum Verstauen hatten.

Nach knapp zwei Stunden war alles vorbei, und wir fuhren an den Strand. Voller Elan waren die beiden Kleinen unterwegs, liefen am Strand entlang und sprangen ins Meer. Als der Zeitpunkt der Schifffahrt kam, waren sie schon sehr müde, und wir einigten uns, die Badesachen auszuziehen und mit Sommerkleidung das Schiff zu betreten, da sonst die Zeit für das Schlussabendessen zu kurz sei. „Okay", sagten die Kids, und wir gingen zum Schiff.

Kaum hatten wir es betreten, begannen meine Tochter und meine Frau an den Kids zu nörgeln, tut das nicht, das dürft ihr nicht, passt hier und da auf, es hörte einfach nicht auf. Ich war schon so geladen und wollte etwas sagen, dachte mir aber, den letzten Tag halte ich den Mund, es hätte doch keinen Sinn, und ich wollte den Kids die Freude nicht nehmen, aber es kam noch bunter. Die Schifffahrt war zu Ende, und ich wollte meinen Kids noch eine Kugel Eis spendieren, da kam es von ihrem Vater wie aus der Pistole geschossen und mit lauter Stimme: „Jetzt gibt es keins und aus." Ich musste schlucken, und ein tiefer Schmerz stieg in mir hoch.

Warum dieser Ton, dachte ich mir, als sie selbst klein waren und wir Urlaub machten, war das nie ein Problem; sie aßen zu allen Zeiten ein Eis, wenn sie eines wollten, für mich und sie war da Urlaub, aber dieses Verhalten tat mir richtig weh. Langsam gingen wir zum Auto, um ins Restaurant zu fahren, wo wir heute am letzten Abend reserviert hatten.

Ein schöner großer Tisch im Freien, in der Sonne und unter blauem Himmel war für uns festlich gedeckt. „Opa, ich will mich neben dich setzen", sagte die größere Enkelin, worauf auch die kleinere neben mir sitzen wollte. „Kommt doch eine links und eine rechts, okay!" Beide stimmten zu und setzten sich neben mich. Der Kellner kam mit der Speisekarte, fragte nach den Getränken und zählte die Spezialitäten des Hauses auf. „Jeder kann bestellen, was er mag oder probieren möchte", sagte ich und las mir die Karte durch. Ich hatte mich wieder für Fischspezialitäten entschieden, da ich diese so liebte. Alle hatten etwas für sich gefunden, und wir sprachen noch über Vorspeisen, welche man versuchen sollte und die wir auch bestellten. Die Kids hatten einen schönen Spielplatz, den ich mit ihnen aufsuchte und den sie heftig nutzten. Voller Schweiß kamen wir an den Tisch zurück, wo wir mit rauer Stimme empfangen wurden, da die Kids bereits geduscht und jetzt wieder verschwitzt waren. „Lasst sie doch spielen", antwortete ich, „ist doch der letzte Tag." „Wenn es heißt nein, dann heißt es nein, verstanden?", sagte mein Schwiegersohn. Ich musste kräftig schlucken, um ihm nicht einmal ordentlich die Meinung zu sagen, zog mich zurück und blieb still. Nach einer Weile kam die Vorspeise, und wir kosteten, auch die Kids wollten Verschiedenes versuchen und baten mich danach, was ich ihnen auch gab. So aßen wir alles auf und waren einer Meinung, der Geschmack und die Qualität waren hervorragend. Die Hauptspeise hatten wir verzehrt, und ich ging mit den Kids noch eine kleine Runde spazieren. Am Rückweg zeigte ich ihnen im Aquarium ein paar große, dicke Fische, wir plauderten, machten Späße, dann gingen wir zurück und setzten uns wieder an unsere Plätze. Die Kids tranken ihre Limo und erzählten, was ihnen im Urlaub gefallen hatte und was sie wieder tun würden. Meine größere Enkelin bat mich um eine Portion Eis. „Sicher könnt ihr ein Eis haben, ist ja der letzte Urlaubstag", sagte ich, „aber ihr müsst Papa oder Mama fragen." „Papa", rief sie zu ihrem Vater, „Opa hat mir erlaubt ein Eis zu essen, weil es der letzte Urlaubstag ist." Dabei lehnte er sich nach vorne, drehte den Kopf in meine Richtung und sagte:

„Ich habe dir schon so oft erklärt, wenn es nein heißt, dann heißt es nein, und wenn du glaubst, die Liebe deiner Kinder und Enkel kannst du dir kaufen, dann hast du dich geirrt." Ich traute meinen Ohren nicht. Ich stand auf, ging auf ihn zu und antwortete: „Ich habe dich jetzt verstanden, du brauchst mich nicht so anzu-fauchen, aber erstmals danke dafür und zweitens: Ich werde nie wieder mit euch Erwachsenen in den Urlaub oder sonst wohin fahren, das habe ich nicht nötig. Zuerst war alles okay, was ich getan und euch zum Leben gegeben habe, und jetzt das!" Drehte mich um, ging ins Lokal, bezahlte die Rechnung, ging zurück an den Tisch und sprach nochmals kurz Klartext: „Ich brauche mir die Liebe meiner Kinder nicht zu kaufen und kann auf dich verzichten, wichtig ist mir, meine Enkel lieben mich, und es ist das allerletzte Mal, dass ich mit euch Urlaub mache, mit den Kids ja, und ich werde nie mehr etwas bezahlen, das ist euer Dank dafür, dass ich alles für euch getan habe, und du musst froh sein, dass du eine Frau gefunden hast, die dich aus dem Keller gezogen und deine Schulden bezahlt hat. Ihr könnt mich vergessen. Nie wieder. Ich habe euch eingeladen und bereits alles bezahlt und will zurück nach Hause, mit solchen Menschen will ich nichts zu tun haben, da verschenke ich lieber alles an Fremde und meine Enkel, die können nichts dafür und sind dankbar, aber ihr bekommt nichts mehr von mir. Aus und vorbei." „Er hat es doch nicht so gemeint", sagte meine Frau. „Er hat es so gemeint, ist ja schon das zweite Mal, dass er mir das an den Kopf wirft", antwortete ich, „und so etwas lasse ich mir nicht vorwerfen und gefallen, das passiert mir sicher in meinem Leben nie wieder." Drehte mich um und ging mit Tränen in den Augen zum Auto. Wenn nicht meine Kids dabei gewesen wären, wäre ich sofort nach Hause gefahren und hätte sie hier stehen lassen. Doch die kleinen Lieblinge taten mir so leid, das hatten sie sich nicht verdient, so einen Streit ihrer Eltern und mir zu erleben. Es dauerte eine Weile, bis sie zum Auto kamen, ich ließ sie einsteigen und fuhr zurück zum Ferienhaus. Ich konnte meinen Schmerz nicht bremsen, setzte mich in den Liegestuhl, weit weg von allen. Nur meine Lieblinge kamen und sagten mir Gute Nacht. „Opa, warum weinst du?", fragte die Größere. „Die haben mich beschimpft, da ich euch was schenken wollte, und das tut so weh, sehr weh", antwortete ich und wischte mir die Tränen aus den Augen. „Gute Nacht, Opa, schlaf gut", sagten beide Lieblinge, „wir haben dich lieb", und sie gingen zu Bett. Lange nach Mitternacht ging ich ins Haus, trank noch Kaffee, ging wieder nach draußen und legte mich in den Liegestuhl. Gott sei Dank war es warm in dieser Nacht. Ich hielt es neben diesen Leuten nicht mehr aus, was hatte ich falsch gemacht, war es ein Fehler, seinen Kindern manche Wege durch Unterstützung mit Fleiß, Arbeit und Geld zu ebnen, damit sie es leichter hatten, als ich in diesen Jahren?

Die Sonne zeigte ihre ersten Strahlen, als ich einschlief. „Hallo Opa", riefen meine kleinen Lieblinge, als sie mich weckten. „Komm zum Frühstück", sagte die Große. „Sag ihnen, Mäuschen, nein danke, ich brauche nichts." Sie schaute mich traurig an und ging ins Haus. Ein paar Minuten später kam meine Frau. „Das bringt doch nichts", sagte sie. „Komm jetzt rein und frühstücke!" „Ich habe Nein gesagt, mit solchen Leuten setze ich mich nicht an einen Tisch, das habe ich nicht nötig und nicht verdient, ich brauche nichts und werde ohne euch überleben. Es gibt noch Menschen, die lieben mich, weil sie wissen, dass ich für sie da bin, wenn man mich braucht, und ihr braucht mich nicht mehr." Sie sah mich an und ging. Nach einer Stunde kamen die Kids und sagten: „Opa wir fahren jetzt heim." „Du auch?", fragten sie. „Ich packe den Rest noch ins Auto und fahre auch dann heim, meine Lieblinge. Opa hat euch ganz, ganz lieb!" Sie liefen zu ihrem Auto und stiegen ein, ich trug die Taschen ins Auto, schloss die Autotür, startete und fuhr los.

Wir hielten an der Grenze noch an, die Kids waren hungrig und durstig, kauften ein paar Brötchen und Getränkeflaschen, setzten uns auf eine Bank und verzehrten das Mitgebrachte. Gestärkt traten wir die Heimreise an, wo wir gegen 18 Uhr abends ankamen. Ich räumte das Auto aus, trug unsere Sachen ins Haus, packte die nicht gebrauchten Sachen weg und flüchtete.

Mein Weg führte zu Isy, ich musste zu ihr, zudem waren unsere Liebe und unser Vertrauen das Einzige auf der Welt, das zählte. Meine Liebe und mein Leben, und nur sie sollte sie bekommen. Meine Familie, außer der kleinen Tochter, hatte mir das genommen, worauf ich stolz war, meine Arbeit und mein Streben, meiner Familie etwas zu bieten, aber diesen Stolz und die Liebe zu ihnen hatten sie mir genommen. Ich parkte mein Auto nahe an einem Gasthof in ihrer Nähe und ging im Dunkeln zu Isys Haus. Die Freude, wieder in ihrer Nähe zu sein und sie in die Arme zu nehmen, machte mich glücklich. Ich ging wie immer an die Küchentüre, welche ins Freie führte und versuchte, Isy mitzuteilen, dass ich hier war. Mein Blick ging durchs Küchenfenster und zur Bar, um meinen Schatz zu verständigen. Ich hörte sie in der Küche, konnte aber mit dem Laserstrahl nicht kontrolliert rein, da das Fensterglas geätzt war und nur ganz oben klar. Also abwarten hieß es. Es dauerte eine halbe Stunde, bis Isy an der Bar mit einem großen Glas Bier vorbeiging und ich mich erkenntlich zeigen konnte. Sie gab mir ein Zeichen, es gesehen zu haben. Ich blieb in der dunklen Ecke stehen, da auf der gegenüberliegenden Seite die Gefahr bestand, jemand aus der Küche ginge zur Mülltonne, und da musste sie an mir vorbei, also blieb ich hier. Als hätte ich es geahnt, ein paar Minuten später kam eine Küchenfrau und leerte einen Kübel, ich blieb ganz ruhig, bis sie wieder in der Küche verschwand und die Türe versperrte. Das Lachen von Isy kam aus der Küche, und ich hörte, wie sie die Küchentür öffnete und sagte: „Muss frische Luft hereinlassen, sonst ersticke ich", und die Türe blieb geöffnet, so hatte ich einen genauen Einblick. Mein Schatz winkte mit ihrer Hand und den ausgestreckten fünf Fingern, um mir zu erklären, fünf Minuten würde es noch dauern. So stand ich still und wartete.

Eine der Kellnerinnen machte Dienstschluss und verließ durch die Küchentüre das Haus, sodass ich tief gebückt hinter einem Auto abwartete, bis Isy kam. Als das Auto um das Haus gefahren und es wieder dunkel um mich war, rief Isy: „He, mein Engel wo bist du?"

„Ich bin hier um die Ecke", sagte ich leise. Isy lief zu mir, sprang mit einem Satz auf mich; die Füße um meine Hüfte und die Arme um meinen Hals geschlungen, hielt sie sich fest und küsste mich leidenschaftlich. „Ich habe so viel an dich gedacht und dich vermisst", sagte sie und beschloss ihre Worte mit einem intensiven, heißen, feurigen Kuss.

Meine Arme hielten Isy fest, sie hielt sich mit ihren Füßen um meine Hüfte fest. Ich nahm beide Hände und fuhr beidseitig ihre Oberschenkel entlang unter ihren Rock, über ihren süßen Po, um ihr Becken herum bis an ihre heiße Möse, wo ich mit den Fingern unter ihrem Slip vorbei ihre heiße Öffnung streichelte."Mein Engel, das geht jetzt nicht, ich vermisse es auch, aber hier nicht, bitte, ich hab dich ganz fest lieb." So verweilten wir ein wenig, meine Finger an ihren Lippen und ihre Möse streichelnd. Es bestand immer Gefahr, jemand würde rauskommen oder ihr Sohn käme nach Hause. Sie sagte nur leise: „Danke, dass Du gut nach Hause gekommen bist und gleich zu mir, ich habe dich vermisst und oft gedacht, würde mich gern bei dir anlehnen!" Ich hielt sie am Po fest, die Finger an ihren Lippen. „So, aber jetzt Schluss", sagte sie, sonst werden wir zu unvorsichtig", und sie gab mir einen Kuss: „Melde mich später bei dir." Sie hüpfte von mir und lief ins Haus.

„Ich fahre morgen in die Kirche", schrieb sie mir früh morgens, „und wenn du Lust hast, warte im Auto am Parkplatz, da können wir ein wenig plaudern, bin ja allein, ohne meine kleine Maus, die hat uns gestern noch lange im Service geholfen, darum lasse ich sie schlafen und gehe allein in die Kirche. Schlaf süß!"

So konnte ich noch eine Weile im Bett liegen bleiben, aber mein Engel hatte nur vier Stunden, da die Kirche um 9 Uhr 30 begann und es 4 Uhr morgens im Lokal wurde geschlafen. Ich schlief nochmals ein, da mein Inneres glücklich war und so nahe an meinem Schatz Isy. Mein Handy klingelte, und es war Zeit, aufzustehen, um meinen Schatz zu treffen. „Ich fahre frühstücken ins Café, sagte ich zu meiner Frau und ging zum Auto.

Es war kurz nach 10 Uhr 15, als ich das Café verließ und zum Treffpunkt fuhr, um auf Isy zu warten. Eine große Woge an Wärme stieg in mir hoch, um sie meinem Schatz zu schenken. Im Rückspiegel sah ich die ersten Leute aus der Kirche kommen, und so wartete ich. Die meisten Parkplätze waren schon leer, aber mein Engel war nicht zu sehen. Wo war sie?, fragte ich mich. In diesem Augenblick sah ich sie durch das Einfahrtstor kommen. Als sie an mein Auto kam, öffnete ich die hintere Tür, und Isy steig ein. „Guten Morgen, mein Schatz", sagte ich. Ich saß schon hinten, so konnte ich sie sofort in die Arme nehmen und küssen. „Ich kann dir nicht einmal antworten, nimmst du mir schon die Luft." „Ach, ich wollte dir nur Luft einhauchen", antwortete ich lächelnd und schob meine Hand unter ihren Rock, hungrig nach Isys Liebe und Körper.

„Mein Engel, ich habe nicht viel Zeit, du weißt, die warten auf Essen, vorbereiten muss ich auch noch viel, aber ein wenig können wir es genießen." Sie lehnte sich an mich und gab mir einen Kuss. Meine Hand hob ihren Rock hoch, und ich zog ihren Slip runter bis an ihre Knie. „Komm, mein Schatz, ich muss deine Lippen küssen." Ich legte meinen Kopf in ihren Schoß und leckte ihre Lippen und ihre Öffnung.

„Ich halte das nicht aus, deinen Schoß muss ich spüren und deine heiße Möse um meinen Speer, ist schon so lange her, und sein Hunger gehört gestillt von dir, Schatz." Dabei hob ich Isy an ihren Pobacken hoch und setzte sie auf meinen Penis, der, von Isys Hand geführt, in sie flutschte, auch ihre Lippen waren heiß und feucht. Ein paar tiefe Stöße in sie, und die Lust und Geilheit kannte keine Grenzen. Sie presste sich mir fest entgegen, ihren Po gegen mein Becken, sodass alle meine Länge tief in ihr war. Ein kurzes Au kam aus Isys Mund. „Was ist, mein Engel?", frage ich. „Ach, war kurz mal ganz schön tief, aber gut", antwortete sie, drehte sich um und küsste mich.

„Bleib ruhig und fest auf ihm, sonst spritzt er dich voll", sagte ich. „Ich tu doch nichts", antwortete sie lächelnd, und ich spürte, wie sie innen ihre Muskeln schloss und öffnete, und mein Penis wurde immer verrückter. „Wenn er rauskommt, bitte pass auf mein Kleid auf, wegen der Flecken", sagte Isy! „Dann musst du schnell sein", antwortete ich, und mit ein paar kräftigen tiefen Stößen war es vorbei mit der Beherrschung, ich hob schnell ihren heißen festen Po hoch, schob sie zur Seite, um mein Sperma einzufangen, bevor ich es unkontrolliert verschossen hätte.

„Du bist ein Engel", antwortete sie und griff mir fest an den Schwanz, drückte ihn, beugte sich nach vorne und gab ihm einen Kuss. „Ich habe euch beide lieb", sagte sie. Ließ sich nach vorne fallen, schob ihren Rock hoch und zog sich ihren Slip nach oben. Mit der freien Hand griff ich ihr zwischen ihre Schenkel und fasste sie fest an ihren Schamlippen. „He, was tust du?", sagte sie. „Die nehme ich mit, damit sie nicht allein sind und verloren gehen", antworte ich, und Isy setzte sich auf meinen nicht benetzten Schenkel.

„War schön, aber zu kurz", sagte sie, „und ich hoffe, dass wir bald wieder mehr Zeit für uns haben." „Das hoffe ich auch, denn mit dir machen die Liebe, das Leben und die Lust erst richtig Spaß", antwortete ich. „Ja, du hast recht, von der Liebe, Wärme und den Gefühlen kann man nie genug haben, die erzeugen Leben in uns, oder nicht?" „Ja, du hast recht, mein Engel." „Ich muss dich jetzt alleine lassen, sei bitte nicht böse, dass ich nicht mehr Zeit habe, und wenn du abends kommst, bitte Vorsicht und kein Risiko, sonst können wir uns überhaupt nicht mehr sehen, und das wäre eine große Strafe für uns."

Sie erhob sich, drehte sich zu mir und drückte mir einen dicken Kuss auf meinen Mund, den ich leidenschaftlich erwiderte, dabei aber ihre Brust mit meiner Hand festhielt. „Du kannst nie aufhören", sagte sie. „Von dem, was man liebt, kann man nie genug haben, also halte es fest. Bis heute Abend." Sie öffnete die Tür und lief zu ihrem Auto.

Rasch war sie eingestiegen, startete und fuhr los. Im Vorbeifahren winkte sie mir zu und war schnell nicht mehr zu sehen. Ich saß noch mit runtergezogener Unterhose da, also begann ich das Sperma zu entfernen und zog mich an, um nach Hause zum Mittagessen zu fahren, was ich auch tat.

Es war Sonntagabend, und ich fuhr zum Tarock in den Nachbarort. Das Einzige, was ich noch tat, war mein Tarockspiel, aber auch nur, da ich dadurch einen Grund fand, meinen Schatz zu treffen. Für mich war mit Isy eine Liebe und ein neues Leben entstanden. Ich hatte ihr alles geschenkt, was man für eine ehrliche, von Herzen ersehnte und gewünschte Liebe braucht. War immer für sie da, gab ihr Vertrauen, Kraft und meine ganze Liebe und konnte nichts mehr mit meinen Freunden tun, ohne an Isy zu denken; niemand konnte sich mir nähern, ich blockte ab, da mir nichts wichtiger war als mein Schatz, Isy. Ich wollte auch nur sie, darum wollte ich sie nie enttäuschen, doch ihre Angst machte auch oft mir Angst, sie zu verlieren. Denn was sie oft als Druck oder Angst empfand, war mein Verlangen nach ihr, da ich sie immer in meiner Nähe spüren wollte und auch ihre Liebe und die Wärme ihres Körpers an meinem. Ich wollte leben und lieben und es so mit Isy erleben, aber nie Druck erzeugen, denn ich weiß es, der macht vieles kaputt. Hatte jedoch oft auch das Gefühl, Isy hatte Angst, zu ihren Gefühlen zu stehen, und dass dies den Druck in ihr erzeugte, weil sie nicht wusste, wie es enden könnte und was dann in ihr und in ihrem Umfeld passierte. Das denke ich, machte sie mehr krank als der Druck!

Viele Freunde sprachen mich an, was mit mir denn los sei, da ich ein anderer Mensch geworden war, nichts hat mich mehr interessiert, aber es tat auch riesig weh, wenn die Gäste von Isy über sie schlecht redeten, wie: „Du musst mit ihr trinken, dann kannst du sie überall angreifen, abschmusen und an den Busen greifen!" Was für Menschen sind das?, habe ich mir oft gedacht. In mir baute sich Hass auf, über diese Menschen, denn wenn sie im Lokal waren, dann „schleimten" sie und spielten die unschuldigen und Supertypen, was ich oft beobachtete und weswegen ich Isy warnte, aufzupassen auf diese Typen, die sie in den Dreck zogen und die nichts anderes taten, als zu schimpfen, selber aber nichts konnten, als zu trinken, man müsste sagen, saufen. Isy war clever, denn sie war die Animateurin des Lokals und kurbelte mit ihren Methoden den Umsatz an, , doch die Idioten dachten, sie hätten eine Chance bei ihr, sie vielleicht „ins Bett zu locken", doch da waren sie falsch aufgestellt.

Der Spielabend war sehr gut, denn ich konnte mit meinen Karten heute alles tun und gewann. Wie immer beendeten wir unseren Tarockabend so gegen 21 Uhr 15, ich bezahlte und machte mich auf den Weg zu Isy. Ich hatte oft schon Bedenken, ob ich nicht wieder ins Lokal gehen sollte, doch darüber musste ich mit Isy sprechen, um nicht wieder Angst in ihr zu erzeugen. Wie immer suchte ich ein Versteck für mein Auto, welches ich auch fand; heute suchte ich den nahen Wald aus. Von dort war ich in drei Minuten bei meinem Versteck. Ich versuchte mich sogleich bei Isy bemerkbar zu machen und schaute, wo sie sich befand. Ich musste nicht lange warten, als sie mir ein Zeichen meiner Anwesenheit gab.

Doch Isy kam nicht, so fuhr ich nach Hause. Kurz vor Mitternacht kam ihre Antwort, und wie ich es mir dachte, sie war ihrer Angst verfallen. „Was hast du wieder getan?", sagte sie, „ich habe dir so oft gesagt, bitte riskiere nichts, und jetzt! Mein Sohn hat Dich gesehen! Bitte schreibe mir nicht, und komm nicht hierher, du machst alles kaputt, warum tust du das? Wo du immer sagtest: Du liebst mich, und dann das."

Für mich entpuppte sich die Nacht als schlaflos. Ich stand um 5 Uhr auf und weinte, hatte ich jetzt alles ruiniert, was geschah mit unserer Liebe? Mein Körper war total am Boden, und ich schickte meinem Kollegen ein SMS, ich sei krank und käme heute nicht ins Büro. Eines musste ich tun: Wenn Isy zur Schule fuhr, musste ich Hallo sagen. Um Isy nicht zu übersehen, parkte ich mein Auto nahe ihrer Fahrtroute. Gut war nur, dass ich niemand Bekanntes traf, der mich ansprechen konnte, da meine Augen von den vielen Tränen gezeichnet waren. Jeder Mensch kann fühlen, was sich im Inneren eines Menschen tut und wie es schmerzt. Doch ich musste Isy motivieren und stärken, dass die Liebe leben und siegen musste.

Mein Engel fuhr an mir vorbei, sah mich nicht, Gott sei Dank, sonst wäre der nächste Schock für sie entstanden. Als sie am Rückweg war, rief ich sie an. Angst stieg in mir hoch, da Isy erst nach dem dritten „H" abhob. „Was willst du?", sagt sie forsch. „Du musst alles erzwingen und machst mir nur Angst."

„Ich will doch nur, mein Engel, dass unsere Liebe lebt, und bin aus Rücksicht auf dich nicht mehr ins Lokal!

Schatz, ich liebe dich, und bitte glaube mir, ich will dir nie wehtun, und wirf jetzt nicht alles weg, wir haben so viel zusammen erlebt und geschenkt, das darf nicht verloren gehen, sondern muss leben. Bitte vertraue, du weißt, was unsere Liebe kann und schafft. Bitte, ich liebe dich." „Ich bin zu Hause, antwortete sie, „schreib nicht, und ruf nicht an, ich muss Ruhe finden. Ciao." Und sie legte auf.

Mein Körper fühlte sich an, als würde er erfrieren, große Kälte stieg in mir hoch, und ich fuhr nach Hause, legte mich auf die Couch und deckte mich zu, da ich mich nicht wärmen konnte. So lag ich lange weinend da und total am Boden. Ich schrieb Isy trotzdem und entschuldigte mich für mein Vorgehen und dass ich es von ganzem Herzen und aus Liebe getan hätte. Ich blieb zwei Tage im Bett und stand nur auf, um Wasser zu trinken, Hunger hatte ich nicht, aber Sehnsucht nach Isys Liebe und dass sie mir verzeihe. Am nächsten Morgen wartete ich wieder, um einen Versuch zu starten, Isy mit meiner Liebe zu stärken. Gott sei Dank hatte sie Mitleid mit mir und sagte: „Bitte komm dieses Wochenende nicht, ich melde mich. Ich vertraue dir. Ciao!"

Ein großer Stein fiel mir vom Herzen, da ihre Stimme nicht so enttäuscht klang und sie versprach, sich zu melden, was mich zuversichtlich stimmte. Es war trotzdem für mich niederschmetternd, meinen Schatz nicht zu sehen und ihre Liebe und Wärme am Körper zu spüren, doch jetzt musste ich warten und Mut schöpfen, dass die Liebe lebte.

Freitag, Samstag und Sonntagabend kein Wort von meinem Engel. Ich ging nach dem Essen spazieren, um dem Druck aus meinem Umfeld zu entfliehen und zu entspannen, um Ruhe aufzubauen, für mich und Isy, um wieder Leben und Liebe mit ihr zu erleben. Ich blickte auf die Uhr, jetzt müsste sie in der Wanne liegen, denn so gegen 15 Uhr 30 war dies der Fall.

„Ich habe dich nicht vergessen", stand in ihrem SMS, „aber ich vermisse dich. Doch ich musste mir schon ein paar Fragen von meinem Sohn über mich ergehen lassen, habe aber nichts von uns erwähnt, du kennst meine Angst. Lass uns ein wenig Zeit, um wieder Ruhe einkehren zu lassen. Ich weiß, es ist was Wunderbares und Besonderes mit dir, aber ich muss auch auf mich und mein Umfeld achten, einverstanden? Ich melde mich wieder, und bitte warte nicht am Morgen."

Diese Worte klangen ernst und trotzdem zuversichtlich, und ich konnte Isy verstehen, vor solchen Dingen hatte sie immer Angst. Ich konnte nur abwarten, mit meinen SMS und Worten der Liebe. Sie wieder zum Leben erwecken, sonst konnte ich jetzt nichts tun, was mir im Herzen schwerfiel, denn es lebte nur mein Schatz und die wahre, ehrliche Liebe zu ihr in mir.

So vergingen fast drei Wochen, ohne uns gesehen zu haben. Nur einmal kurz am Morgen, als ich zur Arbeit fuhr, kam mir Isy mit ihrer Tochter am Weg zur Schule entgegen, doch da konnte sie mich auch nicht grüßen, da ihre Tochter nichts wissen durfte. Aber das Warten und die Vernunft wurde dann doch belohnt, als ich Isy bat, sich mit mir zu treffen und uns auszusprechen. Wir verabredeten uns nicht am üblichen Parkplatz, sondern trafen uns vor einem Supermarkt im Ort. „Ich warte dort, und du lässt dein Auto vor dem Supermarkt stehen und steigst dann bei mir zu, einverstanden?" „Ich habe Angst, dass uns jemand sieht", sagte sie. „Schauen wir mal!" So fuhr ich zu dem vereinbarten Zeitraum hin, blickte mich um, damit Isy sich einen sicheren Parkplatz aneignen konnte und es nicht weit zu mir hatte.

Ich war keine zwei Minuten da, als ich sie ankommen sah; sie parkte ein und sah sich um. Winkend machte ich auf mich aufmerksam, sie könne kommen und dass kein Bekannter zu sehen sei. Sie stieg aus und wie immer hinten bei mir ein. Wenn diese Freude in mir eine Explosion ausgelöst hätte, wäre alles in meinem Umfeld weggeflogen.

„Danke mein Liebling, dass du gekommen bist." Ich schlang meine Arme um sie und küsste sie. „Wenn uns hier jemand sieht", sagte sie. „Ich habe abgesperrt, und jetzt legen wir uns zusammen, da sieht von draußen keiner etwas." Legte Isy vorsichtig auf den Rücken, schlug meinen Fuß über sie und schmiegte mich an sie. „Wahnsinn, mein Schatz, wie glücklich du mich machst und wie mein Herz pocht", sagte ich und schob ihre Hand unter meinen Pulli an mein Herz. „Ja", antwortete sie, „ich fühle es, aber glaubst du, für mich ist es leicht? Ich konnte auch nur wenig schlafen, da ich immer an uns gedacht habe", antwortete sie. „Wichtig ist, mein Engel, dass wir zusammenhalten und unsere Liebe leben lassen und uns vertrauen." Langsam zog ich sie näher an mich, schob meine Hand unter ihre Jacke, küsste sie und streichelte ihren Bauch. Ich spürte, wie sie sich an mich schmiegte und ein paar kleine Tränen ihre Wangen runterliefen. „Weine dich aus, ich habe die letzten Tage auch viel geweint um dich", flüsterte ich ihr leise ins Ohr.

„Ich möchte deinen Körper und deine Wärme spüren, Schatz." Griff an ihren Hosenverschluss, öffnete ihn und schob meine Hand zwischen ihre Schenkel. „Komm, streichle auch mich, habe von dir alles vermisst." Und ich legte ihre Hand auf meinen Penis, der leicht anschwellend noch verpackt war. Ich öffnete ihre Jacke und zog sie ihr aus. „Bitte, wenn da jemand kommt", sagte sie. „Hab doch keine Angst, Schatz, denke an uns und nicht was wäre, wenn, da kommst du nie zur Ruhe", antwortete ich. Ich erhob mich und zog ihr Pulli und Hose aus. „He, da sieht man dich von außen", sagte sie verängstigt. „Aber nein, mein Liebling, die Fenster sind doch verdunkelt, da kann keiner was Genaues sehen."

Sie drückte sich fest an mich, ich öffnete ihren BH und entzückend feste, erotische Brüste lagen vor mir. Mein Kopf neigte sich ihr entgegen, und saugte an ihren kleinen, aber feinen Nippeln. „Komm Schatz, hilf ihm, er braucht mehr Platz." Isy zog mir meine Unterhose runter, und mein Penis stand steif vor ihr. „Ach das liebt er, von dir verwöhnt zu werden."

„Komm, Schatz, liebe, wie wir es gemeinsam lieben", spreche ich leise zu ihr. „Dein Slip stört uns." „Nein, der stört nicht, der ist ja auch nicht so groß", sagte sie leicht lächelnd. „Na, dann muss er zur Seite rücken." Ich hob mich hoch und kniete mich zwischen ihre Schenkel. Ich strich ihre Schenkel hoch, massierte ihre Brüste und ihren heißen Schoß.

Steif stand mein Schwanz vor ihr und konnte es nicht erwarten, in sie einzudringen. Schob den Slip zur Seite und zog meine Vorhaut zurück, um meine rote, große Eichel in sie zu schieben. „Der fühlt sich heiß an", sagte Isy, und ich drang langsam immer tiefer und tiefer ein. „Pah", sagte Isy, „der fühlt sich gut und groß an." „Wundert es dich, nach den drei Wochen ohne dich? Der ist sicher nicht zu bremsen." „Aber bitte pass auf, schwanger zu werden wäre das letzte. Vor drei Wochen hatte ich große Angst, da blieben meine Tage aus, und ich dachte schon, wird doch nichts passiert sein. Gott sei Dank, nicht", antwortete sie.

Ich hob mit beiden Händen ihren zierlichen Po hoch und schob meinen Steifen tiefer in sie. Ich sah, als ich ihn aus ihr zog, dass mein Schwanz glitschig war. „Der ist aber schön feucht geworden", meinte ich zu meinem Engel. „Daran bist du selbst schuld", sagte sie lachend, schob mir ihren Schoß fest entgegen, zog mich zu sich nach unten und küsste mich. „Komm, jetzt lassen wir den Zug abfahren." Wir stießen uns fester und fester, und unser Rhythmus glich einem Wettrennen.

„Na, mein Engel, pass auf, was ich dir schenke." Ich stieß tief in sie, zog ihn schnell aus ihr und spritzte ihr eine Ladung auf ihr Becken. „Wow, ganz schön viel", sagte sie mit einem Lächeln, hob sich hoch, umarmte mich und küsste mich leidenschaftlich. Nachdem diese Kussorgie geendet hatte, sagte ich zu Isy: „Du hast ja ein tolles Grübchen auf deinem Bauch, und darin hat viel Platz, denn dir kann man nur viel schenken, da man auch viel von dir bekommt."

Ich legte mich seitlich neben Isy und drückte sie an mich. „Deine Wärme und Liebe sowie deine Zärtlichkeiten haben mir gutgetan nach den Wochen, aber wir müssen vorsichtiger sein, verstehst du?", sagte sie. „Ich liebe dich doch auch." Und ich presste ihren heißen, sexy Körper an mich. „Ja, ich liebe und lebe nur mit dir, mein Schatz! Das muss leben, sonst zählt nichts", antwortete ich.

„Es war so schön, dich zu spüren", sagte sie, „aber ich muss nach Hause." „Komm, mein Liebes, ich helfe dir." Ich nahm Taschentücher, wischte meine Ladung aus ihrem Bauchnabel und warf die Taschentücher auf den Boden. Nahm ihre Hose, zog sie hoch, legte den BH um sie und verschloss ihn. Zuletzt streifte ich ihr den Pulli über. „Danke", sagte sie, „du bist ein Schatz." „Für dich gerne", antwortete ich und zog mich an. „Pass bitte auf dich auf, und ich melde mich; bitte riskiere nichts, hab dich lieb." Sie gab mir einen langen, intensiven Kuss und sprang aus dem Auto. Ich sah ihr nach, sie stieg in ihr Auto und fuhr winkend weg. Da klingelte mein Handy: „Hallo, ich bin es, Isy, ich muss dir noch Danke sagen für unser Treffen. Danke, es war so schön. Hab dich lieb."

Man muss es erst zu schätzen lernen, was es bedeutet, zu lieben, zu leben und zu vertrauen. Es wird immer Unstimmigkeiten geben, aber man soll dem Menschen, der einem Seele und Herz geraubt hat, immer eine Chance geben, seine wahre Liebe unter Beweis zu stellen, jeder tut es, wenn es aus tiefem Herzen kommt, das Gegenüber kann man nicht täuschen, denn man fühlt es.

Nur ein paar nette SMS gab es die ganze Woche, doch diese waren mit vielen Liebesworten versehen und taten jedem Herzen gut, gaben unserer Liebe Kraft, Vertrauen und Wichtiges für die Zukunft.

Die neue Woche begann freudig, da mir Isy am Morgen per SMS mitteilte, mich am Parkplatz zu treffen. Ich antwortete, dass ich warten würde. Menschen, die man liebt, möchte man immer bei sich haben, denn mit Worten kann man nichts erleben, sondern nur mit ihnen an der Seite und unserer Liebe.

Isy kam strahlend zum Treffen, und ich war glücklich, sie zu sehen. Sie stieg in mein Auto, ohne sich umzusehen, und so sagte ich zu ihr, als sie im Auto saß: „Guten Morgen, Schatz, du strahlst, bist du glücklich?" „Ja, weil ich dich sehe", sagte sie. „Du hast dich heute nicht umgesehen, ob jemand da ist, doch du bist gerade auf mich zu." „Nein, heute habe ich keine Angst gehabt, ich wollte dich treffen", erwiderte sie.

Ihre Küsse waren voller Liebe und Leidenschaft, so frei war sie schon lange nicht mehr. Ich streichelte ihre Brüste, Wangen und Schenkel, die sie mir wie ein Geschenk gab. „Ich fahre heute nach Wels ins Krankenhaus, da ich eine Nachbarin besuchen werde, und du, hast du Zeit für mich?", fragte sie.

„Wie kannst du fragen, ich liebe dich und möchte nur bei dir sein und dich lieben", antwortete ich. „Ich hab dich ganz fest lieb, und du machst mich glücklich und frei, wenn ich in deinen Armen liege, die Angst verschwindet und mein Herz Kraft tankt." Sie küsste mich und sagte: „Ich freue mich auf dich in Wels und schreibe dir, wann ich rauskomme, so gegen 16 Uhr. Bis Nachmittag, bis dann." Sie gab mir noch einen Kuss und ließ mich allein.

Was kann ich tun?", dachte ich, diese Frau möchte ich bis ans Lebensende glücklich machen und lieben, sie ist mein Leben, und dieses möchte ich mit ihr leben. Mein Herz schlug nur für sie, ich konnte nichts anderes tun, als Isy lieben; sie füllte mein Herz mit Liebe, sie machte uns so glücklich, wenn sie diese Liebe annahm und lebte.

Mein Weg führte nach Wels, und die Freude auf Isy war unbeschreiblich. Bog an der Kreuzung in eine Seitenstraße ab und parkte mein Auto. Ich war viel zu früh, darum ging ich in das Café im Krankenhaus. Dort wartete ich auf meinen Schatz. Ich blickte mich um, vielleicht, dass ich sie sah, doch ich konnte sie nicht erblicken.

„Wo bist du?", fragte sie, als sie mich anrief. „Ich sitze im Café, am Ausgang", antwortete ich. „Und ich bin hinter dem Roten-Kreuz-Gebäude im Auto", sagte Isy. „Du bist ein Spaßvogel, ich liebe dich und bin schon auf dem Weg zu dir!" Legte auf, bezahlte und ging zum Auto, um Isy zu holen und einen Platz des Glücks, um uns die Liebe erleben zu lassen, zu suchen. Als ich um das Gebäude fuhr, sah ich ihr Auto, hielt an, stieg aus und klopfte an ihre Scheibe. Sie erschrak, da sie mich nochmals anrufen wollte. „Du hast mich erschreckt", sagte sie, als ich ihre Autotür öffnete und ihr einen Kuss gab. „Komm zu mir ins Auto, wir fahren an einen stillen Ort, nur für uns beide." Isy stieg aus, versperrte ihr Auto und stieg bei mir ein. Ich fuhr um das Gebäude und stellte mich an einen großen freien Parkplatz. „Hier ist es ideal, da schöpft niemand Verdacht", sagte ich und stellte den Motor ab. „Denkst du, hier sieht uns niemand?", fragte sie. „Nein, hier sind wir sicher und ungestört." Ich hüpfte zu ihr nach hinten und ließ meine Liebe auf Isy niederprasseln.

„Was du und wie du es machst, weiß ich nicht", sagte sie, aber du gibst mir etwas, was ich nie hatte und jetzt immer mehr vermisse! Bitte lass mich nie allein", bat sie mich strahlend lächelnd. „Ich liebe dich doch, mein Engel", antwortete ich ihr. „Nie würde ich dich verlassen und alleine lassen, du bist die Liebe, so wie wir beide es uns gewünscht, ersehnt und wie wir es bekommen haben, durch unsere Liebe." Sie schlang ihre Arme um mich, ich meine um ihre Hüften, und ein Rausch der Liebe stieg in uns hoch. Küsse und Streicheleinheiten kannten keine Grenzen, wir halfen uns gegenseitig uns unserer Kleider zu entledigen. Wir dachten nicht daran, wo wir waren, sondern ließen uns in unsere Liebe fallen. Wahnsinn, was für Liebe und Gefühle in dieser Frau steckten und wir gegenseitig geweckt haben. Beide konnten wir es nicht erwarten, uns zu vereinen. Komm Schatz, wir müssen uns spüren." Ich zog sie an mich, hob ihren prallen Po hoch und setzte Isy mir gegenübersitzend auf meinen Schoß, sodass ich in ihre Augen sehen und ihren süßen Körper und Stellen massieren konnte. Sie schwang ihre Schenkel um mich und presste ihre Brüste an meine Brust.

„Wow, der hat es aber eilig, und wie fest er ist", sagte Isy, als sie an mein Hosentor griff! „Wenn du dich so fallen lässt, wenn wir uns treffen, dein Herz glücklich ist, liebt er dich umso mehr und gibt dir alles. Er liebt es, von dir geliebt, verwöhnt und gestoßen zu werden", antworte ich und biss sie zärtlich ins Ohr. Sie erwiderte meine Worte mit Küssen, wobei ihre Augen strahlten und wie ein erotisches Lächeln auf mich trafen.

„Komm Schatz, nimm dir alles von mir, nach was du Lust hast, zu genießen, zu spüren, zu fühlen und es zu erleben!" Sie sah mich an, und von da an konnten wir unsere Gefühle nicht mehr kontrollieren. Wir streichelten, liebkosten und verwöhnten uns, was das Zeug hielt, und ich spürte, wie heiß uns wurde. Wir halfen uns gegenseitig, uns unserer Kleider zu entledigen, was wir in kurzer Zeit schafften. Die Hände ertasteten alles an unseren Körpern und ließen keine Stelle aus, zu streicheln, zu küssen und auch mit der Zunge zu verwöhnen. Um das Verlangen beider Körper zu stillen, konnte ich Isy an mich ziehen, langsam auf den Rücken legen und ihr ein festes, steifes Geschenk geben. Meine Hände massierten ihre Brüste, ihren Bauch, Po und ihre Schenkel, und ich visierte mit meinem Penis ihre heiße Öffnung an. „Bitte Liebes, hilf mir", sagte ich zu Isy, „er will dich spüren!" Isy hob sich an meinem Nacken haltend hoch, küsste mich und griff nach meinem Penis, schob mir ihren Schoß entgegen, und mit einer Woge der Wärme glitt er in sie. Isy legte sich wieder auf den Rücken, streichelte mich und schloss die Augen. Ich hielt sie an ihrer Hüfte fest, zog sie in kleinen Bewegungen an mich und stieß sie wieder von mir. Eine tolle Wärme fühlte ich an meinem Penis. Sie war eine Seele der Liebe, was sie schenkte, war unbeschreiblich, doch es war durch nichts auf der Welt zu ersetzen. Isy war für mich was Unbeschreibliches, aber das Wichtigste und Wertvollste in meinem Leben!

Sie zog mich zu sich nach unten und schrie mir kurz „He" ins Ohr. „Hab ich dir wehgetan?", fragte ich sie. Isy schaute mich an, lächelte und strich mir über die Wange. „Ach nein, hab dich nur so gut und tief gespürt, du hast mich am richtigen Punkt und zur richtigen Zeit erwischt", sagte sie. „Wie schön, dich zu ‚erwischen'", antwortete ich und belohnte sie, wie sie mich belohnt hatte, und stieß noch einige Male fest in sie. Mit „Jetzt Schatz, jetzt kommt er" zog ich ihn aus ihrem heißen feuchten Schoß. Das Sperma rann über unsere Schenkel, da ich Isy nicht losließ, und ihre Oberschenkel auf meinen Oberschenkeln lagen. Wir küssten uns, und mein Engel sagte: „Wahnsinn, uns so zu lieben, einfach hier und ohne Angst, ich bin der reichste Mensch auf Erden, schade, dass ich es nicht kann leben, weil ich auch nicht weiß, WIE!"

Eine Woge des Glücks entfleuchte uns, und ich legte mich auf Isy, die mich fest umschlang und festhielt. „Ich liebe dich, mein Engel", sagte ich zu Isy. „Ich liebe dich auch", antwortete sie, zog sich fest an mich, und wir küssten uns. Fest drückte ich Isy an mich, wischte ihre Tränen ab, und ich bedeckte ihre Wangen und Lippen mit Küssen, denn die schenkten Wärme und Vertrauen, was wir brauchten, um im Herzen diese Liebe leben zu lassen. Man kann nicht beschreiben, was man fühlt, wenn man liebt, so wie wir beide, wenn wir zusammen und vereint waren. „Komm, mein Engel", sagte sie, „wisch mich ab, sonst kann ich nicht weg, hast mich total bespritzt." „Na, das haben wir gleich." Ich griff nach den Taschentüchern, welche ich immer parat hatte, und wischte ihre Schenkel und ihren erotischen Bauch ab sowie meine Schenkel, wir halfen uns gegenseitig, suchten unsere Kleidung und zogen uns an.

Isy nahm ihren Slip und zog ihn hoch, doch ich griff ihr in den Schritt und kniff sie in ihre Lippen. „He, die hat aber hier keinen Platz", sagte sie lächelnd, und sie nahm meine Hand und zog sie weg. Nahm ihren BH, der sich seitlich in der Ablage befand, zog ihn ihr an, doch bevor sie ihn schloss, nahm ich mit beiden Händen ihre Brüste, welche mir steif entgegenstanden. „Entschuldige, da kann ich nicht widerstehen." Und ich nahm einen ihrer Nippel zwischen meine Lippen. „Warum kannst du mich nicht mich anziehen lassen?", fragte sie. „Ja, warum, glaubst du, mein Engel? Du bist mein Ein und Alles, alles, was du mir schenkst, muss ich dir an Liebe, Wärme, Zärtlichkeiten und Vertrauen geben, und da kann ich dich nicht so einfach weglassen!" Ich hatte meine Gefühle nicht mehr im Griff, und Tränen liefen mir über die Wangen. „He, was hast du?", fragte Isy. „Ich weiß, dass du mich liebst und immer für mich da bist, weine nicht, ich hab dich lieb und brauch dich auch noch länger." Sie nahm mich in ihre Arme und küsste Mund, Hals und meine Brust.

„Muss mir eine Ausrede einfallen lassen", sagte Isy, „wenn mich mein Jagdhund zu Hause anspricht, wo ich so lange war." „Sag doch, du warst noch im Einkaufszentrum, da du was benötigst, doch leider nicht gefunden hast", antwortete ich. „Ich fahre jetzt mal nach Hause", sagte sie, „und schau mal, was kommt. Du hast mir ja wieder Kraft gegeben, darum habe ich keine Angst davor." „Komm, Schatz", dabei nahm ich sie in meine Arme. „Ich muss dir noch ein paar Reiseküsschen geben, damit du heimfindest!" „Die nehme ich gern an", antwortete sie und erwiderte diese innigst. „Die schmecken nach mehr", sagte sie, „doch einmal ist Schluss. War wunderbar und schön hier mit dir, egal wo wir sind, in einer Hütte, im Auto oder im Bett.

Jetzt muss ich, und danke für die schönen Stunden mit dir", sagte Isy und drückte mir noch einen Kuss auf die Lippen. „Und bitte bring mich zum Auto." Ich stieg nach vorne, startete und brachte meinen Engel schweren Herzens zu ihrem Auto. „Du bist ein wahrer Engel, und ich möchte nie mehr auf dich und deine Liebe verzichten", sagte ich ihr leise ins Ohr. „Danke nochmals, hab dich auch lieb, und ich melde mich bei dir, einverstanden!" Schon war sie draußen, denn sie war bereits sehr spät dran. Isy genoss wie ich die Liebe, Wärme und Zärtlichkeiten. Sie startete ihr Auto, winkte und fuhr los, wohin ich ihr folgte. Als sie zu ihrem Zuhause abbog, hupte ich kurz, winkte und fuhr an ihr vorbei heim. Isy schrieb spät abends noch ein SMS. Dass bei ihr alles in Ordnung sei, keiner gefragt hätte, wo sie so lange war, und sie bedankte sich für die Liebe und Zeit, die ich ihr geschenkt hatte. Ich bedankte mich bei Isy, dass sie wie ich diese tolle Liebe und Zärtlichkeiten liebte, welche ich immer für sie, nur für sie übrig hatte. So konnte ich auch wieder einmal eine Nacht glücklich ein paar Stunden schlafen.

Es war ein Tag der Freude und des Glücks für uns beide. So verlief die Woche ruhig, nur unsere SMS und morgendlichen Hallos, mehr war nicht drinnen, denn Isy hatte keine Luft. Auch das konnte was, denn man spürte, was es bedeutete, jemanden zu haben, der einem Kraft und Liebe gab, welche wir uns intensiv schenkten. Das hielt Körper und Herz auch am Leben.

Der Sommer war vergangen, der Herbst neigte sich dem Ende zu, und ich musste mehr Wärme aufbringen, da meinem Schatz immer kalt war, kein Wunder, wo sie ständig in dem Iglu lebte und keine Sonnenstrahlen den durchdrangen. Ich nützte alle Möglichkeiten, meine Isy glücklich zu machen, und wir trafen uns, wie und wann es nur möglich war.

Oft bat ich Isy, sie solle rausgehen und Luft schnappen, wenn sie wieder ganz am Boden war, was sie gern getan hätte, doch immer überfiel sie wieder die Angst, wenn diese Liebe groß an die Öffentlichkeit käme. Sie kämpfte gegen das Gerede in ihrem Umfeld, und ihr Besitz machte ihr eine Entscheidung schwer, weil sie nicht einschätzen konnte, wenn sie sich trennen würde, wie es dann weiterginge oder wie sie das finanzieren sollte.

Sie sagte mir auch, wie schön es wäre, wenn wir uns früher getroffen hätten, Liebe und Vertrauen waren für sie der größte Reichtum, was sie stolz machte, von mir so viel zu bekommen, und Geld sei zweitrangig. Darum war es wichtig, sie zu unterstützen und zu stärken, war doch in dieser Phase sie mir das Wichtigste.

Es war kurz vor Allerheiligen, als wir wieder ein Treffen am Friedhofsvorplatz ausmachten. „Komm", sage ich, „mein Schatz", als sie im Auto sitzt, „ich fahre an einen anderen Platz, ich möchte das Auto nicht abstellen, damit dir, wenn du deine Kleidung wegwirfst, nicht kalt wird", worauf sie mir ein Küsschen gab und mich umarmte. Wir fuhren ein kleines Stück in Richtung eines Waldes, wo ich das Auto rückwärts in einen Waldweg fuhr und parkte. „Da sieht uns doch jeder, waren ihre ängstlichen Worte." „Da schaut kein Mensch, da ist vielleicht ein Spaziergänger unterwegs", antwortete ich ihr, zog die Schuhe und auch gleich meine Kleidung aus, meine Boxershorts hatte ich noch an.

„Na, du hast es aber eilig", sagte Isy. „Das muss ich tun, mein Engel, sonst bleibt für uns und unsere Streicheleinheiten und intime Liebe zu wenig Zeit." Sie drückte mich auf den Rücken und streichelte meine Brust und über meine Unterhose. „Ja, ich weiß, aber ich muss immer schauen, ob jemand kommt", sagte sie. „Du kannst ruhig mehr tun, er fürchtet dich nicht, sondern liebt es, von dir verwöhnt zu werden", antwortete ich, als sie ihre Hand auf meinen unter den Shorts versteckten Penis legte.

„Meine Hand ist ja so kalt", sagte Isy. „Dann halte ihn fest, der wärmt dich", erwiderte ich mit einem Kuss und Lächeln. Ich erhob mich und kniete mich über sie. Öffnete ihre Jacke, zog ihren Pulli hoch und ihn aus. „Ist dir nicht kalt?", fragte ich. „Nein", antwortete sie, „bei dir nie", und zog mich an sie. „Vorher muss dein BH noch weg, der stört zwischen unseren Körpern." Ich öffnete ihn, nahm ihn ab und legte ihn zur Seite.

„Komm, leg dich auf mich und wärme mich." „Okay, ich lege mich seitlich neben dich." Ich legte meinen Kopf auf ihre Schulter, sodass ich ihren Schoß und ihre Schenkel mit der Hand streicheln und reizen konnte. Ihre süßen, festen Brüste, die einzigartig waren, streichelte ich auch. „Ach, das tut so gut, einfach neben dir zu liegen, mich zu wärmen an deinem Körper und genießen." Wir sprachen eine Weile über uns und unsere Gefühle. „Schatz, was wünschst du dir zu Weihnachten von mir?", fragte ich. „Bist du verrückt, nichts", antwortete sie. „Bitte riskiere nichts, und außerdem, was willst du mir schenken?" „Ich möchte dir etwas schenken, das immer bei dir ist und an deiner Haut Platz findet, damit du spürst, ich bin immer bei dir. Habe eine wunderbare, erotische Unterwäsche für dich entdeckt, und die schenke ich dir." „Wie soll ich die anziehen, das fällt doch sofort auf, ich trage nie so ausgefallene Wäsche."

„Deine Unterwäsche ist ja hübsch", antwortete ich, „aber lass mich mal machen." Sie drehte sich von mir weg, erhob sich und setzte sich auf mich. „So, jetzt bin ich obenauf, und du musst dir alles gefallen lassen", sagte sie und streichelte mich. „Na, da wehrt sich einer", stellte sie fest und fasste an meine Shorts, wo mein Penis an Größe zugenommen hatte, doch noch in den Boxershorts versteckt war.

„Mein Liebes, lass ihn doch frei", sagte ich lächelnd. Sie ließ sich nach vorne, küsste mich, hob ihren prallen Po, zog meine Shorts nach unten, und mein steifer Schwanz schnellte empor. Isy beugte sich zu mir nach unten, gab mir einen Kuss auf den Mund, auf meine Brust und lächelte mich an. Ich hatte es fast übersehen, als sie sich hob, und schon war er tief in ihrer Lustgrotte, welche heiß meinen Schwanz umklammerte. Ein herrliches Gefühl in ihr zu sein.

„Wenn du ihn so mit deiner Möse und deinem geilen Po massierst, wird er das nicht lange ohne Reaktion aushalten", worauf Isy sich noch fester daraufsetzte und mit ihren Bewegungen langsam weitermachte. Dabei hob ich mich hoch, stützte mich mit den Händen auf, leckte ihre Brüste und Brustwarzen und küsste sie auf Mund und Brust. „Bitte, bitte, pass auf", sagte sie, dabei ließ sie mich nicht los. „Jetzt bist du mir ausgeliefert, und ich bestimme", sagte Isy lächelnd und drückte ihre Brust gegen meine. „Na, komm, mein Engel." Ich legte sie auf den Rücken und kniete vor ihr. „Jetzt muss ich dich bestrafen, dass du mich so eingesperrt hast." Ich hob sie am Po hoch und leckte ihre Schamlippen, saugte an ihnen und stieß die Zunge in ihre Öffnung.

„Bist du wahnsinnig, du machst mich verrückt", dabei schlang sie ihre Füße um meinen Nacken, sodass ihr heißer Schoß an meinem Mund auflag, dabei hielt sie sich an den Kopfstützen fest. Nach einer Weile ließ ich von ihrer Lustgrotte los, legte ihre Füße um meinen Nacken, und so lag ihr Schoß genau vor meinem Penis; ich griff nach ihm und streichelte mit meiner Spitze über ihre Öffnung und Knospe. Drückte ihn nach unten, und schon war er in ihr verschwunden. Herrlich, sie so zu stoßen, so tief zu spüren wie lange nicht mehr. Eine Hitze stieg in meinem Schwanz hoch. Jetzt muss er raus, um sie nicht zu beängstigen. Vor ihr steif stehend quoll das Sperma über meinen Penis nach unten. Ihre Lippen mit weißer Flüssigkeit umgeben, erschrak Isy. „He, pass auf, wenn sich da etwas verirrt", sagte sie.

„Du bist ein Wahnsinn, mein Engel!" „Warum?", fragt sie. „Wenn du dich fallen lässt, dann bist du ein Feuerwerk der Leidenschaft", antwortete ich. „Nein", sagte sie, „das bist du, du machst mich glücklich; ich schließe die Augen, und da kann ich mich fallen und gehen lassen, einfach ein tolles Gefühl mit dir, da wird mir auch heiß, obwohl ich nichts anhabe."

„Warte, ich muss meine Hand frei machen", dabei zog sich Isy an mich. „He, so geht das nicht, Schatz", sagte ich, und sie setzte sich auf meinen Schoß. Meine Hand war unter ihrem Po gefangen, worauf sie laut lachte. „Da klebt ja alles fest an mir", erwiderte ich, hob sie hoch, und um mein Sperma nicht an ihre Öffnung zu bringen, wischte ich es weg. „Na, Liebes, nicht gut gemacht?", fragte ich Isy. „Jetzt habe ich beide Hände für dich frei und müsste dich übers Knie legen, da du mir keine Chance gelassen hast, deine Möse und Lippen nachher noch zu massieren."

„War richtig so", sagte sie, dich einmal zu beherrschen macht Lust auf mehr, und das war schön. Ich ziehe mich jetzt an", sagte sie, „mir wird kalt." Nahm ihre Kleidung, wie auch ich meine, und wir zogen uns an. „Jetzt kommt langsam der Winter", sagte sie. „Warum?", fragte ich. „Schau, es fallen die ersten Flocken", antwortete sie. „Nein, wir haben die Zeit übersehen, wir sind vom Herbst bis im Winter in einem Stück zusammen gewesen." Isy küsste mich und lachte: „Wäre schön, wenn es so wäre!"

Isy lachte laut auf. „Ja, das scheint so, leider war es nicht so", sagte sie lächelnd und belohnte mich mit ihren süßen Küssen. „Mein Engel", sagte sie, „wir müssen zurück, du weißt, ich möchte nichts herausfordern." „Okay, Schatz, fahren wir zum Auto zurück!" Ich stieg nach vorne, startete und fuhr los. Dort angekommen, parkte ich neben ihrem Auto ein. Hüpfte wieder zu ihr nach hinten, umarmte und küsste sie leidenschaftlich. „He", sagte Isy, „lass mich dich noch kurz ein paar Minuten umarmen und wärmen, tut mir immer so gut, an dir zu tanken." Sie lehnte sich an meine Brust und schloss die Augen. Ich hielt sie fest, streichelte ihre Brüste und Wangen und legte ihr überall Küsschen drauf; sie genoss es. Sie fuhr hoch und sagte: „Jetzt ist es Zeit", drückte mir noch einen Kuss auf die Wange und versprach sich am Abend zu melden. Bedankte sich für die schönen Stunden und Momente, sagte: „Hab dich lieb, und Ciao", blickte sich um und verließ mein Auto! Ich blickte ihr nach, sie stieg in ihr Auto, winkte, startete und fuhr lächelnd an mir vorbei heimwärts.

Ich rief Isy an. „Hallo", sagte sie. „Was ist noch!" „Wollte dir noch sagen: Ich liebe dich, pass auf dich auf, und sag mir Bescheid, ob zu Hause alles okay ist, mein Schatz. Ich lieb dich, und bitte melde dich, bist mein Engel." „Okay", antwortete Isy, „ich hab dich auch lieb", und legte auf.

Ich fuhr noch in mein Café, um eine Tasse Kaffee zu trinken. „He, was ist mit dir los?", fragte ein Freund von mir. „Warum?", fragte ich. „Du kommst mit einem Strahlen herein, kaum zu beschreiben." „Ich habe gerade von einem Engel ein Geschenk bekommen, ein wunderbares", antwortete ich. „Von einem Engel." „Du hast ja einen Vogel", antwortete er. „Du kennst das nicht", erwiderte ich und setzte mich glücklich nieder, meine Isy von Herzen zu lieben, wie seelisch so auch körperlich.

Die Antwort von Isy kam erst um 22 Uhr. „Habe gleich die Bar, Klosetts und alles zu putzen begonnen, bin schon fertig", schrieb sie. „Immer wenn ich mit dir zusammen bin, geht alles wie von selbst und leicht von der Hand, du bist ein Geschenk für mich, danke bis morgen früh, schlaf gut!" Ich wünschte ihr auch eine gute Nacht und versicherte ihr, dass ich sie liebte.

Es war schon spät, als mein Engel mir noch ein SMS sendete, was mein Herz Freudensprünge machen ließ und meine Liebe und Gefühle sowie mein Vertrauen bestätigte und stärkte, Isy nicht zu enttäuschen und die Liebe mit ihr zu leben.

Diese Woche war ich aus dienstlichen Gründen im Ausland unterwegs, sodass wir nur Hallo sagen und uns schreiben konnten. Da ich einen Nachmittag zu meiner Verfügung und freihatte, machte ich mich auf den Weg, das Weihnachtsgeschenk für Isy, meinen Engel, zu besorgen; in einem Dessousgeschäft fand ich ein erotisch-aufreizendes Set, welches ich sofort kaufte.

Die Kundenbesuche in dieser Woche verliefen gut und erfolgreich, ich konnte es bei verschiedenen Kunden nicht verstehen, da diese immer für meine Produkte sehr schwer zu begeistern waren, wie man sie trotzdem überzeugen konnte, und das, denke ich, hat viel mit dem Innersten eines Menschen zu tun, wie er sich fühlt und ob er glücklich ist und vielleicht die Liebe ihn erfolgreich macht.

Die Heimreise war lang und zäh, denn an einigen Straßenstellen lag schon ein wenig Schnee, und wie immer, sind die Leute mit ihren Autos beim ersten Schnee noch nicht auf den Winter eingestellt, und darum gab es einige Unfälle, zum Teil sehr schwere und sehr viele. So wurde aus den geplanten fünf Stunden Rückfahrt exakte 7,5 Stunden.

Die Freude war groß, als ich Freitagnacht die Autobahn verließ und in Richtung Isy unterwegs war. Wie immer suchte ich ein Versteck für das Auto, ließ es wieder im Wald stehen und ging Richtung Küchenaußentüre. Der erste Versuch klappte. Isy stand lächelnd an der Bar und winkte mir mit einer Hand unauffällig zu. Von außen sah man, dass wenige Gäste im Lokal waren.

Vorsichtig schaute ich mich um und lauschte, um nicht wieder gesehen zu werden. Kaum war ich an der Hütte neben dem Wohnhaus, sah ich im Lichtkegel, dass jemand aus der Küche kam; ich blickte vorsichtig zwischen Mauer und Dachrinne hindurch, wer die Person sei, die in der Nähe war! „Hallo Liebes", sagte ich, als ich erkannte, dass es Isy war.

„Bin ich erschrocken", sagte sie leise und lief zu mir in die finstere Nische. „Ich habe dich vermisst und schon auf die Uhr geschaut, wann du kommst, und hatte Angst, dir wäre etwas passiert", sagte sie und drückte sich fest an mich. „Ja, ich weiß", antwortete ich, aber es war zum Teil Schneefahrbahn, und es gab viele Unfälle, aber ich trug dich im Herzen, da schaute ja ein Engel auf mich." Ich umarmte Isy und küsste sie leidenschaftlich, streichelte ihren Rücken, Nacken und ihre Brüste. Griff ihr in den Schritt und hielt ihre Schamlippen fest in meiner Hand. „He", sagte sie, „die brauche ich noch!" „Ich auch", antwortete ich.

„Halte mich fest, mir ist so kalt." „Na, komm." Ich zog meine Jacke aus und hänge sie ihr über die Schultern. „Jetzt erfrierst du", sagte Isy. „Nein, ich bin ja heiß auf dich, wärme mich bei dir anders auf", sagte ich, schob meine Hand unter ihren Rock, zog den Slip leicht nach unten und fasste ihren heißen Schoss. „Wird Zeit, dass wir uns wieder treffen", sagte ich, „denn dich eine Woche nicht zu sehen und zu spüren, macht verrückt."

„Ja, ich habe oft an dich gedacht und konnte nicht schlafen, ich weiß nicht, was du immer machst mit mir, aber kaum bist du weg, bin ich unruhig und habe Angst um dich", sagte Isy. „Weißt du, mein Engel, wie es mir geht? Ich liege wach, kann nicht schlafen, würde alles geben, dich neben mir zu spüren und die Tage und Nächte gemeinsam zu verbringen, mit Wärme und unersättlicher Liebe."

„Ja, ich glaube, darum kann ich auch nicht schlafen", antwortete sie, „aber bitte verzeih mir, ich muss wieder rein, alle passen auf mich auf, und wenn wenig Gäste da sind, fällt das auf." „Liebes, ich möchte dich noch spüren." Ich öffnete mein Hosentor und schob ihre Hand zu ihm. „Wäre schön jetzt mit dir", sagte sie, „aber die Vernunft muss bleiben." Und sie drückte ihn.

„Ich muss", sie legte ihre Arme um meine Schultern, hob sich hoch, schlang ihre Füße um meine Hüften und hielt sich fest; wir küssten uns leidenschaftlich. „Schatz, ich habe dein Weihnachtsgeschenk im Auto, und bitte lass uns die nächsten Tage treffen, ich möchte es dir geben", sagte ich. „Warum kaufst du mir etwas?", antwortete Isy. „Ich kann es noch nicht sagen, wann ich Luft habe, habe viel zum Vorbereiten, einige Weihnachtsfeiern stehen an, und das Lokal ist voll, aber schauen wir. Pass auf, dass dich niemand sieht." „Gute Nacht", sagte ich. Sie gab mir einen Kuss, schaute sich um und lief ins Haus.

Der nächste Tag, ein Samstag, war mein Tag zum Arbeiten, und ich fuhr ins Büro, um das Auto auszuräumen, alles auf seinem Platz zu verstauen und die Schreibarbeiten zu erledigen. Es wurde Abend, und kein Wort von Isy. Ich war schon zu Hause, als ihr „H" kam. Ich rief sofort an. „Hallo, mein Engel, hab dich schon so vermisst." „Ja, ich kann dich verstehen, aber ich bin noch nicht fertig, muss erst in die Wanne, und dann geht's los. Ich komme und helfe dir, lass dir die Wanne ein, seife dich ein, und ich lege mich dann zu dir in die Wanne." „Wäre schön", antwortete sie, „aber da würde ich nie fertig, denn dir fällt immer etwas ein." „Ist doch gut", antwortete ich, sonst wären unsere Treffen immer eintönig, so schenken wir uns eine tolle Liebe, oder nicht Schatz?" „Ja, du hast recht, aber ich muss rein, und bitte komm heute nicht, ich kann nicht raus. Ich fahre morgen in die Kirche, wahrscheinlich allein, da ruf ich dich an, versprochen. Hab dich lieb." Sie legte auf.

Mein Weg führte mich ins Wohnzimmer, ich war traurig meinen Schatz nicht zu sehen, schaltete den Fernsehapparat ein und machte es mir bequem. So verbrachte ich den Abend allein, doch auch wieder glücklich, diese Frau zu lieben und durch Isys Liebe zu mir. Es war schon fast 3 Uhr morgens, als ein „Gute-Nacht-SMS" kam und die Nachricht, dass sie am Parkplatz im Ort um 9 Uhr warten würde.

Nachdem ich morgens an der Tankstelle gefrühstückt hatte, fuhr ich zum Treffpunkt. Ich stand schon zehn Minuten früher dort, konnte es kaum erwarten. Isy kam pünktlich zum Treffpunkt, fuhr ein großes Stück weiter und parkte. Sie stieg aus und sah sich um. Ein Auto fuhr an ihr vorbei, und sie ging zurück zum Auto. Ich stieg aus, ging langsam, das vorbeigefahrene Auto im Blickfeld zu ihr, und gab ihr mein Weihnachtsgeschenk. „He, wenn dass jemand gesehen hat."

„Das Geschenk hatte ich unter der Jacke, Liebes! Ich gehe zurück zum Auto, und du steigst kurz bei mir ein, muss dir einen Guten-Morgen-Kuss geben." Ich drehte um und ging zurück. Isy kam schnell hinterher und stieg ein, da gerade kein Auto ankam. „Viel zu riskant", sagte sie. „Komm, ich muss dich küssen." Ich nahm sie in meine Arme und küsste ihren süßen Mund, der, wie auch ihr Gesicht, leicht geschminkt war. „Tut so gut am Morgen, dich zu sehen und zu spüren, mein Liebes!" „Ja, ich freu mich ja auch, wenn ich nicht immer diese Angst hätte", sagte Isy.

„Ich muss dann gehen, sonst fällt das meiner Mutter auf", sagte sie, „die sitzt schon in der Kirche und wartet. Ich gehe morgen eine Runde, vielleicht gleich morgens", ergänzte sie, „sonst nach dem Essen, denn es ist schönes Wetter gemeldet und du weißt, ich liebe die Sonne. Hast du Zeit für mich?", fragte sie. „Ja, sicher, Liebes, diese Chance lasse ich mir nicht entgehen, das Liebste zu treffen und zu lieben. Einen Kuss hast du dir verdient, und danke für das Geschenk." Isy umarmte und küsste mich, schaute sich um, um nicht gesehen zu werden, sagte „Bis später", stieg aus und ging in die Kirche.

Noch ein Blick zurück zu Isy, und ich fuhr los. Da es kurz vor Mittag war, trank ich noch eine Tasse Kaffee in meinem Stammcafé, las die Zeitung und fuhr heim, um Mittag zu essen. Der Nachmittag gehörte meinen kleinen Schätzen, meinen Enkeln, da wir zusammen einen ausgedehnten Spaziergang machten, der lustig mit ihnen verlief.

Am Abend fuhr ich zum Tarock und war nicht bei der Sache, spielte schlecht, was meinen Kameraden sofort auffiel. Wenn es mir nicht gut geht und meine Isy nicht bei mir ist, bin ich im Herzen krank. Diese Liebe und Wärme von Isy, ist für mich wie eine Tablette gegen alle Schmerzen.

Ich sprang vor Freude, als Isy mir Montagmorgen schrieb, sie ginge um ca. 8 Uhr eine Runde und ob ich Zeit hätte. „Sicher für dich immer", schrieb ich zurück, „aber bitte sag mir, wo. Ich bringe meine große Enkelin zur Schule, und dann bin ich mit Herz, Seele und all meiner Liebe für dich da." „Danke", antwortete sie, „an der zweiten Straße wie immer."

Langsam fuhr ich unserem Treffpunkt entgegen und sah sie auf dem Feldweg, auf dem auch schon Schnee lag, kommen. Ich verringerte die Geschwindigkeit, um Isy gleich aufzunehmen. „Du warst aber schnell da", sagte Isy lächelnd. „Nein, du musstest ja auch noch nach Hause und hierhergehen, und ich bin gefahren."

„Dort drüben stelle ich das Auto ab. Ist ja noch ein wenig nebelig, da sieht uns doch keiner." Fuhr rein und stellte den Motor ab. Ich sprang zu Isy nach hinten und überfiel sie mit Küssen, wo Platz war. Ich legte sie auf den Rücken und öffnete ihre Jacke und Weste, als mich zwei bekannte, süße Knospen anstarrten. „He, da kommt ein Auto", sagte Isy. „Bleib ruhig, schauen wir mal, was er tut."

Das Auto fuhr im Schritttempo vorbei. „Bitte fahre woanders hin, hier ist es zu riskant." „Okay, wenn du willst." Ich stieg nach vorne und wollte losfahren. Ich kam nicht vom Fleck, ich musste wo festsitzen. Ich stieg aus, um nachzusehen. „Ach du Scheiße, bin in einem Loch vom Pflügen gelandet, und das Auto sitzt auf der Bodenplatte auf."

„Das auch noch", sagte sie. „Kommst du weg?" „Nein, da muss ich einen Traktor holen, sonst geht nichts." „Du, da bin ich weg, die Nachbarn kennen mich, da wäre der Krach schon perfekt. Tut mir leid, ich gehe meine Runde zu Ende", sagte sie. „Bitte bleib!" „Nein, ich gehe jetzt lieber, wir müssen das Treffen verschieben. Kann sein, dass ich morgen zum Friedhof fahre, vielleicht klappt es da und geht los." „Ciao, und nichts für ungut", sagte ich, „tut riesig weh, dich nicht zu spüren und zu verführen, tut mir leid, mein Engel."

Ein Bauer aus der Nähe, zu dem ich ging, kam mit seinem Traktor und half mir raus. „Was hast du da gewollt?", fragte er, da du eine andere Autonummer hast. „Ich wollte umdrehen, da ich die verkehrte Straße entlanggefahren bin, und da fuhr ich in dieses Loch und kam nicht mehr los." „Kann passieren", sagte er. Ich konnte ihm doch nicht sagen, dass ich mit meinem Schatz ein „Schäferstündchen" gehabt hätte. Er hängte mein Auto mit einer Kette an und zog es raus. Gab dem Bauern noch 20 Euro und bedankte mich für die schnelle Hilfe. Ich fuhr auch nach

Hause nach der idiotischen Situation. War sauer auf mich selbst, den Tag mit Isy vermasselt zu haben, statt sich ein paar schöne Momente mit viel Liebe und Zärtlichkeiten geschenkt zu haben. Ach, bin ich ein Idiot, dachte ich, aber vielleicht hat es auch etwas Gutes, und Isy hat morgen nochmals Zeit für mich. Im Büro am nächsten Morgen war viel zu tun, denn es musste ein Auftrag fertiggestellt werden, darum konnte ich nicht immer mein Handy im Auge haben, ob mein Schatz sich gemeldet hätte. Es war schon spät, als alle Produkte fertig und verpackt waren, um sie zu versenden. Ich war müde und fuhr nach Hause.

So gegen 17 Uhr kam ein SMS von meinem Liebling, worin sie schreibt, leider keine Luft gehabt zu haben und dass ihr Wachhund immer um sie war. Sie sei gerade ins Lokal gegangen, um einige Sachen noch vorzubereiten, denn das Lokal war voll und einige Gruppen hatten vorbestellt. „Kannst ja kurz vorbeikommen, aber bitte, bitte, sei vorsichtig."

Um die Zeit für meinen heimlichen Besuch bei Isy zu überbrücken, sah ich fern, und so wurde mein inneres Warten erträglich. Kein Sender konnte Interessantes bieten, so fielen meine Gedanken an Isy. Es war schon nach 22 Uhr, als ich zu meiner Frau sagte: „Ich muss noch wo ein Seiterl trinken." Zog mich an und fuhr los.

Ich überlegte, wo stelle ich mein Auto hin, ohne gesehen zu werden? Ich beschloss, wieder den Gasthof zu wählen. Kaum hatte ich ein paar Schritte gemacht, kam ein Auto, und ich versteckte mich hinter einem kleinen Gebüsch, ließ das Auto an mir vorbeifahren und setzte meinen Weg fort. Vorsichtig ging ich um das Haus und hielt Ausschau nach Isy, aber auch um ihr keine Angst zu machen, die sie und ihr Herz immer quälten.

Lange musste ich in meinem Versteck verbringen, bis ich Isy meine Anwesenheit zeigte und sie mir diese bestätigte. So wartete ich, es war kalt, und leichter Schnee fiel auf mich. Ich wollte gerade nochmals nach Isy sehen, da ging vor dem Haus das Licht an, sodass ich warten musste, denn die Kellnerin legte eine Rauchpause ein.

Ich wollte schon gehen, da mir bitterkalt geworden war, als die Seitentüre aufging, aber nicht Isy kam, sondern eine Kellnerin fuhr nach Hause, so musste ich noch bleiben. Das Bleiben wurde aber belohnt, denn kaum war das Auto um das Haus verschwunden, kam mein Liebling. „Brrr, ist es kalt hier, bist du noch nicht erfroren?", sagte sie und gab mir einen Kuss.

Sie hatte nur ein schulterfreies Trachtenkleid an, so zog ich meine Jacke aus, obwohl mir selbst so kalt war, und hängte sie ihr um. „Danke", sagte sie und drückte sich fest an mich. „Tut gut, sich bei dir anzulehnen, schade um den gestrigen Tag", meinte sie. „Bitte reden wir nicht davon, da könnte ich mich heute noch erschießen dafür", antwortete ich, „und ich hatte mich auf dich und deinen Körper so gefreut."

„Komm, Schatz, ich muss dich spüren." Ich drückte sie fest an mich und griff ihr in den Schritt. „Hat doch keinen Sinn, hier ist es zu riskant und viel zu kalt, und außerdem haben wir keine Zeit, du weißt doch, was für uns Zeit ist", sagte sie mit einem zärtlichen Lächeln. „Lass uns, sobald es für dich möglich ist, treffen, und zieh die neue Wäsche an, passt dir sicher gut, du wirst toll aussehen, mein Schatz."

„Ja, ich schaue, was ich tun kann, aber versprechen kann ich es nicht. Aussehen tut die Wäsche wunderschön", antwortete sie, muss aber auch vorsichtig sein, denn wenn die meine Tochter sieht, wird sie sofort fragen, von wo ich die habe, denn sie weiß auch, ich würde mir so etwas nicht kaufen, zu erotisch und zu teuer."

„Du findest sicher einen Weg und den richtigen Zeitpunkt, denn dir tun unsere Liebe, Zärtlichkeiten und Wärme auch so gut wie mir und geben Kraft, diese Liebe gemeinsam zu leben." „Ja, aber ich muss jetzt rein, sonst muss ich mich morgen ins Bett legen, weil ich krank bin. Ich melde mich, versprochen." Nahm sie fest an mich, und wir küssten uns leidenschaftlich zum Abschied.

„Nicht vergessen, Schatz, bitte mit neuer Unterwäsche zum Treffen! Ich liebe dich und schreibe dir noch Gute Nacht." „Gute Nacht", sagte Isy, küsste mich und ging ins Haus. Ich wollte schon gehen, da kam Isy noch zurück. „Bist du wahnsinnig, warum sagst du nichts, ich habe deine Jacke noch um!" „Wenn ich bei dir bin, denke ich doch nicht an so eine blöde Jacke, sondern nur an uns", antwortete ich. Sie gab sie mir in die Hand, ein Küsschen, und weg war sie.

Schnell verschwand ich Richtung Auto, da ich am Erfrieren war, als um das Haus ihr Sohn kam,aber mich nicht sah;Er konnte mich nicht erkennen, so lief ich in die andere Richtung, wo er mich sofort aus den Augen verlor und ich auf Umwegen zu meinem Auto kam. Stieg ein und startete sofort, da ich mich wärmen konnte und langsam nach Hause fuhr.

Kaum war ich im Hause, musste ich Isy schreiben und die Begegnung schildern, da würde sie wieder Angst bekommen, und unsere Liebe würde darunter leiden, ich spürte es, denn solche Situationen brachen meinen Schatz, doch ich hatte ihr immer versprochen, egal was im Leben passieren würde, ich bliebe ihr immer treu und bei ihr.

Es kam genau, wie ich es gespürt hatte, es war gegen Mitternacht, als mich ihre Antwort erreichte: „Was habe ich dir immer gesagt, du forderst alles heraus und machst mir Angst. Hoffentlich sagt er nichts zu meinem Mann, sonst weißt du, was für einen „Scheiß" ich dann wieder um mich habe, genau das kann ich nicht brauchen. Gute Nacht, brauchst nicht zu antworten."

Ich war so traurig, was sollte ich nur tun? Mein ganzes Leben hatte ich umgestellt, nur um mir und meiner Isy die Liebe zu geben, die wir beide so vermisst hatten. Wie kann man lieben und sich gegenseitig alles schenken, wenn man nicht zusammen die Stunden verbringen kann, weil man Angst hat vor der Zukunft? Was ist, wenn dies und das ist? Lieber im Herzen sterben, als glücklich zu sein und zu LEBEN! Einige Tage kam nichts von Isy, doch ich ließ nicht locker und war froh, einmal eine Antwort auf ein SMS zu bekommen. Die Schreiben wurden wieder mehr, und ich schöpfte erneut Mut und Kraft, Isy für unsere Liebe zu stärken und ihr wieder Halt, Kraft und Zukunft zu geben.

Es war kurz vor Weihnachten, und ich schlug Isy vor, sich doch vor dem Fest der Liebe zu treffen, so sollten wir nicht über die Feiertage holpern, da alles schon schwer genug war für uns. Wenigstens morgens am Parkplatz, ein paar Minuten wieder Vertrauen zu schenken. „Bitte, bitte, erfülle uns den

Wunsch", schrieb ich ihr per SMS, denn bei meinen Anrufen hob sie nicht ab.

Isy bewies immer Gefühl für uns, und so willigte sie ein, sagte mir aber noch, wann. So ging es mir auch wieder besser, da ich die vergangenen Tage fast nicht geschlafen, kaum gegessen hatte und Tabletten für den Magen nehmen musste, welche mir mein Arzt auf die Diagnose „Sorgen" hin, also Nervenmittel, gegeben und auch recht hatte, da diese Schmerzen gleich verschwunden waren.

„Wir sperren unser Lokal über Weihnachten und bis nach den Heiligen Drei Königen zu, und an einem der Tage vorher treffen wir uns, aber bitte komm nicht zum Haus, sonst komme ich gar nicht." „Okay", antwortete ich per SMS, „aber bitte Schatz, lass uns doch mal ‚H' sagen, ich vermisse und liebe dich."

Das Wochenende vor Weihnachten war gekommen, und Isy hatte sich nicht gemeldet, ich war traurig und wollte zu ihr. Doch ich hatte versprochen nicht zu kommen. Am Abend kam das ersehnte „H". Ich rief sofort an und sagte: „Das freut mich, mein Schatz, ich liebe dich. Ich hoffe, du hast gespürt, wie es mich schmerzt, dich nicht zu sehen und zu spüren."

„Glaubst du, ich hatte eine ruhige Zeit, habe auch so oft an dich gedacht, bin in der Nacht mehrmals aufgewacht, da ich einen Schmerz in der Brust verspürt habe, wenn du geschrieben hast, aber ich habe einfach Angst, und da will ich lieber allein sein, kannst du das verstehen?" „Ja, Schatz, doch da werden die Schmerzen nicht weniger, sondern da entstehen mehr und tun nur weh. Wir wollen doch leben und lieben. Du weißt, was passiert, wenn wir gemeinsam die Liebe bei den Treffen erleben."

„Du bist immer für mich da und motivierst mich, schenkst mir so viel Liebe, Wärme und Kraft, und ich füge dir nur Schmerzen zu", sagte sie. „Ach, Kopf hoch, für dich und diese Liebe lohnt es sich zu kämpfen und zu leben, egal was es kostet, aber wir müssen zusammenhalten und leben, Schatz", antwortete ich.

„Wenn du Zeit hast, ich muss am Samstagvormittag nochmals in die Stadt, brauche noch ein paar Sachen für das Fest. Kannst du kommen?", fragte sie. „Okay, kein Problem, mein Engel, und wo treffen wir uns?" „Bin um 10 Uhr fertig und warte am CA-Parkplatz, du weißt ja, wo, haben uns dort schon öfters getroffen."

„Passt, mein Liebling, ich freue mich riesig auf dich, und bitte hab keine Angst, ich bin mit ganzem Herzen für dich da", antwortete ich. „Ich vermisse dich auch, aber du weißt, ich bin nicht so stark wie du, hab dich ganz fest lieb." Und sie legte auf.

Es dauerte nicht lange, da ich mich per SMS bei ihr bedankte, sich gemeldet und eingewilligt zu haben, uns zu treffen. „Du bist ein Wahnsinn", kam es per SMS zurück, „was du in mir anrichtest! Kaum hast du aufgelegt, möchte ich dich spüren, und ich habe wieder Kraft. Danke, danke, hab dich lieb."

> Bin stolz auf dich

Der Tag und die Nacht vergingen wie im Fluge, da die Sehnsucht nach Isy so intensiv war und die Liebe im Herzen zu explodieren drohte. Der Morgen strahlte im wahrsten Sinne des Wortes. Strahlend blauer Himmel, die Sonne schien, doch es war nicht warm, da leichter Schnee lag, und so wartete ich auf ihr SMS oder „H".

Sie sagte doch, sie sei so um 10 Uhr fertig, so brach ich auf in die Stadt, um keine Zeit zu verlieren. Ich fuhr über die Brücke, um zum Treffpunkt zu gelangen, da rief sie an. „Hallo! Ich bin fertig, bist du schon da?", fragte sie. „Wie kannst du fragen?", antwortete ich, bin in einer Minute da, stehst du am Parkplatz?" „Ja, ich sehe dich schon", sagte sie. Ich bog ein, um sie in mein Auto zu holen.

„Komm, steig aus, und komm in mein Auto." Ich legte auf. Blieb vor ihrem Wagen stehen, winkte ihr, und Isy stieg bei mir ein. „Hallo, mein Liebling, wir fahren an einen ruhigen Ort, um ungestört zu sein, damit du keine Angst zu haben brauchst." Und so fuhr ich ein Stück zurück, einen kleinen Berg hinauf, wo ich am Waldrand auf einer Wiese, wo strahlend die Sonne ins Auto schien, parkte und den Motor laufen ließ, da es sonst zu kalt gewesen wäre. Ich schloss die Türen von innen und sprang zu Isy nach hinten. „Komm, mein Engel, ich habe dich so vermisst und liebe dich riesig." Nahm sie in meine Arme und küsste sie, als wollte ich sie fressen. „He", sagte sie, willst du mich fressen?" „Ja, warum eigentlich nicht, dann wärst du immer bei mir", erwiderte ich und lachte.

„Bitte mein Schatz, hab keine Angst, du erzeugst nur Stress in uns, und die Liebe schmerzt, ist sie nicht schöner, wenn wir alles wegwerfen und uns lieben, so wie Gott uns schuf?", fragte ich Isy. Sie sah mich an, umarmte mich und kuschelte sich an mich. „Bitte lass mich so ein Weilchen, möchte mich wärmen und Kraft an dir tanken", antwortete sie.

So lagen wir eine Weile, doch dann hielt ich es nicht mehr aus, hob mich hoch, drehte Isy auf den Rücken und öffnete langsam ihre Jacke, zog sie ihr aus, es folgten Pulli und BH. „He, was machst du mit mir?", sagte sie. „Ich muss dem Menschen helfen, der mir so viel gibt an Liebe, und die kann ich ihr nur geben, wenn ich meine Haut auf ihre lege." Darauf reagierte Isy mit einem Lächeln.

Ich strich über ihre Brüste und über ihre Nippel, welche sofort reagierten und steif in die Höhe standen, was bei ihren festen, geilen Brüsten kein Problem war. Langsam wanderte meine Hand über ihren Bauch nach unten, fuhr ich in ihre Hose, um ihre Lippen zu erreichen und zu elektrisieren. „Zu eng, das muss ebenfalls weg, knöpfe sie auf. Auch die Schuhe sind im Weg, Liebes, zieh sie aus." Und dann folgten ihre Hose und ihr Slip.

„Kannst du mal schauen, ob niemand kommt, ich habe Angst", sagte Isy. So erhob ich mich, blickte mich um und verneinte. „Aber jetzt mein Liebes, wirst du vernascht", und ich begann sie zu streicheln, zu küssen und zu lecken. Ich öffnete ihre Schenkel, um ihre heiße Möse zu streicheln, lecken, küssen und verrückt machen zu können.

Man konnte fühlen, wie Isy sich fallen ließ, um alles, was ich mit und an ihr tat, zu genießen. „Was ist mit dir?", fragte sie. „Ich kenne da jemanden, der mir ganz nahe ist, den ich liebe und der nackt vor mir liegt oder nicht." „Du bist ein Lauser", sagte sie, und los ging es. Isy zog mir den Pulli aus, knöpfte meine Hose auf, zog meine Hose runter und aus. „Was ist mit dem Slip?", fragte ich meinen Liebling.

„Das geht nicht", sagte sie. „Ja, das geht schon, aber da hat jemand was dagegen und stemmt sich dagegen", antwortete ich lächelnd. Isy erhob sich, klatschte mir eine auf den Rücken, zog mir meine Unterhose nach vorne und griff nach meinem Schwanz, nahm ihn raus und schob die Unterhose weiter nach unten. „Schau mal, Schatz, was auf dich wartet!" „Ja", sagte sie, „schaut schön aus", und sie hielt ihn noch fester und gab ihm einen Kuss auf die Spitze.

Ich kniete mich vor ihr und hielt ihr ihn vor den Mund. Sie öffnete ihren Mund und fing ihn ein. Ich spürte, wie sie ihre Zunge an meiner Eichel kreisend bewegte, dabei konnte ich ihre Schamlippen öffnen und ihr heißes Loch und die tollen, leicht geröteten Lippen massieren.

Mein Schwanz hatte an Härte zugelegt, und ich sah Isy zu, wie sie am Schwanz leckte und ihn massierte. „Komm, Schatz, deine Schamlippen und die Innenseite deiner Lippen gehören auch geleckt, sind geil rot und verlangen verwöhnt zu werden", sagte ich, drehte mich um und kniete mich über sie. Zog ihre Lippen auf und leckte über ihr Zäpfchen und ihre Lippen bis in ihre Öffnung, wo ich leicht meine Zunge in sie stieß.

„Was ist mit dir, Schatz?", fragte ich, da Isy einen kleinen Ruck mit ihrem Becken machte. „Du hast mich elektrisiert", sagte sie, „aber gut", und sie umfasste fest meinen Schwanz. Ich erhöhe mein Lecken, hielt ihre Lippen fester und zog sie auch noch weiter auf. Diese Taten blieben nicht ohne Wirkung, ihr Schoß bewegte sich leicht und schneller, ich leckte ihr Zäpfchen und saugte es ein.

Isy schlüpfte unter mir raus und drückte mich auf den Rücken. „Jetzt wird getauscht", sagte sie, stieg über mich, setzte sich auf meine Brust und hielt hinter ihrem Rücken meinen Schwanz fest. „Du bist ein Biest", sagte ich, „du zeigst mir deinen geilen festen Po, deine roten Lippen, festen Brüste und Knospen, und ich kann nichts tun." „Du hast mir auch deinen heißen Großen vor meine Augen gehalten, und ich konnte nichts tun."

Sie schob ihren Schoß auf meiner Brust hin und her und reibt meinen Schwanz in ihren Händen. Ich griff nach ihren Lippen und öffnete sie weit. „Schau, Schatz, wie die strahlen und feucht sind." Isy lächelte mich an. „Kein Wunder, was du mit ihnen tust", antwortete sie. „Sind heiß, mit dem Schwanz massiert zu werden", sagte ich.

Ich hatte nicht damit gerechnet, aber in diesem Augenblick erhob sich mein Engel und flugs saß sie auf meinem Schwanz. „Warum so eilig, Liebes?" „Warum nicht, der ist so groß und heiß, darum wollte ich ihn spüren." „Ist super, wenn du ihn überraschst, aber er wird dich sicher auch belohnen." „Ja, das weiß ich, aber bitte, bitte, pass auf, du weißt."

Wir genossen unsere Liebkosungen, Stöße und Streicheleinheiten. Man konnte fühlen, dass mein Schatz feucht wurde. Ich hob sie hoch: „Schau, der ist schon schön geschmiert von dir." „Kein Wunder, tut auch gut." Dabei legte sie sich auf mich und hielt sich an meinem Nacken fest. „Na, komm Liebes, ich schenke ihn dir, und du nimmst dir alles."

Sie lächelte mich an, gab mir einen Kuss, dies war ein Zeichen für mich. „Ja, ich will alles von dir." Isy drückte ihre heiße Möse fest gegen mich und ich mein Becken fest nach oben, mein Penis drang bis zum Anschlag in sie ein. Unsere Stöße wurden immer schneller und schneller, ich hatte ein Gefühl, als würden ein paar warme Tropfen meine Eichel verlassen, ab jetzt gab es kein Halten mehr. Mit einem lauten „Ups, jetzt spritzt er" war die Trennung dann schnell notwendig, er spritzte auf meinen Bauch, und Isy drückte meinen Schwanz an mich, um nicht überall Spritzer zu hinterlassen. „Danke für deine Hilfe, Schatz", sagte ich. Sie hielt ihn weiter fest, legte ihre Brust auf meine, küsste meine Brust und meinen Mund.

„Wir beide sind verrückt", sagte sie. „Hier einfach am Waldrand, jeder könnte da reinschauen, wir liegen nackt da, welch ein Risiko, und wenn uns noch jemand erkennen würde? Aber mit dir lege ich immer mehr Angst ab, doch wenn im Umfeld was ist, dann bricht in mir viel zusammen, und ich versperre mich. Aber reden wir jetzt nicht davon, war so schön, uns zu treffen und mit dir."

„Ja, das ist es, aber das sollte länger dauern, Tage oder Wochen, irgendwo weit weg, und keiner weiß wo, ohne Unterbrechung, das wäre schön", sagte ich, „oder?" „Ja, aber wie? Kann doch nicht alles hinwerfen und sagen: ‚Ciao, auf Wiedersehen, das war's'". Was ist mit Tochter, Vater, Mutter, Lokal? Und das Gerede der Leute. Ich weiß, wenn es einem schlecht geht, hilft dir auch keiner."

„Komm, mein Engel", sagte Isy, „aber jetzt ruck, zuck nach Hause, bei mir brennt der Hut, in vier Stunden muss ich öffnen, weiß nicht, wie ich es schaffe, aber nach unseren Treffen geht es oft wie von selbst, hoffentlich heute auch." Schnell wischten wir unsere nassen Stellen ab und zogen uns an.

Ich hüpfte nach vorne, und los. Isy und ich hielten uns an den Armen fest, und man fühlte, die Liebe zwischen uns hatte wieder Leben bekommen. Isy hoffentlich wieder mehr Mut und weniger Angst. Ich hielt vor ihrem Wagen, drehte mich um und küsste sie leidenschaftlich. „Danke", sagte ich, „hat Herz und Seele gutgetan, und bitte lass uns, wann immer du Zeit hast, uns treffen. Versprochen, mein Liebling?" „Ja", sagte sie, „wie und wann kann ich aber nicht versprechen, es sind Ferien, doch es war schön mit dir, melde mich, okay!"

Sie sprang raus, stieg ins Auto und fuhr los. Ich folgte ihr, dabei rief ich nochmals an, und auch Isy freute sich, da wir noch bis kurz vor ihrem Haus plauderten und genießen konnten, was wir uns geschenkt hatten und fühlten. „Pass auf dich auf", sagte ich, als sie abbog. „Du auf dich auch, hab dich lieb", und sie legte auf.

So fuhren wir heim, aber ich denke, unsere Herzen waren glücklich und voller Liebe. Den ganzen Tag dachte ich an Isy, dass ihr Umfeld ruhig blieb und niemand auf sie einschlug, aus irgendwelchen Gründen, wie es oft der Fall war. Um Mitternacht sagte ich nochmals Danke für ihre Liebe und Zärtlichkeiten bei unserem Treffen, was sie erst gegen Morgen beantwortete.

Gute Nacht und danke für die CD,hast mir wirklich eine Freude gemacht und das Putzen ist mir dadurch auch besser von der hand gegangen

Man spürte, dass die Liebe mit Isy wieder neues Leben bekommen hatte, denn wir waren immer in Kontakt. Wir schrieben uns, was wir taten, wo wir unterwegs waren oder was sich zu Hause tat. Jeder wusste vom anderen Bescheid. Es war ein tolles Gefühl, sich alles anzuvertrauen und zu sagen. Nur so schenkt man Vertrauen, was mir sehr, sehr wichtig war, ohne Wahrheit und Vertrauen kann ich die wahre Liebe nicht leben. Ich bin kein Mensch, der einfache, schnelle Fickdates bevorzugt. Seit ich Isy kennengelert hatte, war jede andere Frau für mich tabu. Ehrlich, keine Frau konnte mit mir etwas anfangen, ich sprach mit vielen, doch ich hatte kein Interesse an ihnen. Isy gehörte mein Herz und all meine Liebe, denn auch sie schenkte mir alles von ihr, Herz, Liebe, Körper und einen neuen Sinn des Lebens.

Die Feiertage vergingen, wir schrieben uns täglich und zu unmöglichen Zeiten, sie um 6 Uhr morgens oder 1 Uhr nachts, ich immer dazwischen, da beide nicht schlafen konnten und deshalb oft einige Stunden per SMS hin und her schrieben, dann aber sagten: Jetzt ist Schluss, irgendwann müssen wir auch mal schlafen und einen gute Nachtkuss gaben.

Doch es war zwei Tage vor Silvester, da schrieb Isy, da ich sie wieder mal gebeten hatte uns zu treffen, sie müsse das Grab im Nachbarort besuchen, das mache sie immer zum Jahreswechsel, und wenn ich auch Verlangen hätte, sie zu sehen, könnten wir uns treffen, was ich ja wollte und ihr bestätigte, zu kommen. „Nur die genaue Uhrzeit sag mir bitte." „Ich rufe dich an", schrieb sie, „wann sie von zu Hause wegfahre." Ich war ja seit der Liebe zu Isy Nestflüchter geworden und daher immer weg und nie zu Hause. Trank dort und da eine Tasse Kaffee oder war zum Essen, traf mich mit meinen jahrelangen Freunden, und so versuchte ich die Stunden ohne Isy zu überbrücken, war oft einsam und am Boden, meist dann, wenn mein Schatz wieder ihre Angst aufgesaugt hatte und sie meine SMS oder Anrufe nicht entgegennahm.

„Bin jetzt von zu Hause weggefahren und stelle mein Auto auf die andere Seite des Friedhofs", schrieb sie nach einigen Minuten, „und komme dann zu dir auf die andere Seite." „Okay, freue mich auf dich, und ich fahre jetzt auch los, um keine Zeit für uns beide zu verlieren", antwortete ich ihr, „denn du fehlst mir so sehr, und ich vermisse dich und deinen Körper zum gegenseitigen Wärmen." Am Parkplatz war nur ein Auto zu sehen, sonst niemand, und so stellte ich mein Auto ab und wartete. Es dauerte nicht lange, als ich meinen Liebling durch das Tor kommen sah. Sie blickte sich um, und man konnte ihr ansehen, dass sie vorsichtig und ängstlich war. Ich winkte ihr zu, und sie kam schnellen Schrittes auf mich zu und stieg wie immer hinten ein.

„Hallo", sagte sie. „Das freut mich, meinen Engel zu sehen." Ich drehte mich um und küsste sie. „Ich freu mich auch, dass du Zeit für mich hast, habe dich genauso vermisst. Die Feiertage waren erdrückend, obwohl es ein Fest der Liebe sein soll, doch von Liebe war keine Spur", sagte Isy. „Bleiben wir hier?", fragte ich. „Ja, denn so lange habe ich auch nicht Zeit, habe zu meiner Maus gesagt, dass ich bald wieder zurück bin, da meine Tochter allein zu Hause ist." „Okay", antwortete ich, drehte das Auto um, denn sollte jemand kommen, dass diese Person nicht von vorne reinschauen konnte. Durch die Seitenfenster konnte niemand etwas sehen, die waren sehr dunkel getönt, dazu hatte ich zusätzlich die Jalousien einbauen lassen, damit man auch, wenn ich dienstlich unterwegs war, meine Sachen nicht innen liegen sah. „Brauchst du diese auch für andere?", fragte Isy. „Bist du verrückt", antwortete ich ihr. „Wenn die geschlossen sind, immer nur dann, wenn ich dienstlich unterwegs bin oder weiß, dass ein Treffen mit meinem Schatz, mit dir, mein Liebling, ansteht." Ich drückte Isy an mich und streichelte und küsste sie.

Schnell zog ich meine Schuhe aus, versperrte das Auto und kroch zurück zu Isy.

Ich konnte nicht warten, nahm sie in meine Arme, und wir tauschten Wärme und Zärtlichkeiten aus. Ein tolles Gefühl, Isy zu verwöhnen, denn sie gab immer all ihre Liebe, denn sie hatte auch viel zu wenig, genau wie ich, und darum ließen wir uns immer fallen und liebten uns, was uns beiden sehr gut tat und auch von allen Bekannten bestätigt wurde, wie wir strahlten und einen glücklichen Eindruck machten, doch niemand, Gott sei Dank, wusste von uns beiden, dass wir eine tolle Liebe erlebten; geahnt und geredet haben viele Leute schon, doch sicher war sich keiner.

„Schatz, dein Herz und Körper brauchen Luft und Wärme", sagte ich. „Glaubst du?", antwortete sie mit einem Lächeln und schmiegte sich an mich. „Wahnsinn, mein Engel, wenn ich dich im Arm halte und dich entkleide, was man da von dir zu spüren bekommt, du gibst mir deinen Körper wie ein Geschenk, legst es in meine Arme und genießt."

Meine Hände hatten es eilig, Isy zu entkleiden, die Wintersonne schien ins Auto, und so zog ich sie Stück für Stück aus. Als ich ihren blauen Pulli abstreifte, kam ihr roter BH zum Vorschein. „He, du trägst mein Weihnachtsgeschenk", sagte ich und zog ihr die Jeans aus.

„Bitte knie dich kurz, ich möchte dich mit der roten Wäsche gesamt sehen." Isy erhob sich und kniete sich vor mich hin, beugte sich nach vorne und küsste mich heiß und leidenschaftlich.

„Du kannst dir nicht vorstellen, welch ein tolles Gefühl die Wäsche auf der Haut erzeugt, am liebsten würde ich sie nie ausziehen. Du hattest recht, wenn man Schönes anzieht, ist man in sich ein anderer Mensch, das fühle ich und möchte dir nochmals Danke sagen, wunderschönes Gefühl, und so möchte ich es dir schenken." Sie ließ sich nach vorne fallen, und sie legte sich auf mich.

Wir saugten uns an den Lippen fest, ich streifte dabei ihr Höschen ab, öffnete den BH und legte beides zur Seite. Heiß spürte ich ihre zarte Haut an meinem Körper. Ich fasste sie fest am Po, strich über ihre Oberschenkel und zog ihre Knie nach oben, sodass sie auf mir saß. Glitt über ihre Pobacken, zog diese leicht auseinander und ergriff mit den Fingern ihre zarten Lippen.

„Du verzauberst mich, machst mich verrückt und heiß, du bist so zärtlich und verwöhnst mich mit Streicheleinheiten", sagte sie, küsste mich auf Mund und Brust, streichelte mich an der Hüfte. „Komm mein Liebling." Ich hob ihren Schoß mit weit geöffneten Lippen hoch. „Nimm ihn, Schatz, und hilf ihm rein, der ist so hungrig nach dir", sagte ich ihr leise ins Ohr. Isy griff nach ihm, führte ihn langsam an ihre Öffnung, ließ langsam meine Spitze in ihre Öffnung gleiten, und er versteckte sich in ihrem Schoß.

„Na, mein Liebes, ist die auch so hungrig auf ihn, wie ich auf dich?", fragte ich. „Du verführst mich immer, da habe ich kaum Zeit nachzudenken, ob es richtig ist oder nicht, machst mich immer wieder verrückt, elektrisierst mich, da fühle ich mich geborgen, und ich werde schwach, ein gutes Gefühl. Bei dir zu sein, dich zu spüren an Haut und Körper gibt mir so viel Vertrauen." Dabei drückte sie ihren Po gegen mich, und ich spürte eine erotisch heiße Umklammerung an meinem Schwanz.

„Mmm, ein tolles Gefühl, mein Engel, dich im Arm zu halten und bei dir zu sein", sagt Isy und küsste mich. Ich erwiderte ihre Glückseligkeit mit Küssen, Streicheleinheiten und tiefen Stößen. Legte meine Hände auf ihre Schultern und drückte sie nach unten, dass sie fest auf mir saß, massierte ihre Brüste und Nippel. „Komm, Schatz, lehn dich zurück, schließe deine Augen und lass uns genießen; nimm dir, was du willst, ich gebe dir alles von mir. Dich mit viel Liebe und körperlicher Wärme zu beschenken, darum liebe ich dich aufrichtig", antwortete ich ihr.

Isy beugte sich zu mir nach vorne, gab mir einen Kuss und durch das Auf und Ab ihres Pos ging die Lawine unserer Stöße los. Ich griff nach ihren Knien und schob sie auseinander, so waren Isys Schenkel weit geöffnet, wodurch sich ein genüsslicher Blick auf Penis und ihre heiße Möse bot. „Liebes, schau, wie heiß und erotisch unsere Vereinigung aussieht", sagte ich zu Isy, und sie blickte wie ich auf dieses Bild der Vereinigung. „Ja, sieht schön aus", antwortete sie, streichelte mich, und ich stieß bis auf Anschlag in sie. „He, Schatz, was war das?" „Ja, du hast mich so ausgefüllt, hab mich so frei und glücklich gefühlt, so habe ich mich fallen gelassen. Wahnsinn, und wunderbar zugleich", sagte sie, und ich spürte das flüssige Geschenk für Isy aufsteigen.

Flugs musste er raus, um kein Risiko einzugehen. Ich legte ihn zwischen ihre Schenkel und leerte alles auf ihr aus. „Das war so einfühlsam mit dir", sagte sie und legte sich auf mich. Ich umarmte sie, und wir bedankten uns mit Küssen. „He, da kleben wir aber dann fest", sagte ich. „Macht nichts, da bringst du mich nicht mehr los", sagte sie. „Will ich auch nicht, sondern dich immer bei mir haben", antwortete ich und wurde für diese Worte mit Küssen von Isy belohnt. „Na, dann muss ich dich lange an mich drücken, vielleicht bleibst du dann an mir für ewig hängen", sagte ich und lächelte Isy an. „Würde ich gerne", antwortete sie, „doch wie soll das funktionieren, bei dir zu bleiben? Ich würde vor Freude einen Riesenluftsprung machen."

Die Momente unserer Liebe und geschenkten Zärtlichkeiten genießend, lagen wir umschlungen, bis Isy mich ins Ohr biss. „Könnte dich fressen", sagte sie lächelnd. „Ich muss dich, obwohl es schön wäre, noch zu bleiben, verlassen und fahren." Sie erhob sich. „Na, wer war denn das?" Und sie zeigte auf das verschmierte Sperma. „Ich nicht", antwortete ich und zeigte auf meinen Penis. „Da ist der Übeltäter", sagte ich zu Isy. Sie schüttelte den Kopf, lachte laut auf und sagte: „Du hast immer ein paar lustige Worte auf Lager!" –

„Du wieder", sagte sie und kiff mich in die Brust. „Der traut sich was", antwortete ich, erhob mich und legte Isy seitlich an meine Brust, verfallen in einen Rausch von Küssen. „Ich liebe dich, mein Mäuschen." „Ich dich auch, mein Engel", erwiderte Isy. Wir erhoben uns, wischten unsere Beweise von beiden Körpern, ich nahm die rote Wäsche und zog ihr Höschen und BH an. „Du siehst toll, süß und erotisch aus mit dieser Unterwäsche." „Gefalle ich dir?", fragte sie. „Gefallen ist kein Ausdruck, ich liebe dich."

„Bitte lehne dich an, ich bewundere dich, wie toll du in Rot und dieser Wäsche an dir aussiehst, kann nur von dir träumen, super Schatz", sagte ich. Isy genoss die Wärme an mir und nur mit Dessous bekleidet hier zu sitzen; ich streichelte über ihren Rücken, und wir schenkten uns noch ein paar Küsse.

„Es muss mal Schluss sein, ich will mir zu Hause keine Prügel abholen. Danke dir, dass du mir wieder deine Zeit, Wärme und Liebe geschenkt hast. Da kann ich wieder ein paar Tage daraus schöpfen, und es tut mir auch so gut", sagte Isy. Wir nahmen all unsere Kleidung und zogen uns gegenseitig helfend an. „Hab dich lieb", sagte Isy, als sie fertig angezogen auf meinem Schoß saß. „Danke für das schöne und wunderbare Treffen." Sie gab mir einen Kuss und sagte: „Bis bald!" „Sehen wir uns noch vor Jahreswechsel, um dir ein gutes neues Jahr wünschen zu können?" „Ich melde mich bei dir, vielleicht gehen sich noch ein paar Minuten aus im alten Jahr", antwortete" Isy, schaute sich um, stieg aus und ging durch den Friedhof zu ihrem Auto.

Ich blickte zum Himmel und dankte Gott, mir diese Frau und ihre Liebe gesendet zu haben.

Eine Weile blieb ich noch und wartete die Vorbeifahrt von Isy ab, um ihr zu folgen, dabei so weit Abstand zu halten, um nicht aufzufallen. Kurz bevor sie abzweigte, blinkte ich sie mit der Lichthupe an, winkte ihr noch und fuhr weiter in Richtung Heimat. Ich hoffte, dass mich niemand fragte, wo ich gewesen war und was ich getan hatte. Es war niemand zu Hause, was mir auch recht war.

Ich saß daheim und dachte über uns, Isy und mich nach, was aus dieser Liebe alles werden konnte, doch eines bedrückte mich immer, diese Angst von ihr. Was ich dagegen tun könnte, war mir ein Rätsel. Sie sagte mir oft, sie halte den Druck nicht aus, welchen ich mache. Darum fragte ich sie oft: „Schatz, was meinst du mit Druck?" „Ja, wenn du immer sagst: ‚Bitte ruf mich an, oder komm doch zum Treffen, wenn du auf mich wartest, irgendwo auf der Strecke, obwohl ich oft unter Zeitdruck und dem Druck von zu Hause stehe, mein Wachhund mich nicht aus den Augen lässt und ich keine Luft bekomme zum Atmen", erklärte sie mir.

„Empfindest du Druck, wenn ich dich anrufe, um zu fragen, wie es dir geht, oder dich bitte uns zu treffen, wo ich mir jede Minute wünschte, bei dir zu sein? Findest du das als Liebe, nur zu schreiben oder „H" zu sagen, mit deine Wünsche und Schmerzen zu schreiben und dass du so vieles einmal tun möchtest, aber dich nicht traust, etwas zu verändern? Gemeinsam, wenn wir uns in den Armen liegen, zu sagen, ich liebe dich oder hab dich lieb? Hattest du an eine Liebe gedacht, welche nur von telefonieren und verstecken leben soll? Nein, beide haben wir das getan, was uns so lange gefehlt hat, wahre Liebe, Wärme. Geborgenheit und Zärtlichkeiten, ja auch Sex haben wir uns geschenkt und sind immer glücklich und uns beide einig gewesen. Diese Liebe ist was Besonderes und Wertvolles, was die kann und uns gibt, welche Kraft und welchen Schmerz sie heilt, einfach wunderbar."

„Ja, du hast ja recht", antwortete sie dann immer. „Sie kann was, und das spüre ich auch; wenn du weg bist, bin ich oft wie versteinert, wenn ich dann bei dir bin, mich anlehne und wir zusammen schlafen, habe ich Kraft, mein Schmerz im Nacken und Rücken ist weg, ich bin glücklich, dich zu haben, und ich kann mich bewegen, ja, da weiß ich oft nicht, was du mit mir getan hast, wenn es mir gut geht." Es waren noch zwei Tage bis Neujahr, und mein Schatz hielt Wort. Sie schrieb mir, sie fahre wieder mal zur Massage, da sie sich nicht bewegen könne, und ob ich anschließend ein paar Minuten Zeit hätte, aber nicht mehr. „Okay", antwortete ich, „werde wieder um die Zeit am Einkaufsparkplatz hinten warten. Bussi, freu mich auf dich." Der Zeitpunkt war gut, denn es waren viele Leute zum Einkaufen gekommen, da fällt ein Auto, in dem sich zwei Liebende treffen, nicht auf, und so wartete ich, bis Isy kam, denn es konnte ja nur mehr ein paar Minuten dauern, und so war es auch. Isy parkte ihr Auto ein Stück von meinem entfernt und kam um sich blickend zu mir ins Auto.

Ich saß bereits hinten im Auto und sagte: „Hallo Liebling, freut mich, dich im alten Jahr noch in die Arme zu nehmen." „Ja, ich freue mich auch, aber bitte greife mich vorsichtig an, mir tut alles weh." „Kein Problem", legte meinen Arm vorsichtig um sie und Isy auf den Rücken, sodass ich sie streicheln konnte. Sie schlang ihre Arme um mich und küsste mich liebevoll.

„Darf ich dir auch ein paar Sachen ausziehen?", fragte ich. „Nein, bitte nicht, du siehst und hast ja genug, oder nicht?" Ich knöpfte ihre Bluse auf und hob ihren BH, ohne ihn zu öffnen, über ihre Brüste, um sie zu verwöhnen. Auch ihre Hose öffnete ich, um ihre feurigen Lippen zu elektrisieren. „Ich habe nicht so lange Zeit, habe ich dir gesagt" oder hast du es vergessen?", fragte sie. „Nein, du kennst mich ja, ein Stück von dir ist auch schön, aber alles ist besser", antwortete ich und schob meine Hand unter ihren Slip zu ihren Lippen.

„Heiß wie Feuer, mein Schatz, sind deine Lippen, so wie meiner, der hält sich versteckt, würde sich freuen, von dir befreit zu werden."

Isy lächelte, gab mir einen Klaps auf die Wange und schaffte es, ihn mit ein paar Griffen aus seinem Versteck zu befreien. „Der ist aber auch schön heiß." Sie hielt ihn fest. „Du weißt, mein Liebes, der freut sich immer, wenn er bei dir ist und dich beglücken kann, aber er liebt es auch, wenn du ihn verwöhnst, wie ich dich; es kann ohne Geschlechtsverkehr auch schön sein", sagte ich zu Isy.

Isy legte beide Hände um meinen Nacken, hielt sich fest, und ich hob sie vorsichtig hoch. „Ich kann nicht liegen, es schmerzt alles und tut nur weh", sagte sie. „Bist du mir böse, wenn ich so sitzen bleibe?", fragte sie. „Nein, ich habe ja zwei Hände, die finden alles bei dir; hoffe, dein Körper genießt das, oder nicht?" „Sicher", sagte sie und lehnte sich zärtlich an mich.

„Warte, Schatz, das machen wir anders." Ich erhob mich und setzte mich hinter Isy, sodass sie sich anlehnen und ich ihre Brüste und Lippen massieren konnte. „Ach, ist dass gut", sagte sie, „deine Wärme und Massagen, die sind fast besser als bei der Masseurin." Ich knetete ihre Brüste und Nippel, ließ aber meine Finger nicht von ihrer heißen Möse und von ihren Lippen.

So aßen und liebkosten wir uns lange Zeit, und Isy wirkte entspannt. Ich hatte das Gefühl, dass ihre Schmerzen weniger wurden. „Mein Engel, was machen dein Rücken und dein Nacken, ist es so besser für dich?" „Ja, tut gut, und die Wärme an dir kann was." „Nur meine Wärme?", fragte ich. „Ach, du", sagte sie, „ja, nicht nur die Wärme", und sie gab mir einen Kuss.

„Lass mich kurz los", sagte ich, erhob mich, nahm eine der Decken und hängte sie über Isy. „Was machst du jetzt wieder? War so schön warm und angenehm, und jetzt die kalte Decke." Ist sie wirklich so kalt?", fragte ich, zog ihre Hose und den Slip leicht nach unten und steckte meine Hand in ihren Schoß, um ihre heiße, geile Öffnung zu massieren.

Ich spürte, eine gute Wahl getroffen zu haben, da Isy entspannt am Autositz angelehnt saß und ihre Augen geschlossen hielt. So beuge ich mich nach unten und leckte an ihrer Möse und ihrem Zäpfchen. „Darf ich dir diese heiße Öffnung mit meinem Schwanz füllen?", fragte ich nach einer Weile, da sich ihre Lippen und ihre Möse leicht feucht anfühlten.

„Bitte heute nicht, ist gerade gut, und mir tut fast nichts weh, bleib so, bitte", sagte sie und griff nach meinem Penis. Ich senkte meinen Kopf wieder, zog ihre heißen Lippen weiter auf und leckte sie. Auch ihre Öffnung kam nicht zu kurz, Finger und Zunge füllten sie aus. Ich war mit dem Lecken ihrer Lustgrotte dermaßen beschäftigt, dass Isy, so angelehnt sitzend, meinen Schwanz befriedigte.

„Du traust dich was, Isy, wenn der explodiert, da wirst du was erleben." Ich lächelte sie an und gab ihr einen Kuss. „Na, wird nicht so arg sein", antwortete sie. Ich massierte ihren Schoß und sie meinen Schwanz. Ihre Bewegungen des Schoßes wurden mehr, aber auch die an meinem Schwanz. „Pass auf, er startet gleich los und fährt ab, bitte halte ihn fest, sonst schwimmst du weg." Sie lachte mich an, streichelte mit der anderen Hand über meinen Rücken, und in diesem Augenblick spritzte ich los.

„He, was ist los?", sagte Isy, „warum hast du nichts gesagt?" Und sie hielt meinen Schwanz fest zugedrückt, wobei mein Sperma über ihre Finger rann. „Der kennt kein Pardon." Ich legte meine Hand um Isy und sagte lächelnd zu ihr: „Wenn man ihn reizt, dann spuckt er! Lass nicht los, Schatz." Ich griff um Taschentücher aus dem Handschuhfach und gab sie ihr, um sich zu säubern. Da erst quoll der Rest des Spermas den Schwanz entlang.

„He", sagte Isy und wischte mit einem Taschentuch auch meinen klitschnassen Schwanz ab. „Ich kann es selbst machen, Schatz!" „Ich mache es schon, ich bin ja schuld an dem Chaos", sagte sie lächelnd und drückte einen Kuss auf meine Eichel. Taschentücher lagen herum, als hätte sich eine Kindergruppe die Nasen geputzt, sagte ich zu Isy, worauf sie kurz laut auflachte. „Du hast Vergleiche", sagte sie. „Komm, mein Liebling, ich helfe dir beim Anziehen, damit du dich nicht so viel bewegen musst und mit größeren Schmerzen heimkommst." Isy schlang ihre Arme um meinen Nacken, ich hob sie vorsichtig hoch, richtete ihr Slip und Hose. Anschließend nahm ich sie an mich, lehnte ihre Brust an meine, wo angenehme Wärme floss. Bitte richte mir die anderen Sachen auch, ich muss wieder heim. Du weißt ja, der Wachhund und ich im Iglu, das hält keiner aus." Ich hob ihre Brüste wieder in ihren Push-up und knöpfte die Bluse zu, richtete alles, wie es sein sollte, und wir verweilten noch eine Zeit lang uns intensiv küssend.

„So, und jetzt ab, heim in den Käfig", sagte sie. „Dabei hob sie sich langsam, die Zähne leicht zusammenbeißend, hoch. „Danke mein Engel", sagte sie, „wünsche dir Gesundheit und ein gutes neues Jahr." „Ich dir auch mein Liebling, lass uns und diese Liebe leben, ich bin für dich immer da und liebe dich." „Ich dich auch", sagte sie, und ein Kuss beendete diesen tollen Moment mit Isy.

Sie war keine zwei Minuten weg, rief sie noch an. „Danke für die Zeit mit dir, mir tut fast nichts mehr weh, doch morgen wird es wieder losgehen, wenn ich für alle am Abend zur Silvesterfeier koche und die schweren Töpfe tragen muss. Hab dich lieb und pass auf dich auf." „Du auch mein Liebling", antwortete ich. Sie schrieb noch ein SMS:

> Wünsch dir einen
> schönen Abend

So vergingen der Jahreswechsel und die Feiertage, wir wünschten uns ein gutes neues Jahr und dankten uns für die schönen Stunden, welche wir erlebt und mit Liebe und Leidenschaft genossen hatten. Auch dass wir für uns da waren und uns nicht alleine gelassen hatten, da alles so „wunderbar und besonders" war für uns beide, wie Isy es oft bestätigte.

Es war wieder Schulanfang, Gott sei Dank, so konnten wir uns wieder öfters am Morgen treffen und unsere Gefühle erleben und austauschen. Ich schrieb meinem Schatz, doch ein paar Minuten beim Einkaufspark einzuplanen, da ich sie so vermisste und sie spüren wollte. „Bitte", sagte ich, um ihr Herz wachzurütteln. „Ja, aber nur kurz", kam ihre Rückantwort.

So parkte ich schon früher als sonst mein Auto, um sie vorbeifahren zu sehen, und sie wusste, dass ich bereits wartete. Ich sah mich um, damit Isy, wenn sie kam, keine Angst zu haben brauchte, sollten fremde Leute, dümmer wäre noch, bekannte Leute zum

Einkaufen da sein, welche sie erkennen könnten. Doch es war ruhig, und so freute ich mich auf sie.

Als sie vorbeifuhr, war ich glücklich, denn ich fühlte, sie wollte auch, dass wir uns sehen, und meine Gefühle hatten sich nicht getäuscht, denn es vergingen nur wenige Minuten, und Isy bog mit ihrem Auto ein und parkte mir gegenüber. Sie winkte, denn in diesem Moment kam ein Auto, ich hatte es auch erkannt, es war eine Bekannte, welche auch in ihr Lokal kam.

Doch sie hatte sie nicht gesehen, da sie nicht mit ihrem schwarzen Auto unterwegs war. So stieg sie aus, und schnell war sie hinten eingestiegen. „Guten Morgen, mein Engel, welch eine Freude dich morgens zu treffen." Gott sei Dank war es noch dunkel, und niemand achtete auf mein Auto, darauf, dass Isy mit mir darin saß.

„Komm, mein lang vermisster Schatz, ich muss dich spüren." Ich zog sie an mich, um sie zu küssen und zu liebkosen, was auch sie mit ihren Küssen und Streicheleinheiten erwiderte. „Ich habe aber nicht lange Zeit", sagte sie, denn der Wachhund ist schon auf und will mit mir zum Einkaufen, obwohl ich genug zu tun habe, doch er will es, und damit kein Streit entsteht, habe ich eingewilligt.

Ich habe auch oft an dich gedacht", sagte sie, „aber ich hatte keine Luft, und die Kleine braucht mich auch, wenn schon mal Ferien sind; ich hoffe, du verstehst mich." „Ja, nimm dir die Zeit für deine kleine Maus", antwortete ich, „wann hast du sonst Zeit, fast nie, wo du immer so viel um die Ohren hast und am Wochenende bis in den Morgen im Lokal bist."

Ich öffnete ihre Jacke und schob ihr den Pulli hoch. „Ach, bist du schön warm, auch dein Schoß", bemerkte ich und ließ meine Hand in ihre Hose gleiten, wo ich ihre heißen Lippen fühlte. „Wird Zeit, dass wir uns wieder mal verwöhnen und uns wärmen, aber da brauchen wir mehr Zeit und einen ruhigeren Platz."

„Kann sein, dass ich Dienstag oder Mittwoch in die Stadt auf ein Amt fahre, da könnten wir uns treffen und gemeinsam die Zeit verbringen", sagte sie. „Ja, wäre toll, nur sage mir, wo und wann, damit ich früher abhaue und wir die Zeit nützen können, sind doch so wenig zusammen", erwiderte ich und hielt ihre Lippen fest. Isys Hand glitt unter mein Shirt und streichelte meinen Rücken und meine Brust.

„Komm, leg dich zurück, ich möchte dich kurz verwöhnen!" Ich legte Isy auf den Rücken, kniete mich neben sie und legte ihre Brüste frei, ohne den BH abzunehmen. „Bitte", sagte sie, „ich habe doch keine Zeit und will nichts herausfordern, nicht dass er auf die Idee kommt und sucht mich, bitte, wäre ja schön, du weißt schon, aber ...", sagte sie.

„Kann dich verstehen, wenn du mir schon ein Treffen schenkst, dann ist das ja okay", und ich schob ihre Brüste zurück in ihre Körbchen, wo ich kurz nochmals zärtlich in sie biss. „He, was tust du?" „Ich nehme mir nur von allem Reiseproviant mit", antwortete ich lachend und hielt ihre Lippen und Brüste fest. „Spare damit", sagte sie, „sonst ist alles weg und aus."

„Ich passe schon auf, dass nichts verloren geht, Liebes." „Komm, ich muss!" Isy richtete sich ihren BH und Pulli, küsste mich und sagte: „Melde mich noch bei dir, wegen des Treffens, sage dir noch genau Bescheid, würde mich auch freuen." „Ich nahm sie in die Arme und küsste sie leidenschaftlich, was sie auch tat. „Hab dich lieb, ciao", sagte sie. „Ich dich auch, mein Liebes", antwortete ich ihr. Sie schaute sich um, öffnete die Autotür und lief zu ihrem Auto; schnell stieg sie ein. Isy startete, fuhr los, und im Vorbeifahren winkte sie und lächelte.

Die zwei Tage vergingen schnell, und wir hatten einige Male telefoniert und SMS ausgetauscht. So schrieb sie mir morgens: „Bin um 10 Uhr in der Stadt fertig, und wenn du Zeit hast und mich treffen willst, dann hinter dem Kleidershop warte ich. Bitte lass dir Zeit, dass dir nichts passiert." „Okay, freu mich auf dich", antwortete ich.

Morgens fuhr ich schon um 5 Uhr zur Arbeit, damit ich meine Arbeiten vorher erledigen konnte, bevor es in die Stadt zu meinem Schatz ging, um nicht nachher nochmals in die Firma fahren zu müssen. So konnte ich mehr Zeit, sofern Isy sie hatte, mit ihr verbringen und sie verwöhnen, was wir beide genossen.

Als ich kurz vor 10 Uhr an der vereinbarten Stelle war, war mein Liebling noch nicht da; ich suchte keinen Parkplatz, da dieser sehr gefüllt war und ich lieber wegfuhr mit Isy. Es war schon 15 Minuten nach 10 Uhr, als sie kam und ihr Auto einparkte. „Komm, Schatz, rief ich ihr zu, wir fahren weg!" Isy versperrte ihr Auto, stieg bei mir ein, und ich fuhr los.

„Hallo", sagte sie, „wo willst du hin?" „Nur einen ruhigen Platz, wo du keine Angst zu haben brauchst suchen und dich vernaschen, mein Engel." Ich bog zu einem großen Parkplatz ab, wo ich mir sicher war, hier würde niemand schauen, was in den Autos los war und um uns zu stören. Parkte mein Auto, versperrte es von innen und hüpfte zu Isy nach hinten.

„Willst du das Auto laufen lassen?", fragte sie. „Sicher, sonst erfrierst du, wenn du nackt hier liegen musst und ohne Decke, sonst ist alles verdeckt von dir, und wir können es nicht genießen!" „Stell bitte ab, du hast ja eine so große warme Decke, da haben wir beide darunter Platz, auch ohne Kleider!"

Ich griff nach vorne und stellte ab. Zog mich aus, lege meine Sachen auf den Fahrersitz und entfernte alles an Isys Körper. „Na, du hast es eilig." Sie legte ihre Arme um meinen Nacken und zog mich zu ihr nach unten. „Komm unter die Decke, ich möchte mich an dir wärmen." „Okay", antwortete ich und drückte mich an sie. Isy schlug ihren Fuß über mich, legte den Kopf an meine Brust, und so decken wir uns zu. „Ach, tut dass gut", sagte sie. Ich nahm ihre Hand und legte sie auf meinen Penis. Meine verirrte sich auf ihre Brüste und an ihren Po, wo ich über ihre Pobacken, Möse und Lippen griff.

Eng umschlungen massierten wir uns gegenseitig, wobei mein Penis schnell an Härte und Größe zunahm. „Hat es der aber eilig", sagte sie. „Warum?", fragte ich? „Ja, er ist so schnell fest geworden und wehrt sich, wenn ich ihn zu mir ziehen will." „Mein Liebes: Der weiß ja nicht, was du mit ihm tun willst und möchtest", antwortete ich, drückte ihr Becken gegen mich, meine Hand auf ihren süßen Po platziert.

Isy schob meine Hand von ihrem Po, drückte mich auf den Rücken und stieg auf mich. „Na, was soll das?", fragte ich. Sie legte ihre Hand auf meinen Mund und sagte: „Still jetzt!" Sie hob ihren Schoß, griff nach meinem Penis, und flugs war er in ihrer Öffnung verschwunden. „Na, wer hat es da heute eilig?", fragte ich lächelnd und griff nach ihren Brüsten.

„Gut, dass die Decke so groß und warm ist", sagte sie, damit uns niemand sehen kann." Beide Hände kneteten ihre festen Brüste, fassten mit den Fingern ihre Nippel und hielten sie fest. „He, das ist wie ein Stromstoß", sagte sie. „Na, der andere möchte auch einen Stromstoß", erwiderte ich und stieß fest in sie.

Isy erwiderte meine Stöße, und sie wurden immer heftiger. „Stopp", sagte ich laut, und Isy fuhr erschrocken hoch. „Hast du nicht aufgepasst", sagte sie und sah mich erschrocken an. „Ja, sicher, mein Schatz, aber jetzt wird gewechselt." Ich hob Isy hoch, drehe sie vorsichtig auf den Rücken. Schaute an meine Penisspitze, die glitschig geworden war, und stieß ihn in Isys geöffnete Lustgrotte.

„Ups", sagte sie, „das war aber tief." „Er soll ja rein", antwortete ich, zog ihre Pobacken weit auf, stieß immer wieder tief in sie, als wäre es das letzte Mal. „Na, Schatz, jetzt geht's los, mein Liebes." Ich stützte mich auf, um den Winkel zu verkleinern, um intensiver und tiefer eindringen zu können, was eine Woge der Gefühle in uns auslöste.

Ich griff an ihren Po, zog Isy bei jedem Stoß fest an mich, und mit einem lauten „JETZT" hob ich ihren Schoß hoch; mein Schwanz sprang aus ihrer Öffnung, spritzte alles Sperma auf ihren Bauch, wo es seitlich runterlief. Isys Hand hielt den Fluss auf, um keine Flecken im Auto zu hinterlassen.

„Das war aber eine ganze Menge", sagte sie und, drehte sich zu mir. Ich legte, während ich sie küsste, meine Arme um sie und drückte sie an mich. „Wir beide sind wahnsinnig", sagte sie. „Warum?", fragte ich. „Hier im Freien einmal mit dir zu schlafen, konnte ich mir nie vorstellen, dazu hatte ich immer zu viel Angst, aber du nimmst mir die Angst, einfach hier miteinander zu schlafen und nackt, danke für dieses tolle Gefühl und wunderbare Erlebnis mit dir, mein Engel!"

„Ist es nicht schön, sich zu lieben, wie man und wo man Lust hat?", fragte ich. „Ja, aber wenn da jemand kommen und uns sehen würde", antwortete sie. „Du musst leben und nicht in

Angst durchs Leben gehen; ich weiß, deine Angst beginnt schon zu Hause und im Umfeld, und die will ich mit dir wegwerfen und nur mit dir leben und erleben, mein geliebter Schatz."

Isy schaute mich an, drehte sich zu mir, küsste mich und begann zu weinen. „Schatz, was hast du, warum weinst du?" „Du gibst mir das, was ich zu Hause nie bekomme und auch nie mehr bekommen werde, ich gehe nie mehr zurück, lieber bleibe ich allein", sagte sie und ließ ihre Tränen laufen.

Es dauerte eine Weile, bis sich mein Schatz beruhigt hatte. „Bitte verzeih, dass ich weine, aber du machst mich so glücklich, und da kann ich mich nicht halten." „Macht doch nichts, besser ist, du weinst, als allen Frust in dich aufzunehmen und die Last erdrückt dich, statt zu leben; außerdem ich brauche dich noch lange", sagte ich und hielt Isy fest an mich gedrückt.

Wir beseitigen gegenseitig unsere Spuren der Vereinigung, und Isy fragte: „Sag mal, wie spät ist es?" „12 Uhr 30", antwortete ich. „Was, bist du verrückt, ich muss meine Kleine um 12 Uhr 45 abholen, die wartet, und hoffentlich redet mich er zu Hause nicht an, sonst lauf ich davon." „Ja, dann aber bitte zu mir", erwiderte ich, und wir halfen uns, damit mein Schatz fahren und ihre Kleine holen konnte, gegenseitig uns anzuziehen.

„Danke, Wahnsinn, was du mir gibst, und ich tue dir so oft weh, wenn ich mich nicht melde oder „H" sage, keine Luft und nur Angst habe." Sie zog mich an sich, küsste mich und unsere Zungen züngelten wie die zweier Schlangen. „Komm, ich halte dich fest, damit du nicht fällst. Bin immer für dich da und liebe dich." „Danke, hab dich auch so lieb", antwortete sie.

„Jetzt Ciao, ich muss leider, würde auch lieber bei dir hierbleiben, aber meine Kleine braucht mich und wartet. War schön, hat Herz und Seele gutgetan und danke. „Kein Danke, da ich dich liebe und für dich da bin, ist das Pflicht für mich und halte ich es hundertprozentig. Wenn ich wegfahre, irgendwohin, melde ich mich, einverstanden?"

„Komm, Schatz, ich bringe dich schnell zurück", sagte ich. „He, das habe ich ganz vergessen, ich habe ja kein Auto hier, mit deiner Liebe und Wärme im Auto hast du mich alles vergessen lassen", antwortete sie. Ich fuhr los, nach kurzer Fahrt waren wir am Ziel, dann ein Kuss von Isy an mich. Sie schaute sich wie immer vorsichtig um, sprang raus und war im Auto verschwunden. Mit einem Lächeln und Winken fuhr sie los. Nun räumte ich im Auto auf, alle Taschentücher weg, legte die Decke zusammen, und als ich die Schuhe fertig angezogen hatte, fuhr auch ich los. Glücklich, diese Frau mit ihren Gefühlen meine Liebe nennen zu können.

Auch Isy sagte oft: „Diese Liebe kann was, und viele würden uns beneiden, wenn sie es wüssten, was die kann und was man damit erlebt."

Es vergingen einige Tage ruhig, mein Engel war wieder einmal von ihrem Wachhund streng bewacht, so blieben uns nur die „H" am Morgen und unsere SMS. Doch wie es im Leben ab und zu vorkommt, der Zufall kam uns zu Hilfe. Da meist ihr Mann den Sohn zu Treffen brachte, er aber nicht wollte, musste Isy einspringen und ihn in die Stadt bringen.

So kam, nachdem ich ihr gegen Abend geschrieben hatte, wie sehr sie mir und die Wärme ihres Körpers fehlten, ihre Antwort: „Den Sohn muss ich in die Stadt bringen und mehr als eine Stunde auf ihn warten, wenn du Zeit und Lust hast, uns zu treffen, dann musst du hinkommen, und ich warte auf dich am Parkplatz neben der Schule!"

„So eine Chance kommt nicht so schnell wieder, Liebling", schrieb ich zurück, „aber wann bist du in der Stadt?", fragte ich. So gegen 20 Uhr. Du weißt ja, wo die Schule ist, oder nicht?", antwortete sie. „Ja, das weiß ich, und ich werde pünktlich da sein, um uns genügend Zeit und Liebe geben zu können. Ich freu mich auf dich, Liebes", erwiderte ich.

Es kam keine Antwort mehr, so konnte ich strahlend vor Freude meine restliche Zeit in der Firma ausklingen lassen, doch nach Hause fuhr ich nicht mehr, sondern von dort gleich in die Stadt, da es bereits nach 19 Uhr war. Um nicht vor ihr da zu sein, da ihr Sohn mich nicht sehen sollte, fuhr ich diese Straße, welche sie auch benützen würden, langsam entlang.

Vor mir fuhr ein Auto, und als ich ihm näher kam, erkannte ich Isys Auto, obwohl es dunkel war. Ich hielt einen größeren Abstand, damit man mich nicht erkennen konnte. Sie war schon ein großes Stück von mir entfernt, da folgte ich ihr in gleichbleibendem Abstand. Aus der Entfernung sah ich, wie sie an der Kreuzung nach der Brücke abbog und die Straße entlangfuhr, nochmals abbog und, wie ich es mir dachte, den Sohn bei der Schule aussteigen ließ, um einen Parkplatz zu suchen.

Als ich näher kam, parkte sie ihr Auto ein. Langsam fuhr ich näher, blendete kurz auf und vier Autos später parkte ich ein, schaltete das Licht ab und rief kurz an. Sogleich hob sie ab und antwortete: „Du warst aber schnell da." „Ja, du weißt, jede Minute zählt für uns, da wir so wenige davon haben", sagte ich, „und bitte komm zu mir ins Auto!"

Ich sah, wie sie ausstieg und mir näher kam. Kurz blickte sie sich um, stieg schnell hinten ein und nahm auf unserer Spielwiese Platz. Ich sperrte von innen ab und hüpfte zu ihr nach hinten. „Hallo, mein Engel, wunderbar dich zu sehen." „Hallo", antwortete sie, und ich zog sie an mich; eine Flut von Küssen und Umarmungen folgten.

„Die Zeit ist kurz", sagte ich, nachdem wir Luft geschnappt hatten. Erhob mich und zog alles aus. „Wenn uns hier jemand sieht", sagte Isy, „wo so viele Leute und Schüler vorbeigehen. Hab keine Angst, Schatz, ich habe getönte dunkle Fenster, und da sieht keiner etwas, außerdem ist es schon so dunkel draußen und kein Licht aufdrehen.

Mein letztes Stück Kleidung warf ich auf den Fahrersitz und half ihr, Jacke, Bluse, BH, Schuhe, Hose und Strumpfhose samt Slip auszuziehen. Im Nu lagen wir uns nackt in den Armen. „Wir beide sind verrückt", sagte sie, während sie sich wärmend an mich presste. „Aber es ist so schön und macht glücklich, mit dir hier und nackt verrückt zu sein", erwiderte ich. Ich legte einen Arm um sie, schob die andere Hand zwischen ihre Schenkel und den Mittelfinger in ihre heiße Öffnung. Dabei hob ich sie leicht hoch. Isy küsste mich, streichelte mir sanft Rücken, Brust und Schenkel und kurz meinen Penis. „Halte ihn fest, damit er nicht verloren geht, Schatz." „Der geht nicht verloren", antwortete Isy lächelnd, wie aus der Pistole geschossen, „dafür passt du viel zu gut auf."

„Da würden wir schauen, wenn wir uns verrückt nach uns gemacht hätten und nichts mehr da wäre. Doch da würde dir sicher auch etwas einfallen", sagte sie kurz und drückte mir lächelnd ein Küsschen auf die Wange. Zärtlich strich ich über ihre Brust und rieb an ihrer Brustwarze. Ihre Hand hielt meinen Penis, der auch schon starke Reaktionen zeigte.

„Na, Liebes, dann lass ich mir was einfallen." Ich erhob mich, kroch zurück und schob meinen Kopf zwischen ihre Schenkel, die ich mit meinen Händen weit öffnete. „Wow, Liebes, ist die weit geöffnet, die wartet auf mich", und ich leckte über ihre heißen Lippen. Ich spürte, wie Isy ihre Hände auf meinen Kopf legte und mich gegen ihren Schoß und ihre Lippen drückte. Man fühlte, wie sie die Zärtlichkeiten an ihr liebte und es genoss, sich gegenseitig heiß und hungrig zu machen. Um ihre Gefühle zu verstärken, griff ich an ihren kleinen Po, zog ihre Pobacken und ihre Lippen fester auf.

Sie schlang ihre Füße um meinen Kopf, presste ihre Lippen an mich. Ich nahm die Gelegenheit wahr und saugte ihre Lippen in meinen Mund. Einmal links, einmal rechts, dann wieder die Zunge in sie. „Bist du heiß, Schatz?", fragte ich, nachdem ich kurz Luft geholt hatte, da sie mir durch ihr Anpressen fast den Atem nahm.

„Daran bist du schuld", sagte sie, erhob sich, umarmte mich und gab mir einen intensiven Kuss. „Ich liebe dich, mein Schatz. Ich hoffe, du fühlst wie ich, was uns am meisten fehlt, die Wärme und Liebe zwischen uns!" „Ja, die kann was", erwiderte sie, „die heilt vieles und gibt mir so viel Kraft." Und sie setzte sich auf mich.

„So geht das nicht, Liebes, mich einfach einzusperren!" „Ja, übersehen ist auch verspielt", antwortete sie, streichelte und küsste mich. „Hat es da wer eilig?", fragte ich. Isy lachte, legte ihre Hand auf meinen Mund, beugte sich nach unten, gab mir einen Kuss und streichelte über meine Brust, was ich mit ihrer auch tat.

Doch kaum hatte ich ihre Brüste begonnen zu massieren, hob sie sich, und schon war er in ihrer, mich faszinierenden Öffnung verschwunden. Langsam beugte sie sich zu mir, legte ihren Kopf an meine Brust, und ihr Po hob sich langsam auf und ab. Ich spürte

Isys Lusthölle ganz wunderbar an meinem Schwanz, welche nicht ohne Reaktion blieb.

Fester stieß ich in sie und immer schneller. Doch bevor das Risiko zu groß wurde, zog ich ihn aus ihrem Schoß. „Komm, Liebling, mein Penis möchte ganz tief in dich." Ich erhob mich, drehte Isy zur Seite, schob ein Bein nach vorne, hob es mit der Hand weit hoch und kniete mich über das andere Bein, um aus einer anderen Richtung in sie einzudringen.

So war ihr Mund frei für tiefe Stöße. Ich rückte ganz nah an sie und sagte leise: „Liebes, komm, nimm ihn, und stecke ihn ein deine heiße Möse!" Sie ergriff über ihren Po meine Penisspitze, schob ihre Hand langsam meinen Schaft entlang, dass meine Eichel in voller Größe frei war, und führte ihn lustvoll in sie ein. „Du machst mich verrückt, mit deinem geilen Mund, Schatz." Ich legte meine andere Hand unter ihre Hüfte, zog sie fest gegen mich, bis er sich zur Gänze in ihr versteckte. „He", sagte sie, „der ist aber auch nicht ohne." Sie hielt sich mit einer Hand an meiner Hüfte fest und schob mir ihren Schoß voller Erwartung fest entgegen.

„Na, daran bist du schuld", sagte ich und wurde mit Zärtlichkeiten von Isy verwöhnt; sie liebkoste meinen Körper und auch den in ihr verschwundenen Penis mit den Umklammerungen ihrer Muskulatur im Inneren. Ich spürte, wie der Saft langsam hochstieg und es nicht mehr lange dauern konnte, bis ich meine Ladung verspritzen musste. „Schatz, komm, deine, nein, unsere Belohnung kommt", und ich stieß noch einige Male tief in sie. Mit einem lauten „JETZT" war es um ihn geschehen, und ich zog ihn aus ihr. Ich wollte nach dem Penis greifen, doch Isy war schneller und drückte ihn fest zu, um keine „Sauerei" zu hinterlassen. „Danke, mein Liebling, du warst schneller, Schatz", und Isy drehte sich zu mir, ohne ihn loszulassen. Ich nahm sie in meine Arme, da ich beide frei hatte, und drückte sie mit Küssen belohnend an mich.

„Ach, du machst mich glücklich, gibst mir so viel, an Liebe und Wärme, tut riesig gut", sagte sie, „daran könnte man sich gewöhnen!" „Was heißt könnte?", fragte ich. „Daran musst du dich gewöhnen, denn nichts anderes will ich dir auch nicht geben." Ich griff nach den Reinigungsutensilien und wischte mit Hilfe von Isy meinen Penis und ihre Hand sauber.

„Wie spät ist es?", fragte sie, „nicht dass mein Sohn mich sucht und hier dein Auto entdeckt; außerdem kennt er deine Autonummer, da er mich vor ein paar Tagen fragte, ob ich weiß, dass dies dein Auto ist, und ich antwortete, ja, das weiß ich, da ich dich schon ein paar Mal morgens beim Einkaufsmarkt gesehen habe, wie du dir Frühstück geholt hast."

„21 Uhr 10", antwortete ich auf ihre Zeitfrage. „Na, da haben wir noch ein paar Minuten, und bitte nimm mich fest in deine Arme, ich möchte dich fest an mir spüren, das tut mir so gut, und davon zehre ich oft eine ganze Woche und hole mir die Kraft, um in dem Iglu zu überleben", sagte sie. Ich legte meine Hand unter ihren Kopf, drehte sie zu mir, hob ihren Fuß und legte ihn auf meinen.

So lagen wir eng umschlungen, uns mit Küssen verwöhnend da, ohne ein Wort zu sagen, und genossen es nur, uns gegenseitig Liebe, Wärme und Vertrauen zu geben. Ein lautes Lachen raubte uns die Ruhe. „Was ist das?", fragte Isy leise, an mich geschmiegt. „Bleib ruhig", sagte ich, „und hab nicht gleich wieder Angst, die ist unnötig."

„Das sagst du so einfach, da du dich nicht fürchtest und keine Angst hast, erwischt zu werden." „Du hast recht, aber bitte überlege, ändert das etwas? Es ist doch besser, Ruhe zu bewahren und das Erlebte zu leben und uns zu lieben, bevor man dem Erlebten und Geschenkten wehtut", antwortete ich Isy. „Komm, Schatz, bleib ruhig liegen." Dabei streichelte ich über ihre Wangen, Brüste und ihren heißen Schoß. „Ich gebe dir deine Sachen und helfe dir beim Anziehen, einverstanden?", fragte ich. „Okay", sagte sie. Ich nahm Stück um Stück an mich und zog sie liebkosend an. „Ich helfe dir auch, da du mir geholfen hast", sagte Isy, als sie fertig angezogen vor mir saß.

„Ja, das Angebot nehme ich gerne an", erwiderte ich, und Isy half mir, wie ich ihr geholfen hatte, bis auch ich fertig angezogen war. „Sag noch mal, wie spät es ist, bitte?" „Kurz vor halb 10 abends", erwiderte ich. „Ich werde jetzt in mein Auto gehen und auf ihn warten", antwortete sie. „Wir können ja später nochmals „H" sagen, wenn mein Mann dann weggefahren ist."

„Okay, wenn es dich beruhigt", erwiderte ich, „möchte dir aber vorher noch Danke für die Zärtlichkeiten, Liebe und deinen heißen Körper sagen und dass du unsere Sehnsucht und unser Verlangen mit dem Treffen gestillt hast. Hat mich und mein Herz sehr glücklich gemacht, denn ohne dich fühlt es sich tot und leer an." „Ich sage auch Danke, mein Engel, hast mir sehr viel gegeben, mich anlehnen zu dürfen und dich zu spüren, hast dir Zeit genommen für mich. Lass mich nie los, ich werde dich auch nie alleine lassen", sagte sie, und wir schmiegten uns noch einmal innig an uns, um mit Küssen gegenseitig Danke und „Ich liebe dich" zu sagen.

Isy schloss ihre Jacke, ich öffnete die Verriegelung von innen und gab ihr noch einen kräftigen Kuss; wir sahen uns um, ob die Luft für sie rein war, um das Auto zu wechseln. „Ich denke, die Luft ist rein, Schatz", sagte ich, „und bitte melde dich abends noch vor dem Einschlafen, ich hab dich lieb." „Ich dich auch", und schon sprang sie raus und ging zu ihrem Auto.

Sie saß bereits in darin, da kam nochmals ein SMS. „Danke für die schönen Stunden heute Abend", schrieb sie. Ich antwortete:

Die Liebe ist des Menschen Leben,
schön dem Geliebten es zu geben.
Mit Medizin kann man es nicht heilen und schenken,
es kann nur Gott und nicht der Mensch selbst lenken.
Enttäusche sie nie, mit Frust, Angst und Hass,
zerbricht so leicht, sie ist wie Glas!

Als ich es gesendet hatte, sah ich, wie ihr Sohn in ihr Auto stieg. Sie sprachen noch ein Weilchen und fuhren weg. Einen Moment wartete ich, dann startete ich und fuhr heimwärts. Auch heute wieder lebte ein unbeschreibliches Gefühl in mir, immer wenn wir uns trafen und uns gegenseitig spürten und die Liebe schenkten. Wahnsinn, was diese Liebe kann und in einem lebt.

Die ersten warmen Sonnenstrahlen des Frühlings waren wie Balsam für uns beide, da wir oft davon sprachen, was die Sonne im Leben eines Menschen ausmacht. Wir waren sonnenhungrig, beide, denn ich liebte die Wärme und Gefühle, welche sie in uns freisetzte, aber auch Isy, da sie oft kurz rausging, manchmal nur fünfzehn Minuten, um sich zu entspannen und Kraft zu tanken, ihr Umfeld für ein paar Minuten zu vergessen und zu genießen.

Es war wieder einmal eine stressige Woche für uns beide. Isy war bewacht und eingespannt, ich war dienstlich unterwegs, doch wir schrieben uns, riefen uns an, oft noch spät abends, da tagsüber keine Luft bei ihr war, und tauschten Worte und Gefühle aus, wie schön es wäre, sich in den Armen zu liegen und uns zu lieben und zu wärmen. Ich versuchte immer, sie zu ermutigen: „Komm Liebes, Kopf hoch, bin für dich da und liebe nur dich", worauf sie immer antwortete: „Ja, das weiß und spüre ich ja, trotzdem bin ich allein."

> Ich weiß nicht,was das
> alles für einen Sinn
> machen soll–ein ewiger
> Kampf

Isy war wieder einmal traurig und am Boden, als wir uns am Morgen „H" sagten. Ich war fast die ganze Nacht wach, hab geweint und war traurig. Ich hatte solche Angst, wenn du nicht da warst und wusste nicht, wie ich mit der Liebe und allem um uns umgehen und wie es weitergehen sollte. „Komm, Liebes, mach dich nicht kaputt, wir sind für uns da und halten zusammen, uns kann nichts erschüttern, das schafft unsere Liebe schon", antwortete ich ihr.

„Ja, ich weiß, dass du immer für mich da bist, auch wenn es mir schlecht geht, du nimmst dir die Zeit, und ich? Ich spüre es, tue dir oft weh, und du wirfst es beiseite und baust auf die Liebe, dass es was Besonderes ist, und ich weiß nicht, was ich zu tun habe und wie ich damit umgehen soll." Diese Angst und der Kampf immer, dabei fühlte ich, dass sie zu weinen begann.

„Weinst du?", fragte ich. „Dir kann ich nichts vormachen, ja! Du weißt und fühlst immer alles, ich weiß nicht, warum du das immer merkst und fühlst, doch es gibt mir Geborgenheit und Wärme, welche ich nie hatte und mir guttut. Tut mir leid, ich muss Schluss machen, stehe schon vor dem Haus, und bevor er rauskommt, muss ich aufhören. Hab dich lieb und vermisse dich", sagte sie und legte auf.

Für mich waren die letzte Nacht und während des Tages getätigten Kundenbesuche wie im Koma verlaufen, mich ließ das Gefühl nicht los, mein Liebling war wieder einmal in ein tiefes Loch gefallen, sodass ich beschloss, auf der Heimreise keine Rast auf den verbleibenden 700 km zu machen, um gleich zu ihr ins Lokal zu fahren.

Die Strecke zu ihr wollte nicht enden, und meine Gedanken waren nur bei ihr. Warum ließ sie es zu, immer wieder von der Angst besiegt zu werden, ich wollte doch nur sie und mit ihr das Geschenkte leben, ist das nicht der Wunsch von Liebenden? Was wolle man sonst? Geld macht nicht glücklich, das sagten wir uns oft bei unseren Treffen und Liebesstunden, sondern wahre Liebe ist lebenswert.

Gegen 23 Uhr bin ich angekommen, wirkte trotzdem ein wenig erlöst nach der Reise, wenigstens gesund bei meinem Schatz angekommen zu sein. Stellte das Auto ins Versteck und ging zum Warteplatz. Wo ich mich kurz bei Isy bemerkbar machte und sie mich registriert hatte.

Eine Weile verharrte ich, bis mein Schatz kam, es regnete leicht, und Isy war mit einer schulterfreien Bluse, aber sexy bekleidet. „Hallo", sagte sie leise, „heute ist noch Chaos pur. Komm, ich brauche deine Küsse und Zärtlichkeiten nach dieser Woche." Ich nahm sie in den Arm, und eine Welle von Küssen überfiel uns. Isy küsste mich voller Verlangen, es sah wie ein Entzug nach dieser Woche aus.

„Mein Engel, bist du mir böse, wenn ich wieder reingehe?", sagte sie, „ich habe Angst, denn er beobachtet mich den ganzen heutigen Tag schon, beschimpft mich, ich weiß wohl nicht, warum, aber du weißt, ich tue meist zu wenig, doch nur er arbeitet.

Ich hab dich lieb und schreibe dir dann noch, vielleicht geht sich ein „H" aus, später, okay? Hab dich lieb, ciao!" Die nächsten Tage konnten wir uns nicht sehen, da ihr Sohn Freunde eingeladen hatte, und so mein Warteplatz viel zu gefährlich war. Ein Freund fragte mich, ob ich ihm mein Auto borgen könnte, da seines nicht ansprang. Ich willigte ein, sagte aber auch: „Ich muss das Auto bis 20 Uhr haben, da ich noch einen Termin vereinbart habe."

So gegen 16 Uhr holte er sich das Auto bei mir ab und versprach, dies verlässlich um 20 Uhr zurückzubringen. Ich schaute zu Hause fern und wartete auf mein Auto. Es war schon 20 Uhr, und von meinem Auto war nichts zu sehen. Ich versuchte, seine Freundin am Telefon zu erreichen, da er nicht erreichbar war. Sie teilte mir mit, dass er mit drei Freunden zum Essen gefahren sei.

Ich bat sie, sie sollte versuchen, ihn zu erreichen und mir mein Auto zurückbringen, da ich es dringend benötigte. Es dauerte eine Weile, bis sie zurückrief: „Er sitzt beim Heurigen und hat schon was getrunken", sagte sie. „Wie komme ich zu meinem Auto", fragte ich. „Ich kann nicht weg, du weißt, wir haben ein Baby und ein kaputtes Auto."

„Ja, ich brauche es, dann muss ich hin, um es zu holen", antwortete ich. Also machte ich mich auf den Weg, nahm den Reserveschlüssel des Autos mit, musste aber zu Fuß in den Ort gehen und jemand bitten, mich zum Heurigen zu fahren. Also suchte ich jemanden und fand den Chef vom Café , der mich bei starkem Regen hinfuhr.

Mein Auto stand beim Nachbarn, da der Parkplatz voll war. Also er umdrehte, musste ich feststellen, dass der Mann von Isy und ein paar Jungs bei meinem Auto standen und es für mich den Eindruck erweckte, sie würden auf mich warten. Was soll ich jetzt tun, dachte ich und bat meinen Freund, noch um die Ecke zu fahren, denn ich wollte die nicht treffen.

Also stieg ich nach der Kurve aus und ging im Dunkeln, um nicht gesehen zu werden, eine große Runde, um dem Auto näher zu kommen. Ich hatte ja Isy versprochen nichts zu riskieren, um unsere Liebe nicht zu gefährden. Aus der Ferne sah ich, dass sie wieder zurückgingen zu ihrem Haus, also musste ich kurz warten, bis ich es holen konnte.

Die Luft schien rein, und ich ging zum Auto. Doch als ich nahe am Auto war, liefen zwei Burschen um die Ecke. Ich war aber trotzdem schneller und lief ins Dunkle, um nicht erkannt zu werden, sie folgten mir kurz, gaben aber auf. Als ich dann das Auto holte, rief mein Freund an und sagte: „Meine Frau hat mir mitgeteilt, dass du sauer bist, aber ich habe das Auto stehen lassen, da ich was getrunken hatte, und bin im Nachbarort, kannst du mich holen."

„Du hast wohl einen Vogel", antwortete ich, okay, der Abend ist ja schon verpfuscht, ich komme." Ich startete und sauste los, da ich sauer war auf diesen Idioten. Ich fuhr um das Nachbarhaus, als ich im Rückspiegel ein Auto nachkommen sah, darum gab ich mehr Gas und versuchte es abzuhängen, was mir viel später auch gelang.

Sauer ging ich ins Lokal und holte meinen Freund, der noch bleiben wollte, man kennt das, wenn man was getrunken hat, aber ich lehnte ab und so fuhr ich ihn nach Hause, wo auch seine Frau missmutig auf ihn wartete, da sie abends ebenfalls kurz weggehen wollte mit Freundinnen und er nicht nach Hause gekommen war.

Da ich immer alles meinem Engel schrieb, wenn sich was Ungewöhnliches getan hatte, so erzählte ich von dem Vorfall, wie er ablief und wie knapp es war. Doch wie immer hatte Isy wieder Angst bekommen und wollte wieder einmal nicht reden, geschweige sich treffen; wie es mir dabei erging, kann man sich vorstellen, nach der langen Trennung durch die Dienstreise.

So musste ich wieder meinen Schatz ermutigen und meine Liebe gestehen, was ich auch von Herzen gern tat, da es die reine Wahrheit war, ich Isy nie belogen hatte oder belügen würde, da sie mir so viel bedeutete, und ich bat sie, sich mit mir zu treffen. „Egal wo und wie lange, aber bitte komme, ich liebe dich, und vertraue mir, ich hab ja nur dich und unsere Liebe, welche so wunderbar ist und uns guttut."

Meine Worte blieben nicht ohne Wirkung, und ich machte ihr einen Vorschlag: „Du musst Kraft tanken, damit du deine

Angst abstellen bzw. lindern kannst, raus in die frische Luft, um einen klaren Kopf zu bekommen und eine Runde gehen am Nachmittag!" Sie antwortete und willigte ein. „Sage mir aber bitte noch genau, wann du rausgehst", antwortete ich Isy. Sie werde wieder auf der zweiten Straße gehen, um dann von mir in meinem Auto aufgenommen zu werden! Dies bestätigte ich ihr und dass ich mich auf sie riesig freue.

Ich wartete auf ihr „H" oder SMS, welches so gegen 15 Uhr kam, und ich hatte noch Zeit, da Isy mir mitteilte, sie gehe um 15 Uhr 45 los. Also machte ich meine Arbeit fertig, schrieb noch ein paar E-Mails an einige Kunden, fuhr dann den PC runter, um jederzeit wegfahren zu können.

Ich startete um die von meinem Schatz angegebene Zeit los, bog an der Zufahrt zu unserer als Nummer zwei erklärten Straße ein und fuhr diese langsam entlang. Ich blickte nach links, um nach Isy Ausschau zu halten. Fuhr im Schritttempo weiter, konnte sie aber nicht sehen, so drehte ich um und fuhr zurück. Auf dem aus dem Wald herausführenden Wiesenweg kam Isy mir näher, ich fuhr schneller vorbei, drehte ein Stück weiter vorne um, um sie am Rückweg in Empfang zu nehmen.

Isy machte nicht gerade einen glücklichen Eindruck, als sie ins Auto stieg. „Hallo Schatz, bist du krank oder schlecht gelaunt, mein Liebes?", frage ich. „Du weißt ja, was du wieder getan hast", sagte sie und sah mich böse an. „Bitte verzeih, ich musste das Auto holen, glaubst du mir nicht, ich kann dir den Chef vom Stammcafé holen, der hat mich hergefahren.

„Bitte lassen wir das, es gibt was Wichtigeres, als rumzunörgeln, sich vertrauen und zu lieben, das kann was und bedeutet Leben." So fuhr ich in eine Waldschneise und stellte das Auto ab. „Komm, mein Liebes, du hast mir so gefehlt, habe dich so lange nicht gespürt, ich liebe dich." Ich legte meine Hände um sie, zog sie an mich, und wir küssten uns, was wir intensiv genossen.

Ich hielt sie in den Armen, an mich gelehnt. „Komm, mein Engel", flüsterte ich ihr leise zu, streichelte über ihre Wangen und legte ihr einen zärtlichen Kuss auf ihren Mund. Ergriff sie an den Schultern, lege sie sanft auf den Rücken und ich mich neben sie. Streichelte ihre Wangen, ihre Brüste, küsste sie, um ihr Herz zu wärmen und Freude in ihr aufkommen zu lassen.

„Es ist doch warm im Auto, habe extra noch kurz die Heizung eingeschaltet, damit du nicht frierst."

Sie blickte mich an und sagte nichts. Begann ihre Jacke zu öffnen, zog ihr Jacke und ihren dünnen Pulli aus und liebkoste mit meinem Mund Brust und Bauch. „Willst du mir helfen?", fragte ich sie, um sie aus ihrer Angst und Betroffenheit rauszulocken. Isy fasste an meinen Pulli und zog ihn mir aus, ich erhob mich, und Isy zog mir meine Jeans aus.

Dann kniete ich mich über meinen Engel und öffnete ihre Hose, hob Isy mit einer Hand am Becken hoch und streifte die Hose ab. „Du bist aber warm, mein Liebes", flüsterte ich leise und küsste sie von oben bis unten, griff nach dem BH-Verschluss, öffnete ihn und schwuppdiwupp war er ausgezogen, griff zwischen ihre Schenkel, drückte sie zärtlich auseinander, schob ihren Slip zur Seite und streichelte ihre Lippen.

„He", sagte sie, „so eilig!" „Nein, warum?", fragte ich. „Bitte komm zu mir an meine Seite, ich liebe es, von dir gestreichelt zu werden, das entspannt und macht mich glücklich." So legte ich mich neben sie, schlug einen Fuß über sie und streichelte alles, was meine Hand ergreifen konnte, den Nacken, den Hals, knabberte an ihrem Ohr, ihren Lippen, ihrer Brust, ihrem Bauch, über ihre Schenkel bis zu ihren Schamlippen.

„Du schenkst so viel, mein Liebes." Ich legte einen Fuß von Isy über meinen, um besser ihren Schoß, ihre Möse und ihre Lippen massieren zu können. Klemmte zwischen meinen Fingern eine Lippe von ihr ein, öffnete sie ein wenig, um ihre heiße Öffnung und ihre Lippen besser massieren zu können.

Die war heiß, kein Wunder, wo sie länger als eine Woche keine Streicheleinheiten bekommen hatte. „Mein Mund möchte dich verwöhnen, Liebes", sagte ich zu Isy, ich drehte mich zur Seite und über sie. Drückte ihre Schenkel weit auf, um alles an ihrem Mund massieren, lecken und saugen zu können. Nach geraumer Zeit hat die Leckerei auch Wirkung gezeigt, aber nicht minder an mir, da er stattlich angewachsen war.

Kniete zwischen ihren Schenkeln und verwöhnte meinen Schatz. „Liebes, willst du dir nicht deine lang ersehnte Belohnung nehmen?", fragte ich sie. Sie blickte mich an, schüttelte den Kopf, lächelte und sagte: „Ja, ich muss dir gestehen, es hat mir so wehgetan, was da vorgefallen ist, weil ich auch Angst hatte, es würde alles aufkommen! Ich habe dich die ganze Zeit und alles, was wir zusammen erleben, so vermisst." Griff nach meinem Penis und hielt ihn fest. „He, Mäuschen, bevor du ihn in dir versteckst, musst du noch seine Spitze freilegen!"

Sie gab mir einen Klaps auf meine Brust, erhob sich, gab mir einen Kuss, legte sich wieder zurück, schob ihre Hand langsam nach unten, wo eine rote Spitze meines Speers zum Vorschein kam. „So, und nun rein damit, mein Liebes!" „Warum?", fragte Isy und hielt vor ihrer Öffnung inne! „Der hat dich, deine Liebe, Wärme und deinen Körper so vermisst und kann nicht mehr warten", erwiderte ich, zog sie fest an den Hüften gegen mich, sodass er sanft gleitend, aber tief bis zur Gänze in sie eindrang.

„Ah", sagte Isy, „das hat ein wenig wehgetan, so tief in einem durch!" Ich hielt kurz inne, zog ihn leicht zurück, zog sie langsam fest an mich, ohne mich zu bewegen, nur den Blutdruck im Penis ließ ich arbeiten. „He, was tust du?", sagte Isy erschrocken. „Nichts, ich lasse dich ihn nur genießen, du fühlst dich so heiß an", sagte ich. „Ist ein gutes Gefühl, dich so tief und voll zu spüren", antwortete sie lächelnd. „Ja, das fühle ich auch, mein Engel."

Isys Schoß glitt in kleinen Bewegungen vor und zurück. Nach einer Weile erhöhte ich die Stöße, und Isy drückte sich mir entgegen. „Ich möchte dich mal von hinten aufspießen, Schatz." Sie schaute mich an, erhob sich, küsste mich, kniete sich, mir den Rücken zeigend, über mich.

Nahm meine Hände, legte sie auf ihre Pobacken, mit beiden Daumen öffnete ich ihre Lippen, drückte mit den Knien ihre Knie auseinander, damit war ihr Mund weit geöffnet, um geil, heiß und in ganzer Länge in ihr zu verschwinden. Legte meine Penisspitze in ihre Öffnung, zog Isys Po an mich und glitt bis zur Gänze ihn sie. Auch bei Isy löste das ein schönes Gefühl aus.

Sie bewegte ihren süßen verführerischen Körper im gleichen Rhythmus, streichelte und küsste mich.

„Schatz, komm und lasse dich richtig tief aufspießen!" Ich nahm Isy beidseitig am Becken, hielt sie fest und zog sie gegen mich. „So, Liebes, jetzt geht's los, er kann nicht mehr warten mein Engel, muss deine Belohnung an deinem Bauch auslaufen lassen." Mit ein paar tiefen Stößen und mit einem „Jetzt" zog ich meinen Glitschigen aus ihr und fing das Sperma durch einen schnellen Griff an meinen Penis ab.

„Mein Engel, hast du aufgepasst?", fragte sie. „Warum?", fragte ich. „Ich hatte die letzten Tage große Angst, schwanger zu sein, da meine Tage ausgeblieben waren. Gott sei Dank habe ich meine Regel wieder bekommen, das wäre blöd gewesen und wäre mit großen Problemen verbunden." „Warte, ich wische mich ab, sonst kann ich dich nicht umarmen und wärmen." Wische meinen Penis ab und ihre Innenseite ihres Schenkels, der auch ein paar Tropfen abbekommen hatte. Ich schmiss die Taschentücher zur Seite und legte Isy auf meinen Schoß, um sie streicheln zu können.

„Mein Schatz, versuche deine Angst zu verdrängen, liebe das, was wir uns schenken, an Liebe, Wahrheit und Vertrauen und auch den wunderbaren Sex. Der ist wohl nicht das Wichtigste im Leben, aber ein wunderbarer Bestandteil unserer Liebe, es gibt doch nichts Schöneres, als zu lieben und zu leben." „Ja", antwortete sie, „aber wenn eine Kleinigkeit im Umfeld ist, bricht für mich so viel zusammen, und ich kann mich nicht wieder erholen davon, ich will ja, aber ich schaffe es nicht. Wäre so schön, es leben zu können."

„Ich bin so glücklich, wenn ich bei dir bin, so wie jetzt an dir zu ruhen und diese schönen, angenehmen Gefühle mitnehmen zu können. Du schenkst mir so viel, ich weiß und fühle es, du bist immer für mich da, es tut so gut, dich zu haben", antwortete sie. „Ja, mein Liebling, ich will nur das Versprochene mit dir und mit ganzem Herzen lieben, erleben und ausleben, aber nur mit dir.

Am liebsten würde ich bei dir bleiben, aber du weißt, wenn ich nur wüsste, WIE, würde ich es tun, doch ich weiß ehrlich nicht, wie ich es tun könnte. Ich hab dich lieb, und du bedeutest mir alles, da ich mit dir so viel bekommen habe, was ich meinem ganzen Leben vermisst habe und mit dir erst erfahren und spüren durfte!"

„Mein Engel, ich muss wieder nach Hause, aber ich gehe schwer, bitte glaube mir", sagte Isy. „Ich hoffe, du fühlst es, wie es mir geht, am liebsten würde ich starten und losfahren, so weit weg, irgendwo verlassen und einsam, wo es nur Sonne und Wärme für uns gibt, in der Sonne zu liegen, am Abend nackt und in Liebe angeschmiegt sich in den Armen zu liegen, wäre das nicht was?", fragte ich. „Ja, das wäre es", antwortete sie.

Isy erhob sich, und ich umarmte sie, streichelte ihre Brüste, und sie zog sich dabei Slip und Hose an; ich legte ihren BH um sie, verschloss ihn und richtete ihre süße tolle Brust im hübschen BH-Körbchen. „Heute bist du wieder lieb, hilfst mir, dich müsste ich im Hause haben, mein Engel", sagte sie, zog sich Pulli und Jacke an. Sie legte sich nochmals auf mich und drückte mich fest, gab mir ein Gefühl, als wolle sie nicht gehen.

„Schatz, wäre es nicht besser für uns, wenn ich wieder ins Lokal gehen würde, damit wieder mehr Ruhe in dein Umfeld kommt? Glaubst du, dass das richtig ist?", fragte sie. „Ich denke schon, versuchen wir es, ich werde dich nicht einengen, Begrüßung wie immer, gebe dir ein Halloküsschen, und wir können immer plaudern und uns öfters sehen."

„Ja, versuchen wir es, dann sehen wir schon, wie die Reaktion ist, aber bitte vorsichtig", sagte sie, gab mir noch einen Kuss, schaute sich um und verließ mein Auto. „Vergiss mich nicht, und melde dich mein Engel, danke für deine Liebe und Zärtlichkeiten, war wunderbar mit dir", rief ich ihr nach. „Melde mich, und danke, hab dich lieb", antwortete sie. Ich schaute ihr noch nach, und sie verschwand im Wald.

Mir wurde klar, jetzt musst du vorsichtig vorgehen, um nichts zu riskieren und unsere Liebe zu gefährden. So fuhr ich glücklich nach Hause. Im Vorbeifahren sah ich noch Isy gehen; ich hupte ihr zweimal zu und sah sie winken. Mit einem strahlenden Herzen und mit Isys Liebe war wieder Leben in mir.

Ich hatte Lust, ein paar erotische Zeilen über unser Treffen heute zu schreiben. All meine Liebe, viele Worte eingepackt in Gefühle. Mir fielen Worte und Sprüche ein, die niemals zu enden schienen, einfach zu schreiben, da die Liebe und Gefühle mich beflügelten. Den Schluss wählte ich: „Lass all die Sorgen und die Angst zu Haus, dann leben wir die Liebe mit allem und von Herzen aus." Isy schrieb mir zurück, und so tauschten wir einige Male Worte und Gefühle in unseren SMS aus, und sie antwortete mir:

> Ich versuch jetzt zu schlafen,gute Nacht und danke fürs zuhören-vergelts Gott!

Es dauerte bis nach Mitternacht, als ihre letzte Antwort kam. „Konnte dich nicht mehr anrufen, hatte keine Luft, aber bitte wirf diese SMS weg, wenn die jemand zu lesen bekommt, du bist wahnsinnig, dies alles zu schreiben. Es ist wahr und voller Gefühle und wirklich lieb von dir, doch du kennst mich und meine Angst, bitte lösche sie." „Okay", schrieb ich zurück, „weil ich dich liebe, und für dich tue ich es gerne."

Ich lag bereits eine Weile im Wohnzimmer und schaute fern, also nahm ich mein Handy und löschte alle SMS, welche ich Isy gesendet hatte, um ihr zu beweisen, dass es mir wichtig war, Ruhe in sie zu bringen. Nach ein paar SMS die letzten Tage, ein Treffen war nicht möglich, fuhr ich zum Lokal. Es war mir ein wenig mulmig, da ich fast eineinhalb Jahre nicht da war. Also Kopf hoch und rein.

„Ja hallo", sagte die Kellnerin, „was war mit dir los, wo warst du so lange, dass du nicht mehr gekommen bist?" „Ach", antwortete ich, da gab es so viel, und ich wollte nicht", log ich sie an, dabei kam Isy und stellte sich neben mich. „Hallo Chefin", sagte ich, nahm sie an der Schulter und gab ihr links und rechts einen Kuss auf ihre Wangen. „Freue mich", sagte sie, „dich zu sehen und dass du da bist." „Ich mich auch, mein Engel", sagte ich leise, um nicht gehört zu werden, hängte die Jacke auf und setzte mich an die Bar. „Einen Kaffee ohne Milch und Zucker bitte", sagte ich zu Isy und schaute mich um, ob Bekannte zu sehen waren.

Viele Bekannte grüßten und fragten mich, wo ich so lange war, da sie mich so lange hier nicht mehr gesehen hatten. „Du weißt, man kann nicht überall sein", antwortete ich und beobachtete Isy. Immer wenn sie vorbeiging, schaute sie mich an und lächelte, sie strahlte wie ich und schien glücklich zu sein.

Die Uhr zeigte schon fast Mitternacht, als mein Schatz sich zu mir setzte. „Ich muss mich kurz zu dir setzen und ein wenig plaudern, warst ja so lange nicht mehr da", sagte sie und setzte sich neben mich. „Na, hattest ein wenig Bauchweh, als du gekommen bist?", fragte sie. „Ja, hast du es bemerkt?", fragte ich.

„Ja, man konnte es dir ansehen, dass du dich nicht wohlgefühlt hast", antwortete sie. „Wenn die wüssten, da wäre der Bär los, und er würde ausflippen, und Gott sei Dank wissen sie nicht, was zwischen uns passiert ist und welche Liebe wir uns schenken und erleben, die würde der Neid fressen." „Ja, du hast recht. Schön, dass du bei mir sitzt, ist ein gutes Gefühl, dir so nahe zu sein, mein Liebling", und ich streichelte kontrolliert über ihre Schulter und Oberschenkel, da dies hinter der Theke nicht zu sehen war. „Bitte sei vorsichtig, alle schauen auf uns und beobachten uns, du weißt, es gibt da ja das Gerede", flüsterte sie.

Ich strich ihr nochmals über ihre Schenkel. „Schatz", sagte ich, „wie machen wir es, wenn ich nächste Woche beim Skilaufen bin, soll ich dich mitnehmen, Platz habe ich neben mir?" Ich schaute sie an, wie sie reagierte. „Ich fahre nicht Ski, und wie soll ich das machen, die Sonne und bei dir wäre schön", erwiderte sie.

„Wenn ich eine Woche weg bin, das halte ich ohne dich nicht aus, da fahre ich einmal heim zu dir und wir machen uns einen schönen Tag mit viel Liebe und lieben uns, ohne dass du Angst haben musst gesehen zu werden, irgendwo in einem Hotel, mit viel Platz, Badewanne und Dusche, einverstanden, Schatz?", fragte ich.

„Bist du wahnsinnig, du wirst doch nicht für mich so weit nach Hause fahren für ein paar Stunden", sagte sie. „Sicher mache ich das, für dich und unsere endlosen Liebe, muss ich es tun, du brauchst nur Ja zu sagen, und wir legen einen Tag fest, ich fahre morgens weg, bin um ca. 9 Uhr da, und du wartest wo, stellst das Auto dort ab und fährst mit mir mit, ich reserviere und bringe dich wieder zum Auto zurück, einverstanden, Liebling?"

„Ich weiß nicht, wenn uns da jemand sieht", flüsterte sie. „Schatz, es ist nicht anders, als wenn du eine Runde gehst und ich dich dort abhole, oder nicht?" „Ja, schön wäre es schon, habe auch Angst, wenn dort jemand ist und uns kennt und die Leute dort, was werden die sagen."

„Die sagen nichts, da kommen doch viel Gäste und Paare hin, bitte sag Ja, du würdest uns ein große Freude bereiten, ich werde reservieren und sag dir Bescheid, ich mache es gleich morgen, einverstanden?" „Ich weiß nicht, muss es mir noch überlegen." Bitte, sag mir dann noch Bescheid, bevor ich gehe, denn wenn du keine Luft hast, dann sehen wir uns nicht und weiß nicht, was ich tun soll, bitte, ich möchte dich einmal bei mir und ohne Angst verführen und lieben."

Isy strich mir über meine Schulter, stand auf, ging in die Küche und richtete noch eine Jause für späte Gäste. Als sie aus der Küche kam, sagte ich, als ich an ihr vorbei zur Toilette ging: „Ich werde dann heimfahren, für den ersten Tag ist es genug, und wenn dein Wachhund kommt, bin ich weg, und du hast Ruhe, ist besser so, denkst du nicht?" „Ja, du hast recht", antwortete sie. „Schatz, aber für ein Treffen im Hotel, wenn ich den Ski-urlaub unterbreche, bitte willige ein, bitte!"

„Geh mal aufs Klo, und ich setze mich später noch zu dir", sagte sie. Ich ging, und als ich zurückkam, standen zwei kleine Schnäpschen an meinem Platz. Setze mich und warte auf Isy. Kurz darauf kommt sie, setzt sich, und wir stoßen mit unseren Gläschen an. „Danke für heute", sagte sie. „Ja, danke, und danke für unser Urlaubstreffen", antwortete ich.

„Du bist verrückt und lässt wohl nie locker, mein Engel." Sie legte ihre Hand auf meinen Schoß. Es war im Barbereich kein Mensch mehr, und so knalle ich ihr einen Kuss auf ihren Mund. „He, das habe ich dir nicht erlaubt", sagte sie. „Ist ja nur ein Gutenachtkuss für dich, mein Schatz, und sag Ja, für Mittwoch 9 Uhr, bitte!" –

„Für uns ist es fix, ich komme und hole dich ab, wenn sich etwas ändern sollte oder viel Schneefall ist, dann melde ich mich, sonst bin ich hundertprozentig da, einverstanden Liebling?" „Okay, habe aber große Angst", antwortete sie. „Nein, das brauchst du nicht, Liebes, du wirst glücklich sein und keine Angst haben, wenn wir zusammen hingehen."

„Zahlen", rief ich die Kellnerin. Bezahlte, stand auf und gab Isy einen Abschiedskuss. „Und solltest du Vormittag in die Kirche gehen und mich noch vor der Abfahrt treffen wollen, dann bitte tu es, würde mich riesig freuen, von Küssen und deiner Liebe begleitet zu werden. Pass bitte auf, beim Autofahren und Skifahren, hab dich lieb", sagte sie noch leise an der Ausgangstür.

Mir war ein riesiger Stein vom Herzen gefallen, dass ihr Wachhund nicht von draußen hereingekommen ist, der hätte mir gefehlt. Vielleicht hätte er eine blöde Bemerkung gemacht, und ich hätte ihn beschimpft und so wieder etwas kaputt gemacht. Gott ich danke dir dafür, schoss es mir durch den Kopf, vielleicht hast du auf Isy und mich aufgepasst, keinen Fehler zu machen.

Zu Hause angekommen, duschte ich mich und legte mich schlafen, da ich mit meinen Kollegen um 10 Uhr abfuhr nach Ischgl zum Skilaufen. Morgens packte ich noch meine Toilettensachen ein und fuhr mit dem Vorwand, was vergessen zu haben, ins Dorf, um zu sehen, ob Isy auch da war.

Sie war nicht da, und ich fuhr nach Hause und wartete auf meinen Freund, um auch die anderen Kollegen abzuholen. Die Fahrt verlief ruhig, aber lustig, wir hielten an einer Raststätte aus, um eine Kleinigkeit zu essen, da wir erst abends zu essen bekamen.

Die Sonne schien noch, als wir ankamen, und so beschlossen wir einstimmig, noch schnell auf ein Getränk ins Ortszentrum zu gehen, um zu sehen, was sich so an Gästen abspielte.

Wir betraten eine Après-Skibar, da war die Hölle los, und es tanzten Go-go-Girls auf der Theke. Wir sahen zu, wie die Leute den Mädchen 5-Euro-Scheine in ein Strumpfband steckten. Nach ein paar Getränken standen auch wir mit den Scheinen bei den hübschen Mädchen an, um als Dankeschön einen Kuss zu bekommen. Jede halbe Stunde wurde unter den Mädchen der Platz gewechselt.

Gegen 19 Uhr ging ich raus und schrieb meinem Schatz ein SMS, dass ich gut angekommen wäre, die Sonne scheine und auch die Zimmer wunderbar seien, wir gemeinsam gerade beim Après-Ski seien und anschließend zum Essen gehen würden. „Ich melde mich später noch, Schatz, vielleicht kannst du so gegen 23 Uhr ‚H‘ sagen, wäre toll, sonst melde ich mich. Ich liebe und vermisse dich."

Ich wartete immer auf einen Anruf von Isy, doch es kam nur ein SMS, sie könne nicht raus und ER sei so aufgedreht und lästig. „Schlaf gut, und eine gute Nacht! Bis morgen früh. Kann ich da ‚H‘ sagen?", fragte sie. „Ja, sicher, ist besser, du schickst ein ‚H‘ und ich rufe dich an; sitze sicher um diese Zeit beim Frühstücken, schlaf du auch gut, ich liebe dich, antwortete ich ihr.

Der Morgen fing gut an, ich war bald wach, stand glücklich auf, ging ins Bad und zum Frühstück. Die Sonne schien durch das Fenster des Frühstücksraumes, die Berggipfel erstrahlten in der Morgensonne und blauer Himmel präsentierte ein Bild, als sei es ein Geschenk an mich, durch Gott oder von meinem Schatz gesendet. Ich war fast fertig mit dem Frühstücken, da kamen erst meine Sportsfreunde.

Wir sprachen über den gestrigen, tollen Abend in der Kneipe, denn Mädchen, die auf der Theke tanzten und wie wir den Tag heute starten und ablaufen lassen würden, als das „H" von meinem Schatz kam. „Muss kurz raus zum Telefonieren", sagte ich und ging ins Freie, die „Morgensonne" auf mich strahlen zu lassen.

„Hallo, mein Liebes", sagte ich, als sich Isy meldete. „Hallo", antwortete sie, „wie geht es dir, habt ihr schönes Wetter? Entschuldige, dass ich dich nicht mehr angerufen habe, du weißt ja, wie es mir geht, einsam ohne dich und keine Luft, war lange wach und war so traurig, nicht bei dir zu sein. Denkst du, mir geht es anders? Wäre so schön, wenn du hier wärst und wir könnten es gemeinsam genießen", erwiderte ich.

„Ja, das wäre schön, würde ich gerne, denn kaum bist du weg, bekomme ich Angst um dich", sagte sie. „Mein Schatz", falle ich ihr ins Wort: „Ich habe mir den Mittwoch freigenommen. Meinen Freunden habe ich einen wichtigen Termin vorgegeben, obwohl es in Wahrheit ja richtig ist, ist er für mich auch, um dich zu treffen! Ich komme, wie ich es dir versprochen habe, um 9 Uhr nach Hause, da will ich dich glücklich und in voller Liebe treffen.

Ist das okay für dich, mein Liebling?", fragte ich Isy. „Ich weiß nicht, ob ich das schaffe, wenn uns jemand sieht, doch schön wäre es schon", sagte sie. „Komm, lass uns einmal diese Chance nutzen und die Liebe so erleben, wie wir es uns wünschen und ersehnen. Ungestört sie zu erleben, nur wir beide, wo keiner kommt und uns überraschen kann! Wir beide eingesperrt, untrennbar zu sein! Bitte, ich vermisse dich, wäre am liebsten jetzt bei dir und in deinen Armen", antwortete ich.

„Gehe nach der Kirche eine Runde, ich hole dich ab, buche ein Hotelzimmer, und wir leben unsere Liebe aus, Schatz." „Einverstanden", sagte sie, „aber bitte lass dir Zeit und fahre nicht zu schnell; wenn es später wird, dann melde dich, freue mich auf dich, hab dich lieb und genieße die Tage." „Ja, ich werde es versuchen, aber ohne dich sind sie halb so schön, sollte ich später kommen, dann schicke ich dir ein SMS, sage ich. Pass auf dich und unsere Liebe auf. Freue mich, dich am Mittwoch zu treffen und in voller Liebe und Leidenschaft gemeinsam zu erleben."

„Ich melde mich am Nachmittag, vielleicht hast du Zeit, dann können wir noch plaudern, ich bin jetzt zu Hause und muss aufhören, er schläft sicher noch, denn wir sind erst um 5 Uhr ins Bett, aber ich musste ja raus, werde mich aber noch ein paar Stunden schlafen legen. Hab dich lieb, ciao", und sie legte auf, bevor ich Ciao sagen konnte.

„He, wir haben gedacht, du bist nach Hause gefahren, da du so lange weg warst", sagten meine Kollegen, als ich wieder im Frühstücksraum Platz nahm. „Ihr seid Idioten, hab nur kurz telefoniert und einen anderen Kunden angerufen", log ich ihnen vor, denn würden sie von mir und Isy wissen, da wäre der Teufel los.

Gegen 9 Uhr 30 gingen wir los, fuhren mit der Seilbahn hoch, um die Pisten zu ergründen, uns den Schnee und die Sonne einzuverleiben. Es war traumhaft zu fahren, die Pisten perfekt,

Sonnenschein von früh bis spät, so genossen wir den Tag. Wir machten eine Stunde Mittagspause und fuhren um 15 Uhr 30 gemeinsam ab, um zum Après-Ski im Ort zu gehen.

Der Tagesausklang war lustig, und wir gingen gegen 19 Uhr aus der Tanzbar in unsere Unterkunft. Ein kurzer Blick auf das Handy, als wir das Lokal verließen, doch bis jetzt keine Mitteilung von meinem Liebling. Nach dem Duschen trafen wir uns, um irgendwo zu Abend zu essen. Es wurde noch ein anschließender Barbesuch vereinbart, der nicht allzu lange dauerte, da alle eine Müdigkeit überfiel und wir schlafen gehen wollten.

Gegen 5 Uhr wurde ich wach und dachte an Isy, ob sie noch Gute Nacht gesagt hatte, ohne dass ich es gehört hatte. Blickte auf mein Handy, wo kein SMS angekommen war, und so schrieb ich ihr, dass ich wach und allein im Bett liege, wie schön es wäre, wenn sie bei mir liegen würde und wie ich sie vermisse! Mich auf den Mittwoch freue, meinen Schatz zu treffen. „Hab dich lieb und trage dich im Herzen, bis zum ‚H' morgens."

Auf meinen Engel, meine Liebe war Verlass, und wie immer um diese Uhrzeit, rief sie an. „Hallo, mein Schatz, das freut mich, wenn du dich so verlässlich meldest, wie geht es dir?" „Hallo", sagte sie. „Hast du nicht schlafen können, da du so bald schon geschrieben hast? „Nein, ich war wach und musste gleich an dich denken und schreiben, da DU nicht mehr geantwortet hast."

„Ich wollte dir noch schreiben, aber bin dann eingeschlafen, bitte entschuldige", sagte sie. „Hast du den morgigen Tag schon reserviert?", fragte ich? „Du lässt wohl nie locker und gibst nie auf, ja, aber ich habe ein schlechtes Gewissen deswegen, und wo willst du mit mir hin?", fragte sie. „Bleibt ein Geheimnis, mein Liebes, sonst ist doch die Überraschung und Romantik weg, oder nicht?"

„Ja", antwortete sie. „Ich wünsche dir noch einen schönen Urlaubstag, bin zu Hause, pass auf dich auf, hab dich lieb. Schatz noch kurz: Kannst morgen früh auch früher ‚H' sagen, fahre um 5 Uhr 30 los und bin im Auto am Weg zu dir, da könnten wir lange plaudern. Ich liebe dich." „Okay, bis später", sagte Isy und legte auf.

Unsere Skifahrergruppe wurde wieder mit traumhaftem Wetter belohnt, keine Wolke am Himmel und Sonne pur. Ein Traumtag mit Skilaufen, Hüttenspaß und Après-Ski. Die Uhrzeit für das Abendessen und das Lokal wurde fixiert, so konnten wir noch eine Weile das Bett genießen, bevor wir loszogen.

Ein gutbürgerliches Lokal war unsere Station, und wir aßen köstlich. Auch das Personal war sehr nett, wir unterhielten uns prächtig mit ihnen und hatten gemeinsam Spaß, sodass wir uns noch ein Schnäpschen an der Bar genehmigten. Nach einer Weile bezahlten wir und gingen noch auf ein Getränk in eine Bar. Okay, ich bliebe aber nicht zu lange, da ich morgens bald wegfahren müsse, antwortete ich.

So betraten wir die Bar, und jeder bestellte sich ein Getränk. Einige Personen standen an der Bar, doch reelle Gesprächspersonen fehlten. „Gehen wir noch woanders hin? Hier tut sich doch nichts", sagte einer der Kollegen. „Ihr könnt ja gehen, ich haue mich ins Bett, muss ja um 5 Uhr aufstehen und losfahren, außerdem darf ich nichts trinken." Bezahlte, sagte Gute Nacht und ging in meine Unterkunft.

Dort angekommen, putzte ich mir noch die Zähne, wusch mich und ging zu Bett. Kaum lag ich, kam das SMS von Isy, mit dem sie mir Gute Nacht und eine gute Fahrt wünschte. Schnell beantwortete ich es. Dass ich mich freue, sie in die Arme zu nehmen und morgen die Stunden mit ihr zu verbringen, schrieb ich zurück. Schaute noch eine Weile fern, drehte dabei das Licht aus, um schneller einschlafen zu können.

Ein leises Brummen weckte mich, es war der Wecker des Handys, der 4 Uhr 45 anzeigte. Stand leise auf, damit mein Zimmerkollege noch ruhig weiterschlafen konnte, ging ins Bad, duschte mich, verließ leise das Zimmer und ging zum Auto, um loszufahren. Es war sehr kalt, und die Fensterscheiben waren verfroren, so musste ich eine Weile warten, bis der Frost an den Scheiben sich gelöst hatte.

Zügig kam ich voran, und da ich noch genug Zeit und nichts gefrühstückt hatte, kehrte ich an einer Raststation ein, um zu frühstücken. Trank Kaffee, aß zwei Brötchen dazu und schrieb

Isy ein SMS, dass ich pünktlich ankommen werde. Nahm mir noch einen Reisekaffee mit und setzte meine Heimreise fort, zu meinem lang ersehnten Treffen mit Isy. „Hallo, mein Engel, bin gerade angekommen und warte im Café auf dein ‚H'." Ich suchte die Telefonnummer des Hotels, rief an, ob noch ein Zimmer mit Südblick frei wäre, um es vorzureservieren. Ich hatte Glück, eines mit Badewanne und Dusche sowie Südlage war frei und reservierte es, mit der Option, sollte ich es nicht benötigen, ich es in den nächsten zwei Stunden wieder stornieren könnte, worauf mir die Empfangsdame ihr Wort gab.

Ich hatte gerade Kaffee bestellt, kam das SMS von Isy. Sie gehe in zehn Minuten von zu Hause weg, „lass dir Zeit, brauche eine Zeit, bis ich bei der zweiten Straße bin, bis dann." Ich antwortete sofort: „Hole dich an der ersten Straße ab, da haben wir mehr Zeit für uns", bezahlte, trank aus und fuhr los zum Treffpunkt.

Bog in die Seitenstraße ein, da sah ich Isy gerade die Feldstraße entlangkommen. Ich fuhr an der Stelle vorbei, drehte um, um Isy einsteigen zu lassen. „Hallo, mein Liebes, welch eine Sonne geht da auf", drehte mich um, erhob mich und küsste sie innigst, was Isy leidenschaftlich erwiderte.

„So, mein Engel, jetzt schenken wir uns etwas Wunderbares und Besonderes, gemeinsam die Liebe zwischen uns beiden so zu erleben, wie wir uns schon so lange ersehnt und gewünscht haben, ich freue mich riesig auf dich, mein Liebes." Schnallte mich an und fuhr los. „Ein wenig Angst habe ich schon, und dass uns jemand sehen könnte", antwortete sie und drückte fest meine Hand. In zehn Minuten waren wir im Hotel, ich parkte mein Auto und ging mit Isy zur Rezeption, um die Zimmerschlüssel zu holen.

„Bitte, ich habe vor einer Stunde reserviert und möchte den Schlüssel holen", sagte ich zur Dame am Empfang. „Ja, Moment", sie schaute im PC nach, drehte sich um und überreichte mir den Schlüssel. Isy steht, so empfand ich es, ruhig beim Zeitungsständer und las in einer Lektüre. „Kann ich das Zimmer gleich bezahlen?", fragte ich.

„Ja, wenn Sie wollen", die Dame drückte mir die Rechnung in die Hand, ich bezahlte, nahm den Schlüssel, ging zu Isy, nahm sie an der Hand und wie ein Ehe- und Liebespaar gingen wir in unser Zimmer. Schloss auf, Isy schaute sich in Angst um, dann traten wir ein und versperrten die Zimmertür. Legte den Schlüssel an der Garderobe ab und drehte mich um zu Isy. Isy legte ihre Hände um meinen Nacken und sagte: „Ich bin verrückt, was ich tue, hatte solche Angst, doch als ich mit dir unten an der Rezeption stand, war all die Angst weg, die hast du mir genommen. Doch du bist der Mensch, der mir wieder Leben und Liebe geschenkt, danke", sagte sie und gab mir einen Kuss.

„Komm, Schatz, schau dir den Ausblick an." Dabei umarmte ich sie, und wir gingen an das Fenster. „Wahnsinn der Ausblick", sagte sie. „Ja, der Ausblick", antwortete ich und schaute ihr dabei in die Augen! „Ach du, was du wieder mit Ausblick meinst." Dabei lächelte sie mich glücklich und verliebt an. Ich legte meinen Arm um sie und ging mit ihr ins Bad. „Schau mal, da haben wir auch eine Wanne und eine so große Dusche, die werden wir gleich testen, Liebes." Drehte sie zu mir und küsste sie.

Zog Isy an mich, öffnete ihre Jacke und warf sie in weitem Bogen weg. Schob ihren Pulli hoch und warf ihn auch weg. „Wie gehst du mit meinen Sachen um?", fragte sie. „Es gehört alles weggeworfen, was im Wege ist, um deinen Körper und dein Herz zu streicheln und zu massieren, damit unserer Liebe nichts im Wege steht", antwortete ich Isy mit einem Schmunzeln.

Zog ihr die Sporthose und Socken aus. „So, mein Engel und jetzt die schönsten Sachen." Dabei drückte ich sie an mich, öffnete den BH und ließ ihn auf den Boden fallen, streifte ihren Slip ab und ließ ihn gleich liegen. „So, mein Engel, bei dir ist alles weg, jetzt bist du bei mir an der Reihe!" Isy hielt sich fest an mich gedrückt, gab mir einen Kuss auf den Mund und begann, wie ich bei ihr, langsam mir meine Sachen auszuziehen, welche sie auch einfach fallen und liegen ließ. Ich umarmte Isy, schob eine Hand unter ihre Arme durch, die andere unter ihre Kniekehle und hob sie hoch. „He, was machst du mit mir?", fragte sie lächelnd, ihre Arme um mich geschlungen, sich festhaltend. „Ich trage dich egal wohin, mein Liebes, aber mit all meiner Liebe geht es jetzt auf die Spielwiese!" So ging ich los, als würde ein Bräutigam seine Braut über die Schwelle tragen, und warf Isy auf das große französische Bett.

„He, was ist mit dir?", fragte sie, sprang hoch und warf mich rücklings auf das Bett. „So geht das nicht", sagte sie. „Schau mal, wie es in dem Zimmer aussieht, wie nach einem Einbruch." Isy stieg über mich und legte sich neben mich, einen Fuß über meinen geschlagen, ihren Kopf an meine Brust und ihren rechten Arm über meinen Bauch gelegt und sagte: „Ach, da könnte ich ewig bleiben, so an dich geschmiegt, ich denke, ich bin in einem Film oder so wird es im Himmel sein."

„Nein, Gott sei Dank nicht im Film, sondern bei mir." Ich begann sie zu streicheln, und sie streichelte mir Hals, Wangen und Brust. „Na, mein Engel, jetzt kannst du dich mal richtig verwöhnen lassen, brauchst keine Angst zu haben, dass jemand kommen könnte, viel Zeit für uns beide, für Liebe, Lust und Leidenschaft. „

„Komm zu mir", sagte sie und zog mich an sich, hielt mich fest und küsste mich. Isy hatte mich überrumpelt, drehte sich zur Seite und in einem Ruck saß sie auf mir. „Na, da schaust du, so schnell geht es", und lachte. „Na warte, jetzt kommst du dran." Nahm meine Hand, drückte ihre Knie zur Seite und rutschte so weit unter ihr durch, dass sie vor meinem Mund zum Sitzen kam.

„Du Schuft", sagte sie und griff nach hinten an meinen Penis, den sie festhielt. Mit meinen Händen öffnete ich ihren Schoß, dann ihre Lippen und massierte sie, welche sich heiß anfühlten. Isy ließ meinen Schwanz los, lehnte sich zurück und stützte sich an meinen Oberschenkeln auf. Um diesen Moment zu nutzen, rückte ich noch ein kleines Stück nach vorne, und schon war ich mit meinem Mund an ihren Lippen, um meine „Leckereien" an ihr abzulegen. Mein Mund und meine Zunge massierten ihre Schamlippen, meine Hände fassten nach ihren Brüsten und Nippeln, welche ich ebenfalls massierte und wodurch ihre Brüste und Nippel an Festigkeit zulegten. Toll sie so zu sehen. „Du hast einen heißen, erotisch geilen Körper, feste süße Brüste und Brustwarzen, aber auch deine Möse ist heiß, feucht und rot", sagte ich leise zu Isy, spannte dabei ihre Lippen auf und schob meine Zunge in ihre Öffnung. Isy neigte sich nach vorne und drückte mir meinen Kopf noch fester in ihren Schoß. „He, da ersticke ich, wenn du deine Öffnung so gegen meinen Mund presst, Liebes. Du machst mich verrückt, heiß und elektrisiert mich, ein schönes, gutes Gefühl", sagte sie. Nach ein paar kleinen Bissen in ihre Lippen, schlüpfte ich unter Isy raus und kniete mich hinter meinen Schatz. „So geht das nicht", sagte Isy, drehte sich um und setzte sich auf meine Oberschenkel, ihre geilen, feuchten Mund an meinen Penis gedrückt. „Komm näher zu mir", sagte sie, legte ihre Arme um meinen Nacken und schob sich mir entgegen. „Na, wenn du mich näher haben willst, muss ich das in dir verstecken." Ich öffnete mit der Hand ihre Lippen und schob ihn langsam bis zum Anschlag in sie. „Mmh, ein gutes Gefühl", sagte Isy und presste sich fest gegen mich. „Schatz, du machst mich geil, deine Möse auf meinen Schwanz so heiß zu spüren, toll." Isy schaute mich lächelnd an, drückte ihre Brust gegen mich, mit weit geöffneten Schenkeln und ihren Po auf und ab bewegend saß sie auf meinem Penis. „Toll dich so zu stoßen, deine Brüste stramm, Nippel fest, eine tolle heiße Liebe, dich so zu lieben. Komm, jetzt ist Wechsel", sagte ich, zog Ihn aus ihrem feuchten Mund, schlüpfte unter Isy raus, nahm sie in den Arm, und während ich sie küsste, legte ich Isy auf den Rücken. „Was machst du mit mir?", fragte sie. „Jetzt werde ich dich nochmals massieren, elektrisieren und dann tief belohnen", antwortete ich. Sie zog sich nochmals hoch, küsste mich und ließ sich wieder zurückfallen, dabei schloss sie ihre Augen. Kniete mich neben Isy, streichelte ihre Brüste, beugte mich nach vorne, um zärtlich in ihre Knospen leicht zu beißen und daran zu saugen. „He, du bist verrückt, das geht ja durch und an", sagte sie und hielt meinen Kopf eine Weile fest. Bewegte mich leckend und küssend ihren Schoß entgegen, öffnete ihre süßen Lippen, welche leicht feucht, aber wunderbar rot vor mir lagen. Nahm ihre Lippen in den Mund und saugte ihr Zäpfchen, wobei Isys Hände mich wieder in ihren Schoß pressten. Diese Frau zu verwöhnen war ein Geschenk, wir genossen es beide und gaben alles, egal wie und was ich mit ihr tat, sie liebte es von ganzem Herzen, aber auch ich erlebte mit ihr etwas, wovon viele Menschen sicher träumen, zu lieben und geliebt zu werden. Wenn sie mit geschlossenen Augen so vor mir lag, konnte man an ihrer Miene sehen, wie glücklich sie war, einmal keine Angst zu haben, die Gefühle auszuleben, sich fallen und geliebt zu werden.

„Mein Liebes, jetzt muss er dich aufspießen, er ist steif wie ein Fahnenmast!" Kniete mich zwischen ihre Schenkel, zog Isy an der Hüfte zu mir und führte ihn ein. Ein Wärmestrahl stieg in mir hoch. Die Stöße wurden schneller, als würden wir ein Wettstoßen veranstalten. Isy hatte ihre Füße um meine Hüfte geschlungen und drückte ihren Schoß mir entgegen. Nach einer Weile ein glückliches „Ups" von Isy und ein „Jetzt" von mir, und schnell trennten wir uns, um keine Panne zu erleiden, und mein Samen rann auf ihr Becken.

„Der hat aber viel geladen", sagte sie. „Kein Wunder, eine Woche nichts verbraucht, wundert dich das, mein Schatz?", antwortete ich ihr, beugte mich über sie und streichelte ihre Brüste und festen Knospen, während ich sie küsste. Isy schlug ihre Hände um meinen Nacken und hob sich mit einem Ruck hoch und drückte ihr Becken samt Samenladung gegen meinen Bauch. „Jetzt hast du uns zusammengeklebt", sagte ich lachend zu Isy. „Komm, lass uns so liegen", sagte sie. So lagen wir, fest umarmt, an uns geschmiegt, mit der Tagesdecke zugedeckt, die draußen scheinende Sonne und den Ausblick genießend im Bett. „Ach", sagte Isy: „Jetzt so liegen bleiben zu können wäre eine tolle Sache, oder nicht?" „Mein Liebes", antwortete ich: „Du kannst, so lange du willst, immer so liegen bleiben, gestärkt durch Liebe, Wahrheit und Vertrauen, mein Engel! Ist es nicht ein tolles Gefühl, geliebt zu werden und die Liebe ohne Angst auszuleben?" „Ja, es ist der schönste Tag in meinem Leben, hab nie gedacht, es so erleben zu dürfen und habe es mir so oft gewünscht, von ganzem Herzen geliebt zu werde. Ich danke dir, dass du mir so viel Liebe gibst und immer für mich da bist! Bitte halte mich fest, und lass mich nicht los, ich lasse dich auch nie allein!" Wir lagen schon eine Weile, als Isy sagte: „Zu lange kann ich auch nicht bleiben, nicht dass jemand Verdacht schöpft, mein Engel!"

„Okay." Ich holte erst mal ein Handtuch, stand auf und holte eines aus dem Badezimmer, wischte unsere Spuren an Isys Bauch und meinen Bauch weg, warf das Handtuch auf den Boden, legte mich wieder zu ihr. Sie lag seitlich an mich geschmiegt, einen Fuß über meinen geworfen und den Kopf an meine Schulter gelehnt da. Ihre Augen betrachteten mich wie eine Kamera. „Warum blickst du mich so an, mein Mäuschen?", fragte ich. „Ich liebe es, die Wärme deines Körpers, deine Liebe so eng an dich geschmiegt zu spüren, da könnte ich sofort einschlafen, da ich mich bei dir so geborgen und beschützt fühle." „Ich genieße es auch, mein Engel, würde dich viel öfters so neben mir liegend in meinen Armen halten und das Schönste auf der Welt, diese tolle Liebe, mit dir leben." So blieben wir angeschmiegt, uns umarmend liegen und genossen diese Atmosphäre mit dem herrlichen Blick in die Berge.

Isy begann von dem Moment zu schwärmen! „Wäre eine tolle Sache, mit dir wo am Meer zu liegen, so wie jetzt, die Sonne genießen, einen tollen Ausblick zu haben und glücklich zu sein, einfach nichts zu tun, als das Geliebte auch zu leben. Träumen darf man ja, wünschen kann man es sich auch, aber es wird nur ein Traum bleiben", sagte sie, „da ich so viel Angst von dem Nachher habe."

„Das kommt darauf an", erwiderte ich: „Ich würde alles mit dir und überall tun, um diese tolle Liebe mit dir zu leben, egal wo, das weißt du und mit meiner ganzen Liebe." „Ja, ich weiß, aber wie sollte das gehen, ich denke oft nach, wie und was ich tun könnte, einfach weglaufen wäre das Beste", sagte sie, „doch ich habe meine Kleine und meine Eltern, darum kann ich es nicht." „Komm, Liebes, weglaufen braucht man überhaupt nicht, weil sich dadurch ja nichts ändert, man muss was ändern, denn nichts zu tun ist das Schlechteste! Genießen wir die Momente und das Erlebte noch ein wenig", sagte ich ihr leise ins Ohr, „aber bitte bleib im Bett." „Was machst du?", fragte Isy, als ich mich von ihr löste und ins Badezimmer ging. „Lass dich überraschen, mein Liebling", antwortete ich ihr, als ich die Türe zum Badezimmer öffne. Öffnete die Duschtüre und drehte sehr warmes Wasser auf, denn das liebt Isy immer. Ich ging zu ihr, hob sie mit beiden Händen hoch und trug sie ins Badezimmer und stellte mich mit ihr in die Dusche. „He", sagte sie, „bitte pass auf, dass meine Haare nicht nass werden!" „Kein Problem, wir haben einen guten Föhn hier, und so können wir uns unter der Dusche verwöhnen. Komm rein", sagte ich und zog sie an der Hand unter die Dusche. „Du bist immer für eine Überraschung gut", antwortete sie, schlang ihre Arme um mich, drückte sich leidenschaftlich an mich, und wir küssten uns.

„Das habe ich auch noch nie in meinem Leben getan, mit einem Mann geduscht", sagte Isy. „Dann war es höchste Zeit", erwiderte ich, und wir seiften uns gegenseitig ein. Tat ganz schön gut, kribbelte ein wenig, ein tolles Gefühl, und wir streichelten die eingeseiften Körper. „Verrückt sind wir beide schon", sagte sie. „Warum, mein Liebes?", antwortete ich, „weil wir zusammen duschen oder hier sind? Denke doch, was diese Atmosphäre, dieser Ort, diese Liebe und Vertrauen kann, genau das wollten wir doch, oder nicht." „Ja, es ist wunderbar mit dir, vorher, diese Liebe, dann dieses Sich-Anlehnen und jetzt zu duschen, bei dir alles zu streicheln und du bei mir", sagte sie. „Schade, dass ich keinen Schutz habe, könnte ihn dir unter der Dusche nochmals reinstecken, wäre sicher auch schön, mein Engel", erwiderte ich und drückte Isy fest an mich.

„Ja, wäre sicher schön, aber hast du mal auf die Uhr geschaut?", fragte sie. „Nein, warum, mein Liebes, in der Liebe schaut man nicht auf die Uhr, da genießt und lebt man, da zählt doch keine Zeit?" „Ja, du lieber Lauser", entgegnete sie mir, aber ich muss um 12 Uhr zu Hause sein, da kommt mein Sohn zum Essen heim, und da muss es auf dem Tisch stehen", sagte sie. „Bist du Befehlsempfänger?", fragte ich, „das kann er sich doch selbst aus der Pfanne nehmen." „Nein, die Herren brauchen alles serviert", erwiderte sie.

„Ja, es ist zehn Minuten vor!" „Was heißt zehn Minuten vor? Zehn Minuten vor zwölf? Bist du verrückt!" „Bitte, bleib ruhig, Liebes, es heißt zehn Minuten vor halb 12 Uhr. Also 11 Uhr 20", antwortete ich ihr, „keine Eile." Ergriff ihre Pobacken und hob sie auf mich hoch, wobei ich an der Duschwand lehnte. Legte Isys Füße um meine Hüfte, drückte ihren Oberkörper an die Gegenüberseite der Dusche, wo Isy sich anlehnte. Griff nach dem Duschkopf, wusch mit der einen Hand streichelnd Isys Körper, in der anderen Hand mit dem Duschkopf die Seife aus ihrem Haar, dann von ihrem Körper und auch von meinem. Stellte Isy auf den Boden und beugte mich zu ihr nach unten, um kurz noch ihre geilen Lippen zu lecken und zu saugen. „Bitte, bitte, nur kurz, wir müssen dann zurück, mein Engel", sagte sie. „Bei so viel Süßem kann man nie aufhören, du bist so heiß und schmiegst dich an wie eine Katze, wunderbar. Was war denn mit dir, als du so laut Ups gesagt hast?", fragte ich. „Du hast mich zuerst so elektrisiert, und als du so tief in mir warst, war es um mich geschehen, da hast du mich erwischt. Hast du das gehört?", fragte sie. „Ja, sicher, will dich ja glücklich sehen und an mir spüren, mein Schatz", erwiderte ich. „Muss ja alles an dir nutzen, um dich glücklich zu machen."

„Du hast recht, mein Engel, das ist auch wichtig, aber eines muss ich dir noch sagen: Du bist immer für mich da, gibst mir Kraft, wenn es mir schlecht geht oder ich krank bin. Du bedeutest mir sehr viel, bist was Wunderbares, Besonderes und Wertvolles für mich, hast mir das geschenkt, wovon ich immer geträumt und es mir gewünscht habe, es zu erleben, und darfst bitte mich nie los- und alleine lassen"!

„Das kann ich dir ehrlich, im Vertrauen und von ganzem Herzen versprechen, das gilt aber auch für dich, mein Schatz. Ich lass dich auch nie allein, brauche dich ja noch länger."

So sprangen wir aus der Dusche, trockneten uns gegenseitig ab, ich holte alle ihre verstreuten Sachen aus dem Schlafraum, während sie die Haare föhnte, ging zurück ins Bad auch mit meinen Sachen und half ihr beim Anziehen. Ich trocknete mich ebenfalls fertig ab und zog mich neben Isy an. Sie zwickte mich von hinten in den Po, und mit der anderen Hand hinter meinem Rücken stehend streichelte Isy meinen Penis. „Der war so lieb und heiß, danke", sagte sie und küsste mich. Schnell hatte ich meine Hose und meinen Pulli angezogen. Wir umarmten uns und gingen ins Zimmer, ich gab Isy einen Stoß, und sie fiel aufs Bett, wo ich hinterhersprang. „Komm", sagte ich, „noch fünf Minuten die Wärme, die Liebe und Aussicht zu genießen. Wie es so warm war unter der Dusche und im Bett, hatte ich wirklich gedacht, wir beide wären im Urlaub und würden mit heißer Sonne beschenkt."

Nach ein paar Minuten sagte sie: „Dann ab wie die Feuerwehr, sonst ist alles aus." Wir hüpften aus dem Bett, zogen die Jacken an, gingen nach unten und gaben die Schlüssel ab. Holten mein Auto und fuhren heimwärts. „War ein traumhaftes Geschenk und Erlebnis mit dir, und danke", sagte Isy, die hinter mir saß, ihren Arm über meine Schulter an meine Brust gedrückt. Danke auch, dass du so weit heimgefahren bist, nur für mich! Hab dich lieb."

„Ich bin für uns und unsere wunderbare, tolle Liebe nach Haus gefahren, für DIE und für DICH fahre ich bis ans Ende der Welt, Liebes, versprochen!"

So bog ich auf die Seitenstraße ab, von wo Isy nur ein paar Hundert Meter bis nach Hause hatte. Isy hielt mich fest. Küsste mich und sagte Danke: „Ich hab dich lieb, pass auf bei der Rückfahrt, und danke für den wunderschönen Tag mit dir und deiner Liebe." Sie schaute sich um, sagte Ciao, öffnete die Autotür und lief schnellen Schrittes heimwärts.

Ich rief ihr noch nach: „Schatz, ich liebe dich, und bitte melde dich!" Welches mir Isy mit einem Wink bestätigte. So drehte ich mich um und machte mich wider auf den Weg zu meinen Skifreunden. Als ich auf der Autobahn kurz vor Salzburg war, kam noch ein SMS von Isy. „Vierzehn Tage Ägypten wären jetzt toll", schrieb sie, „und danke, bis später."

Ich wusste nicht, wie es mit uns und unserer wunderbaren Liebe weitergehen würde, aber ich vertraute auch Gott, dass er uns helfen würde, diese Liebe bis zu unserem Lebensende zu leben, denn Isy hatte gleichermaßen einen sehr starken Glauben, fand aber immer, sie sei ein böser und schlechter Mensch, da sie eine große Sünde begangen hätte, die Liebe und körperliche Liebe mit mir. Ich glaube auch an Gott, aber nicht an die katholische Kirche, dies konnte ich seit meinen Jugendjahren nicht, jetzt

noch weniger, da in letzter Zeit so viel Böses und Unmensch-
liches von den Priestern und den Klöstern aufgezeigt wurde und
an die Öffentlichkeit kam. Das hat nichts mit Gott zu tun, denn
predigen und dies und das selber nicht einzuhalten … Okay, ab-
gehakt.

So kam ich noch kurz vor Eintreten der Finsternis in Ischgl
an und ging sogleich zum Après-Ski, um dort meine Skikollegen
zu treffen, so war es auch vereinbart. „Na, war dein Kundenbesuch erfolgreich?", fragten sie mich, „dann kannst du gleich
eine Runde bestellen."

„Okay, wenn ihr denkt, dass er erfolgreich war, dann wird es
richtig sein", und ich rief die Kellnerin.

So tranken wir die bestellte Runde, und es wurde ein lustiger
Abend, wobei ich immer an den wunderbaren Tag mit Isy dachte,
mich in meinem Herzen riesig freute, diese Frau und ihre Liebe
zu erleben und sie von ganzem Herzen zu lieben. Nie will ich Isy
wehtun, doch sie empfand es oft als Schmerz und Druck, wenn
ich sie immer wieder bat, sich mit mir zu treffen oder sich zu
melden, sich nicht zu verstecken – wovor eigentlich? –, was sie
meist tat, wenn ihre Angst sie nicht mehr losließ und sie nicht
wusste, wie sie reagieren oder was sie tun sollte!

Als die Party zu Ende war, gingen wir zum Abendessen in einen
Gasthof. Dort war eine tolle Stimmung, die uns auch in ihren Bann
zog. Wir schunkelten und sangen den Text mit, was riesigen Spaß
machte, und so nahm der Abend einen schönen Ausklang. Gegen
Mitternacht machten wir uns auf den Heimweg, um nächsten Tag
fit und ausgeschlafen die Pisten stürmen zu können.

Ich war bereits eingeschlafen, als ein SMS von Isy kam, dass
sie einsam und es schön wäre, an ihrer Seite zu liegen, um sich
zu spüren. „Sonst nichts, mein Liebes?", schrieb ich zurück. „Ja,
du musst mich zuerst wärmen, da ich in dem Iglu erfrier", schrieb
sie zurück, alles andere mit dir ist auch schön und wunderbar. Ich
habe bis jetzt geputzt und vorbereitet, du hast mir so viel Kraft
gegeben, und ich bin nicht müde geworden, es tut mir nichts
weh, war wunderschön und das Gefühl mit dir, danke, davon
kann man nie genug bekommen und in sich festhalten."

Ich stand sehr früh auf und ging vor dem Frühstück eine kleine Runde spazieren, aber auch, um auf das „H" von Isy zu warten. Schrieb ihr „Guten Morgen" und dass ich schon unterwegs sei, da ich nicht schlafen konnte und der gestrige Tag mein Herz so aufgewühlt und glücklich gemacht habe, dass alles mit ihrer Liebe, ihrem Herzen und der tollen körperlichen Liebe in diesem, großen und störungsfreien Zimmer glücklich gemacht habe, darum auch die Liebe so außergewöhnlich mit ihr sei.

Mein Blick richtete sich auf die Bergspitzen, über die sich die aufgehende Sonne langsam hervorschob. Ein wunderbarer Anblick. In diesem Augenblick schrillte das Handy. „Hallo, Guten Morgen, mein Engel", sagte sie. „Ja hallo, mein Liebling, welch eine Freude, dich zu hören und deinen Worten zu lauschen! Was machst du gerade?", fragte sie. „Ich genieße gerade das, was du auch von Herzen liebst, ich stehe schon in der Sonne und genieße die wärmenden Strahlen am Morgen, nur wären sie viel schöner und lebenswerter, wenn du bei mir wärst und wir es Hand in Hand, Herz auf Herz miteinander erleben könnten.

„Ja, wäre schön, aber du kommst ja morgen wieder zurück, dann geht es mir auch wieder besser; ich hoffe, du fühlst es, kaum bist du weg, vermisse ich dich und du fehlst mir, welch ein Schmerz und Druck in meinem Herzen, Wahnsinn", sagte sie. „Du bist ein Schatz, was du gestern getan und von dir preisgegeben hast, kann man nicht beschreiben, dazu muss man diese Liebe, Wärme und Zärtlichkeiten fühlen, wenn man dich in den Armen hält, dann geht das in uns über wie Strom, aber so wirkt sie auch", antwortete ich.

„Ja, es ist wie Strom, du hast mich ja auch so elektrisiert; es war so schön, könnte man öfters machen", sagte Isy, „wenn ich nicht so viel Angst hätte." „Schatz, du bist verrückt, du schwebst auf einer riesigen Wolke von Liebe und Gefühlen, und wenn du richtig schwebst, dann lässt du die Angst zu dir; halte dich an der Liebe und den geschenkten, wertvollen und wichtigen Dingen, was dich glücklich macht und so manche Krankheit heilt, so wie gestern fest, dann lebst du, mein Liebes", antwortete ich Isy.

„Du hast ja recht, aber was soll ich denn tun, mein Engel, das geht ja so schnell?", entgegnete sie. „Wichtig ist, mein Liebling, du hältst dich an mir, meiner und deiner Liebe fest, wärmst dich und lebst und liebst, so wie immer, wenn du die Augen schließt und deinem Herzen und Körper freien Lauf lässt, da bist du unbeschreiblich; danke, dass ich es fühlen und mit dir spüren kann, Isy." „Du musst jetzt frühstücken gehen, sonst überfallen dich deine Kollegen mit Fragen", sagte sie. „Macht nichts, mir fällt immer was ein, wenn es um uns und unsere Liebe geht, mein Schatz; ich liebe und vermisse dich, freue mich, dich wieder in meinen Armen zu halten, zu küssen und ganz nahe zu sein, du weißt schon, wie, mein Liebes!" „Ich weiß, das ist wirklich was ‚Wunderbares und Besonderes' mit dir, ich hab dich lieb. Schreib dir mal, oder kann ich auch Hallo sagen?", fragte sie. „Du brauchst nur anzurufen, ich melde mich sofort, kann sein, dass ich nicht gleich abhebe, aber ich rufe sicher gleich zurück, doch nur dich, sonst mache ich Urlaub, was ich lieber mit dir machen würde, Schatz", erwiderte ich. Ciao, bis später", und Isy legte auf.

Ging zum Hotel zurück und nahm das Frühstück ein, beantwortete die blöden Fragen und Bemerkungen meiner Kollegen, und wir machten uns anschließend auf den Weg, die Pisten unsicher zu machen. Wir waren mit schönem Wetter die letzten Tage gesegnet, und so war auch der heutige Tag strahlend blau.

Wir kamen am späten Nachmittag von der Piste, ich ging aber sofort ins Zimmer, zog mich um, da ich auch noch ein kleines Geschenk für Isy kaufen wollte. Ging ins Ortszentrum und schaute mich um. In einem Schmuckgeschäft sah ich einen schönen kaminroten, 7cm flachen Stein an einem Trachtenband, den kaufte ich, da ich wusste, solche Sachen gefielen meinem Schatz.

Nach dem Kauf trug ich das Präsent ins Zimmer und ging zur Après-Ski-Party, um heute einen gehörigen Abschied zu feiern, da ich nächsten Morgen mit dem Auto fahren musste und am Tage nichts mehr trinken durfte. Wir ließen uns nicht lumpen und legten uns in allen Belangen mächtig ins Zeug, nur an Getränken und Spaß, Frauen gab es nur eine, meinen Schatz Isy.

In den frühen Morgenstunden machten wir uns auf den Weg in die Unterkunft; alle Kumpels gut gelaunt, schlichen wir durchs Haus in unsere Zimmer und in die Betten, was alle schon dringend nötig hatten. Nach ein paar Minuten war nichts mehr zu hören, sind vielleicht alle in ein leichtes Koma gefallen, da einiges konsumiert wurde.

Der Tag begann zäh, da alle ein wenig ausgelaugt waren, vom Skifahren in den letzten Tagen und der letzten nächtlichen Aktion. Wir mussten nach dem Frühstück die Zimmer räumen und bezahlen, doch wir hatten mit der Chefin des Hauses vereinbart, uns nach dem Skilaufen noch duschen zu dürfen, so konnten wir das gesamte Gepäck in einem Zimmer lassen.

Wir fuhren noch Ski, machten aber um 14 Uhr Schluss, um noch eine Flasche Prosecco zum Abschluss zu trinken. Nachdem die Flasche geleert war, fuhren wir ab, duschten, räumten das Zimmer und alles in mein Auto und machten uns auf den Heimweg. Ich versuchte, dass mein SMS für ein Treffen mit Isy zustande kommen würde.

Nach einer Zwischenstation, um Abend um zu essen, kamen wir gegen 19 Uhr 30 in meinem Stammcafé an, tranken noch eine Tasse Kaffee, bevor ich meine Freunde nach Hause chauffierte. Ich kam zu Hause an, räumte all meine Skisachen weg. Bis alles verstaut war, verging eine Zeit. „Ich muss noch wo ein kleines Bier trinken", sagte ich zu meiner Frau und fuhr weg; hätte doch sein können, dass mein Schatz sich noch meldete. Gegen 23 Uhr fuhr ich nach Hause, ohne ein Wort von meinem Schatz gehört zu haben. Hatte Sehnsucht, mit ihr zu plaudern, doch es kam nichts, so musste ich einsam, aber doch im Herzen froh zurück in den Kühlschrank, mich duschen, und sah noch eine Weile fern, in der Hoffnung, einen Gute-Nacht-Gruß oder Kuss zu bekommen.

Der Morgen begann mit einem lieben Gutenmorgenkuss per SMS zum Aufstehen für meinen Schatz. Es kam keine Antwort, und ich bekam Angst, meinen Schatz hätte wieder einmal die Angst überfallen und nicht mehr losgelassen, das kam ab und zu vor, wusste nie, was der Grund für diesen Abfall war, doch Isy beantwortete meine Frage danach meist mit: der Druck.

So wartete ich am Morgen beim Einkaufsmarkt, um meine Liebe zu sehen und ihr verständlich zu machen, dass ich auf sie wartete und hungrig nach ihr war. Isy fuhr wie immer fast um dieselbe Zeit, und so kam sie pünktlich vorbei. Es dauerte nicht lange, da fuhr sie zurück, doch Isy winkte mir nur und fuhr heimwärts.

Sofort nahm ich das Telefon und rief an, doch sie hob nicht ab. So fuhr ich traurig in die Firma. Mein Kumpel sprach mich sofort an: „He, bist du krank, du schaust so niedergeschlagen und schlapp aus, war das Skifahren oder war der Après-Ski so stark?", fragte er. „Ach, du weißt, meinen Schatz hab ich gesehen, sie winkte mir auch, doch sie hob am Telefon nicht ab, weiß nicht, was los ist."

„So wie du jedes Mal leidest, wenn irgendetwas mit ihr ist, du sie nicht treffen kannst oder sie mit dir nicht redet, das würde ich nie aushalten. Aber auch, wenn du sagst, sie reagiert nicht und redet von Angst und dass du immer Druck machst, da würde ich kurz und bündig sagen: ‚Was willst du und was wolltest du, was du genommen hast, sollst du nicht wegwerfen, sondern deinen Worten treu bleiben, sonst verschwinde.‘ Das bringt einen Menschen um, so wie dich, da du voll hinter allem stehst, so wie auch in der Firma, das schätze ich an dir, darum habe ich auch mit dir den gemeinsamen Weg zu einer Firma gewagt. In Wahrheit würde ich alles auf den Tisch legen, egal wie es dem Gegenüber geht; beide seid ihr erwachsen, und zum Lügen und Spielen bin ich nicht auf der Welt."

„Ja, mein Freund", antwortete ich, du hast ja recht, doch ich liebe diese tolle, warmherzige Frau, da mir ihre Liebe und das Leben mit ihr einen Sinn gegeben haben, ich ihr vor dem ersten Sex versprochen habe: ‚Liebling, wenn du diesen Schritt machst, mir alles zu geben, ich werde dich mit Liebe überhäufen, immer für dich da sein und mit all meiner Liebe, Wahrheit und Vertrauen immer dich lieben und nie allein lassen.‘"

„Das glaube ich von dir, dass du das hältst", antwortete er. „Wenn sie sich nicht meldet, ich schlafe nicht, kann nichts essen und nehme Tabletten ein, die mir der Arzt verschrieben hat, um meine Schmerzen im Bauch, er vermutet den Magen und deren Nerven, welche von der innerlichen Unruhe ausgestrahlt werden, in den Griff zu bekommen. Doch alle anderen Werte sind top. Ich lebe nur einmal, und meine Liebe besteht aus Wahrheit und nicht aus Lügen und Angst", antwortete ich ihm.

„Werde heute früher abhauen und zu ihr auf eine Jause fahren, damit ich weiß, was mit ihr los ist!" „Seit wann gehst du wieder hin", fragte er, „da du wegen ihr und dem Gerede nicht mehr hingegangen bist?" „Ja, seit einer Woche, da Isy und ich vereinbart haben, es zu versuchen, und ich war schon ein paar Mal dort", antworte ich.

Um 16 Uhr machte ich Schluss und fuhr zu Isy. Am Parkplatz stand nur ein Auto, so dachte ich mir, da kann ich ihr ja auch mein Geschenk geben, welches ich aus dem Urlaub mitgenommen hatte. Stieg aus und ging ins Lokal, setzte mich an die Bar und wartete, da gerade keine Bedienung da war.

„Hallo", sagte sie, als sie aus der Küche kam. „Du bist aber heute schon bald da!" „Ja", leugnete ich, „der Hunger ruft, und der Magen knurrt, da muss ich gleich was dagegen tun!" „Was darf ich dir bringen?", fragte sie. „Möchte einen gespritzten Most und eine kleine Jause, bitte." „Okay, sage ich gleich in der Küche, damit du nicht verhungerst", antwortete sie mit einem Lachen.

Meine Jause hatte ich bereits gegessen, da kam Isy mit einem strahlenden Lächeln durch die Küchentür. „He, wer ist denn da!", sagte sie und kam auf mich zu. „Hallo Liebes", antwortete ich leise, da das Personal nicht da war, „habe dich vermisst und musste dich sehen." Nahm sie mit Abstand in die Arme und gab ihr einen intensiven Kuss auf die Wange, den sie erwiderte.

„Ich habe dir ein kleines Geschenk aus dem Urlaub mitgebracht, ein kleines Dankeschön für deine Liebe und den ‚wunderbaren Tag' im Hotel, war ‚Wahnsinn' mit dir, so musste ich sofort was besorgen, du kennst mich, ich liebe es, dich zu beschenken, du weißt ja, ‚im wahrsten Sinne des Wortes'!"

„Ja, ja, du Lauser, ich weiß", antwortete sie. „Danke, muss ich gleich verstecken, komme gleich wieder", und sie ging durch die Küche in ihren Wohnbereich. Nach ein paar Minuten kam sie lächelnd zurück, legte ihre Hände auf meine Schulter, gab mir links und rechts einen zärtlichen Kuss. „Danke, das sieht toll aus, aber wann soll ich den Stein tragen?"

„Nimm es einfach zu deinen Trachtenkleidern, der rote Stein passt doch gut zu einem Kleid und zu dir, da strahlen zwei! Eine kleine Frage habe ich: Warum hast du heute Morgen nicht auf mein SMS und ‚H' geantwortet? Du weißt und fühlst sicher, wie es mir geht, wenn ich nicht weiß, was mit dir los ist."

„Ich muss dir etwas beichten", sagte sie. „Ich habe mein Handy irgendwo versteckt und kann es nicht finden, bitte verzeih mir, ich finde es wirklich nicht, hab schon gedacht, vielleicht hat es ER weggenommen oder versteckt, ich finde es einfach nicht, so konnte ich dir auch nicht antworten oder ‚H' sagen, glaubst du mir?"

„Ja, ist okay, ich werde dir morgen sofort ein neues Handy besorgen, sonst können wir nicht plaudern und uns treffen, die Liebe muss leben, und wir müssen uns sehen und hören, oder nicht, mein Engel?", fragte ich Isy. „Ja, aber jetzt musst du wieder eines besorgen, und was das kostet", antwortete sie betrübt.

„Ach, das macht doch nichts, Geld ist nicht wichtig, ist das nicht das, wo wir uns immer einig waren, mit Geld kann man sich vieles kaufen, doch das, was man am Wichtigsten braucht, kann man nur mit Liebe, Wärme, Vertrauen, Geborgenheit und Zärtlichkeiten schenken erreichen. Und wenn, dann nur DIR, meiner lieben Isy." Ich sprach noch lange mit Isy, bis ich mich gegen 1 Uhr von ihr mit einem wahren Küsschen verabschiedete, da die letzten Gäste gegangen waren und ich keine Unruhe in ihrem Hause stiften wollte. „Morgen, Samstag, wird sofort ein neues Handy besorgt, und abends werde ich es dir übergeben", sagte ich zu Isy, als ich sie verließ. Samstagmorgen fuhr ich in die Stadt und besorgte das neue Handy für meinen Schatz Isy. Am Nachhauseweg trank ich noch eine Tasse Kaffee in meinem Stammcafé, von wo ich heimfuhr und die Zeit, bis es so weit war, zu Isy zu fahren, mit ein paar Briefen an meine Kunden überbrückte. Wie früher fuhr ich gegen 21 Uhr zu meinem Schatz. Dort angekommen, war im Lokal Stress pur, denn es war gerammelt voll. Isy hatte außer einem Hallo vorerst keine Zeit für mich. Die Uhr zeigte schon lange nach Mitternacht, als Isy aus der Küche kam und Hallo sagte. „Mein Liebes: Ich habe dir ein neues Handy besorgt, ist aktiv und habe es aufgeladen. Meine Nummer habe ich dir auch schon gespeichert, also steht einem ‚H' nichts mehr im Wege, auch einem Treffen nicht, mein Engel. Werde dich jetzt verlassen, mein Schatz, damit du auch schlafen gehen kannst", worauf Isy mir nickend zustimmte. Gab ihr ein Abschiedsküsschen und bat sie, sich noch zu melden, um mir Gute Nacht zu sagen. „Ich liebe dich mein Schatz", sagte ich zu Isy, und nachdem ich bezahlt hatte, fuhr ich nach Hause.

So genoss ich den späten Abend und legte mich ins Wohnzimmer, um noch eine Weile fernzuschauen. Gegen 3 Uhr morgens schlief ich ein, und gegen 7 Uhr wachte ich auf, um ja nicht Isys „H" oder SMS zu versäumen. Ich fuhr frühstücken und wartete auf Isys SMS.

Und wahrlich, sie schrieb mir, kurz nach dem Essen eine kleine Runde zu gehen, aber ich musste ihr versprechen, da sie nur eine Weile Zeit habe, dies auch einzuhalten, was ich ihr bestätigte, sie aber bat, so viel Liebe und Wärme wie möglich mitzunehmen, da ich sie dringend benötigte.

So fuhr ich wie vereinbart wieder einmal der zweiten Straße entlang, um das Geliebte, meine Isy, abzuholen und zu wärmen. Ich hielt an einer Erhöhung, um zu sehen, von wo sie kam, um sie abzuholen und einen ruhigen Platz für uns zu finden. In weiter Ferne sah ich eine Person in meine Richtung kommen, und ich hoffte, dass es Isy war.

Die Person kam näher, und es war nicht mein Schatz, sondern eine ältere Frau, welche mich ansprach, was ich hier täte: „Es ist so ein wunderbarer Tag und so eine tolle Sicht", antwortete ich, „und die muss ich genießen, da ich immer sehr wenig Zeit für solche Momente habe."

Eine Weile sprachen wir noch zusammen, und sie setzte ihren Weg fort. Gott sei Dank dachte ich, denn über den Feldweg sah ich Isy kommen. Langsam fuhr ich ihr entgegen, hielt neben ihr,

sodass sie hinten in mein Auto einsteigen konnte. „Hallo Schatz."
Ich drehte mich um und gab ihr einen kurzen, aber heißen Kuss.

„Das Beste ist, mein Liebling, wir fahren hinten in den Wald,
oder nicht?", fragte ich meinen Schatz. „Ja, aber schau, dass dort
keine Leute spazieren gehen", sagte sie. „Ach, nach dem Mittagessen liegen die Alten und halten den Mittagsschlaf, und die
Jungen sind schon woanders unterwegs bei dem schönen Wetter."
Fuhr in eine Nebenstraße in den Wald und stellte das Auto ab.

„Du hast für alles ein Argument", erwiderte sie, dabei kroch ich
zu ihr nach hinten und nahm sie in meine Arme, da ich dieses
tolle Gefühl eine Weile nicht hatte und vermisste. „Komm ich
möchte deinen heißen Körper fühlen." Zog mich aus und half
Isy sich auszuziehen, was wir gemeinsam schnell geschafft hatten.

„Du hast mir versprochen, nur eine Weile, da ich unter Zeitdruck stehe", sagte sie. „Ja, richtig, mein Liebes, darum habe ich
ja alles, was stört, sofort abgelegt, von mir und von dir. Komm,
Schatz." Zog sie an mich, streichelte ihre Brüste und Lustgrotte,
da sie vor mir saß, mit dem Rücken an meine Brust gelehnt.

„Traumhaft, wie du dich anschmiegst und deine Brüste und
Lippen verführerisch sind!" „Ja, hab dich und deine Streicheleinheiten ja auch eine Weile nicht gespürt", erwiderte sie, lehnte sich
fest an mich, und ich konnte sie fester und intensiver streicheln
und massieren, dabei auch ihren Nacken küssen und leicht mit
der Zunge liebkosen.

„Da wir wenig Zeit haben, Schatz, möchte ich dich streicheln
und massieren." Hob ihren Po hoch und führte meinen steifen
Penis in sie ein. Isy drückte mir ihren Po fester entgegen und
blieb an mich gelehnt. „Der ist heute voll gefüllt und heiß wie
ein Vulkan, mein Engel, pass auf, du wirst es spüren."

Hob ihren Po hoch, um fester und intensiver in sie eindringen
zu können, und erhöhe meine Stöße. Mein Penis wurde immer
heißer und konnte seine Füllung nicht mehr halten. „Schatz,
dein heißer feuchter Mund hat mir meinen Saft geraubt, und
bitte nimm ihn!" Mit ein paar tiefen Stößen und einem schnellen
Zug zurück schnellte er aus ihrer rot leuchtenden Öffnung, und
das Sperma rann auf die Fußmatte.

„Das hast du wieder berechnet", sagte Isy. „Warum?", fragte ich. „Ja, weil du alles auf die Fußmatte gespritzt hast, ohne Flecken zu hinterlassen." „Du hast ihn heute nicht angenommen und keinen Platz bereitgestellt", erwiderte ich, zog Isy an mich und streichelte ihren heißen Körper.

„Schau, wie heiß und rot dein Mund ist, mein Engel."Und ich öffnete ihre Lippen. „Kein Wunder, du lässt ja keine Ruhe", sagte sie, lehnte sich an mich, und wir umarmten uns. Überall an beiden Körpern verteilt und zärtlich legten wir Küsse ab, überall dort, wo es wichtig war, Vertrauen und Gefühle mit Liebe zu vermischen. „Mein Engel, die Zeit ruft, und ich muss los, aber du weißt, ohne mich fängt niemand an, jedem muss man alles sagen, und keiner will selbstständig etwas tun oder mehr tun, ist oft zum Haareraufen, aber leider ist es so." „Gut, jetzt aber Schluss. Komm, ich helfe dir." Nahm ihr Höschen und ihre Hose und zog sie ihr an, BH und Pulli nahm sie selbst. Isy hatte es eilig, das sah man ihr an. „Ich hab dich lieb, bis zum Abend, du kommst ja alleine auch zurecht", sagte sie lächelnd. Ein zärtlicher Kuss, und weg war sie.

Der Rest des Sonntags verlief ruhig, ging mit meinen Enkelkindern eine kleine Runde spazieren. Hatten großen Spaß, da ich mit ihnen auch gern blödelte und Unfug trieb, was ihnen natürlich Spaß machte, einmal nicht nach Linie oder Vorschrift zu leben, was auch meiner Einstellung entsprach, Mensch oder Kind zu sein, es aber leben zu dürfen. Abends fuhr ich zum Tarock.

Es war ein guter Spieleabend, die Karten sprachen für mich, und es lief gut. Da ich auch Hunger hatte, bestellte ich mir ein scharfes Chili-Baguette. Das Spiel in dieser Runde war hochinteressant, da viele verschiedene Spiele angesagt wurden, aber meist verloren gingen.

Um 21 Uhr 15 war Spielschluss, ich bezahlte meine Getränke und das Essen und verabschiedete mich von meinen Tarockkameraden. Ging zum Auto und fuhr los, meinen Schatz Isy zu besuchen und ihre Wärme und Liebe zu spüren. An der Bar standen noch vereinzelt Leute, aber im Gesamten war nicht mehr viel los.

Isy saß noch bei Gästen, als ich ins Lokal kam, lächelte mir zu, und ich nahm an der Theke Platz. „Eine Tasse Kaffee bitte", bestellte ich bei der Kellnerin. „Willst du auch was Süßes dazu?", fragte sie. „Okay, sag bitte der Chefin, ich lasse mich von ihr überraschen und verwöhnen, bitte mit Liebe zubereiten", rief ich ihr mit einem versteckten Lächeln nach.

Die Kellnerin gibt meinen Wunsch an Isy weiter, da nur sie die Süßspeisen zubereitete, ab und zu auch die Kellnerin selbst, doch Isy kam zu mir, wir gaben uns einen Begrüßungskuss, und sie lächelte: „Hab es schon gesehen, was du willst", sagte sie. „Nein, das kannst du nicht, wie sollst du wissen, ‚was' ich will", sagte ich und nahm sie an der Hand.

„Das weiß ich", antwortete sie lächelnd und ging in die Küche. Es dauerte eine Weile, sie servierte mir eine leckere Torte, welche sie alle vorzüglich fertigte, einfach wunderbar. Als ich die Torte gegessen hatte, gingen auch die Gäste, Isy verabschiedete sie und kam an die Theke.

„Na, wie geht es dir?", fragte sie. „Na ja, du weißt, wie es mir ohne dich geht", dabei nahm ich ihre Hand und hielt sie fest, schaute sie an und sagte: „Du bist mein Ein und Alles, Schatz, denke den ganzen Tag an dich." „Du bist wahnsinnig, du weißt, wie ich es meine, und ich fühle es auch oft so, kämpfe oft dagegen, aber es tut mir auch so weh, und ich vermisse dich", antwortete sie.

Wir plauderten eine ganze Weile, wobei sie immer sagte: „Bitte pass auf, die Leute beobachten und schauen genau!" „Du hast zu viel Angst, Schatz", widersprach ich.

„Wenn du deine ‚Lieblinge' begrüßt und die dich umarmen und abschmusen, warum sagst du zu denen nichts?", fragte ich Isy. „Das ist doch was anderes", antwortete sie. „Das finde ich nicht, mein Liebes, denn genau die Leute erzählen in den anderen Lokalen: ‚Der brauchst nur ein wenig Schnaps geben und ein paar Runden mit ihr trinken, dann kannst du sie abgrapschen.'" Das sind deine tollen Freunde, könnte ihnen eine Ohrfeige geben, wenn ich sie treffe und sie zu dir ins Lokal kommen, dann schleimen sie sich ein, und du tust nichts", antwortete ich.

„Die sollen reden", erwiderte sie. „Du glaubst, die schauen und reden? Genau das ist anders und für die Personen und das Umfeld schlecht, doch es steigert den Umsatz; sei froh, dass sie es nicht merken und glauben, das ist so super", antwortete ich.

„Willst du noch etwas trinken?", fragte sie. „Du weißt, ich trinke nicht gerne allein. Es ist doch dein Spruch: ‚Kein Schwein trinkt allein', antwortete ich lächelnd. „Du weißt immer die Kurve zu kratzen." Isy stand auf und bereitete zwei Pfifferl für uns. „Danke, freut mich, dass du dir nochmals Zeit und neben mir Platz nimmst, hab doch keine Angst, liebe und lebe so wie bei unseren Liebestreffen, genieße dein Leben."

Wir gaben uns versteckt, da nur mehr zwei Gäste da waren, die auch schon sehr betrunken waren und mit ihrem Stehvermögen zu kämpfen hatten, kleine Streicheleinheiten und versteckt einen Kuss, als diese zur Toilette gegangen waren. So genossen wir die kurzen, aber mit Liebe versetzten Momente.

„Hast du dein Handy schon im Griff?", fragte ich. „Ja, SMS und ‚H' geht schon, danke nochmals dafür", sagte sie. „Na, dann freue ich mich auf morgen früh und auf deinen Guten-Morgen-Gruß und vielleicht ein ‚H'." Doch Montag war immer ein kleines Problem, welches aber nachmittags mit einem Treffen des Öfteren belohnt wurde.

„Schatz, geh doch ins Bett, dann bist du wenigstens ausgeschlafen, bei den Alkoholikern brauchst du nicht mehr bleiben, ich möchte bezahlen!" „Gehst du jetzt, wo ich Zeit für dich habe?", fragte sie. „Ja, bei dir würde ich die ganze Nacht bleiben, aber mit den ‚Idioten' kannst ja nicht mal mehr reden, außer dass sie mit ihrem Erbrochenen dir später das Klosett zu einem Schweinestall machen und du den Idioten spielen kannst", erwiderte ich.

„Du hast recht, ich mache auch Schluss", sagte sie. Ging zu den Betrunkenen und sagte: „So, ich glaube, es reicht für heute, ich sperre zu." Mürrisch bezahlten sie und gingen. Isy kam zu mir, ich bezahlte, und sie ging mit mir zum Ausgang, wo ich ihr einen Kuss zum Abschied gab. „Bist du verrückt?", sagte sie, „wenn uns wer sieht oder er noch eine Runde im Finsteren dreht."

„Schlaf süß, warum hast du immer solche Angst, Liebes?", fragte ich, umarmte sie und gab ihr nochmals einen Abschiedskuss. „Bitte melde dich." Winkte ihr noch und ging zum Auto, startete und fuhr nach Hause. Dort angekommen, erledigte ich meine Abendtoilette und legte mich noch vor den Fernsehapparat, da ich nie einschlafen konnte, schaute eine Weile fern und schrieb noch ein SMS an Isy.

Der Montagmorgen begann schlecht, denn es kam kein SMS in der Nacht, keines am Morgen, und mein Warten war nur Sichtkontakt, sonst nichts. Ich konnte nicht verstehen, wie Isy mit sich und mit mir umging. Ich wollte alles tun, dass wir beide glücklich waren, liebte nur diese tolle, herzenswarme Frau, doch sie hängte sich wieder an etwas Negativem auf, ich wusste oft nicht, was es sein konnte, dachte, vielleicht bin ich es, da ich sie oft bat, doch zu kommen oder sich mit mir zu treffen, und Isy nahm dies als Druck auf, wollte es ändern. Hatte einfach solche Sehnsucht, sie immer zu sehen und zu fühlen, sie war Balsam für Seele, Herz und Körper, doch sie schaffte es nicht, da dadurch in ihr Angst entstand, und schon fiel sie in ein finsteres Loch.

So begannen für mich schmerzhafte Tage oder Wochen, denn man konnte nie wissen, wie und wann man Isy aus der Tiefe holen konnte, hatte so oft an mir gezweifelt, bin ich fähig, dies zu verarbeiten und Isy die Stütze zu geben? Ich dachte viel daran, etwas zu ändern oder mich umzustellen, verzichtete auf vieles, um Ruhe für Isy zu bekommen, doch oft hatte ich das Gefühl, genau das kam bei meinem Liebling verkehrt an.

Mich quälten riesige Schmerzen, ein Druck in mir, der unbeschreiblich war. Mein Körper und meine Liebe lebten von der Liebe und Wärme mit Isy. Wenn man nie erlebt hat, was man mit innerer Wärme, Liebe, Gefühlen, Zärtlichkeiten und Vertrauen mit meinem Liebling erleben und fühlen kann, das ist für viele Menschen nur Fantasie, doch mit Isy es zu erleben und zu lieben, das war Leben!

In dieser Woche stand auch ein Gebetsabend in einem nahe gelegenen Ort am Terminplan, und ich wusste, dass Isy sicher auch dort war, darum fuhr ich hin. Oft hatte ich ihr erklärt, dass ich auch einen Glauben habe, doch wenn ich dorthin fahre, würde ich wegen ihr und unserer Liebe hinfahren, nicht weil ich ein Sünder bin, denn Pater Robert hat das des Öfteren gepredigt: ‚Man geht in die Kirche, weil man Gott liebt, nicht weil man gesündigt hat.' Ja, genauso seh ich es auch.

Ich sah bereits Isys Auto vor der Kirche stehen, so suchte auch ich mir einen Parkplatz und ging hinein. Ich war schon ein wenig spät dran, doch mein Inneres sagte mir, gehe dorthin, dort ist dein Leben, Isy. Langsam ging ich in die Kirche, um keine Unruhe zu erzeugen, stelle mich hinten an die Wände und folge dem Gottesdienst. Isy saß in der dritten Reihe von links, wie auch zwei Bekannte von ihr. Nachdem der Gottesdienst zu Ende war, ging ich nach draußen und wartete auf einen Bekannten, der immer die Gitarre in der Kirche spielte und auch anschließend mit uns auf ein Getränk ging. Ich stand kurz da und wartete, als mein Freund sowie Isy mit ihren Bekannten aus der Kirche kamen. Wir vereinbaren, uns im nahen Lokal noch ein Gläschen zu genehmigen. Es war lustig, wir plauderten und unterhielten uns prächtig. In geeigneten Momenten ließ ich meine Hand auf ihre Schenkel gleiten, um ihr zu zeigen, wie sie mir fehle und ich ihre Liebe vermisse.

Kurz nach Mitternacht verabschiedeten wir uns, da bat ich Isy, wenigstens „Gute Nacht" zu sagen oder morgen früh „H", da sie mir so viel bedeute. Gab ihr noch ein Abschiedsküsschen und fuhr ein wenig erleichtert nach Hause, schrieb ihr noch ein SMS und bedankte mich, dass sie mich ihre Wärme hatte spüren lassen. Doch wie immer war es wieder einmal so weit. Kein Wort oder SMS von ihr. Was geht da in ihr vor? Warum muss man sich so fallen lassen, wenn man nur Schmerzen erntet, schlapp ist und zu nichts Lust hat, aber den Menschen, dem man Wahrheit, Liebe und vieles mehr versprochen hat, dafür leiden lässt?

Ich hatte gute Lust, ihr einen Besuch abzustatten und einmal auf den Putz zu hauen, ihr nochmals zu sagen, was man unter Wahrheit, Liebe und wahrem Leben versteht, nicht nur im Lokal zu lachen und zeigen zu wollen, wie „SUPER" es mir geht, aber dabei einem Menschen, dem man oft in heißen Liebesstunden gesagt hat, ihn fühlen und spüren hat lassen, was einem wichtig ist im Leben, dann dessen Herz und Liebe zu töten.

Die ganze Woche war eine Qual des Herzens. Konnte oft keine klaren Gedanken fassen, ich weiß nicht, ob Isy diese Gefühle, welche in mir herrschten auch richtig fühlte und sich in mich versetzen konnte. Ich denke, nicht, denn für sie hieß es immer: Der Druck! Doch wusste sie auch, was in mir herrschte und wie es mir ging?

Man kann sein Inneres nicht belügen, aus Angst vor der Zukunft. Was wird danach sein, was sagen das Umfeld, die Mitmenschen und die Freunde, die einen kennen, wissen, wer man ist, welche Freude man mit der Liebe zu Isy ausgestrahlt hat und wie man es liebt und mit wem zu leben, warum soll man sich sein Leben lang vor dem verstecken, was man sich von Herzen gewünscht hat zu leben, aber nur mit Isy, da nur ihr meine Liebe gehörte?

Ein Funken von Leben war in mir zu spüren, der Freitag war endlich da, und der Besuch bei Isy stand an, um ihr wieder Mut für Liebe und Leben zu schenken und auch Vertrauen, da dies das Wichtigste ist, was man haben muss, sonst findet nur diese „Scheiß"-Angst von Isy immer mehr Platz, sich in ihr niederzulassen, statt sie zu verwerfen.

So fuhr ich spät abends zu ihr. Ich erschrak, als ich an die Theke trat, wo Isy gerade Bier einschenkte, und sie sah. Blass, keine Lebensfreude, welche sie immer ausstrahlte. „Hallo", sagte sie. Ich ging auf sie zu, umarmte und begrüßte sie wie immer mit zärtlichen Wangenküssen, wobei ich ihr noch leise ins Ohr flüsterte: „Keine Angst, ich liebe dich, bitte lebe und vertraue, ich bin für dich da."

Sie sah mich erschrocken an und fragte: „Was willst du zu trinken, wie immer, auch ein Stück Kuchen dazu?" „Ja, aber nur mit Liebe serviert", antwortete ich. Sie schaute mich mit finsterer Miene an. Was hatte ich wieder getan, dachte ich. Stellte den Kaffee vor mir ab und ging in die Küche, ohne mir einen Blick oder ein Lächeln zu würdigen, den Kuchen fertig zu machen.

Isy kam mit dem Kuchen zurück, stellte ihn ab. „Passt das so?", fragte sie. „Sieht lecker aus, so wie du", und dabei fragte ich sie: „Schatz, was ist mit dir los, du meldest dich nicht, schaust so schlapp, müde und niedergeschlagen aus?" „Bitte sag nichts, ich will nichts hören", erwiderte sie und ging.

Ich war bitter enttäuscht, denn ich hatte keine Ahnung, was ich tun sollte, diese Frau, welche ich von Herzen liebte, aufzubauen. Ich beobachtete Isy, wie sie sich gab und verkaufte. Den Vorteil, welchen sie hatte: Sie lächelte immer und daher überspielte sie sehr viel

Nachdem ich den Kuchen gegessen hatte, ging ich auf die Toilette, und als ich zurückkam, stand Isy an der Bar. Ich ging hinten an ihr vorbei und legte den Arm um sie. „Warum bist du sauer und so am Boden?", fragte ich. „Ach, wenn du mir schreibst, wir sollten uns treffen, um uns zu wärmen und die Liebe zu schenken, könnte ich dir den Hals umdrehen, habe dir schon öfters gesagt, schreib so was nicht, wenn das jemand liest, da kommt Hass und Frust auf in mir", sagte sie.

„Warum, Liebes, der Frust und die Angst", antwortete ich. „Du meldest dich nicht, schreibst nicht und sagst nicht ‚H'. Wenn wir telefonieren, brauche ich dir auch nicht zu schreiben, aber mich wie den letzten Dreck zu behandeln, ist nicht fair von dir. Du hast zu leben begonnen, als ich dir all meine Liebe, Wärme, meinen Körper und mein Herz zum Leben an deinen nackten Körper gelegt habe, du dein Herz, deinen nackten Körper, deine Liebe, dein Herz und Vertrauen in den sexuellen Kontakten schweben hast lassen, da warst du der Mensch, der du sein wolltest und dir gewünscht und ersehnt hast! Waren deine Worte und Gefühle gespielt und gelogen?", fragte ich sie. Isy schaute mich an und antwortete: „Du weißt ja, dass du mir so viel bedeutest und du was Besonderes und Wertvolles für mich bist, das habe ich ehrlich und mit Liebe zu dir gesagt", antwortetete Isy.

Traurig blickten mich ihre Augen an, sie drehte sich um und ging. Den Rest des Abends war sie nicht mehr zu sehen, was mir sehr, sehr wehtat. Ich trank mein Getränk aus, bezahlte, sagte Gute Nacht und fuhr nach Hause. Ich konnte kein SMS schicken, da ich Angst hatte, Isy damit mehr zu verunsichern und in ihre Angst zu steigern.

Es vergingen zwei Wochenenden ohne ein SMS oder „H", außer dem Besuch im Lokal war nichts, aber gar nichts. So quälte ich mich, hatte keine innere Ruhe, schlief schlecht bis fast nichts, war jeden Morgen müde und ausgelaugt. Oft kamen auch Gedanken, sich zu verabschieden, doch mein Herz sagte mir immer wieder: Willst du das deiner Liebsten antun?

Der Sonntag bei Isy war freier als die letzten Wochenenden. Isy saß neben mir, und wir konnten wieder vernünftig reden und die kleinen Zärtlichkeiten, ihre Schenkel zu streicheln, sie seitlich an mich zu drücken, blieben nicht ohne Wirkung. Als ich gegen 2 Uhr morgens das Lokal verließ, gab ich ihr am Ausgang, die Türe war schon versperrt, einen zärtlichen, aber innigsten schnellen Kuss. „Du bist wahnsinnig, Gute Nacht, du Lauser", sagte sie, sperrte zu und verschwand im Hausinneren.

Zu Hause angekommen, schrieb ich ihr noch „Gute Nacht" und wie sehr ich sie liebte und nur mit ihr glücklich sein und leben wollte. Vielleicht sollte sie ihr Herz auch fragen, um in ein Treffen einwilligen, damit Herz, Seele und Körper wieder Balsam und Wärme tanken könnten.

Montagmorgen, 6 Uhr schrieb ich Isy, wünschte ihr mit einem herzlichen Kuss einen schönen Tag und dass ich mich riesig freuen würde, sie und ihren heißen Körper wieder einmal in meine Arme zu nehmen. Sie zu spüren und zärtlich zu verwöhnen, was ich auch von ihr so vermisste und so liebte, da dies so viel in Herz und Körper an Schmerzen vertrieb.

Der Montagabend wurde von Isy zu einem wunderschönen Ende geführt, denn Isy war wie schon öfters an diesem Wochentag bei ihrem „Montagskreis", und sie meldete sich nach dessen Ende. Ein SMS mit der Frage: „Bist du beim Stammtisch, und hast du Zeit für ein paar Minuten, um uns kurz zu treffen? Nur wenn du Zeit hast." „Kannst gleich ‚H' sagen, ich bin schon unterwegs, da du meine Liebe bist, Schatz", schrieb ich zurück.

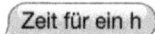

Zeit für ein h

Ich saß bereits im Auto, als Isy anrief. Wir plauderten kurz und entschlossen uns, uns hinten am Sportplatz, wo wir uns bereits ein paar Mal getroffen hatten, zu treffen. Als ich dem Zaun entlangfuhr, sah ich noch, wie bei Isys Auto das Licht ausging. Lenkte ein und stellte mich neben sie, winkte ihr und öffnete die Autotür, damit sie hinten einsteigen konnte. Isy stieg aus, versperrte ihr Auto und stieg bei mir ein. Ich stand auf und sprang nach hinten, verschloss die Türen von innen und nahm meinen Schatz in meine Arme, überschüttete sie mit Küssen und Streicheleinheiten, drückte sie an mich und streichelte alles, was ich in meine Hände bekam. Ich hatte das Gefühl, dass es Isy auch so gefehlt hatte, genauso wie mir. Es dauerte nicht lange, da lagen wir uns nackt und voller Sehnsucht und „Hunger" nach dem Liebsten in den Armen, wobei es für uns nach dem Liebsten kein Halten mehr gab.

„Ich habe dich so vermisst mein Engel", sagte Isy und schlang ihre Arme um mich. „Was glaubst du, mein Engel, wie es mir ergangen ist, ohne ein Wort, ohne Hallo und ohne deine Liebe und Wärme? Will alles an dir küssen, streicheln und mit meiner Zunge dich verwöhnen, für dich ist ja auch so viel da, Schatz", wobei mir Isy meine Wange und Brust streichelte und mir auf die Schulter klopfte, einen Kuss gab und sagte: „Ja, ich weiß, und ich habe dich auch so vermisst, mein Engel, ich hoffe, du hast es gefühlt und gespürt, welche Sehnsucht ich nach dir, deiner Liebe, Wärme und Körper hatte." Gab ihr zärtlich einen Kuss, öffnete ihre Schenkel, und mein Kopf glitt höher und höher. Meine Hände öffneten ihre Lippen, meine Zunge strich darüber, und mein Mund saugte an ihren Lippen. Stocherte mit der Zungenspitze in ihre heiße Öffnung, was wir beide eine Weile genossen, aber schon lange nicht mehr gefühlt und gespürt hatten.

Mein Penis war jetzt nicht mehr zu bremsen, und da ich ihre Lippen lange nicht mehr gespürt hatte, hob ich Isy auf mich, zog mit einer Hand ihre Lippen auf und führte meinen erhitzen Steifen in ihre geile Öffnung ein. „Der musste sofort rein, Schatz", sagte ich zu Isy. „Hat es der aber eilig", flüsterte sie mir leise ins Ohr, wo sie im wahrsten Sinne des Wortes auch recht hatte.

Mit tiefen, aber zärtlichen Stößen liebten wir uns wie in einen Traum. Die letzten zwei Wochen mit der Angst und den Schmerzen gab es nicht mehr für uns, als hätte sie es nie gegeben. Da konnte man erst spüren, was es bedeutete, in Liebe, Wahrheit und Vertrauen dem Liebsten gegenüber sich zu wärmen und sich fallen zu lassen, erst da sind diese Gefühle Wahnsinn.

„Bitte bleib so", sagte Isy, auf mir sitzend und ihre Füße um mich geschlungen. „Schatz, mein Schwanz braucht dich ganz fest." Schob ihre Schenkel weit auf und drang tief in sie ein. Einen kleinen Moment presste sie ihren Schoß fest gegen mich, verharrte und gab mir einen Kuss. „Ach, hat sie mir da was geschenkt." Hob ihren geilen Po hoch, griff nach ihren Lippen und öffnete sie noch weiter.

„He", sagte sie, „bitte pass auf!" „Komm, jetzt kannst du dir deine Belohnung abholen", antwortete ich, und wir beschleunigten unsere Stöße. Ich spürte, wie mein Sperma in mir hochschoss, zog flugs meinen Schwanz aus ihrer heißen Öffnung und ließ in weitem Bogen meinen Saft auf sie spritzen, der zuerst am Bauch und dann Richtung Becken ablief. Schnell hielt sie ihre Hand davor. „He, warum so eilig?", fragte ich. „Du weißt schon", sagte sie, „wenn sich da etwas verlaufen würde, na, du kannst dir ja vorstellen, was da los wäre", antwortete sie und drückte sich fest gegen mich. Zärtlich drehte ich ihren Kopf zur Seite, küsste sie und ließ sie an meine Brust, eng an mich geschmiegt, anlehnen.

„Wunderbar dich zu lieben und im Herzen zu tragen, Liebes. Ich hoffe, du empfindest unsere Liebe genauso wie ich, mein Liebes." Drückte sie an mich, griff in ihren Schritt, streichelte ihre Lippen und ihren heißen Schoß. Ihre Brüste lagen fest auf meiner Brust, und Isy hielt sich eng an mich gedrückt fest, wobei ich ihren Rücken streichelte.

„Ach, tut das gut, so könnte ich die ganze Nacht bei dir liegen", antwortete sie. „Es ist Wahnsinn, was du in mir auslöst und mein Körper mit dir fühlt, von dem kann man nie genug haben." Hob ihren Kopf und küsste mich auf den Mund und meine Brust, welche sie auch zärtlich streichelte, was großes Wohlbefinden in mir auslöste.

„Schatz", fragte ich: „Warum schenkst du so viel Liebe und liebst sie so wie ich, wenn du dich dann wieder aus Angst in ein finsteres Loch stürzt?"

„Ich weiß, für dich ist Liebe ein Fixpunkt, und du weichst nicht aus und hast keine Angst vor allem, aber für mich bedeutet es Angst und Druck", antwortete sie mit finsterer Miene. „Du kennst das nicht, doch mich macht das kaputt und müde. Da muss ich mich sofort wieder zurückziehen, sonst schaffe ich es nicht, obwohl ich heilfroh bin, wenn du da bist, wenn ich dich brauche."

„Du weißt und fühlst es, dass ich nur für uns und dich da sein möchte, die Geschenke an Wärme, Liebe und Körper mit dir zu teilen, so wie jetzt, wenn wir es lieben und erleben, das ist es, was ich nur mit dir erleben möchte, da du der Reichtum in meinem Herzen und Leben bist." Isy schaute mich an, und eine kleine Träne kullerte über ihre Wange.

„Ach, Schatz, sei nicht traurig, sondern bitte, bitte, lass uns und diese Liebe leben, genauso wie jetzt, nackt uns Wärme, Liebe und Vertrauen schenken, sich festzuhalten und zärtlich zu küssen und zu verwöhnen, gibt es was Schöneres?"

„Du hast ja recht, es kann schon was, aber kaum bin ich weg, habe ich wieder Angst und Schuldgefühle, gesündigt zu haben", erwiderte sie.

„Ich bin so glücklich, dass du für mich Zeit hattest", sagte sie, „aber ich muss nach Hause, meiner kleinen Maus habe ich versprochen, nicht zu spät heimzukommen, und sie kann auf mich warten." Langsam lehnte sie sich zurück. „Warte", sagte ich, nahm ein paar Taschentücher und wischte ihren hübschen, erotischen Bauch ab.

Kurz fuhr ich auch über ihre Möse. „Muss abwischen, dass nichts passiert", sagte ich mit einem Lächeln. Isy sah mich an, lächelte und antwortete: „Ja, du Lauser, hast recht, aber hätte mich gewundert, wenn du nicht hingegriffen hättest, ich kenne dich ja." „Bei dir, deiner Liebe und deinem heißen, feurigen Körper kann ich nicht widerstehen, da hast du recht, Schatz", und ich belohnte Isy mit einem langen, feurigen Kuss.

Wir suchten gemeinsam unsere Sachen zusammen, halfen uns verspielt und neckisch beim Anziehen und legten uns noch eine Weile eng umschlungen hin. Hielten uns fest und genossen die Wärme, welche unser Herz stärkte. „Warum muss ich jetzt fahren?", sagte Isy, „könnte so bei dir einschlafen." „Na, dann nehmen wir uns die Decken, legen uns eng zusammen und schlafen ein", erwiderte ich.

„Ja, und zu Hause warten der Wachhund und der Iglu auf mich, das ginge mir noch ab", sagte sie, „anschnauzen lassen und dann erfrieren." „Nein, mein Liebes, erfrieren brauchst du nicht, brauchst nur ‚H' zu sagen, komme sofort zu dir oder wir treffen uns, mit dir gehe ich bis ans Ende der Welt." „Wäre wohl das Beste abzuhauen, weit weg, dass uns niemand findet", antwortet sie.

Isy schob die Decke zur Seite, erhob sich und legte sich auf mich. Wir umarmten und küssten uns. „Schade, aber ich muss." Drehte sich zur Seite und schlüpfte in ihre Jacke. „Schatz, bitte tue uns nicht wieder so weh", flüsterte ich ihr zu! Wir müssen uns nicht jeden Tag treffen, bitte sag ‚H', und wir können uns einmal in der Woche sehen und wärmen, aber ohne dich geht nichts, einverstanden?"

„Okay, ich versuche es, aber ich kann es nicht versprechen, du weißt, ich kann nicht einfach weg oder telefonieren, wenn ich Luft habe oder sicher bin, dann melde ich mich", antwortete sie, umarmte mich, gab mir einen leidenschaftlichen, zärtlichen Kuss, schaute sich um, sagte Gute Nacht und stieg aus. „Schlaf gut, und danke für das schöne Treffen", rufe ich ihr noch zu. „Dir auch mein Engel", antwortete sie, „hab dich ganz fest lieb."

Isy schlug die Tür zu und ging zu ihrem Auto, stieg ein, startete, winkte mir zu und fuhr los. Ich beobachtete sie, bis sie um die Kurve verschwunden war. Dann fuhr auch ich los, wobei ich ihr noch ein SMS schrieb: „Die Liebe zu dir ist mein Leben, dafür hast du mir deine Liebe, dein Herz und deinen Körper auch gegeben, danke, mit dir sie zu erleben."

Lange nach Mitternacht kam ihre Antwort: „Was hast du mit mir wieder getan?", schrieb sie. Liege wach, bin traurig und allein, obwohl ich mich gerade bei dir gewärmt habe, und was machst du? Ich habe auch noch nicht geschlafen, wäre wunderschön, wenn du neben mir liegen würdest und wir gemeinsam eng umschlungen einschlafen würden."

„Ja, das wäre schon was, irgendwo zu sein, auf einer Almhütte, wie wir es schon einmal angesprochen haben, wo uns niemand findet und keiner weiß, wo wir sind, das wäre genau das Richtige jetzt für uns." „Schatz, ich zieh mich an und hole dich", schrieb ich zurück.

„Ich weiß, du würdest das sofort tun, du hast keine Angst vor morgen, hab dich ganz fest lieb, und schlaf süß, war schön mit dir, bis morgen früh! Versuche jetzt zu schlafen, ist schon nach 2 Uhr. Gute Nacht, ich antworte nicht mehr", schrieb sie.

„Ein SMS für dich zum Schluss noch zum Einschlafen", nannte sie es.

> Du fehlst mir,des mecht
> i da nu sogn. I glaub
> waun i bei dir
> wa.,derfast mi koar
> Minuten allein lassn-
> imma des selbe wenn
> du fort fährst.

Glücklich und aufgetankt mit ihrer Liebe schlief ich ein, doch ein Brummen weckte mich. Ich blickte auf die Uhr. Wer meldet sich denn um 5 Uhr 45 morgens? Isy schrieb: „Bin schon wieder wach und hab sofort an dich gedacht. Wie hast du geschlafen?"

„Die Nacht war kurz, aber zugedeckt mit deiner Liebe und deinem Körper, wunderbar", antwortete ich, „das müssen wir bald wieder wiederholen, davon werden der Körper, die Liebe und das Herz gestärkt, und genau das fehlt uns, und das brauchen wir, das haben wir schon so oft vermisst und gemeinsam wiedergefunden."

„Danke für den gestrigen Abend, möchte ich dir auch nochmals sagen", antwortete sie. „Muss jetzt aufhören, da ich meinen Sohn und dann meine kleine Maus wecken muss. Sehen uns, wenn ich die Kleine in die Schule bringe, da melde ich mich, bis dann, mein Engel." „Okay, einen dicken Kuss der Liebsten zum Schluss, bis später", schrieb ich zurück.

Heute fuhr ich ein paar Minuten früher und stellte mein Auto am Parkplatz beim Einkaufszentrum ab, um Isy vorbeifahren zu sehen. Nach einer Weile sah ich sie kommen, blieb unauffällig, um sie nicht zu beunruhigen, wenn ihre Kleine bei ihr war.

Als Isy wieder zurückfuhr, winkte sie kurz, und ich rief sie an. „Hallo Liebes", sagte ich, als sie abhob. „Hallo", antwortete sie, und wir plauderten über uns, wie gut alles in uns lebte und uns guttat, wie lange man diese Liebe vermisst, sich gewünscht und gesucht hatte und sie von beiden Herzen gefunden wurde. „Isy", sagte ich, „du bist genau die Frau, die ich mit meinem Herzen gesucht und Gott sei Dank gefunden habe, ich liebe dich."

„Du fehlst mir", sagte sie, „muss leider aufhören, bin zu Hause, melde mich später, bis dann", und sie legte auf. Mein Herz war voller Freude, Isy wieder strahlen zu sehen und zu hören. Es ist unbeschreiblich, wie reich man sein kann, ohne etwas zu besitzen, aber diese Liebe machte mich enorm reich, der Reichtum hieß Isy und den beschützte ich.

Mein Glaube an Gott ist da, nur an die Kirche glaube ich nicht, denn wenn der Mensch in Wahrheit und von Herzen lebt und liebt, dann verbietet es die Kirche, aber gepredigt wird immer: „Mit Liebe sollst du zu Gott kommen und nicht, weil du gesündigt hast!" Doch Isy liest es anders, und das machte mir große, ja, riesengroße Angst, diese Liebe und Isy zu verlieren.

Was diese Frau mir schenkte, man brauchte nichts zu sagen, wenn man sich traf, man spürte, was dem anderen fehlte und was ihn glücklich machte, wie er es liebte, diese Liebe zu schenken und sie in dem anderen zu erleben, wie geschmeidig Herz und Körper werden; man schließt die Augen und kann über jeden dünnen Balken gehen, und man stürzt nicht ab, da man spürt, es hält einem eine sichere Hand fest, die der wahren Liebe.

Ohne von meiner Fahrtstrecke etwas mitzubekommen, stieg ich aus dem Auto aus und wunderte mich, dass ich bei meiner Firma war. Die intensiven Gedanken und die Liebe zu Isy hatten mich gefahrlos hierhergebracht. Man wundert sich oft, wie das sein kann, doch es gibt es, davon bin ich überzeugt. Wahrheit, Vertrauen, Liebe, ein Mensch oder Engel helfen einem, darum schaffen wir es.

Den Tag verbrachte ich in der Firma, erledigte Arbeiten, welche mir schnell von der Hand gingen, da ja glückliche, ausgeglichene Menschen zu mehr Leistung fähig sind, ist ja den meisten Leuten bekannt, darüber machte ich mir Gedanken, als ich gegen Abend nach Hause fuhr.

Eine Tasse Kaffee in meinem Stammcafé wollte ich noch trinken. Als ich den Kaffee bestellte, rief Isy an. „Na, das freut mich, Schatz, dass du dich meldest! Bin gerade ins Café gegangen, Liebes." „Ich weiß, habe dein Auto dort stehen gesehen", antwortet sie. „Wo bist du?" „Bin im Geschäft nebenan!" „Was, du bist ein kleines Biest, da komme ich kurz rüber, um dich zu sehen und mit dir ein wenig zu plaudern; okay, bin gleich da", antwortete ich und ging in den Supermarkt.

Isy wühlte gerade in den großen Boxen voller Gewand. Langsam ging ich auf sie zu und sagte leise: „Hallo, hübsche Lady", dabei drehte sich Isy erschrocken um. „Das hätte ich mir denken können, dass du gleich rüberkommst", sagte sie. Gab ihr einen kleinen Begrüßungskuss auf die Wange, und wir plauderten eine Weile.

„Du bist verrückt", sagte sie, „ich wollte nur ein wenig mit dir reden, und du kommst gleich." „Wenn ich schon so nahe bin, muss ich", antwortete ich. „Ja, doch, meine Kleine kommt von der Schule hierher, und wenn sie dich sieht!" „Na, dann kaufe ich eine Kleinigkeit als Alibi ein, dann fällt nichts auf."

„Du bist auf jede Situation gefasst und nicht verlegen", erwidert sie. „Das muss man im Leben, sonst geht man unter oder wird gefressen vom ‚Umfeld'." „Genau, da hast du recht", sagte sie, und wir gingen die Regale voller Produkte entlang, als hätten wir uns zufällig getroffen, und konnten leise quatschen.

„Liebes, hat mich gefreut, dass du ‚H' gesagt hast! Werde mich gleich verabschieden." Gab ihr links und rechts ein Küsschen, ging vor, da ihre kleine Maus im Anmarsch war. „Ist vernünftig", sagte sie. „Ich melde mich später noch", sagte ich, „denn ohne dich macht nichts Spaß, oder gehst du mit deiner Maus mit etwas trinken?"

„Du hast Vorstellungen, dazu habe ich viel zu viel Angst, was werden sich die Leute denken, wenn ich mit dir einen Kaffee trinken gehe?" „Nichts werden sie denken oder sagen, da dies ja so viele Leute tun, weil es für sie selbstverständlich ist, sich zu treffen, um den Tag oder Abend plaudernd und gemütlich ausklingen zu lassen", erwiderte ich. „Das bist du, aber nicht ich", sagte sie, und ihre Maus kam auf sie zu.

„Hallo, freut mich, dich wieder einmal zu sehen, haben uns schon lange nicht mehr an der Bar unterhalten", sagte ich und gab ihr meine Hand zum Gruße, dabei streichelte ich ihre Schulter und sprach ihr ein Lob aus, dass sie so groß und hübsch geworden war, aber auch sehr fleißig in der Schule, was mir ihre Mutter erzählt hatte. „Hallo", antwortete sie, „ja, ist schon wieder eine Weile her." „Okay, ihr habt sicher was zu quatschen, lasse euch beide Damen alleine." Gab Isy ein Abschiedsküsschen, ihrer Maus legte ich meine Hand auf ihre Schulter und sagte lächelnd: „Passt auf euch auf, und du auf deine liebe Mama." Und ich verließ mit einer Mischung Knabbergebäck das Geschäft.

Im Kaffee wurde ich lächelnd empfangen: „Habe gedacht, du bist nach Hause gefahren, weil du so lange weg warst", sagte die Kellnerin. „Nein, hatte ein wichtiges Gespräch", antwortete ich. „Ja, dann kann es sich nur um eine Frau gehandelt haben", kam es aus ihrem Munde mit einem Grinsen im Gesicht, was ich mit einem Lächeln bestätigte. Nachdem ich den Kaffee ausgetrunken und die Zeitung gelesen hatte, machte ich mich auf den Heimweg. Wieder einmal war niemand zu Hause, so aß ich zu Abend, räumte das Geschirr in die Spülmaschine und machte es mir im Ledersessel meines Wohnzimmers bequem. Kurz vor Mitternacht ging ich ins Bad, duschte mich und schrieb meinem Liebling ein liebliches Gute-Nacht-SMS zum Einschlafen.

Es gibt Tage, da möchte man am liebsten liegen bleiben oder auch umgekehrt, da steht man mit Spaß und Freude auf, da man oft glaubt zu spüren, es könnte ein wunderschöner Tag werden und es sich auch oft bestätigt; so auch jetzt, da mein Engel schon um 6 Uhr 15 schrieb, sich auf der Heimfahrt von der Schule sich zu melden.

Heute Morgen fuhr ich früher los, da ich an der Tankstelle noch ein Frühstück einnehmen wollte, bevor ich mit Isy telefonierte und zur Arbeitsstätte fuhr. Stellte das Auto ab, ging in die Tankstelle, bestellte Kaffee und zwei Gebäck mit Butter, las die Zeitung und aß genüsslich mein Gebäck.

Blickte kurz auf die Uhr, um zu sehen, wie viel Zeit mir noch blieb, bis Isy sich meldete, um im Auto zu sein, da ich keine Zuhörer wollte, darum bezahlte ich und ging ins Auto, startete und fuhr Richtung Zentrum, um meinen Schatz zu sehen und mit ihr zu reden, vielleicht ein Treffen zu vereinbaren oder zu arrangieren.

Da ich hinter einem Kleinlastwagen stand, sah sie mich nicht, als sie an mir vorbeifuhr. Um mich auf der Rückfahrt sehen zu können, fuhr ich ein Stück nach vorne. Nach ein paar Minuten kam Isy retour, und ich rief sie an; da die Zeit zum Telefonieren am Morgen immer zu kurz ist. „Morgen, mein Liebes, ich hoffe, du hattest eine erholsame Nacht?"

„Morgen", sagte sie. und ihre Stimme klang traurig. „Habe schlecht geschlafen, und alles tut mir weh. Wird Zeit, dass wir uns wieder treffen, um deine beschädigten und erkälteten Zonen zu wärmen", antwortete ich. „Wäre ja schön und täte mir sicher gut, aber diese Woche sieht es schlecht aus, da ich viele Leute habe und auch einiges vorbereiten muss."

„Na, Schatz, dann plane wenigstens ein paar Minuten am Morgen ein, egal wo, nur für uns", erwiderte ich. „Schauen wir mal, versprechen kann ich es nicht", sagte sie, „obwohl es mir sicher guttäte." „Was tust du heute noch Wichtiges?", fragte ich. „Wenn ich zu Hause bin, lege ich mich noch eine Weile hin, sonst schaffe ich nichts, und dann muss ich vieles vorbereiten", antwortete sie.

„So schön, wie die Sonne aufgeht, wenn man vom Tal nach oben kommt, sagte sie. „Aber nicht, wenn du nach Hause abbiegst, da wird es finster in dir oder nicht?", fragte ich. „Ja, du hast recht, es wird schon finster, da ich fast zu Hause bin", antwortete sie lachend. „Bleib kurz stehen, blicke dich um, um die Sonne in dein Herz zu lassen, um zu leben und lieben. Bin da, hab dich lieb, bis später." Und ich legte auf.

Mein Liebling schickte gegen Mittag ein SMS, sie könne „H" sagen, da sie gerade Luft hätte, aber nur, wenn ich Zeit hätte und sie nicht stören würde. Sofort antwortete ich, sie könne anrufen, wann sie wolle und Lust und Luft habe. Es dauerte und dauerte, ich wurde langsam nervös und hoffte, dass sie kein Problem in ihrem Umfeld habe.

Es kam kein Anruf, hatte innerlich ein wenig Angst, und so schrieb ich ihr, warum sie nicht „H" gesagt hätte und ob etwas passiert sei. So wartete ich auf ihre Antwort, die Schmerzen und die Sehnsucht nach Isy wurden immer größer. Gott sei Dank ist die Liebe zu Isy in mir so groß, sonst würde ich oft hinfahren und sie aus dem Iglu holen, da erfriert sie sicher einmal, wenn sie nicht aufsteht und weggeht.

Spät am Abend kam endlich ein SMS, in dem sie sich entschuldigte. Er war nicht weggefahren; als hätte er gespürt, dass sie mich anrufen möchte. „Er ist wie ein Gockel um seine Hennen um mich herumgetanzt, kannst dir vorstellen, wenn du keine Luft hast und drohst zu ersticken, bitte entschuldige", schrieb sie.

Ich bat sie, ruhig zu bleiben, dass ich sie von ganzem Herzen liebe, ich würde sie auch holen, wenn sie rausginge oder frische Luft brauche. „Ich bin immer für dich da und möchte dich immer bei mir haben." „Ja, gehe jetzt zu Bett, lese noch in der Bibel ein paar Stellen und sage dir später noch Gute Nacht", antwortete Isy.

Es war schon lange nach Mitternacht, als Isy mir eine gute Nacht wünschte und schrieb, mich zu vermissen. Dass sie noch lange gelesen hätte und viel nachgedacht, aber Angst hätte, darüber zu reden, denn dies sei auch schon Sünde. Ich sprach ihr Mut zu und dass wir uns morgen früh am Parkplatz treffen müssten und ich dort warten würde. „Einen heißen Gutenachtkuss zum Schluss mit voller Liebe zum Einschlafen, mein Engel, und ich liebe dich."

Ein neuer Morgen begann, und ich war gespannt, ob Isy wieder in ihr Loch fallen würde. So wartete ich auf sie. Hinter dem Schulbus kam sie näher und fuhr vorbei zur Schule. Ein ungutes Gefühl stieg in mir hoch; was es war, konnte ich nicht sagen, nur hatte ich einen Verdacht. Ich konnte ihr Auto schon sehen, doch sie winkte nur und fuhr heimwärts.

Sofort nahm ich mein Handy und rief sie an. Sie hob nicht ab, und ich versuchte es nochmals. „Guten Morgen", sagte sie,

„bitte verzeih mir, aber ich kann nicht, denn der ‚Wachhund' ist schon auf und wartet. Ich habe Angst, aber vielleicht ergibt sich etwas, dass ich wegfahren kann; dreh mir bitte den Hals nicht um, aber ich schaffe es nicht."

„Schatz, ich liebe dich und halte dich fest, doch verzweifle nicht. Das Leben ist nicht da, um sich zu verstecken und zu leiden, sondern zu leben und lieben, genau, wie wir es lieben, sich in den Armen zu liegen." „Ja, ich weiß", erwiderte sie, aber du kennst mich ja, mit Druck alles machen zu müssen, das schaffe ich nicht. Bin zu Hause, melde mich später!" „Versprochen?", fragte ich. „Ja, bis später", und sie legte auf.

Kurz vor Mittag kam ein „H" von Isy. „Muss kurz raus", sagte ich zu meinem Kollegen und ging ins Freie, um ungestört mit ihr plaudern zu können. „Hallo Mäuschen", sagte ich, tut gut, dich zu hören. Geht es dir jetzt besser?" „Ja, dir entgeht wohl nichts", sagte sie. „Das spürt man im Herzen, mein Liebes, und was machst du?"

„Muss noch fertig kochen, mein Sohn kommt dann zum Mittagessen, und dann ist noch viel zum Vorbereiten, habe abends einen Bus, und du weißt, allein, aber es lenkt wenigstens von allem anderen ab." „Hast du mal einen Moment Luft, um rauszugehen?", fragte ich, „muss mich an dir wärmen, Schatz!"

„Heute schaffe ich es nicht, aber vielleicht geht morgen Vormittag kurz was", antwortete sie. „Ja, das würde mich freuen, dich wieder einmal zu spüren, kann mir die Zeit einteilen und komme überallhin; dich muss man lieben und fest an sein Herz drücken, da geht es uns beiden gut, oder nicht?", fragte ich.

„Du weißt immer etwas, mich aufzumuntern", sagte sie. „Wann es morgen sein kann, weiß ich noch nicht, aber wir hören uns heute ja noch, vielleicht weiß ich da mehr." „Okay, aber bitte vergiss es nicht, denn ich vermisse alles von dir, mein Liebes!" „He", rief sie ins Telefon, „warte mal ab, ich habe noch nichts versprochen." „Ich weiß, mein Schatz", antwortete ich, „doch ich spüre es, dir fehlt auch die Liebe und Wärme." „Ja, muss jetzt aufhören, sonst sage ich wieder was Verkehrtes, und du fängst sofort wieder an mich neugierig zu machen. Bis später am Abend, wann, weiß ich noch nicht, aber versprochen, wir hören uns, hab dich lieb!" „Ich dich auch, Liebes", antwortete ich, und schwups, hat sie aufgelegt.

Mein Freund empfing mich mit einem Lächeln, als ich ins Büro kam. „War wieder deine, oder?", fragte er. „Ja, meine Liebe, die Frau ist genau das, was mein Herz vermisst hat und was ich mit ihr gefunden habe. Du kannst dir das nicht vorstellen, welch tolle Momente und Gefühle wir zusammen erleben und lieben", antwortete ich mit freudigem Lächeln. Abends fuhr ich zum Tarock mit meinen älteren Kollegen, und ich schrieb Isy, wo ich war und sie könne mit ruhigem Gewissen und ohne Angst bis Mitternacht anrufen. So spielte ich Karten und wartete auf ihr „H". Mitternacht war vorbei, als ich nach Hause fuhr – ohne ein „H" von meinem Schatz. Ich war gerade im Bad, als das Handy klingelte.

„Bist du schon zu Hause?, fragte sie, „sonst lege ich gleich wieder auf." „Ja, ich bin zu Hause, aber leg nicht auf, es ist niemand im Hause, die Chefin ist auch nicht da, ist unterwegs", antwortete ich. „Er ist noch weggefahren, und so kann ich kurz ‚H' sagen. Wegen morgen: Ich fahre vormittags nach Gmunden, auf die Kammer, da könnten wir uns kurz treffen." „Wo ist die genau?", frage ich. „Ja, wenn du vom Ort kommst, dann fahre nach der Tankstelle rechts rein und die Straße entlang, dann siehst du links die Kammer und auf dem Parkplatz nachher links, da warte ich", sagte sie. „Und wann circa, mein Liebes?" „So gegen 10 Uhr bin ich dort fertig", sagte sie. „Ich bin pünktlich da, Schatz."

„Danke, dass du noch ‚H' gesagt hast, und zum Einschlafen würde ich am liebsten zu dir kommen und mich an dir wärmen, dich küssen, zärtlich streicheln und, und, und …", antwortete ich. „Du bist gemein, und ich kann wieder die ganze Nacht nicht schlafen, weil du mein Herz wieder so verrückt gemacht hast", antwortete sie.

„Nun schlaf gut. Da ich hinter dem Haus stehe und mir kalt wird, muss ich rein. Halte mich fest, ich hab dich lieb", sagte sie. „Ich dich doch auch, würde trotzdem lieber bei dir sein und in den Armen liegend uns gegenseitig wärmen, und das Schönste:

unsere Liebe genießen. Bist meine Liebe, dicken Gutenachtkuss, Schatz, bis morgen früh."

Isy hat sogleich aufgelegt, und ich machte mich im Bad fertig, um noch eine Weile fernzuschauen, denn schlafen war für mich seit Langem ein Luxus. So streckte ich mich auf dem Sofa aus und schaute eine Weile die Programme durch, bis ich so gegen 2 Uhr 30 die Glotze abschaltete und versuchte, noch ein Weilchen zu schlafen, bis zum Guten-Morgen-SMS!

Mein Liebling konnte auch nicht schlafen, so wie ich, denn kurz vor 6 Uhr schrieb sie schon: „Einen guten Morgen! Ausgeschlafen?", fragte sie. Ich war schon auf, da ich früher in die Firma fahren wollte, und antwortete ihr prompt mit meiner Liebe und Sehnsucht nach ihr. So fuhr ich in die Firma, und so gegen 7 Uhr 45 rief ich sie an, da musste sie am Heimweg sein.

Was ich im Herzen mit dieser Frau, Isy, fühlte und erlebte, obwohl sie mich oft wie Luft behandelte, wenn sie am Boden war, es tat mir sehr weh, doch es siegte immer meine Liebe zu ihr und was beide so schätzten, das „Wertvolle und Besondere" in uns, das uns so guttat und damit Freude und Leben ausstrahlte.

Wenn Isy ihrem Herzen folgte, konnte ich mich hundertprozentig auf sie verlassen, so auch heute, denn kaum war der Vormittag angebrochen, schrieb sie. „Sehen wir uns bei der Kammer um 10 Uhr?" „Natürlich, mein Engel, brauche dich doch und will nie allein sein, denn du bist Balsam für mich, so wie ich für dich, wenn wir uns anvertrauen und uns wärmen", schrieb ich zurück.

So gegen 9 Uhr 30 verließ ich das Büro und fuhr zu unserem Treffpunkt. Das Auto stand da, und so parkte ich ein und wartete. Sie kam früher als erwartet und lächelte. Ich lasse das Seitenfenster runter und sagte: „Hallo, mein Liebling, komm steig ein, wir fahren an einen ruhigen Ort oder einen sicheren.

Sie stieg bei mir ein, ich drehte mich um, nahm sie in meine Arme und küsste sie, als hätte ich sie Wochen nicht mehr gespürt und geküsst. „Wir fahren auf den großen Parkplatz vor der Stadt, da schaut niemand, welches Auto dasteht und wer darin ist." So bog ich auf diesen ein, parkte, stellte den Motor ab und verschloss von innen das Auto.

„Komm, halte mich fest", sagte sie, du hast mir so gefehlt."
Was ich voller Freude mit Freude tat. Eng umschlungen und
leidenschaftlich küssend verharrten wir. Nach einer Weile sagte
ich: „Komm, mein Liebes, ich muss dich spüren." Erhob mich,
zog all meine Sachen aus, sodass ich nackt vor ihr kniete.

„Na, mein Engel, du hast es aber eilig", sagte sie. „Ja, wundert
es dich, wenn ich dich so lange nicht mehr gespürt habe, außerdem
hast du immer so wenig Zeit für uns." So griff ich nach ihrer
Jacke, zog sie ihr aus, öffnete ihre Bluse, zog Isy an mich, küsste
sie und zog ihr Bluse, BH sowie Hose und Slip aus und warf alles
zur Seite. „Wir sind verrückt", sagte Isy, „hier auf dem Parkplatz,
wo so viele Leute vorbeigehen!" „Mit dir verrückt zu sein, mein
Liebes, ist das Schönste auf der Welt." Isy lächelte, umarmte mich
und antwortete: „Ja, das mit dir kann schon was und ist immer
toll, dich zu spüren, wie du mich immer wieder verführst und
mich überrumpelst, hab dich lieb."

„Jetzt beginnt es, schön zu werden", flüsterte ich ihr leise
ins Ohr, setzte sie auf meinen Schoß, und unsere Hände hatten
viel zu streicheln und zu liebkosen. „Dein Körper fühlt sich
wie ein Stück Seide an." Schob ihren Oberkörper Richtung
Sitzlehnen, sodass sie leicht nach hinten geneigt vor mir saß.
Ihre Brüste stehen prall vor mir, liebkoste sie mit den Händen
und mit dem Mund, wie auch mit einer Hand ihre feurigen
Schamlippen.

„Komm, mein Schatz, schließ deine Augen, und nimm dir
alles, wie du es fühlst. Bitte lass mich so, tut so gut, dich so nah
vor mir zu haben, und wie du mich streichelst, als würde Strom
durch mich laufen, ein tolles Gefühl", sagte sie. „Gern, ich liebe
es, deinen Körper zu elektrisieren, und da beginnst du die Liebe
zu genießen und sie auszuleben."

Da rückte Isy ganz nah an mich, umarmte mich, wir und
küssten uns leidenschaftlich. „Schatz, da ist noch jemand, der
wartet schon so lange, von dir gestreichelt zu werden." Isy schaute
mich an und sagte: „Ehrlich!" „Ja, ehrlich, er vermisst dich Tag
und Nacht und möchte immer bei dir sein, da fühlt er sich genauso wohl wie ich bei dir."

Isy drückte ihre Brüste fest gegen mich und griff an meinen Penis, der schon an Größe zugenommen hatte, und massierte ihn. Meine Hände griffen an ihren Po und öffneten ihre Lippen. „Die ist aber schön heiß, hat sie auch Sehnsucht nach mir und ihm?", fragte ich Isy lächelnd. Mein Schatz sah mich nur an, gab mir einen Kuss, hob ihren Schoß, und da ich ihre Lippen noch weit geöffnet hielt, war mein Steifer schnell in ihrer Möse verschwunden.

„Wow", sagte ich, „das ging aber schnell." „Ja, das muss so sein, sonst kann ich mich nicht ganz an dich drücken und dich intensiv spüren", antwortete sie. Mit kleinen Auf-und-ab-Bewegungen genossen wir intensiv unsere Liebesgefühle. „Würde dich gern anders beglücken, mein Liebes?" „Nein, bitte bleib so, ich spüre dich so gut in mir", antwortete sie.

Ich lehnte mich zurück, um tiefer in sie einzudringen. Auch Isy lehnte sich zurück, dabei fasste ich nach ihren Brüste, knetete sie und die fest gewordenen Brustwarzen. Kurz griff ich nach ihren Schamlippen, streichelte über ihr geiles Zäpfchen, was nicht ohne Reaktion blieb.

„Komm, mein Liebes, ich spüre dich so heiß." „Echt?", fragte Isy. „Ja, Wahnsinn, jetzt müssen wir uns noch die Belohnung verdienen, Schatz." Dabei sah mich Isy an und antwortete lächelnd: „Aber bitte pass auf, du weißt!" „Keine Angst, du bekommst das Geschenk auf deinen Bauch", antwortete ich.

Wir gaben uns alles, was uns glücklich machte, und nach einer Weile lag die Belohnung auf Isys Bauch. „Wir sind wahnsinnig, du hast mich so elektrisiert", sagte Isy, drückte sich gegen mich und hielt mich ganz fest, als wollte sie mich nicht mehr loslassen. „Geht es dir gut?", fragte ich. „Warum fragst du?" „Ich habe das Gefühl, du liebst es wie ich, so all die Liebe zu schenken und sie zu genießen, doch es liegt eine Last auf dir?" „Ach", sagte sie, „ich kann dir nichts vormachen, du siehst alles in mir und in meinen Augen; du siehst, denke ich, auch in mein Herz", antwortete Isy und legte sich auf mich, wo sie sich glücklich und mit all ihrer Liebe an mich schmiegte.

„Warum siehst und kennst du immer alles gleich?", fragte sie. „Ja, du hast wieder einmal recht, du gibst mir das, was ich so lange gesucht habe und zu Hause nicht bekomme, Liebe, Wärme und Geborgenheit, danke", sagte sie. „Schatz, ich liebe dich, und du brauchst dich nicht zu bedanken, das kommt von Herzen, und wenn man ehrlich liebt, kann man nicht anders, ich sicher nicht."

Da gab es für Isy kein Halten mehr, sie küsste mich leidenschaftlich, als hätte sie nie diese Wärme und diese Liebe erlebt, was ein Gefühl war wie einen neuen Menschen an mir zu spüren, einen Besonderen, genau darum liebte ich Isy und liebe sie wie auch das zu leben.

Isy drückte mich zu Boden, legte sich neben mich, schlug einen Fuß über mich, nahm eine von meinen Decken und deckte uns zu. Eng an uns gekuschelt und küssend lagen wir, uns festhaltend, da und genossen diese Momente. „Bitte lass mich nicht los", sagte sie und drückte mich noch fester an sich.

„Mein Liebes: Ich halte mein Versprechen, dich immer zu lieben und für dich da zu sein. Ich werde dich nie loslassen, denn du bist das Leben und die Liebe in mir. Alles von mir gehört dir, halte es fest, da kannst du immer Kraft tanken, und ich werde immer für dich da sein, du weißt, ich habe es dir nach den ersten Stunden unserer Liebe versprochen; ich halte es ein, aber bitte lauf du auch nicht weg, egal was passiert, du brauchst keine Angst zu haben, du wirst leben; genau was wir zusammen jetzt erleben, muss leben, so wie unsere Liebe auch."

Sie erhob sich, legte sich auf mich, ich deckte sie zu. Isy küsste mich und legte ihren Kopf auf meine Brust. „So könnte ich immer wieder bei dir, auf dir einschlafen", sagte sie lächelnd, „ich weiß nicht, wie du es machst, aber so könnte ich ewig liegen bleiben und nie wieder in den Iglu zurückgehen!" „Das liegt an dir, mein Engel, mit dir gehe ich überallhin, aber ganz ehrlich, nur mit dir."

„Schade, dass alles so schnell zu Ende ist, aber mein Wachhund wartet in dem Iglu, doch ich hab wenigstens meine Kleine, da kann ich mich immerhin verstecken, wenn es mir schlecht geht", sagt sie. „Ich bin auch für dich da, vergiss es nicht, auch wenn es dir schlecht geht, du wirst es mir nicht glauben, ich fühle es, da muss ich dir sofort schreiben, uns zu treffen, um dir mit meiner Liebe Kraft zu geben, doch du versteckst dich, weil du wieder

Druck vermutest, aber mein Herz würde dich nie verletzen, bitte glaube mir, Lügen sind nicht mein Ding, darum muss ich dir immer alles, was ich tue, auch schreiben."

„Ja, ich verstehe dich doch, aber so leicht geht das doch nicht!"

Isy erhob sich, suchte ihre Sachen zusammen und begann sich anzuziehen. „Liebes, komm, ich helfe dir, hab dich ja auch ausgezogen, dann muss ich dich auch wieder anziehen", antwortete ich lächelnd. Isy nahm mich in ihre Arme und küsste mich. Ich lege ihr den BH an, schloss ihn und richtete ihre tollen Brüste in ihren Körbchen zurecht Zog ihr Slip und Hose, wie auch Bluse und Schuhe an. Isy lächelte und sagte: „Das ist ein Service!"

„Komm, das sind deine Sachen!" Sie streifte mir mein Poloshirt über, gab mir meine Unterhose, zog sie und meine Hose an und richtete mich zurecht. „Komm doch zu mir, mein Liebes!" Isy ließ sich nicht zweimal bitten, setzte sich auf meinen Schoß, unsere Arme umschlangen unsere Körper, wir drückten und küssten uns.

„Schade", sagte Isy, „doch einmal muss ich gehen! War wunderbar, dich zu spüren, so bei dir zu liegen, sich fallen zu lassen und die Liebe so zu erleben. Oft denke ich an dich, wenn ich abends alleine bin und vor Kälte fast erfriere, da möchte ich dich oft anrufen, ob du kommen könnest, weil ich nicht weiß, was ich tun soll, doch dann habe ich Angst, was wäre wenn."

„Mein Schatz, wichtig ist, dass wir uns lieben, für uns da sind und uns nicht einschüchtern lassen von den Einflüssen der Umwelt." „Das ist leichter gesagt als getan, und dann diese Scheißangst", antwortete sie. „Du kannst mit dem umgehen und stehst dazu, ohne dich vor etwas zu fürchten, ich verstecke mich aus Angst lieber, aber bitte bring mich zurück, sonst bekomme ich Probleme."

„Okay, danke für dein Kommen, Mäuschen, für dein Herz, deine Liebe und deinen Körper, war wunderschön und macht glücklich, dich in den Armen zu halten und alles mit dir zu teilen." Gab ihr noch einen Kuss und stieg nach vorne. Startete das Auto und fuhr zu Isys Auto zurück. „Wenn ich zu Hause bin, werde ich dich gleich wieder vermissen", sagte sie, gab mir einen Kuss. Einen Blick links und rechts, und sie sprang aus dem Auto, ging winkend zu ihrem, stieg ein, winkte und fuhr an mir vorbei, heimwärts.

Ich folgte ihr, nahm das Handy und rief sie an! „Muss mit dir noch plaudern, mein Liebes, du fehlst mir schon wieder, möchte noch bei dir liegen und deine Haut spüren." „Ja, ich auch", erwiderte sie. So sprachen wir noch über alles Mögliche, aber auch über das heute Erlebte, bis sie von der Hauptstraße zu ihr nach Hause abbog. „Bitte melde dich noch heute, möchte wissen, ob alles bei dir zu Hause okay ist, Schatz, und wie es dir geht, ich liebe dich, bis dann." „Ich hab dich auch lieb, danke für dein Kommen und deine Liebe", antwortete sie und legte auf.

„Da ich keine Lust mehr hatte, heute zu arbeiten, und auch Freitag war, fuhr ich ins Café und las die Zeitung. Es dauerte nicht lange, und ein Gast von Isy kam, er ist auch Stammkunde bei ihr, und fragte mich, wie es mir so ginge, da ich so strahle: „Hab heute einen tollen Tag erlebt, vormittags", antwortete ich, „und der hat mir so viel bedeutet, darum geht es mir so gut", ich konnte doch nicht sagen, dass Isy mir so ein Strahlen geschenkt hat, durch ihre Liebe.

Er teilte mir mit, noch ins Lokal zu fahren, was er freitags immer tat, das wusste ich auch. Kurz vor 16 Uhr verabschiedete er sich, und ich begab mich auch nach Hause, da ich abends ja zu ihr fuhr und er immer liebe Grüße von mir ausrichtete, was Isy auch oft erwähnte, wenn ich meinen Kuchen bei ihr aß, welchen ich immer „mit viel Liebe" mit ihm als Bote vorbestellte.

So gegen 22 Uhr machte ich mich auf den Weg zu ihr. Am Parkplatz kam schon Freude auf, da sehr wenig Autos da waren und sie dann oft mehr Zeit hatte, mit mir über uns zu plaudern und wir in der Runde auch ein Schnapserl oder Pfifferl zu uns nahmen, wobei ich meistens auch die Kellnerin dazu einlud, um keinen Verdacht aufkommen zu lassen.

Als ich die Gaststube betrat, stand auch ihr Wachhund da, und wir grüßten uns mit Handschlag, um keine Unruhe hervorzurufen. Es dauerte eine Weile, bis ich Isy einen Begrüßungskuss geben und ein paar Worte über den schönen Vormittag wechseln konnte, da er so schön und lebenswert war. „Ja, sagte sie, blickte mich an und lächelte, „das kann schon etwas" und strich mir über den Rücken. „Ja, du hast recht, und es ist gut, dass dieses Umfeld nicht weiß, wie schön diese Liebe ist und die uns beneiden würden, wenn sie es wüssten", antwortete ich.

Der Abend verlief lustig, und so gegen 2 Uhr morgens sagte ich zu Isy: „Werde jetzt abhauen, soll ich dich mitnehmen?" Sie sah mich an, lächelte und sagte: „Ja, das wäre schön, aber du weißt ja, wir dürfen nur die Hunde nicht aufwecken." Ich holte meine Jacke, zog sie an, ging zu Isy, gab ihr einen festen Wangenkuss und sprach leise: „Schatz, ich liebe dich, bitte lebe und liebe so, wie wir es gestern gefühlt und erlebt haben, bist mein Engel!" „Ich muss dich rauslassen", antwortete sie, da das Tor schon versperrt war, und so gingen wir gemeinsam zum Ausgang. Sie sperrte auf, ich nahm sie nochmals in die Arme, drückte ihr schnell einen Kuss auf ihren Mund. „He, pass auf, und übertreibe nicht, du weißt ja. Gute Nacht, hab dich lieb, und pass auf am Nachhauseweg, dass dir nichts passiert", sagte sie, winkte mir nach und verschloss das Tor, und ich fuhr nach Hause.

Zu Hause angekommen, schrieb ich wie immer ein SMS, um ihr zu sagen, dass ich immer an sie denke und für sie da sei, was ich fühlte und sie mir bedeute. Lange lag ich noch vor dem Fernsehapparat und verbrachte die Zeit mit Warten auf ihr SMS, was aber noch lange dauerte; spät kam die Antwort, aber mit den Worten: „Gute Nacht, schlaf süß, und halte mich fest, hab dich lieb!"

Das Wochenende verlief ruhig, und unsere Treffen im Lokal waren schön, doch es waren keine Momente frei, uns näherzukommen und zu berühren, dazu war zu viel los. So tauschten wir unsere Gefühle und Liebe mit Worten aus, auch mit dem Gedanken, sich bald wieder zu treffen, was Isy infrage stellte, da sie nicht wusste, was in der kommenden Woche zusätzlich anfalle; wir versprachen uns für Montagmorgen ein „H".

Isy fuhr wie immer pünktlich zur Schule, wo ich einen ruhigen, aber für sie sichtbaren Platz einnahm. Ich konnte sie noch nicht sehen, da kam das „H" von ihr. Sofort nahm ich mein Handy und rief sie an. „Guten Morgen, mein Liebes, freut mich, wenn ich dich glücklich am Morgen höre." Na, glücklich ist was anderes", sagte sie, denn er hat mich gestern, nachdem du gegangen warst, wieder beschimpft, du kennst die Situation ja schon, aber vergiss es", antwortete sie.

So versuchte ich sie aufzumuntern, für ein Treffen in den nächsten Tagen, um mit ihr alles an uns zu genießen, was uns viel Stärke im Innersten gab." Ich fahre jetzt mal heim, leg mich noch eine Weile hin, da ich keine Kraft habe", sagte sie, und dann sehen wir weiter. Ich melde mich nachmittags, muss sowieso mal raus, sonst zerreißt es mich", erwiderte sie.

„Okay, mein Liebes, und wenn du weiter weggehst, lass es mich wissen", antwortete ich, „sonst muss ich dich holen und weit wegfahren mir dir." „Das wäre wahrscheinlich das Beste, und nicht mehr zurückkommen, bin fast zu Hause, bis später, und pass auf dich auf. Ciao", sagte sie und legte auf.

Doch der Tag verging, und sie meldete sich nicht. Abends am Stammtisch schrieb ich ihr, ob sie mich vergessen hätte! Erst als ich so gegen Mitternacht am Heimweg war, kam ihre Antwort. „Verzeih, aber ich hatte keine Kraft, dann war mein Sohn heute zu Hause, und alle schwirrten um mich herum, erst jetzt bin ich mit dem Putzen fertig, bin schlapp und gehe nun schlafen. Gute Nacht, bis morgen früh, versprochen" schrieb sie. Kurz antwortete ich ihr: „Schlaf auch gut, und denke an mich, bin einsam und allein ohne dich."

Als ich morgens ins Bad ging, sah ich, dass Isy gerade geschrieben hatte. Da die Sonne scheinen würde, ginge sie jetzt schon Luft schnappen, sonst wisse sie nicht, ob sie später Zeit hätte." Ich antwortete ihr: „Gehe zur zweiten Straße, und ich bin in zehn Minuten dort! Mach dir keinen Stress", schrieb sie zurück, „lange habe ich nicht Zeit, aber ich habe schlecht geschlafen und dich vermisst, bis dann."

Da die Zähne geputzt und ich mich bereits kultiviert hatte, zog ich mich fertig an und fuhr los. Es war leicht nebelig, und das war super, so konnte man das Auto nicht gleich von Weitem sehen. Langsam fuhr ich die Straße entlang, und ich sah Isy unmittelbar neben mir aus dem Feldweg kommen. Ließ das Seitenfenster runter und sagte: „Hallo, Guten Morgen, schöne Frau, schon so bald unterwegs!"

Isy kam auf mich zu, lächelte und sagte: „Bist ein Lauser, aber ich freu mich, dass du Zeit für mich hast, habe gedacht, ich versuche es, ob du schon auf bist. Komm Liebes", steig ein. Isy stieg hinten ein und setzte sich hinter mich. Ich streckte meine Hand nach hinten und legte sie auf ihre Brust. Nach ein paar Minuten parkte ich mein Auto auf der Anhöhe, da hier dichter Nebel war.

Ich stieg zu ihr nach hinten und nahm sie in meine Arme. „Dass du mir so einen schönen Morgen bereitest, hätte ich nie gedacht, Liebes!" Drückte sie an mich, küsste sie und schob meine Hand unter ihre Sportjacke. „He, Mäuschen, du hast keinen BH an, warum das?" „Hatte keine Zeit mehr, und da du mir immer alles ausziehst, habe ich ihn weggelassen", antwortete sie.

„Gute Idee, na, dann muss ich schnell alles ablegen, damit du meine Liebe und Wärme auf der Haut spüren kannst", und ich zog meine Sachen aus. Ich zog ihr die Jacke aus, wollte ihr auch Sporthose und Slip ausziehen. „Bitte nicht", sagte sie, „bleib so", nachdem ich ihre Hose bis an die Oberschenkel gezogen hatte, „ich habe nur eine halbe Stunde" und drückte ihren Körper an mich.

Ich erhob mich, kniete mich neben sie und streichelte Rücken und ihre Brüste. „Komm noch näher", sagte ich und griff ihr zwischen ihre Schenkel, wo ich eine heiße, erotische Möse festhielt. „Na und wer wärmt mich?", fragte ich sie. Isy drehte sich zu mir, küsste mich und legte ihre Hand auf meinen Penis.

„Der hat dich vermisst", flüsterte ich ihr ins Ohr. Sie gab mir einen Kuss und rückte fest an meinen Penis. Meine Finger kneteten ihre Lippen, und mit meinem Daumen massierte ich ihr Zäpfchen. „Komm, Schatz, hebe deinen heißen Po, möchte mich in dir verstecken und dich spüren." Hob sie am Po hoch, legte ihre Füße um mich und setzte sie auf ihn. Ließ ihren Po los, sodass sie fest auf meine Schenkel glitt.

„Puh, war das tief", sagte sie. „Ja, er muss dich fest spüren", antwortete ich ihr. Es war ein wenig eng um uns, da Isy ihre Hose anhatte und ihre Knie beim Autositz anstanden, aber es war toll, so konnte sie sich nicht wegheben, sondern drückte ihren Po fest gegen mich und ich meinen Penis in sie. Mit kurzen, aber festen Stößen erlebten wir tolle Gefühle des Intimseins. „Heute darfst du dir die Belohnung mit nach Hause nehmen", sage ich. „Warum?", fragte sie. „Da ich nicht zurückkonnte, spritzte ich deine Hose an", antwortete ich. Isy erhob sich, drehte sich zu mir und hielt mich fest. Wir küssten uns, dabei griff ich zur Mittelkonsole, wo immer Taschentücher bereitlagen. Zog zwei aus der Verpackung und wischte meine Spuren an Isys Hose weg. Dann auch an mir, und warf sie wie immer zu Boden. „Komm, setz dich noch eine Weile auf meinen Schoß, mein Liebes." Isy drehte sich um, setzte sich auf mich und legte ihre Beine seitlich auf die Bank. Ihr nackter Po auf meinem Schoß, schön, sie so sitzend festzuhalten. Eng zusammengedrückt saßen wir da, streichelten und küssten uns.

„Schau mal, wie schön die Sonne aufgeht, ein toller Tagesanfang", sagte sie. „Zuerst dass du gekommen bist, und jetzt die Sonne. Solche Geschenke bräuchte man öfters am Morgen, dich, die Liebe und die Sonne, was brauchen wir noch mehr, Schatz?", antwortete ich. „Zeit für frische Luft zum Leben, das wäre erst der Wahnsinn, das zu haben."

„Schön wäre es, wenn ich noch bleiben könnte, aber ich muss meine Kleine wecken, und er wird auch aufstehen, aber fehlen werde ich ihm sicher nicht. Komm, lass uns fahren." Sie rutschte von meinen Schenkeln nach vorne, zog sich Slip und Hose hoch, die Jacke an und gab mir meine Sachen. Flugs war ich angezogen, und ich fuhr los, um sie nahe an ihrem Zuhause aussteigen zu lassen. „Danke, hab dich lieb, und schreib mir", sagte sie, gab mir einen Kuss und verschwand im dünner gewordenen Nebel.

Der Weg zur Firma war ein leichter, denn fröhlich, glücklich und mit guter Laune den Tag beginnen zu können, was gibt es Schöneres? Ich schrieb ihr kurz, dass ich lieber bei ihr geblieben wäre. Als ich mir später eine Tasse Kaffee vom Automaten holte, kam ein SMS von ihr: „Schade, dass ich nicht bleiben konnte und nach Hause musste, wäre lieber geblieben, mit viel Liebe an dich angelehnt." Sie schrieb auch noch einen schönen Satz in ihrem SMS als Anhang:

Die nächsten Tage verliefen wie schon öfters, da mein Schatz keinen Spielraum oder Luft hatte, betrübt und auch ein wenig traurig, aber ohne ein Treffen. Wir riefen uns täglich ein bis zwei Mal an und sprachen uns Mut zu, was in uns lebte und wir spürten, von den tollen Erlebnissen und Gefühlen, was wir in unseren Herzen und am Körper erlebten.

So wurde die Sehnsucht nach meinem Schatz immer größer, denn wer dieses Gefühl und die Liebe im Herzen trägt, wie Isy und ich es uns schenkten, kann sich vorstellen, welch ein Leben und welch eine Liebe da in einem frei wird und was man da bewirken kann, ohne sich anzustrengen, da Wärme und die Kraft es einem leicht machen und vieles bewältigen lassen.

Doch unsere Liebe wurde wieder belohnt, denn Isy bestätigte mir, dass ein kurzes Treffen morgens am Einkaufparkplatz möglich sei, aber nur kurz, da sie wieder einmal ein Gefühl hatte, zu ersticken. So antwortete ich ihr, sie mache mich glücklich und ich freue mich, sie an meinem Körper zu spüren.

Ich stand morgens noch nicht lange an unserem Treffpunkt, als sie ankam. Zuvor hatte ich eine rote, langstielige Rose gekauft, um ihr meine Liebe zu bestätigen. Isy wirkte betrübt, traurig, müde, ohne ein Lächeln, was auch mir einen Stich ins Herz gab. „Komm, steig ein, ich brauche dich." Sie sah mich an, blickte sich um, da spürte ich sofort wieder ihre Angst, doch sie stieg ein.

„Mäuschen, bitte, ich muss hier wegfahren", und ich stellte mich dort vorne an den Rand des Platzes, „da kommen auch die Leute nicht hin." Sie lächelte betrübt, und ich fuhr hin, stellte das Auto ab und stieg zu ihr nach hinten. „Ach, mein Engel, was hast du, du wirkst so müde und traurig?", sagte ich zu ihr und nahm sie in meine Arme. Sie umarmte mich, gab mir einen Kuss und lehnte sich an mich, wo sie zu weinen begann.

„Bitte, was soll ich tun, ich vermisse dich, schlafe schlecht, da ich an dich denke, was du mir gibst, ohne Angst, und ich weiß nicht damit umzugehen. Hab Schande in mir, dass ich das überhaupt tue und zulasse, ist doch eine Sünde", sagte sie. Ich wischte ihr die Tränen ab und antworte:

„Liebling, ich weiß, dass du durch deinen Glauben Schande empfindest, doch wie oft habe ich dir schon erklärt: Gott verdammt dich nicht, weil du gesündigt hast, sondern er liebt dich, weil du ihn liebst und aus Liebe in die Kirche kommst und an ihn glaubst, nicht weil du gesündigt hast."

„Warum vertraue ich dir wie blind?", fragte sie. „Wahrscheinlich, weil du mir das gibst, was ich zu Hause nie bekomme und seit sechzehn Jahren vermisse. Wenn ich mich bei dir anlehne und deinen warmen Körper spüre, fällt bei mir jede Last ab, und ich spüre, wie Wärme und Liebe in mir aufsteigen und ich Kraft habe, mich auch mal zu wehren."

„Komm Schatz, nimm dir, was du brauchst, lass es in deinem Herzen leben und lieben, ich will nichts anderes als das Geschenkte, Geliebte und Erlebte im Herzen und es für uns leben zu lassen, es gehört nur uns und sonst niemandem, und das ist es, für das es sich lohnt zu lieben und gemeinsam zu erleben", erwiderte ich. „Ich will dich strahlen und lächeln sehen, nie dir wehtun, denn du bedeutest für mich alles, obwohl du immer glaubst, ich möchte Druck auf dich ausüben; ich will nichts lieber, als dich bei mir und immer in meiner Nähe haben, mein Liebes", und ich küsste sie leidenschaftlich, was sie, fest an mich geschmiegt, ebenso erwiderte.

Isy sah mich an, legte ihre Arme um meinen Nacken, zog mich an sich, was ich sehr genoss und erwiderte, da diese Momente mit Isy immer etwas Besonderes waren. „Komm, Liebes, ich muss dich streicheln", schob meine Hand unter ihre Jacke und streichelte über ihren Bauch und ihre Brüste.

„Bitte lass mich so, ich will nur an dir lehnen und mich wärmen", sagte sie. „Kannst du, ich will dich nur spüren lassen, was in mir und meinem Herzen für dich bereitliegt, von dir genommen zu werden." Ich spürte, wie sie es genoss, mich fest umarmte und an mich presste. Nahm meine Hand, drehte ihren Kopf zu mir und sagte: „Schatz, du bist mein Ein und Alles, und ich liebe dich." Und mit einem leidenschaftlichen Kuss bestätigte ich das.

Meine Hand legte ich um ihre Schulter und drehte sie seitlich an mich, hob ihre Jacke hoch und schob meine Hand in ihren Schoß. „Du hast einen heißen Schoß", und ich streichelte ihre Schamlippen. Isy blickte mich an, gibt mir einen Kuss, lächelte und sagte: „Du kannst es nicht lassen! Du hast recht, denn es ist ein tolles Gefühl, wenn du so an mich geschmiegt liegst, dich zu spüren und zu streicheln, Liebes!"

„Wahnsinn, wie dein Mund heiß ist", und ich drückte meine Hand fest an ihre Möse und Lippen. Isy gab mir einen Kuss. Mit der freien Hand öffnete ich meine Hose, schob sie ein Stück runter und legte Isys Hand auf meinen Penis. Zärtlich nahm sie ihn und hielt ihn fest. „Kannst du das auch genießen, Liebes?", fragte ich.

„Ja, so mit dir allein, dich zu spüren, das gibt mir viel Kraft und Mut, und ich danke dir auch dafür, doch ich muss aufpassen auf dich, denn du schaffst es immer mit ein paar Worten und Streicheleinheiten, dass ich mich fallen lasse", antwortete sie. „Ist es das nicht wert, wenn man liebt, Körper und Herz mit Liebe zum Aufpassen und als Geschenk zu bekommen?", fragte ich.

„Hab dich auch so lieb", sagte sie, drückte sich an mich und auch „IHN": Ein kurzer Blick, und ein leidenschaftlicher Kuss war die Antwort. „Mein Engel", sagte ich zu Isy: „Ich möchte dir Danke sagen, für alles, was du uns gibst, und möchte dir als kleines Zeichen meiner Liebe eine rote Rose schenken", griff nach vorne und legte sie Isy auf ihren nackten Bauch.

„Danke", sagte sie, und ein paar Freudentränen oder des Glückes legten sich in ihren Augenwinkeln auf die Lauer. „Komm, lass uns die Momente genießen, Schatz, du bist die Liebe und das Leben, was ich Gott sei Dank nach so langer Suche nach dir endlich gefunden habe, und ich will nie mehr ohne dich sein." „Bitte halte mich fest, ich lass dich nie allein", antwortete Isy, und dabei fühlte ich, wie ein großer Stein von mir fiel.

„Mein Engel, es ist Wahnsinn, schau auf die Uhr, wenn ich bei dir bin, denke ich, dass eine Stunde oft nur fünf Minuten waren, aber ich muss nach Hause. Warum kann ich nicht einfach sagen: Ich will nicht mehr, ich gehe!" „Weil dein Herz Angst hat, was sagen deine Eltern, deine Kleine und das Umfeld, mein Liebes", erwiderte ich.

Sie streichelte kurz meinen Penis, zog ihre Hand weg und schob sie unter mein Leibchen, „muss noch deine Wärme mitnehmen", zog mich und dann ihr Leibchen aus und legte ihren Körper auf meinen. „Wow, du hast ja meine zuletzt geschenkte Unterwäsche an, Schatz." „Ja, wollte dir ein Geschenk machen. Du bist so warm, das tut mir gut, danke", antwortete sie.

Isy drehte mir ihren Kopf entgegen, küsste mich und nahm ihre Hand von mir. „Alles Scheiße", sagte sie, „aber ich muss." Zog ihr Leibchen an und richtete sich und ihre Jacke, drehte sich um, warf ihren Fuß um mich, kniete sich mir gegenüber und setzte sich auf meinen Schoß. „Hab dich ganz fest lieb." Sie gab mir einen Kuss. „Und ich verspreche dir, bis zum nächsten Treffen darf es nicht mehr so lange dauern."

„Versprochen", antwortete ich, griff nach ihren Schultern, zog sie an mich, legte ihren Kopf seitlich an meine Brust, küsste sie und griff kurz noch an ihren Schoß. „Beim nächsten Treffen wirst du wieder lange verwöhnt und belohnt, du und dein Schoß, Schatz." „Ja, weiß aber nicht, wann, okay? So und jetzt ab in den Käfig, zu meinem Wachhund", antwortete sie.

Isy erhob sich, gab mir noch einen Kuss, nahm die Rose und sagte: „Danke, mein Engel, hab dich lieb, und die Rose stelle ich an einen Ort zum Trocknen, damit sie mir lange erhalten bleibt und immer an dich und den Moment erinnert. Bis später, ich sag dir nach dem Essen mal ‚H'. Ciao, bis später." „He, wir müssen zuerst zu deinem Auto." Isy lachte und sagte: „Bei dir so angelehnt, habe ich alles um mich vergessen." Ich stieg nach vorne, startete und fuhr los, bog auf den Parkplatz ab und parkte neben ihrem Auto ein. „So kannst du versteckt in dein Auto, Liebes." War besser so, sodass Isy beim Aussteigen nicht gesehen werden konnte. „Mäuschen, ein Abschiedsgeschenk hast du sicher noch für mich." Isy lächelte, legte ihre Hand in meinen Nacken, zog mich an sich, und das Geschenk war ein innigster, intensiver Kuss.

„Ciao, und warte einen Augenblick, damit kein Verdacht aufkommt!" Isy sah sich um, stieg aus und bei ihrem Auto ein.

Richtete sich noch zurecht, startete und fuhr winkend an mir vorbei heimwärts. Als ich sie nicht mehr sehen konnte, fuhr auch ich los, um endlich zu arbeiten, denn ich hatte heute einiges zu erledigen, was sich natürlich durch mein Treffen mit Isy verschoben hatte, doch Isy und unsere Liebe ist das Wichtigste für mich.

Der Vormittag trug dann auch noch Früchte, denn ein Auftrag, den ich schon glaubte verloren zu haben, wurde mit einer Faxbestellung fixiert, was ich Isy auch gleich per SMS mitteilte. Als sie mich nach dem Essen anrief, gratulierte sie mir zu diesem Erfolg, wo ich ihr sagen musste: „Da hast du ganz großen Anteil daran, denn ich glaube, das fühlen die Menschen, wenn man Freude und das Glücklichsein ausstrahlt."

Lange redeten wir, da Isy eine Sonnenanbeterin war und dies immer genoss, in der Sonne zu liegen, um Kraft zu tanken und wenn es nur eine Viertelstunde war, das reichte ihr oft schon, obwohl mehr schöner und wichtiger als so manch anderes wäre, aber die Zeit und das Umfeld es nicht zuließen.

Isy beendete das Gespräch mit ein paar netten, herzlichen, aber bedenklichen Worten: „Mein Engel, ich hab dich ganz fest lieb, möchte nichts von dir und dem Erlebten missen, doch nachher immer das schlechte Gewissen, obwohl ich dich Tag und Nacht vermisse. Bis zum Gute-Nacht-Gruß", und sie legte auf. Und sogleich kam ein SMS von ihr, das genau das zeigte, welche Gefühle sie in ihrem Inneren wie ein Stein blockierten:

> Geborgenheit und
> Wärme wär natürlich
> schon gut

Die restlichen Tage verliefen ruhig, wir telefonierten oft und schrieben uns SMS, doch zu einem Treffen kam es nicht. So entschloss ich mich, in die Stadt einkaufen zu fahren.

Wollte mir wieder mal ein paar Klamotten kaufen, um auch wieder modern gekleidet aufzutreten, vielleicht Hose, Pulli, Schuhe, was ins Auge sticht zu kaufen.

Im Einkaufszentrum klapperte ich alle Läden ab, ob für Klamotten oder Schuhe, und ich hatte Glück, fand tolle Sachen, die auf Anhieb passten, sodass mir noch Zeit blieb, auch in den anderen Läden zu schauen, ob es etwas Ausgefallenes gab. In einem kleinen Laden für Geschenke stöberte ich und dachte an Isy, was sie jetzt wohl tun würde?

Schrieb ihr kurz ein SMS, was ich tat, wo ich bin und wie es schön wäre, Hand in Hand durch die Geschäfte zu bummeln, so wie wir es fühlten, verliebt zu sein. Als hätte Isy darauf gewartet, kam die Antwort: „Ja, könnte ich mir gut vorstellen mit dir und bei dem Wetter", dass sie dies schon lange nicht mehr getan habe, gern tun würde und mich vermisse", und sie sendete „LG".

So stöberte ich noch weiter, fand zuerst nichts Passendes als Geschenk, so ging ich ins Café, um mich abzulenken und zu sehen, ob Bekannte auch unterwegs waren. Las kurz die Zeitung, und da kam mir die Idee, nochmals in den kleinen Geschenkeladen zu gehen. Bezahlte, stand auf und ging nochmals hin.

Eine ältere, aber sehr attraktive, modisch gekleidete Frau sprach mich an, ob ich etwas Bestimmtes suchen würde, was ich verneinte. „Suche etwas Ausgefallenes für eine junge, schöne Frau und deren Tochter, da ich beschlossen hatte, auch für die Kleine von Isy ein Geschenk mitzubringen und sie sich sicher freuen würde.

„Hier hätten wir kleine Statuen und Bilder von Heiligen, welche sehr gefragt und als Geschenke sehr beliebt sind", sagte sie. Ich blickte mich um, und es stach mir nichts ins Auge. Doch hinter einem großen Geschenkkarton fand ich entzückende Kreuze. Aus dieser Auswahl fand ich eines für Isy und auch eines für ihre Kleine. „Wir haben auch noch kleinere und billigere", sagte sie. „Nein, ist okay für mich, ich nehme diese beiden", und ich fragte, ob sie mir diese auch ein wenig einpacken könne. „Ja sicher", erwiderte sie, dann bezahlte ich und fuhr nach Hause.

Auf der Heimreise fuhr ich nahe an Isys Iglu vorbei, und ich hatte intensiv Lust, sie aus diesem zu befreien, da es mir selbst oft Schmerzen bereitete, wenn mein Schatz so litt und Schmerzen hatte. Ich hielt kurz an, schrieb ihr ein SMS, dass ich in ihrer Nähe sei und Lust auf sie hätte, „und du???".

Nach ein paar Minuten fuhr ich weiter. Ich wusste nicht, was sie tat, ob sie vielleicht mit der kleinen Maus unterwegs war oder ob sie keinen Spielraum hatte, zu plaudern oder noch besser uns zu treffen. So ging es heimwärts in meinen Käfig bzw. Iglu. Zum Glück war niemand da, so konnte ich mich ruhig erholen und meine Liebe und Gedanken an Isy in mir leben lassen.

Am Abend meldete sich Isy, sie fahre in den Gebetskreis, und wenn ich Lust hätte, dass wir uns zu träfen, müsse ich mich melden. Erst ab ca. 22 Uhr könnte es passen. Bei so einem Angebot meines Schatzes konnte ich nicht widerstehen, schrieb ich zurück, und ich hätte ein kleines Geschenk für sie. „Ja, ich kenne deine Geschenke", antwortete sie, „bis später."

Was?, dachte ich, sie kennt mein Geschenk? Ach, jetzt weiß ich, was sie meinte. Ich sagte doch oft zu ihr, wenn wir intim waren und bevor ich in sie eindrang: „Schau, ein Geschenk für dich", oder wenn ich meinen Samen auf ihren Bauch spritzte: „Schatz, jetzt bekommst du ein Geschenk", und das hatte sie wohl gemeint, dachte ich. Na warte, wenn wir uns abends sehen, lass ich mir das von ihr erklären, das wird ein Spaß.

Da Montag immer Stammtisch war, fuhr ich gegen 20 Uhr zu diesem Treffen. Kurz nach 22 Uhr kam ihr SMS, sie wartete am Parkplatz. Antwortete ihr sofort, bezahlte, ging zum Auto und fuhr hin. Stellte mich neben sie. Ließ das Fenster runter und bat sie zu mir ins Auto. Isy nickte, stieg aus und hinten ein, und so fuhren wir Richtung Westen aus dem Ort raus an ein ruhiges Plätzchen. Parkte das Auto verkehrt in ein Waldstück, was einen Ausblick in die Ferne ermöglichte, drehte das Licht ab, stellte ab und verschloss von innen.

„So, mein Liebes, jetzt sind wir ungestört und können unsere Liebe, unseren Gefühlen und Wünschen freien Lauf lassen." Stieg zu ihr nach hinten und zog Isy auf meinen Schoß, wo ich sie mit intensiven Küssen überhäufte. Eine Woge der Sehnsucht überfiel uns, und so fielen wir in einen Rausch des Verlangens.

„Jetzt weg mit dem, was stört." Zog Isy aus, Schuhe, Hose, Unterhose, Weste, Bluse, BH, warf es nach vorne auf den Beifahrersitz. Schnappte kurz nach ihrer Brustwarze und biss zärtlich in sie. Als ich meine Hose öffnete, half Isy mir. Zog mir Hose und Unterhose aus, griff kurz an meinen Penis und streifte mir mein Leibchen ab.

„Bei uns sieht es aus im Auto, als wäre ein Tornado durchgefegt!" Isy lachte laut, drückte mich nach hinten, damit ich am Rücken liegend vor ihr lag, und sie setzte sich auf mich. „So jetzt bist du mir ausgeliefert", sagte sie, streichelte meine Brust, über meine Wangen, fuhr zärtlich mit ihrer Zunge über meine Lippen und küsste mich anschließend auf die Brust.

Kurz schnappte sie meine Brustwarze und biss in sie. „Willst du mich anknabbern oder vernaschen?", fragte ich. „Warum?", antwortete sie. „Ja, zuerst leckst du mich mit der Zunge ab, und dann beißt du mich?" „Jetzt kannst du dich nicht mehr wehren und bist mein Opfer", sagte sie lächelnd. „Das bin ich gerne bei dir mein Liebes", erwiderte ich und streichelte über ihre Wangen, Schultern, über ihre Brüste und über ihren süßen Bauch bis zu ihrem Schoß.

Griff an ihre Lippen, öffnete sie sanft, welche leicht gerötet vor mir zu sehen waren, und massierte sie. Isy hob sich hoch, rutschte nach vorne und griff mit einer Hand nach hinten und hielt meinen Penis fest. „Na, mein Schatz." Griff ihr an den Po und zog sie noch ein Stück näher an mich, um ihre Möse und Lippen lecken zu können.

„Das habe ich dir nicht erlaubt", erwiderte sie lächelnd, bückte sich nach vorne, um mich zu küssen. Ich half ihr, indem ich meinen Kopf kurz hob, meine Lippen an sie presste und mit der Zunge kurz in ihren Mund fuhr. „Du nutzt jede Situation aus", sagte sie. Isy rückte kurz zurück, öffnete ihre Lippen, und meine Eichel war in ihrer heißen, feuchten Möse verschwunden.

„Du lässt mir keine Wahl, mich zu wehren", antwortete ich. „Ich hab dir gesagt", erwiderte sie, „dass du mir ausgeliefert bist, und das Ergebnis habe ich jetzt gesehen." „Puh, das war nicht ohne, wie schnell der sich in dir versteckt hat und wie wohl er sich in dir fühlt!" Hob weit mein Becken hoch, um tiefer in Isy eindringen zu können.

Vor mir kniend, wie eine Göttin, saß sie auf mir, glücklich strahlend sah mich mein Engel an. Ich massierte ihre festen, geilen

Brüste. Die Massage zeigte Wirkung, da ihre Brustwarzen steif nach vorne standen. Isy bewegte ihren Po leicht auf und ab, ich drückte ihre Knie weiter auf, öffnete ihre Lippen, um diese tolle Frau intensiver stoßen zu können.

Ich richtete meinen Oberkörper auf, hob ihre Knie hoch und schob sie weiter nach außen, sodass ihre Schenkel weit geöffnet waren und ihre Möse weit offen und mit meinem Penis gefüllt zu sehen war. „He", sagte sie, „ich habe gesagt, du bist mir ausgeliefert, so geht das nicht", und drückte meinen Oberkörper nieder.

„Schau, Schatz", erwiderte ich, „wie heiß der in dir steckt." „Du hast mich wieder überrumpelt", antwortete sie, „aber trotzdem ein tolles Gefühl, wenn ich dich einsperre, doch du findest immer wieder Platz zum Ausweichen." „Nein, ich lasse mich gern von dir verwöhnen, wo du deine Möse so heiß auf ihm auf und ab bewegst. Zog meine Knie an und stieß fester in sie.

„Mmm", sagte mein Engel, und ich wurde mit meinen Bewegungen schneller. Isy beugte sich nach vorne, legte ihre Arme um meinen Nacken, gab mir einen Kuss und hob ihren feurigen Po hoch. Ich fuhr ihr mit einer heftigen Aufwärtsbewegung nach. „Bitte, mein Engel", sagte Isy, „pass auf, du weißt, keine Angst haben zu müssen ist ganz wichtig." „Schatz, du kannst dich auf mich verlassen", antwortete ich und zog ihren Schoß fest an mich; in kurzen Bewegungen stieß ich hin und her, spann kurz die Muskeln meines Penis. „He", rief Isy laut, „pass auf!" „Was hast du, wollte dich nur fühlen lassen, was für ein fester Schwanz in dir steckt." „Ich habe gedacht, du hast deinen Orgasmus übersehen", erwiderte Isy.

„Nein, das werden du und ich nicht übersehen." Hob sie hoch, legte sie seitlich hin, schob den oberen Fuß nach rechts, kniete mich über den unteren Fuß, hob ihre Pobacke hoch, und so konnte ich tief seitlich in sie eindringen. Schob meine Knie noch leicht nach vorne und stieß heftig und immer schneller in sie.

„Ups", sagte Isy nach einer Weile, „jetzt hast du mich erwischt." Ein wärmendes Gefühl verspürte ich an meinem Penis, nun konnte ich mich nicht mehr halten, stieß, was möglich war, in sie; ich spürte, wie sich langsam das Sperma nach oben drängte. „So, mein Liebes, jetzt hat es mich auch erwischt", stieß fest in sie und zog ihn schnell aus ihrem heißen, feuchten Mund.

Ich konnte meinen Penis nur mehr an Isys Oberschenkel entleeren. „Na, der hat aber viel abgelassen", sagte sie. „Wundert es dich, mein Liebes, du machst ihn verrückt, und dafür macht er dir ‚dieses Geschenk', erwiderte ich lächelnd.

„Ich hab dich schon richtig verstanden, welches Geschenk du gemeint hast", sagte sie. Ich tat, als hätte ich nichts gehört, nahm ein paar Taschentücher, wischte mein Sperma an ihrem Oberschenkel ab und warf die Tücher auf den Boden. Legte mich auf den Rücken neben Isy, zog sie an mich, warf ihren Fuß über meinen, und sie konnte sich an mich schmiegen.

„Komm, muss dich küssen und mich für deinen Mut bedanken, uns zu treffen." Umarmte sie, und wir lagen uns küssend in den Armen. „Jetzt zu dir, mein Schatz: Du hast mit dem Geschenk falsch geraten." „Warum?", fragte sie, „hast du nicht das Geschenk, welches ich jetzt gerade von dir gespürt und bekommen habe, gemeint?"

„Nein, mein Liebes." Ich griff seitlich ins Seitenfach der Autotür, wo ich das Geschenk bereitgelegt hatte. Drehte mich wieder zurück zu ihr, legte eine Decke über uns und blickte sie strahlend glücklich an: „Ich habe eine Kleinigkeit für dich und auch für deine süße kleine Maus", und ich legte es ihr auf die Brust. „Möchte mich für deine Liebe und Gefühle bedanken, damit du weißt, dass ich von ganzem Herzen nur dich liebe." Isy schaute mich an, gab mir einen Kuss und antwortete: „Warum tust du das?", fragte sie. „Genieße es, und nimm es für uns und unsere Liebe." Sie nahm es in die eine Hand und drückte sie noch fester an mich. „Danke, du verwöhnst mich immer, danke", sagte sie und küsste mich.

„Da muss ich reinschauen." Sie setzte sich auf, ich streichelte ihren Körper, Schoß und die Brüste, und sie öffnete die kleine Schmuckdose. Ein Strahlen und Lächeln kam aus ihren Augen. „Ach", sagte sie und beugte sich über mich, man konnte die Freude in ihren Küssen spüren. „Ist das schön. „Und sie nahm es aus der Box. „Du bist wahnsinnig, aber ich freue mich, hast mir viel Freude bereitet." Hab noch eine Kleinigkeit für deine kleine Maus, du weißt ja, dass ich sie auch sehr gerne habe und sie mich auch glücklich macht, wenn sie keine Angst vor der Schule hat und innerliche Ruhe findet, so wie du sie auch haben sollst und ich sie dir schenke."

„Von wo hast du das her?", fragte sie. „Hab ich in der Stadt gekauft, da ich immer an dich und deine Maus denke, so musste ich das mitnehmen." „Da wird sich meine Maus auch sicher freuen", antwortete Isy. „Danke noch mal." Sie drehte sich zu mir, umschlang mich, belohnte mich mit Küssen und hielt sich fest.

„Mein Engel, wie spät ist es", fragte Isy. „0 Uhr 45!" „Was? Schau noch mal", sagte sie. „Das hilft nichts, mein Liebling, die Zeit bleibt nicht stehen, aber so eine Liebe wie unsere, die braucht einfach die Zeit", antwortete ich. „Ja, aber zu Hause werden sie warten, und dann heißt es wieder, warum dies, warum das usw." „Komm, genieße unsere Momente und Liebe, nimm dir das, was du brauchst mit, und lass uns und die Liebe leben; du wirst sehen, es kommt nicht so, wie man glaubt, sondern oft ganz anders."

Sie packte die kleinen Kreuze wieder ein, raffte ihre Sachen zusammen, und im Nu war sie fertig angezogen. „Bist du jetzt auf der Flucht, mein Schatz, so schnell bin ich nicht." „Na, dann muss ich dir helfen", und sie zog mir mein Shirt über, dabei fasste ich sie an den Hüften, zog sie an mich und knallte ihr einige Küsse auf ihren Mund.

Sie warf mich auf den Rücken, küsste mich und sagte: „Mein Engel, jetzt ist Schluss, sonst komme ich nie heim." „Na, dann bleibst du bei mir, das wäre das beste Geschenk auf Erden", erwiderte ich lächelnd. „Und wo würden wir wohnen?", fragte sie. „Wir beide finden sicher eine Hütte oder Wohnung, wo wir uns wohlfühlen und die Liebe leben könnten."

„So, komm, bitte, fahren wir." „Okay", antwortete ich und fuhr zurück zum Parkplatz, nahm sie kurz nochmals in die Arme, küsste sie und wünschte ihr und ihrer Maus eine gute Nacht. „Bitte sag mir Bescheid, ob zu Hause alles okay ist und ob du beschimpft worden bist, denn das brauchst du dir nicht gefallen zu lassen."

„Ciao", sagte Isy, „danke und pass auf dich auf, hab dich lieb", stieg aus und sprang schnell in ihr Auto, startete und brauste ab. Schnell war sie weg und aus meinem Blickfeld verschwunden. Ich fuhr langsam heimwärts, blieb im Wald vor meinem Zuhause stehen und schrieb meiner Liebsten meine Gedanken und Gefühle bei unserem Treffen mit Isy.

Ich hatte mich bereits schlafen gelegt, als ihr SMS kam: „Danke nochmals für die lieben Kreuze, danke für den schönen gemeinsamen Abend. Hab meiner Kleinen das Herz gegeben, die hat sich sehr gefreut und mich gefragt, von wo ich dieses habe. Ich habe ihr geantwortet: ‚Das habe ich von einem Engel!' Sie hat mich angesehen, gelächelt und gesagt: ‚Na gut, dann sag ihm Danke.' Hab dich lieb, und schlaf gut."

Ich hatte diese Woche ein paar Kunden zu betreuen, und daher konnten wir uns nicht treffen, sondern nur SMS schrieben und „H" sagen. Dafür wurden das Verlangen und die Freude, seinen Liebling bald wiederzusehen und zu treffen, immer größer.

So war ich froh. Ich hatte Isy ein SMS geschrieben, dass ich, wenn ich Freitagabend zurückkäme, zu ihr fahren würde, um eine Kleinigkeit zu essen, wenn ich so spät noch was bekäme, was Isy als selbstverständlich erachtete und bestätigte, dass sie sich freue.

„Du kommst aber spät, war viel Verkehr oder ein Unfall?", fragte sie, als ich sie mit innigsten Wangenküssen begrüßte. „Nein", antwortete ich, „es hat fast bis Passau geschüttet und ich bin später weggefahren als geplant, darum meine Verspätung, aber die Liebe hat mich mit Flügeln zu dir getragen, darum bin ich schon da."

Der Abend war schlecht für uns, denn ihr Wachhund hatte keine Gäste, so war er auch in der Gaststube als „Gast", und wir konnten nicht so intensiv plaudern oder ein paar versteckte Zärtlichkeiten austauschen. Es wurde spät, und da ich auch müde wurde, verabschiedete ich mich von Isy und machte mich traurig auf den Heimweg.

Der Samstag begann für mich später, da ich bis 9 Uhr geschlafen hatte. Aus der Freitagspost entnahm ich ein Schreiben von der PVA, öffnete das Kuvert, und da las ich, dass meine Kur bewilligt war, genau zu dem erhofften Termin. Das wäre eine tolle Situation, wo Isy mich besuchen oder vielleicht eine Nacht bleiben könnte, um wieder einmal so einen Tag zu verbringen, wie in dem Hotel, wo Körper und Sex von beiden explodiert waren.

Am Abend hatte ich nichts Schnelleres zu tun, als zu meinem Schatz zu fahren. So fuhr ich schon gegen 21 Uhr von zu Hause weg, um ihr von meiner Kur mitzuteilen. Das Lokal war prall gefüllt, und so blieb vorerst keine Zeit, mit ihr zu plaudern. Ich wartete, bis die meisten Gäste gegangen waren, um mit meinem Schatz zu reden.

Isy setzte sich nach Mitternacht zu mir und sagte: „Entschuldigung, aber ich musste mit den Gästen etwas trinken, denn der eine hatte Geburtstag und hat mich eingeladen, so konnte ich das nicht ignorieren. Aber jetzt bin ich da." Ich legte kurz meinen Arm um sie, zog sie an mich und gab ihr einen Wangenkuss.

„Schatz, ich muss dir etwas sagen: Ich fahre in einem Monat drei Wochen auf Kur nach Kärnten, da wäre es schön, wenn du mich besuchen könntest, damit der Entzug unserer Liebe und unseres Vertrauens nicht zu groß wird." Isy blickte mich an und sagte: „Was? Du machst „Urlaub" und lässt mich allein!"

„Wenn ich Urlaub mache, dann nehme ich dich mit, auch deine kleine Maus, ich hätte damit kein Problem. Wenn du mich nicht besuchst, versprich mir bitte, dass du dich täglich meldest, schreibst oder ‚H' sagst. Du weißt, wie wichtig mir unsere Liebe und besonders du bist, da du mit dem zu leben Sonne in uns gebracht hast."

Sie sah mich an, lächelte, legte versteckt ihre Hand auf meinen Oberschenkel und sagte: „Ja, ich melde mich, versprochen, ich lass dich nicht allein." Ich drückte ihre Hand im Sinne des Vertrauens, denn ich wusste, wie schnell Isy bei Schlägen aus dem Umfeld wieder in ein tiefes Loch fiel, und dann kostete es viel Kraft, sie aus diesem Tief wieder rauszuholen.

So saßen wir den Abend gemeinsam an der Bar und schenkten uns viele liebe, zärtliche Worte und genossen, uns nahe zu sein, was sonst nur bei unseren Treffen möglich war. „Komm", sagte ich, „jetzt machen wir noch ein Tänzchen zu den Seer'n?" „Okay", antwortete sie, und wir hielten uns zärtlich fest, ganz nahe, die Wärme und Liebe zu spüren.

Wir setzten uns nach dem Tanz nochmals an die Bar, plauderten ein wenig, und lange nach Mitternacht verabschiedete ich mich von meinem Schatz, sagte ihr mit einem Küsschen Gute Nacht und dass ich ihr noch ein SMS sende. Isy brachte mich zur Türe, da diese schon verschlossen war, ein schneller unerwarteter Kuss beendete meinen Besuch bei ihr, ich winkte noch und fuhr nach Hause.

Sonntagmorgens sah ich Isy mit ihrer kleinen Maus, da sie in die Kirche ging, was ihr immer sehr wichtig war. Ich sage ihnen kurz Hallo, ob Isy ausgeschlafen sei, fragte ihre Kleine, wie es ihr gehe, ich mir einen Kaffee kaufen und die Zeitung lesen werde, da es mir zu Hause zu kalt sei, was Isy mit einem versteckten Lächeln kommentierte.

Abends fuhr ich zum Tarock und anschließend wie immer zu meinem Schatz. Doch ich war enttäuscht, denn als ich ins Lokal kam, sah ich, dass die Küche bereits geschlossen war und nur mehr vier Leute an der Bar standen und Isy nicht zu sehen war, das hieß, sie war schon in der Wohnung und für heute nicht mehr für mich da. So trank ich noch eine Tasse Kaffee und ein kleines Bier. Die Kellnerin sah mich verdutzt an, als ich ihr sagte, dass ich bezahlen möchte, denn sonst blieb ich immer lange, nur um bei meinem Liebling, Isy, zu sein. So war es für mich klar, da bleibe ich nicht, sondern ich fuhr nach Hause.

Bei mir zu Hause war niemand, meine Frau war ausgeflogen und noch unterwegs, so ging ich ins Bad, putzte mir die Zähne und duschte mich, bevor ich es mir vor den Fernsehapparat bequem machte. Dann nahm ich mein Handy, schrieb meinem Engel ein langes SMS, voller Liebe, wünschte Gute Nacht und ließ sie wissen, dass ich sie vermisse. Isy antwortete sofort: „Bitte sei nicht traurig, aber ich habe die Zeit genutzt, meine Maus für die Schularbeit zu prüfen, da es sonst immer spät wird, ich weiß, du verstehst mich. Wünsche dir eine gute Nacht, bis morgen früh, schlaf süß." Eine kurze Antwort mit einem Gutenachtkuss, von meiner Freude auf den Morgen und dass ich sie liebe, schrieb ich zurück.

Montagmorgen war angebrochen, ich freute mich, meinem Schatz „H" zu sagen und sie aufzumuntern, ein Treffen für uns zu arrangieren, da nur mehr zwei Wochen bis zu meiner Kur verblieben. Die Freude war riesengroß, Isy fuhr an mir vorbei, und als ich dachte, sie fährt bereits zurück, rief ich an. „He, du hast es aber eilig", antwortete sie, als sie sich meldete. „Schatz, schenk uns bitte ein paar Minuten und komm auf den Parkplatz." „Ich weiß nicht, wenn uns jemand sieht", antwortete sie. „Hab doch keine Angst, und vertrau uns Schatz, es stehen nur ein paar Autos da, da fällst du sicher nicht auf, denn neben mir ist Platz, so kannst du unbeobachtet umsteigen." „Okay", sagte sie, „aber ehrlich nur kurz", und da bog sie bereits auf den Parkplatz ein.

Sie parkte zwei Autos neben mir ein, schaute sich um, näherte sich mit schnellen Schritten und stieg ein. „Hallo Liebes." Ich drückte Isy voller Liebe und Sehnsucht an mich und küsste sie leidenschaftlich. „Na, bist du auf Entzug, willst du mich vernaschen?", fragte sie. „Ja, gerne", antwortete ich, da gibt mir Isy einen zärtlichen Schlag auf den Rücken und antwortete: „Ja, ja du Lauser!"

„Schön, dich am Morgen in den Armen zu halten und dich mitsamt deiner Wärme und Liebe zu spüren." „Ja, ich habe es auch vermisst", sagte sie, „schade, dass ich nicht viel Zeit habe, aber ich wollte dich auch kurz sehen und spüren, du bist ja was Wertvolles und Besonderes für mich. Komm, halte mich kurz fest, dann muss ich zurück."

Isy an meinem Körper zu spüren war wie frisches Blut in den Adern zu haben, der Körper blühte auf, und was Leben bedeutet, kann man erst erleben, wenn man diese Gefühle wie mit Isy erlebt hat, sie war für mich einfach Liebe und Leben in einem, wie ich nur sie lieben konnte, das Vertrauen und die Wahrheit zu ihr waren mir sehr, sehr wichtig.

Isy zog mich an sich und küsste mich. „Mein Engel, ich muss jetzt, wir hören uns, aber du weißt, nichts riskieren, sonst ist das Schöne aus." Ich gab ihr auch noch einen intensiven Kuss und sagte: „Danke, für deinen Mut und dass du mich gewärmt hast, hab dich ganz fest lieb. Melde dich, und bitte schenke uns noch ein Treffen vor meiner Kur, schauen wir mal", antwortete sie, stieg um und fuhr an mir vorbei, schnell zu sich nach Hause.

Kurz vor Mittag kam ein SMS, wo sie mir schrieb, dass sie morgen Nachmittag, wenn es schön wäre, eine Runde gehen wollte, da das Wetter sehr warm und sonnig werden würde, sonst am Mittwoch. Ich schrieb ihr zurück, dann könnte ich eine Runde mit dem Rad fahren und wir könnten uns treffen, wäre mal etwas anderes! Kannst aber trotzdem mal ‚H' sagen, Schatz." Ein Okay kam als Antwort.

Der Dienstag war mit einem „H" morgens alles, was sich tat, und so konnte ich meine Arbeit bewältigen, aber meine Gedanken waren bei meinem Schatz. Allein der Gedanke, sie dann drei Wochen nicht zu sehen, gab mir einen Stich ins Herz. Sie war alles, was ich in den Jahren vermisst hatte, genau wie Isy es oft mir erzählte, wie gut sie sich fühlte, wenn wir uns getroffen und geliebt hatten.

Isy ging mittwochmorgens in die Kirche, ihre Mutter ging voraus, Isy ließ sie immer früher aussteigen, da sie auch Schmerzen in den Füßen oder in der Hüfte hatte. Isy aber parkte dann erst ihr Auto. Als sie um die Ecke kam, hatte ich das Fenster geöffnet, „Guten Morgen" gerufen und sie gebeten, nachmittags Luft zu schnappen, was sie mir bestätigte. „Ich melde mich, ciao", und sie ging in die Kirche.

Gegen 14 Uhr 30 kam ihr SMS, und sie teilte mir mit, um ca. 16 Uhr Luft zu schnappen und ob ich da Zeit hätte. Ich antwortete, dass ich das Rad nehmen würde, um uns zu treffen, da könnten wir im Wald spazieren gehen. „Ich komme auf der Straße des Nachbarortes, passt dass?" „Ich gehe dir entgegen", schrieb sie zurück, „bis später".

Gegen 15 Uhr machte ich mich auf den Heimweg, zog mich um, nahm das Rad und fuhr langsam los, um nicht zu spät zu kommen. Kurz vor 16 Uhr rief mein Schatz an, dass sie bereits unterwegs sei und ob ich von der vereinbarten Seite kommen würde? „Bin fast da", antwortete ich; als ich aus dem Waldstück kam, sah ich Isy bereits winkend stehen.

Ich fuhr am Waldesrand entlang, dann über ein Wiesenstück zu ihr, da sie nahe am Wald stand, um nicht gesehen zu werden.

Ich legte das Rad in der Sonne ab und ging zu ihr, umarmte sie und eine Lawine von Küssen überfiel uns. „Hier ist es aber zu kalt im Schatten", sagte sie. „Na, dann gehen wir in die Sonne." Ich blicke mich nach einem geeigneten Platz um und fand ihn sogleich. „Was hier", sagte Isy, „wenn da jemand kommt und uns sieht." „Da kommt keiner, Liebes, hab doch nicht immer solche Angst." „Du hast keine, das weiß ich, denn du lebst es, und ich empfinde Angst." Dabei setzte ich mich seitlich auf das Rad, umarmte ihr Becken. Zog sie an mich, nahm sie in den Arm und hob sie auf meinen Schoß. Sie lehnte sich zurück, und die Sonne ließ ihre wärmenden Strahlen auf uns nieder. „Wahnsinn", sagte Isy, „wie gut uns Menschen die Sonne tut."

„Ja, Schatz." Ich drehte sie seitlich zu mir und streichelte ihre Wangen, gab ihr zärtlich ein paar Küsse, streichelte über ihre Brüste, schob meine Hand unter ihr Leibchen, massierte ihren schönen, geilen flachen Bauch, dann legte ich meine Hand zwischen ihre Oberschenkel.

Sie küsste mich, wobei ich langsam ihre kurze Sporthose runterzog. „He, aber doch nicht hier", sagte sie und schaute mich lächelnd, aber fragend an. „Warum nicht?", erwiderte ich. „Hier scheint die Sonne, es ist warm, was du auch liebst; kannst du dir einen schöneren Platz vorstellen?" „Nein, es ist schön hier, aber du kennst mich, ich finde immer etwas, was nicht passt, denn es könnte immer etwas passieren oder jemand kommen", antwortete sie. „Ach, Schatz, komm her, lehne dich an und genieße, ich tue es doch auch, wenn du dich an mich schmiegst."

So setzte ich meine Streicheleinheiten fort, hob Isy hoch und zog ihre Sporthose samt Slip runter, half ihr mit einem Fuß heraus, sodass ihre Möse frei war, und setzte sie auf meinem Schoß. So konnte ich ihre heißen Zonen, all ihre Reize streicheln. Seitlich an mich gelehnt, in der Sonne sitzend, liebkosten wir uns und genossen die Situation.

„Warte einen Augenblick, Isy." Ich stand auf und zog meine Radhose samt Unterhose runter, setzte mich in die Sonne schauend hin, nahm sie bei der Hand und setzte sie auf meinen Schoß, sodass ich ihr in die Augen sehen konnte. „Wir beide sind verrückt", sagte

Isy. „Ja, mit dir ist es ein Wahnsinn, Schatz, ist es nicht schön, sich einmal anders bzw. woanders zu lieben?", erwiderte ich.

„Es ist schön hier mit dir", antwortete sie, „doch ein wenig Angst ist schon da." „Komm, lehne dich zurück, stütze dich an meinen Knien ab, genieße und liebe, so wie es in uns lebt." Sie schaute mich an, lächelte, lehnte sich zurück und stützte sich ab. Ich hob ihren Schoß hoch, griff nach meinem Penis und schob ihn in die vor mir leicht geöffnete heiße Möse.

Isy schlang ihre Arme um meinen Nacken, und eine Welle der Begierde und Leidenschaft stieg in uns auf. Isy war abgelenkt, auf mir sitzend, den Kopf an meine Schulter gelegt. Die Angst hatte in diesem Moment keine Chance. „Komm, mein Engel, halte mich fest, denn ich fühle und spüre dich so schön in mir", sagte sie. „Ja, ich dich auch." Tief in ihr, mich leicht bewegend, genossen wir das schöne Intimsein.

„Wenn er bereit ist zu spritzen, Schatz, musst du schnell deinen heißen, festen Po hochheben, sonst ist die Belohnung, mein Sperma in dir, und du weißt ja, was dies bedeutet." „Bist du verrückt, das wäre das Ende, aber bitte sag es bald genug." „Ja", versprochen, „aber jetzt muss erst alles massiert und gefickt werden." Isy lehnte sich zurück, stützte sich an meinen Knien ab, und wir stießen uns heftig. „He Schatz, jetzt kommt dein Geschenk."

Isy hob schnell ihren Po hoch, und ich spritzte all mein Sperma auf ihre Oberschenkel. Sie gab mir einen Kuss und sagte: „Hier kann wenigstens nichts passieren, alles weggewischt, fertig. Wir beide sind wirklich verrückt, egal wo wir uns lieben, die Gefühle und Momente können und bewirken sehr viel, bei dir auch?"

„Wenn du bei mir bist, wir uns treffen, uns die Gefühle mitteilen und uns lieben, ja, das kann wirklich was, wie man sich da besser fühlt und Glück und Freude ausstrahlt, so wie du auch, mein Schatz, obwohl du es öfters leugnest, aber wenn du dich wieder eine Woche lang versteckst, Angst hast und ich vor lauter Druck empfinde zu explodieren, das kann auch was, aber was anderes, viel zerstören statt heilen."

„Sie erhob sich, zog sich ihren Slip und die Sporthose hoch, schaute mich an und sagte: „Hast du etwas zum Abwischen?"

„Ja", antwortete ich, „in meinem Raddress ist hinten eine Tasche, da sind sicher ein paar Taschentücher, denn die nehme ich immer mit zum Abwischen, wenn ich extrem schwitze." Isy nahm sie heraus, wischte sich ab und zog ihren Slip samt Hose hoch, was auch ich tat.

Sie setzte sich wieder auf meinen Schoß, ich umarmte sie, und so genossen wir gemeinsam die letzten Sonnenstrahlen. Nach einer Weile sagte Isy: „Muss jetzt wieder nach Hause, bist du mir böse, wenn ich jetzt nach Hause gehe, mir wird kalt, und nicht dass ich krank werde, das würde mir noch fehlen."

Wir erhoben uns und gingen Hand in Hand gemeinsam den Weg entlang. Als die Sonne hinter den Bergen begann unterzugehen, nahmen wir uns nochmals in die Arme, küssten uns und versprachen, uns nochmals kurz vor meiner Abreise zur Kur zu treffen, um uns ausgiebig verabschieden zu können. Sagten uns, dass wir uns liebten und trennten uns.

Ich fuhr langsam die Straße zurück, als ich an der obersten Stelle angekommen war, drehte ich mich um und winkte Isy noch, was sie auch freudig erwiderte. Als sie in der Senke verschwand, stieg ich aufs Rad und fuhr langsam, glücklich und mit freiem Herzen nach Hause. Nach meinem Eintreffen daheim ging ich ins Bad, um zu duschen, und außerdem, Frauen haben empfindlichere Nasen, um nicht zu riechen. Donnerstag und Freitag tat sich nichts auf mit einem Treffen. So blieb mir nichts anderes übrig, als abends zu meinem Schatz zu fahren. Isy fand immer eine Lösung, um uns zu treffen, sofern sie nicht die Angst oder der Druck überfielen, denn ihr Herz lebte genauso auf wie meines. Sie hatte wie ich Gefühle und Liebe geweckt, was uns beiden so guttat, da wir wieder Freude und Leben in uns verspürten, was uns beiden so fehlte, aber in unsere Herzen gelegt hatten.

So fuhr ich wie immer gegen 21 Uhr los, parkte mein Auto und ging ins Lokal. Isy war heute in der Küche schon fertig und saß bei den Gästen, um zu plaudern. Sie sah mich sofort und winkte mir lächelnd zu, was ich auch freudestrahlend erwiderte. Ich ging an die Bar, bestelle Kaffee und ein Stück Kuchen, da ich wusste, den machte Isy für mich.

Es dauerte eine Weile, bis sie zu mir kam, mir kurz Hallo sagte und mir ein Begrüßungsküsschen gab. „Muss noch kurz was herrichten in der Küche, dann komme ich", sagte sie und verschwand in der Küche. So blickte ich mich um, ob Bekannte hier waren, doch heute war niemand da, mit dem ich plaudern konnte.

Die Kellnerin brachte mir meine Torte, welche Isy toll verziert hatte, fast zu schade, um sie zu essen, so ließ ich sie noch stehen, trank meinen Kaffee aus und bestellte nochmals eine Tasse. Da kam mein Engel und stellte sich zu mir. „Na, du hast ja noch nichts gegessen", sagte sie, „schmeckt sie dir nicht?" „Mein Liebes, viel zu schade sie zu essen, die gehört gemeinsam vernascht, wie du", antwortete ich lächelnd.

Sie legte vorsichtig ihre Hand auf meinen Schoß, wo ich ihre Hand festhielt, sie zärtlich drückte und streichelte. „Schatz, bitte vergiss nicht, ich fahre am Montag weg zur Kur, und ich möchte dich vorher noch in meine Arme nehmen und deinen Körper spüren, bitte", sagte ich leise. „Ich setze mich noch kurz zu den Gästen, dann komme ich zurück zu dir, und wir reden darüber, einverstanden?", sagte sie.

„Okay, ich bin ja nur wegen dir hier, und darum warte ich gerne auf dich." Isy ging an den Tisch zurück und setzte sich wieder an ihren alten Platz. So aß ich genüsslich meine Torte und beobachtete die Gäste, was ich für mein Leben gern tat. Die Zeit verging, und als ich mich umdrehte, standen die Gäste auf und verabschiedeten sich von Isy. Sie räumte die Tische ab, wischte alles sauber und räumte noch den Geschirrspüler ein. So sagte sie: „Jetzt habe ich mir ein Pfifferl verdient, trinkst du auch eines mit?" „Mit dir gerne, aber bitte mit viel Liebe servieren, sonst schmeckt es mir nicht", antwortete ich. Dabei sah sie mich strahlend an, servierte uns die Getränke und nahm neben mir Platz. Wir saßen da und ließen unserer Liebe freien Lauf, immer darauf bedacht, keinen Verdacht aufkommen zu lassen, was ich ab und zu nicht schaffte, denn wenn ein Moment Luft war, umarmte ich sie und gab ihr schnell einen Kuss. Isy erschrak oft und sagte: „Bist du verrückt, wenn das jemand sieht!"

„Wenn ich dich nicht sehe und spüre, dann spielt mein Inneres verrückt, du bist mein Leben und meine Liebe, Schatz, antwortete ich meist. „Ich weiß", antwortete sie, „du bist ja auch was Besonderes und Wertvolles für mich, ich lasse dich nie allein, ich brauche dich ja noch länger." Sie griff versteckt nach meiner Hand und drückte sie fest.

Die Gäste wurden immer weniger, und die Kellnerin sprach mit Isy, ob sie noch bleiben solle! Da nur mehr drei Personen, außer mir, da waren, ließ Isy sie nach Hause gehen. „Das mach ich schon", antwortete sie. Die Kellnerin kam zu mir und sagte: „Du bleibst da und passt auf die Chefin auf, du weißt, mir geht es besser, wenn jemand da ist, bei den Leuten", und sie blickte mit Ablehnung zu den drei Gästen, die schon einiges konsumiert hatten.

„Okay, das tue ich gern", und so ging die Kellnerin sich umziehen. Isy stand auf, da die Gäste noch Getränke bestellten, und schenkte ein. „He, kannst du die Türe zusperren?", rief mir die Kellnerin zu, als sie ging. „Ich komme schon", antwortete ich, ging durch die Küche, um hinter ihr die Türe zuzusperren, welche von der Küche ins Freie führte, da ich dies des Öfteren schon getan hatte.

Drehte das Licht aus und ging zurück ins Lokal. „Danke, bist ein Braver", sagte Isy und strich mir zärtlich über den Rücken, als ich an ihr vorbeiging; ich setzte mich wieder an meinen Platz. „Muss nur kurz für kleine Mädchen und komme gleich wieder", sagte sie zu mir und verschwand durch die Küche in ihren Wohnteil des Hauses.

Als sie nach einer Weile zurückkam und sich wieder neben mich setzte, sagte ich: „He, Mäuschen, nachgeschminkt und neu eingeduftet, du riechst erotisch und verführerisch." „Dir fällt doch immer alles auf", antwortete sie. „Komm, stoßen wir mal an und trinken auf uns." „Eine gute Idee", sagte ich, „auf uns ist immer gut." So saßen wir noch eine Weile und plauderten, als einer der drei stark betrunkenen Gäste zahlen wollte und Isy bat, ihnen ein Taxi zu rufen. So stand sie auf, ging zum Telefon, ruft ein Taxi und rechnete die Zeche der Männer zusammen. Es dauerte nur zehn Minuten, dann war das Taxi hier, die Männer verabschiedeten sich und gingen hinaus, um auf das Taxi zu warten. „Endlich mit dir allein, mein Liebling." Ich stand auf, um zur Toilette zu gehen. Isy stand neben dem Ausgang, ich musste sie umarmen und mit einem Kuss belohnen. „So kann ich leichter rausgehen", antwortete ich und ging weiter. Als ich nach ein paar Minuten wieder zurückkam, hatte Isy noch zwei Pfifferl für uns eingeschenkt, und wir waren ungestört.

„Bitte übertreib nichts, er ist draußen und kommt sicher gleich mal nachschauen, du weißt, mein Wachhund", sagte sie. Kaum hatte sie dies gesagt, kam er zur Türe rein. „Na, was ist da los, wo sind die Gäste?", fragte er. „Die haben wir vertrieben, damit wir ungestört sind", antwortete ich. Er sah mich verdutzt an, lachte dann kurz und verließ uns wieder. „Du hast auf alles gleich eine Antwort, bist ein Wahnsinn", sagte Isy und lehnte sich kurz an mich, dabei drehte ich ihr meinen Kopf zu, und ein heißer, kurzer, aber intensiver Kuss traf ihren heißen, zärtlichen Mund. „Auf eine blöde Frage folgt die richtige Antwort, Schatz", erwiderte ich. Isy schaute mich an und sagte: „Wann musst du am Montag weg zur Kur?" „Warum fragst du, mein Engel, willst du mir sagen, wann wir uns treffen, um uns in Liebe zu verabschieden?" „Du lässt wohl nichts aus", antwortete sie. „Ja, mit dir nicht, mein Liebes, denn es gibt keinen Moment in meinem Leben, wo du mir nicht fehlst", antwortete ich. Isy legte kurz ihren Kopf an meine Schulter, sah mich an und erwiderte: „Ich weiß nicht, ob ich Luft habe, um kurz mal rausgehen zu können, aber schauen wir mal, okay!"

„Okay, Schatz, aber bitte versuch es, du weißt, wie weh es tut, das Liebste drei Wochen nicht zu sehen, oder kommst du mich besuchen? Ich reserviere dir ein Zimmer, kannst aber auch bei mir schlafen, ein Zimmer für uns allein, wäre das nichts?", fragte ich. „Ja, das wäre schön, aber wie soll ich hier weg, bin immer bewacht, habe keine Luft, und ohne mich geht nichts", erwiderte sie.

„Du kennst meine Antwort, Schatz?" „Das weiß ich, aber wenn ich eine Lösung hätte, würde ich es sofort tun, mich hält sonst nichts hier, immer beschimpft zu werden, nichts tue ich und ist recht, einfach mit dir abhauen und irgendwo bleiben, egal wo, das könnte schon was." Isy schaute mich an, ein Strahlen erleuchtete ihr hübsches Gesicht. „Schatz, bitte lass uns die Liebe leben, so wie wir sie in all den Wochen und Jahren schon erlebt, geliebt und voller Leidenschaft an vielen Orten und in vielen Situationen erlebt haben. Die Zärtlichkeiten und körperlichen Liebesposen genießen, gibt es was Schöneres?"

„Du hast mir so viel gegeben, was ich nie kannte, mir immer gewünscht und mit dir erlebt habe, danke, du bist ein Engel für mich", sagte sie. „Ja, das muss ich dir sagen, du bist was Besonderes und Wertvolles, das ich nie missen möchte." Ich nahm sie in den Arm, wobei ich immer auf der Hut war, dass ihr Wachhund nicht kam, gab ihr einen dicken Kuss auf ihre Lippen und sagte: „Ich liebe dich." „Ich dich auch", antwortete Isy, „aber bitte, bist du mir böse, wenn ich dir sage: Bitte lass uns jetzt Schluss machen? Ich habe Angst, dass er reinkommt und einen Aufstand macht." „Wenn du dich wohler fühlst; versuchst uns zu treffen, dann von Herzen gerne, ich will dich glücklich in meine Arme nehmen mein Schatz", antwortete ich ihr.

So bezahlte ich, zog mich an und bat Isy, mich rauszusperren, da die Ausgangstür verschlossen war. „Okay", sagte sie und ging mit mir zum Ausgang. Sie sperrte auf, ich öffnete die Türe, ich gab Isy einen Abschiedskuss, mit viel Liebe, und ich bat sie nochmals, alles für ein Treffen zu versuchen, bevor ich ihr eine gute Nacht wünschte. Ging zum Auto und fuhr nach Hause.

Ich war noch nicht daheim, als Isy ein SMS schrieb: „Wie du gefahren bist, wollte ich dir sagen: Bitte nimm mich mit, damit ich in diesem Iglu nicht erfriere, du hast mir wieder Mut und mein Herz verrückt gemacht, muss noch in der Bibel lesen, sonst kann ich nicht schlafen, hab dich lieb und vermisse dich, schlaf gut und Gute Nacht." Meine Antwort ließ nicht auf sich warten: „Liebes, ich freue mich, dein Herz gewärmt und verrückt gemacht zu haben, aber mein Herz und meine Liebe sind bei dir, wärmen und beschützen dich, und ich freue mich, wenn wir uns irgendwo treffen, egal wann und wo, aber bitte bevor ich wegfahre, bitte, hab dich lieb und schlaf süß!" „Schlaf du auch gut, liege wach und lese noch, wäre schön, dich neben mich zu spüren, wenn ich einschlafe. Dann antworte ich nicht mehr", schrieb sie zurück. So dürfte es dann auch zugetroffen sein, denn als ich ihr noch vorschlug, früh morgens oder nachmittags kurz Luft zu schnappen, antwortete sie nicht mehr.

Als ich um 4 Uhr 30 morgens wach wurde, sah ich aufs Handy, ob mein Schatz noch geantwortet hatte, doch leider nicht mehr. Ich lag wach, dachte an sie, wie schön es wäre, sie immer an meiner Seite zu spüren, ihre Liebe und ihren Körper an meinem rasten zu lassen; es war so schön mit ihr, sie zu lieben. Drehte mich zur Seite, um noch eine Weile zu schlafen oder zu rasten. Da ich das Gefühl hatte, ausgeschlafen zu sein, lag ich wach. Draußen war es noch dunkel, da kam ein SMS von meinem Schatz. „Ich bin schon wach und musste dir schreiben, bist du auch wach?", fragte sie. „Ja, ich bin auch schon wach und habe an dich gedacht, nachdem du mir sagtest, ich hätte dein Herz und deinen Körper in Wallungen versetzt. „Ja, das hast du, und ich konnte lange nicht einschlafen", antwortete sie. „Es wird langsam hell draußen, und ich gehe dann raus, das wollte ich dir sagen." „Was tust du?", schrieb ich zurück. „Du gehst raus, da bin ich in zehn Minuten bei dir, einverstanden!" „Ja, sonst kann ich mich auch nicht verabschieden, weil ich nicht weiß, wann ich es schaffe. Er ist erst um 5 Uhr ins Bett, und wie, du weißt, was ich meine; da kann ich ohne Angst rausgehen, da gehe ich niemandem ab.

„Okay, wo soll ich auf dich warten?", fragte ich. „Ich gehe auf der Schotterstraße von uns weg Richtung Berg rauf, da wartest du, denn es ist starker Nebel, da sieht uns niemand. Bis dann", war ihre Antwort. „Geht in Ordnung, ich warte oben auf der Anhöhe", war meine Antwort. So stand ich auf, zog mich leicht an, um keine Zeit mit Isy zu verlieren und fuhr los.

Ich bog langsam in die schotterige Nebenstraße ein, in Richtung Treffpunkt, parkte das Auto rückwärts ein und stellte den Motor ab. Dichter Nebel versperrte mir die Sicht. So konnte ich nur hoffen, den richtigen Treffpunkt von Isy aus ihren Worten entnommen zu haben. Leise Morgenmusik kam aus dem Autoradio, und ich wartete auf meinen Schatz. Durch die Nebelwand näherte sich ein Schatten, und nach der Größe zu urteilen, hätte es Isy sein können. Meine Blicke ließen den Schatten nicht mehr los, und ich hatte mich nicht getäuscht, jetzt konnte ich sie genau erkennen, als sie auf mein Auto zukam. Sie winkte kurz, ging auf mich zu, öffnete die hintere Autotür und stieg ein.

„Schönen guten Morgen, mein Engel!" „Guten Morgen ist gut gesagt", antwortete sie. Ich stieg zu ihr nach hinten, umarmte sie, beschenkte sie mit Küssen und Streicheleinheiten. „Komm, ich will dich fühlen, wie du geschaffen bist, Schatz", sagte ich zu ihr, nahm ihr die Jacke und den BH weg, zog ihr die Jogginghose und den Slip aus, und ein heißer, sehnsüchtiger, nach Liebe suchender Körper lag vor mir.

„Wow, Schatz, welch ein süßer, verführerischer Körper!" Schnell warf ich meine spärliche Bekleidung zur Seite, zog Isy an mich, als mich ein warmer, zärtlicher Körper empfing und mit beiden Händen festhielt. Isy schmiegte sich an mich, dabei streichelte ich ihren Rücken, griff fest an ihre Pobacken und knetete diesen. „Komm", sagte Isy, streichelte meine Brust und schlug einen Fuß über mich, so konnte ich ihre heiße Möse ertasten.

„So geht das nicht." Ich drehte Isy auf den Rücken, kniete mich über sie und schob meinen Kopf zwischen ihre weit geöffneten Schenkel, wo ich ihre Möse zu lecken und saugen begann. Isy hielt meinen Penis fest, der stattlich angeschwollen war. Langsam griff ich an ihre Lippen und zog sie auseinander, so konnte ich von oben nach unten und ihre Öffnung massieren. Mit einem kurzen Ruck schlüpfte Isy unter mir durch, warf mich auf den Rücken und setzte sich auf mich. „Jetzt bist du mir ausgeliefert", sagte sie mit einem freudigen Lächeln: „Ich habe nicht so lange Zeit", fügte sie hinzu. Sie hob ihren Po, führte meinen Penis in ihre heiße Möse ein und trieb meinen Penis mit ihren kleinen, intensiven Bewegungen ihres Pos zum Wahnsinn. Ich konnte mich nicht mehr halten und stieß zu. Dabei fasste ich an Isys Brüste und lehnte sie zurück, um ihre Brüste fester zu kneten und dabei ihren Schoß weiter zu öffnen. „Schau, mein Schatz, wie geil du meinen Schwanz in dir aufnimmst." Zog sie leicht nach vorne, damit sie ihn sehen konnte, wie er in ihr aus- und einfuhr. „Der sieht aber heiß aus", sagte sie, zog ihre Knie an, und so saß sie fest auf mich, wo eine Flut von Stößen begann. „Mein Liebes, er will dich ganz tief aufspießen." Ich griff unter ihre beiden Oberschenkel, hob sie hoch, öffnete noch mehr ihre Schenkel und ließ sie fest auf meinen Schwanz fallen, der tief in sie eindrang. „He, das ist gemein", sagte sie, „da kann ich nichts gegen tun!" „Das sollst du auch nicht, Liebes. Du sollst genießen, meinen Schwanz fest in dir aufnehmen und uns gegenseitig glücklich machen, dafür bekommst du das ‚Geschenk'; hoffe, ich auch von dir." So ließen wir unseren Gelüsten und unserem Verlangen freien Lauf. „Jetzt kommt ein tolles Finale!" Sie schlang ihre Füße um meinen Hals, hob ihr Becken hoch, und so stieß ich tief in ihre geöffnete Möse, die sie mir entgegenpresste. „He", sagte Isy laut und sah mich lächelnd an. Ich beugte mich kurz nach vorne, küsste sie, und nach ein paar tiefen Stößen in diesen feuchten, geilen Schoß beendete ich mit einer Menge an Samen auf ihrem Bauch dieses heiße, morgendliche Treffen der Gefühle.

Isy hielt sich immer noch an meinem Hals fest. „Bleib so", sagte ich, so konnte ich ihr meinen Samen von ihrem Bauch wischen. Dann griff ich nach ihr, hob sie hoch und setzte sie auf mich, da ich mich wieder auf den Rücken gelegt hatte. Isy beugte sich nach vorne, ich umarmte sie und küsste Mund und Brüste, so blieben wir liegen, um die schöne Morgenstunde wirken zu lassen. „He, mein Engel", sagte sie, „der Nebel ist fast weg und die Sonne geht schon auf, jetzt müssen wir verschwinden, sonst gehen meine Eltern in die Kirche und sehen mich nach Hause kommen, da könnte es Fragen geben, von wo ich komme usw.", sagte sie. „Dann antwortest du mit ‚von meinem Schatz, einem Engel, der mich liebt und wärmt'."

„Das wäre sicher die richtige Antwort", sagte sie, umarmte mich und drückte mich fest an sich. Dasselbe tat ich auch, und sie antwortete: „Bitte lass mich nicht los, halte mich fest, das tut so gut." „Gerne mache ich das, halte dich fest und fahre los, da sieht dich wenigstens niemand, und wenn du sowieso nicht abgehst zu Hause, machst du uns glücklich", antwortete ich.

„Ich muss jetzt gehen", sagte sie, „sonst überlege ich es mir vielleicht auch noch", zog sich BH, Slip, Hose und Jacke an, dabei warf sie mir meine Sachen zu. Auch ich zog meine paar Sachen an. Zog Isy an mich, überhäufte sie mit meinen Küssen. Sie legte sich kurz noch auf mich und umarmte mich. Sah ihr in die Augen, und ein trauriger Blick kam mir entgegen. „Was hast du, Liebes?", fragte ich. „Es war so schön, und jetzt muss ich nach Hause in den Iglu, wie soll das weitergehen, immer diese Angst und diese Kälte, bitte lass mich nicht allein", und kleine Tränen liefen über ihre Wangen.

„Hab doch Vertrauen und keine Angst, ich will alles für dich tun, immer für dich da zu sein, werde nie umfallen, was ich dir versprochen habe; an meine Liebe zu dir lass ich niemanden und kann auch niemanden trennen, dazu bedeutest du mir viel zu viel, mein Liebes." Isy wischte sich die Tränen aus den Augen, griff mir unter mein Leibchen und streichelte mich. Ich öffnete nochmals ihre Jacke, streichelte ihre Brüste, küsste ihren Bauch, griff fest in ihren Schritt und hielt mich daran fest. „Mein Verlangen nach dir ist unbeschreiblich, Liebes." „Ich will nicht gehen, aber ich muss, es wartet auch meine Kleine, und wenn ich nicht da bin, hat sie Angst um mich, verstehst du mich, mein Engel?", fragte sie. „Kann ich verstehen, mein Liebling." „So, jetzt ist endgültig Schluss", sagte sie, erhob sich, schenkte mir eine Lawine an Küssen. „Danke, mein Engel, dass du dir Zeit genommen hast und du so früh gekommen bist." Was antwortete ich? „Ich bin zu früh gekommen?" „Ach du", antwortete sie, „was du wieder meinst", und sie lachte. „So siehst du wieder glücklicher aus, wenn du lachst, und ich freue mich, wenn wir uns abends wiedersehen, Liebes, bitte lebe, und sei nicht traurig, ich liebe dich, diese glücklich strahlende Frau!"

So stand sie auf, schaute raus, stieg aus und ging heimwärts. Sie blickte sich noch einmal um, winkte und begann zu laufen. Lange blickte ich ihr nach, und als sie fast daheim war, hupte ich kurz und fuhr auch nach Hause, wo meine Frau bereits mit dem Frühstück wartete. „Wo warst du schon?", fragte sie. „Kurz in der Firma, habe was Wichtiges vergessen zu versenden, das habe ich in den Postkasten geworfen", war meine Ausrede. Der Freitag war ruhig und lief auch so ab, der Abend bei Isy war nur von Hektik und Stress geprägt, sodass Isy keine Zeit fand, rauszukommen. So verabschiedete ich mich, nachdem mir die Kellnerin mitgeteilt hatte, dass die Chefin bereits in ihrer Wohnung sei.

Den Samstag verbrachte ich in der Stadt und ging einkaufen. In den Geschäften sah ich mich nach ein paar neuen Sachen um, damit meine Garderobe sich wieder sehen lassen konnte. So schaute ich mir auch Auslagen für Dessous und Damenbekleidung an. Ich wünschte mir immer, Isy sei bei mir, um uns gemeinsam hübsche festliche und erotische Kleidung anzusehen, da sie in diesen immer toll aussah, ob voll bekleidet oder in Dessous, genauso auch splitternackt.

Nachdem ich mir Hemden, zwei Jeans und zwei Sommerpullis sowie einige Leibchen gekauft hatte, beschloss ich, eine Tasse Kaffee zu trinken. Ich setzte mich ins Café und schaute mich um. Ach, dachte ich, jetzt ist eine gute Zeit, um Isy zu schreiben und zu fragen, ob sie Luft für ein „H" hätte, da ich einkaufen bin. „Darf ich dir etwas Hübsches mitbringen?", fragte ich.

Es dauerte nur ein paar Minuten und die Antwort war eingetroffen. „Sag in fünf Minuten ‚H', dann bin ich kurz draußen. Ist besser, mein Schatz, wenn du anrufst, dann ist das Risiko geringer." So trank ich noch ein großes Glas Soda Zitrone und wartete. Es dauerte eine Weile, da kam ein Freund, mit dem ich in einem Betrieb zusammengearbeitet hatte, und er nahm neben mir Platz.

Wir plauderten aus vergangenen Zeiten und unterhielten uns prächtig. Nach einer Weile beendete ich unser Gespräch mit den Worten: „Tut mir leid, ich muss los, erwarte noch ein dringendes Telefongespräch!" „He", sagte er, da gerade mein Handy klingelte. Ich stand auf, sagte der Kellnerin, dass ich nur telefoniere, und ging weg, um ungestört zu reden. „Hallo, mein Liebes, warum bist du nicht bei mir, hätte so viele Sachen für deine Haut und deinen Körper gesehen und würde es dir gern schenken", sagte ich zu Isy! „Freut mich für dich, und ich muss arbeiten. Wie geht es dir?", fragte sie. „Na, du weißt, wie du, deine Liebe und Wärme mir fehlen", antwortete ich. „Außerdem habe ich schlecht geschlafen, du warst aber gestern toll zärtlich und liebesbedürftig, als du in meinen Armen gelegen bist und mich dann so toll geliebt hast; du warst wie ein Vulkan, wie du losgelegt hast, einfach Wahnsinn!" „He", sagte sie, konnte ja nicht anders, du hast mir alle Angst genommen, was hätte ich nur tun sollen, bin dir total verfallen, aber es war wunderschön. Sehen wir uns heute Abend?", fragte sie. „Ja, klar mein Schatz, kann ja ohne dich nicht sein, ich brauche dich doch und hab dich lieb." „Ich freu mich auch, wenn du kommst, aber ich komme spät aus der Küche, da ich viel an Kuchen zu fertigen habe", antwortete Isy. „Hat mich gefreut, dass du für mich Zeit hattest", erwiderte sie, muss jetzt rein, und pass auf dich auf, kauf dir ein paar nette Sachen, hab dich lieb", und sie legte auf, bevor ich ihr antworten konnte. Ich ging zurück, mein Freund saß noch da, und so konnten wir unser Gespräch fortsetzen. Es wurde später Nachmittag, bis ich die Heimreise antrat.

Zu Hause packte ich meine neuen Sachen aus, räumte den Verpackungsmüll weg, trug die restlichen neuen Sachen in den Kleiderschrank und ein neues Leibchen ins Bad, um es später für meinen Besuch bei Isy anzuziehen. So versuchte ich, die restlichen Stunden bis zum Treffen mit meinem Schatz mit Fernsehen zu vertreiben. Heute fuhr ich erst gegen 22 Uhr 30 zu Isy, da sie erzählte, später aus der Küche zu kommen. Als ich ins Lokal kam, erschrak ich, wie viele Menschen da waren, prall voll, und das Servierpersonal hatte wahrlich Stress. So suchte ich mir ein Plätzchen und wartete, um bestellen zu können, was nicht leicht war. Meine Blicke gingen durch die Menge und beobachteten, wer und wie die Leute drauf waren, da schon einige Personen stark betrunken waren. Gott sei Dank begannen die ersten Gäste zu gehen, und so wurde es schnell angenehmer, und ich fand einen Platz an der Theke, wo ich auch sofort Platz nahm, um auf Isy wartete.

Die Uhr zeigte bereits 23 Uhr 45, als Isy aus der Küche kam. Sie erblickte mich und kam auf mich zu. „Hallo", sagte sie, „bist du schon lange da?" „Gut eine Stunde, aber hab ja gesehen, dass du im Stress bist, Schatz", und wir gaben uns ein Begrüßungs-küsschen. „Gehe kurz alle begrüßen, und dann mach ich mich ein wenig frisch, dann komme ich wieder", und sie setzte ihren Weg zu den Gästen fort.

Frisch gemacht und duftend kam sie zurück, stellte sich neben mich, und ich fragte sie, ob sie jetzt ein Seiterl Bier mit mir trinken würde. „Du hast recht, das habe ich mir jetzt verdient, und außerdem, kein Schwein trinkt allein'", antwortete sie lachend. Solche Sprüche hatte sie immer auf Lager, die sie meist zielgerecht von sich gab. „Danke und Prost, bist ein Wahnsinn, freut mich, dass du bei mir bist", sagte sie. „Ich freue mich auch, wenn du keine Angst hast und so etwas Zeit bei mir verbringst." „Ja, da muss ich aufpassen, du weißt, die Leute reden viel, wenn der Tag lang ist, und meist Blödsinn und nicht die Wahrheit, denn die kennen sie nicht." „Da hast du recht, Liebes, wichtig ist, dass wir wissen, was wir an uns haben und diese Liebe in all ihren Funktionen und Situationen in uns und mit uns leben, da mir nichts wichtiger ist, als wir beide." Isy sah mich an, nahm leicht meine Hand und drückte sie, um zu spüren, was sie fühlte und auch liebte, genauso wie ich, uns gegenseitig diese Liebe zu schenken.

Die Gäste wurden immer weniger, und so setzte sich Isy zu mir auf die Bank an der Theke, die für zwei Verliebte genau richtig war. So hatten wir Zeit, über uns und was wir die nächsten zwei Tage noch tun könnten, nachzudenken, und unsere Gefühle für die nächsten drei Wochen, wo ich auf Kur sein würde, leben zu lassen.

„Muss mal, Schatz", sagte ich und ging zur Toilette. Als ich zurückkam, hatte Isy zwei Schnäpschen eingeschenkt und wartete auf mich, um anzustoßen. „He, Mäuschen", fragte ich, „was soll das?" „Das muss ich tun, sonst kommst du mir zuvor, und außerdem, wir haben es uns heute schon verdient!"

„Du bist ein kleines, aber wunderschönes Biest, das ich liebe", erwiderte ich. „Komm, stoßen wir an!" Wir tranken es in einem Zug leer. „Mmmh, das schmeckt nach mehr", und ich rief die Kellnerin: „Noch zwei Gläschen bitte!" Isy fragte: „Wie spät ist es jetzt?" „3 Uhr 15", antwortete ich. Darauf erwiderte sie:

„Bin so müde, und immer, wenn ich mich hinsetze, schlafe ich fast ein."

„Bist du beleidigt, wenn ich zu Bett gehe, da ich morgen in die Kirche gehen will? Sonst schaffe ich es nicht, meine Sachen vorzubereiten." „Für dich tue ich es gern und fahre auch heim, aber dafür schenkst du mir vor dem Wegfahren zur Kur noch ein Treffen", erwiderte ich lächelnd. Sie nahm das Gläschen, stieß an und sagte: „Du bist ein Lauser und überlässt nichts dem Zufall."

„Was tut man nicht alles aus Liebe, was man zurückbekommt, ist Reichtum, den man nicht bezahlen kann, denn der kommt von deinem, nein, aus unseren Herzen." Ich griff nach meiner Jacke, zog sie an, bezahlte und bat Isy, mich zum Ausgang zu begleiten. „Ich sperre nur kurz auf", ruft sie ihrem Mann, ihrem „Wachhund" zu, der an einem der hinteren Tische sitzt.

Wir gingen zum Ausgang, Isy öffnete die Tür, sagte mir: „Gute Nacht, komm gut nach Hause. Halte mich fest und lass mich nicht allein." Isy hatte es übersehen, war mein Kuss an ihrem Mund abgelegt; sagte: „Ich liebe dich, und schlaf gut, und zwar so, als würdest du bei mir und in meinen Armen einschlafen." „Okay, mein Engel! Ciao", antwortete sie und schloss hinter mir die Türe.

Im Auto schrieb ich ihr noch ein paar Worte meiner Liebe und des Dankes für ihre Liebe, welches sie zehn Minuten später mit „Hab dich lieb" und einem Gutenachtkuss beantwortete. So fuhr ich nach Hause, duschte mich und legte mich wie immer ins Wohnzimmer, blieb noch lange wach und träumte von Dingen, welche ich mit Isy zusammen tun und erleben, aber nur mit ihr leben möchte.

Nach kurzer Nacht, aber gut ausgeschlafen, stand ich gegen 7 Uhr auf, erledigte meine Morgentoilette, um zur Tankstelle zu fahren, dort zu frühstücken und die Zeitung zu lesen. Ein Freund aus der Nachbargemeinde, welchen ich meist beim Frühstücken traf, war auch schon da, sodass wir gemeinsam an einem Tisch saßen und über die vergangene Woche und die Höhepunkten dieser sprachen. Kurz vor 9 Uhr 15 fuhr ich zur Kirche, um Isy Guten Morgen zu wünschen. Als ich auf den Parkplatz einbog, kam sie mir bereits mit ihrer Tochter durch das Einfahrtstor entgegen. Hielt kurz an, öffnete das Fenster und sagte: „Guten Morgen, die Damen, ausgeschlafen? Ich wünsche euch noch einen schönen Sonntag." „Dir auch", antworteten beide und gingen weiter Richtung Kirche.

Mein Weg führte heimwärts, zog mich aus, schlüpfte in den Fahrraddress, holte mein Rad aus der Garage, um für meine Gesundheit etwas zu tun, und fuhr eine Runde. Nach zwei Stunden zurückgekommen, hatte ich nichts Wichtigeres zu tun, als zu trinken und zu duschen. Anschließend ging ich ins Wohnzimmer, setzte mich in meinen Fernsehsessel und ruhte ein Weilchen, bis es Mittagessen gab.

Isy hatte sich nachmittags nicht gemeldet; wie sie am Vortag sagte, habe sie viel Stress. Gegen 18 Uhr fuhr ich zum Kartenspielen und nach Ende des Spieles zu meiner Liebsten, um eventuell ein paar Streicheleinheiten zu bekommen oder ein Treffen noch, so kam ich strahlend bei ihr an, da Liebe und Glück Strahlen schenkt.

So ging ich ins Lokal, welches schon sehr leer war, nahm an der Bar Platz und bestellte Kaffee und Kuchen. Isy hatte noch in der Küche zu tun, da ich sie lachen hörte, denn auch das war ein markantes Zeichen an ihr, was ich überdies an ihr liebte, da sie damit auch immer Wärme ausstrahlte und schenkte.

„Mein Kuchen, eine Giottotorte, war auf einem weißen, viereckigen Teller angerichtet, an den Ecken leicht mit Schoko bespritzt, mit Weintrauben, Kiwi und Orange toll verziert, ein kleines Herz aus Sahne aufgespritzt, so wurde sie serviert, aber genauso schmeckte sie, nicht zu süß, saftig, und wie alles, was von ihr kam, hatte sie Stil und Geschmack und viele Befürworter. Gerade wollte ich ein Stück Kuchen nehmen, da kam mein Liebling aus der Küche, ging auf mich zu und sagte: „Hallo, freut mich, dich zu sehen. Und, schmeckt sie dir?" „Ja, wenn sie mit Liebe gemacht und auch mit Liebe serviert wird, was kann da schon schiefgehen?", antwortete ich, nahm sie in die Arme, und ein zärtlicher Wangenkuss als Begrüßung folgte. „Ich muss noch ein wenig aufräumen, draußen ein paar Gäste begrüßen und ein Schnapserl mit ihnen trinken, dann komme ich zu dir zurück. Du wartest doch, oder nicht?", fragte sie. „Wenn es nicht zu lange dauert", erwiderte ich, „da ich morgen wegfahre, du weißt es oder hast du es vergessen?" „Nein, ich habe es nicht vergessen, komme bald wieder, okay", und sie geht nach draußen.

So wartete ich, plauderte mit der Kellnerin und fragte sie, ob sie ein Gläschen Wein mit mir trinken möchte! „Ja gern", antwortete sie, schenkte uns ein Glas Riesling ein, und so saßen wir an der Bar, sprachen über unsere Tätigkeiten in der kommenden Woche, wobei ich ihr nicht sagte, dass ich zur Kur fahre und ein paar Wochenenden nicht käme

Es war bereits mehr als eine Stunde vergangen, als Isy wieder ins Lokal kam. Im Vorbeigehen strich sie mir über den Rücken und stellte sich neben mich. „Komm, trink du auch was mit, Mäuschen", sagte ich, da die Kellnerin gerade in der Küche war. „Ein Seiterl Bier kann nicht schaden", erwiderte sie und schenkte sich eines ein. Ich holte einen Barhocker und stellte ihn neben meinen.

Isy nahm ihr Glas und setzte sich neben mich. Ich ergriff ihre Hand und streichelte über ihre Schenkel, aber immer auf das Umfeld schauend. Die Kellnerin kam zurück und putzte die Kaffeemaschine, Theke und die Flaschenladen, so konnten Isy und ich ungestört plaudern. „Schatz, geht sich ein Treffen am Morgen noch aus?" Sie sah mich an, lächelte und sagte: „Ich werde es versuchen, kann es nicht versprechen, wenn, dann aber nicht lange, einverstanden!" Du machst mich glücklich, darum liebe ich dich auch, Schatz", antwortete ich, „soll ich am Parkplatz warten?" „Ja, ist besser, sonst haben wir keine Chance, denn irgendwohin fahren, dazu habe ich keine Zeit." Ich legte meinen Arm um sie, zog sie an mich und gab ihr einen zärtlichen Kuss auf die Wange. So gegen Mitternacht waren alle Gäste und auch die Kellnerin bereits gegangen. Isy stand auf und räumte die restlichen Gläser weg. Ich sperrte die Außentür ab und ging durch die Küche, die Tür abzusperren. Als ich durch die Küche zurückging, kam mir Isy entgegen; ich fasste sie an den Schultern und gab ihr einen intensiven, leidenschaftlichen Kuss. „Bist du verrückt", sagte sie, „wenn er reinkommt, dann habe ich wieder den Krieg, du lässt aber keine Chance aus!" „Ich musste dir einen Kuss geben, du weißt, ich möchte dich immer und überall spüren, da die Liebe mit dir Berge versetzt", antwortete ich. „Sei doch nicht immer gleich sauer, die Liebe ist zum Leben da und nicht, um zu erfrieren und sich zu verstecken."

„Schatz, um keinen Druck auszuüben, ich fahre nach Hause, dann sieht er mich wenigstens nicht, und du kannst dich auch noch ein wenig ausschlafen, war sicher stark, das Wochenende für dich!" „Ja, das ist okay, dann haue ich auch ab", antwortete sie. „Wenn du nicht wieder nach draußen schnupperst!" „Nein, meine Kleine wartet ja auf mich, die kann nicht schlafen, wenn ich nicht da bin", erwiderte sie. „Okay, Schatz, dann zahle ich." Isy setzte sich neben mich, schrieb alles zusammen. Schaute auf die Summe, nahm einen Geldschein und sagte: „Stimmt so." Nahm meine Jacke und gab ihr noch ein Küsschen auf die Wange. „Liebes, begleitest du mich zum Ausgang?" „Okay", sagte sie und ging mit mir nach draußen. „Wünsche dir eine gute Nacht, schlaf süß, warte morgen früh auf dich, ich liebe dich, mein Engel." „Komm gut heim, pass auf dich auf, hab dich lieb", sagte sie und schloss hinter mir das Eingangstor. Ging zum Auto und fuhr heim. Vor meinem Zuhause im Auto schrieb ich ihr noch ein paar zärtliche Worte zum Einschlafen. Ging daraufhin ins Haus, dann ins Bad, machte meine Abendtoilette und kontrollierte noch meine Koffer mit den Habseligkeiten, welche ich mitnahm zur Kur. Dann legte ich mich noch ins Wohnzimmer, um fernzusehen, da ich nicht schlafen konnte, allein der Gedanke, meinen Liebling, Isy, drei Wochen nicht zu sehen.

Spät morgens schlief ich ein, war aber dennoch um ca. 6 Uhr wach, stand auf, bereitete mein Frühstück vor und setzte mich an den Tisch. Gegen 7 Uhr 30 verabschiedete ich mich und fuhr zu unserem Treffpunkt. Schaute mich nach einem geeigneten Parkplatz um und wartete auf Isy, die nach ein paar Minuten eintraf. Sie parkte nicht neben mir, sondern ein paar Autos weiter. Schaute sich um, damit niemand in ihrer Nähe war, und kam schnell zu mir, wo sie wie immer hinten einstieg.

„Morgen, mein Engel." Nahm sie in meine Arme, wo ich sie mit Küssen übersäte, da ich bereits hinten saß.

„Hallo", sagte sie und schmiegte sich an mich. „Du bist meine Liebe und mein Leben, Schatz, darum liebe ich dich." Zog sie fest an mich, öffnete ihre Jacke und streichelte ihre Brust, die unter ihrem Pulli versteckt lag. „Komm, Liebes, ich möchte dich spüren." Griff an ihren Hosenbund, öffnete den Gürtel und den Reißverschluss, hob ihren Po hoch und zog ihre Hose nach unten. „Wenn da jemand kommt", sagte Isy. „Ich passe auf uns auf", erwiderte ich und küsste sie, hob sie nochmals hoch, um ihr die Hose noch weiter abzustreifen. Kurz erhob ich mich, schaute mich um, ob sich niemand näherte, zog meine Hose und Shorts aus, stieg über Isy hinweg und legte mich zu ihr. „Komm, nimm die Decke, damit dir nicht kalt wird." Warf sie über uns, und meine Hände streichelten ihre Brust und ihren Schoß.

„Hab dir gestern gesagt, dass ich nicht lange Zeit habe!" „Ja, hab ich nicht vergessen." Erhob mich und zog Isy auf meinen Schoß. „Meine Hose!", antwortete Isy. „Die stört nicht", erwiderte ich und griff nach ihrem Slip, schob ihn zur Seite und führte meinen Schwanz in Isy ein. „Wow, die ist ja heiß wie Feuer." Stieß Isy am Po haltend fest. Sie umarmte mich und drückte sich fest an mich und ihren Po gegen meinen Steifen. „Schön, mein Liebes, dich so zu lieben und zu spüren!" „Du lässt mir ja keine andere Wahl und Chance, nimmst mir gleich alles weg, und bevor ich reagieren kann, bin ich dir schon verfallen; damit du nicht erfrierst, muss ich dich wärmen", erwiderte ich. Isy lehnte sich an mich, ich hielt sie fest an mich, ihre Wärme und Gefühle machten unsere Körper und Herzen frei, das erlebten wir bei unseren Liebestreffen und Stunden immer so intensiv. Darum schätzten wir diese Liebe als „besonders und wertvoll". „Komm, Liebes." Hob ihren Po hoch, drang sogleich tief in sie ein und erhöhte meine Stöße, da mein Verlangen nach Isy unersättlich war.

Wir schenkten uns alles, was an Lust und Freude frei wurde, ich hielt ihre Pobacken fest, und ein Rausch von Stößen war die Folge. „Bitte pass auf", kam es aus Isys Mund. „Ja, sicher, Mäuschen." Und ich zog nach wenigen Stößen meinen heißen, glitschigen Schwanz aus ihrer geilen Öffnung, um den Saft auf ihren Bauch abzulassen. „Das war aber knapp“, antwortete sie. „Keine Angst, der schenkt dir alles, was du ihm gegeben hast, und was du ihm genommen hast, liegt auf deinem Bauch“, erwiderte ich lächelnd. „Besser am Bauch als ein Unfall, das wäre unser Aus“, antwortete sie, und wir umschlangen uns küssend. „Komm, ich wische dich ab.“ Ich nahm aus der Ablage Taschentücher und wischte meine Spuren auf Isys Bauch ab. „Komm doch, und leg dich zu mir, um mich zu wärmen, Liebes“, sagte ich. Nahm Isy in die Arme, legte die Decke über uns, und so verweilen wir. Sie legte ihren Fuß über mich und kuschelte sich seitlich an mich. „Ach“, sagte sie, so könnte ich jetzt einschlafen, bei dir ist mir nie kalt, tut mir nichts weh, und es gibt mir so viel, was ich zu Hause in den sechzehn Jahren nie bekommen habe, Liebes; wenn man von Herzen liebt, kann man nicht anders, denn nur mit Wahrheit, Vertrauen und Liebe kann man das erleben, was wir beide jetzt erleben.“ Sie erhob sich, legte sich mich küssend auf mich.“ „Wahnsinn, was ich da tue und mit dir erlebe, aber es ist wunderschön“, antwortete sie und streichelte meine Brust.

„Schade, das Schönste ist immer so schnell zu Ende, ich muss jetzt gehen.“ Sie erhob sich, schaute nach draußen, ob jemand zu sehen war. Sie konnte sich beruhigt anziehen, warf mir meine Sachen zu und half mir beim Anziehen. „Jetzt hast du niemanden, der dir die nächsten drei Wochen beim Anziehen hilft“, sagte sie.

„Ich brauche niemanden dazu“, antwortete ich, „und wenn, dann gibt es nur dich, sonst brauche ich niemanden; schade, dass du nicht mitkannst, da wären die Schmerzen viel geringer und das Leben und die Liebe noch reicher.“ Nahm sie in die Arme und küsste sie mit aller Liebe und Leidenschaft, dabei liefen ihr ein paar Tränen über ihre Wangen. „Was hast du, mein Engel, warum diese Tränen?“ „Ich weine, da ich dich jetzt schon vermisse“, antwortete sie. „Sei nicht traurig, Liebes, ich melde mich immer, bitte du dich auch. Meine Liebe wird bei dir sein und auf dich aufpassen, damit du lebst und nicht erfrierst.“ Sie schaute mich an, strich über meine Wange, küsste mich und lehnte sich fest an mich. „Ich muss.“ Sie fuhr erschrocken hoch, gab mir einen Kuss und sagte: „Ich hab dich ganz fest lieb, pass beim Fahren auf und melde dich, wenn du angekommen bist. Danke für unser Treffen und deine Liebeskünste, ich genieße immer, mit dir zu schlafen; du hast ständig Angst, wenn wir uns treffen, aber wenn ich dich ablenken und verführen kann, dann bist du die Frau, die alles hergibt, an Liebe, Wärme; Vertrauen, und deinen heißen Körper. Danke, Schatz, ich liebe dich, und bitte vertraue."

Isy sah sich nochmals um, öffnete die Tür und lief zu ihrem Auto. Ich wartete, bis sie vom Parkplatz aus nicht mehr zu sehen war, dann rief ich sie an. „Hallo Mäuschen", sagte ich, „muss dir noch Danke sagen und wie ich dich liebe." „Hab ich mir gedacht und auch gehofft", antwortete sie. „Ich hab dich auch lieb, und gleichfalls danke, dass du immer für mich da bist, bist was Besonderes, und bitte lass mich nicht allein, ich brauch dich noch länger. Bin zu Hause, und bitte melde dich. Ciao." Sie legte auf. Mein Verdacht, den ich bei dem kurz vorher geendeten Treffen hatte, bestätigte sich durch ihr SMS:

> So jetzt geht dann der Kampf wieder an

Der Autor

Win Egger, Jahrgang 1953, lebt in Österreich.
Nach dem Schulabschluss machte er eine Dreher-
lehre sowie einen CNC-Kurs, es folgen die gewerb-
liche Meisterprüfung und ein Betriebsleiterlehr-
gang. Später wechselte er in die Selbstständigkeit.
Win Eger ist verheiratet und hat zwei Kinder.
Er reist gerne und liebt die Berge, das Schifahren,
die Natur und das Leben.

Der Verlag

*Wer aufhört
besser zu werden,
hat aufgehört
gut zu sein!*

Basierend auf diesem Motto ist es dem novum Verlag
ein Anliegen neue Manuskripte aufzuspüren, zu ver-
öffentlichen und deren Autoren langfristig zu fördern.
Mittlerweile gilt der 1997 gegründete und mehrfach
prämierte Verlag als Spezialist für Neuautoren in
Deutschland, Österreich und der Schweiz.

**Für jedes neue Manuskript wird innerhalb
weniger Wochen eine kostenfreie, unverbind-
liche Lektorats-Prüfung erstellt.**

Weitere Informationen zum Verlag und
seinen Büchern finden Sie im Internet unter:

w w w . n o v u m v e r l a g . c o m

Bewerten
Sie dieses Buch
auf unserer
Homepage!

w w w . n o v u m v e r l a g . c o m

novum VERLAG FÜR NEUAUTOREN

Win Egger

Das Leben, die Liebe und die erotischen Erlebnisse

Ein bitteres Ende

ISBN 978-3-99048-306-0
356 Seiten

In der Beziehung von Isy und ihrem Geliebten gibt es Spannungen. Zum ersten Mal schleichen sich Pausen in die Beziehung ein. Dann plötzlich kein Wort mehr, Isy distanziert sich. Zerbricht alles unter dem Druck von außen? Oder hat sie gar jemanden kennengelernt?